KB079924

일본 신군국주의

일본은 왜 과거를 꿈꾸는가

일러두기

- 책은 곁낫표(『 』), 논문은 낫표(「 」), 잡지는 인용표(《 》), 신문 및 인터넷 기사는 거듭인용표(〈 〉)로 표기하였다.
- 각주 중 번역본은 한글로만 표기하였고(역자 생략-참고문헌 참조), 원서는 한글과 원어를 동반 표기하였다.
- 일본 저자명의 경우, 영문 문헌 및 논문은 영어식으로 표기하였다.
- 참고문헌 중 영문 저자명은 성을 앞에 두고 쉼표로 표시하였다.

일본 신군국주의
일본은 왜 과거를 꿈꾸는가

강동완 지음

호메로스

책을 펴내며

'통일'은 곧 '해방'이다. 해방은 식민지 한반도가 일본으로부터의 속박과 예속, 그 구조로부터 완전히 벗어나 새롭게 탄생함을 의미한다. 지금 우리에게 주어진 자유는 반쪽짜리 해방일 뿐이다. 남북 분단의 판문점체제는 여전히 한반도가 일본 식민지 상황에 한 발을 걸쳐 놓고 있음을 뜻한다. 강대국 힘의 국제정치 논리에 따라 두 쪽으로 갈라진 한반도가 하나로 통일될 때, 비로소 진정한 민족 해방의 날을 맞이하게 된다. 그러므로 통일의 길과 해방의 길은 다르지 않다.

국가의 통일(해방) 정책은 절대로 정치 공세의 대상이어서는 안 된다. 흔들림 없고 일관되게, 정치 논리로부터 의연해야 한다. 이 논리는 통일(한반도 평화체제)로 가는 길에 훼방꾼으로 등장해 '재팬 패싱(일본 배제)'[1] 취급받는 일본과의 외교적 관계에서도 반드시 적용되어야 한다. 같은 논리, 즉 정치 논리에 휘둘리지 않는 올곧은 일관성과 역사적 대의명분이 그것이다.

....

1. 2018년 남북정상회담에 이어 사상 첫 북미정상회담이 잇달아 실현되는 과정 중에 일본 언론으로부터 제기된 아베 정부의 역할론에 관한 문제를 말한다. 일본 언론은 일본 정부를 '모기장 밖(蚊帳の外)' 신세라며 한탄했다. '모기장 밖'은 주류로부터 소외된 비주류로서의 처지를 뜻한다.

일본은 패전 이후 반성의 노력 없이 '전후 레짐(postwar regime)'[2]으로부터의 탈각만을 꿈꿨다. 부단히 군국주적 야망을 품은 이들에 의해 '과거'로의 회귀의 길을 모색해 왔다. 보통국가화로 상징되는 일련의 흐름은 궁극적으로 군사대국화, 즉 전쟁이 가능한 국가 건설이다. 이게 도를 넘어 신군국주의로 치닫고 있다. 역사는 반복된다. 그 야만의 고리를 끊어야 한다.

자유주의 이후의 자유를 상상하라! 자유주의, 공산주의, 전체주의(파시즘). 20세기를 지배했던 이데올로기들이다. 공산주의는 쇠락하여 지구촌 어딘가를 배회하며 훗날을 도모하고 있다. 전체주의 역시 작은 불씨만을 남겨 놓은 채 역사의 뒤안길로 사라져 갔다. 자유주의만이 여전히 건재함을 과시하면서 서구세계 산업화와 선진화의 모범생 취급을 받으며 그 세력을 확대하는 중이다.

하지만 그다지 건강하거나 안녕하지는 않은 듯하다. 곳곳에서 자유

----

2. 다소 복잡한 개념으로 몇 가지로 설명이 가능하다. ①평화헌법체제와 미·일안보가 공존하는 체제. ②요시다 독트린 체제-(안보 의존, 경제 집중 노선) ③전범·패전국가라는 인식이나 그 체제.

주의의 단말마 같은 비명이 들려온다. 특히, 코로나19(COVID-19)는 자본의 화려한 몸치장에 가려 있던 자유주의의 민낯을 만천하에 드러내고 있다. "해방된 개인과 통제하는 국가라는 두 가지 존재론적 요소는 자유주의가 추구했던 강자의 약자 지배, 즉 귀족정의 타파였으나, 오히려 더 강력하고 더 영속적인 귀족정, 자유주의적 불의의 구조를 유지하고자 끊임없이 싸우는 귀족정이 되고 말았다."라는 성찰에 이르게 한다.[3] 인간 부재의 자유주의는 허상이다.

탈출구 없는 일본을 상상하라! 지난 역사 어느 한때인들 일본이 위험하지 않은 날이 있었는가? 그만큼 갈등과 대립, 전쟁과 침략으로 점철된 과거사를 지닌 이웃 국가다. 더구나 요즘의 일본은 19세기 말의 일본제국만큼이나 위험하다. 무엇보다도 국가 위기를 넘길 탈출구가 안 보인다는 게 위험의 핵심 이유다. 우리는 늘 일본 열도의 위기 탈출 전략에 희생양이 된 채 피를 흘려야 했다.

임진왜란 때 도요토미 히데요시(豊臣秀吉)가 조선을 침공한 것도 저들의 탈출구 확보 차원에서였다. 일본 열도 전국을 통일한 후 남아도는 무사계급은 골칫거리이자 사회 불안 요소였다. 이들의 일자리가 필요했으며, 이들의 넘치는 혈기를 누를 전쟁터가 요구되었고, 한편으로는 전국 통일에 공헌한 이들에게 나눠줄 영토의 확보도 시급했다. 그 대상이 된 게 조선이었다.

1910년의 경술국치도 같은 이유에서다. 근대화와 산업화에 성공한 일본은 서구 여러 나라처럼 값싼 노동력과 원자재의 확보 및 시장 개척에 나서며 조선을 병합했고, 제1차 세계대전의 틈바구니에서 전

....
3. 패트릭 J. 드닌 『왜 자유주의는 실패했는가-자유주의의 본질적인 모순에 대한 분석』

시물자 수출로 재미를 보며 열강으로 등극할 수 있었다. 이게 끝이 아니다. 제2차 세계대전이 끝난 후의 일본도 사정은 같았다. 전쟁으로 폐허가 된 일본 재건에 탈출구가 절실했다. 때마침 한국전쟁이 발발했다. 일본 경제의 부흥에 가장 결정적인 공헌을 한 것은 바로 한국전쟁이었다. 한반도 전쟁 특수가 그것이다.

다시, 잦은 자연재해와 오랜 경제 불황, 무엇보다도 무가치한 과거 회귀 전략으로 침체에 빠진 일본 사회에 탈출구가 필요한 시점이 도래했다. 주변국 유사 상황이 무엇을 의미하는가는 명약관화한 일이다. 일본이 위기다.

평화체제 한반도를 상상하라! 일사천리로 진행이 되던 북·미 관계가 교착 상태에 빠져 있다. 그 한 축이던 미국의 트럼프 대통령은 재선에 실패하여 바이든 대통령에게 바통을 넘겨준 채 무대에서 사라졌다. 북한의 김정은 위원장은 내수경제의 복원을 외치며 북한 전 지역을 지도 방문 중이다. 서로 떨어져 무심한 듯 보여도 필요한 곳에서 필요한 대화는 오가고 있다. 아직 우호적이지는 않지만, 양국 간 물밑 접촉이 있음은 언론을 통해 속속 드러나고 있다.

쌀이 밥이 되는 과정에도 끓는 과정과 뜸 들이는 과정이 있다. 한반도 평화체제는 돌이킬 수 없는 대세가 되었다. 언제 어떤 방식으로 하느냐의 문제만을 남겨두었을 뿐, 평화 공존의 새로운 질서는 시대적 흐름이다. 이 거대한 흐름이 한반도의 평화체제 구축을 넘어 동아시아, 더 넓게는 북방 영토 전반에 걸쳐 평화와 안보의 완충지대이자 세계 에너지 공급지로서의 막중한 경제적 임무도 톡톡히 해내게 될 것이다. 세계의 자본은 이제 한반도와 북방경제로 모이게 될 것이며,

이곳이 세계경제 발전의 진원지가 될 것이다. 한반도 평화체제가 희망이다.

본서는 이상과 같은 국제 정세 변화 속에서 진행되고 있는 일본의 신군국주의적 경향과 실체의 분석을 목적으로 한다. 이는 일차적으로 한반도의 안보 및 평화에 직접적으로 영향을 미칠 수 있으므로 한시라도 주변국의 동향에 주의를 게을리 할 수 없는, 역사의 뼈아픈 순간들이 말해 주는 우리의 숙명과도 같은 작업이다. 하지만 이러한 위협의 요인 못지않게 중요한 것이 있다. 위협이 타자적 인식이라면 주체적 인식의 차원에서 한반도의 변화 분위기를 전제로 판단해야 한다.

분단 80년을 향해 가고 있는 한반도다. 분단의 역사는 여기에서 종지부를 찍고 평화와 공존의 한반도를 만들어 가야 한다는 민족구성원의 의지와 의견이 확고하다. 여기에 더해 동아시아의 패권 질서에도 변화가 오고 있고, 시기가 다소 유동적이기는 하지만 북·미 관계의 개선을 통한 종전선언을 목전에 두고 있다. 그 궁극적 목표는 한반도의 평화체제 구축이다.

한반도 평화체제는 민족구성원의 뜻만으로는 성취하지 못한다. 한반도를 둘러싸고 있는 주변 열강들의 동의와 협조가 있어야 가능한 일이다. 그 열강 중 하나가 일본이다. 멀고도 가까운 나라이자, 밉다고 원수로만 지낼 수도 없는 이웃이다.

이러한 현실 아래에서 일본의 신군국주의를 분석·연구하고, 이를 극복할 수 있는 대안으로 평화체제 한반도를 통한 '힘의 균형화' 전략 및 역내 '안보·경제 완충지대화' 전략을 제시하려 한다. 그렇게 함으로써 역내 '갈등'이라는 문제의식에서 역내 '평화'로의 전환을 꾀하고자 한다. 평화체제 한반도로 나가는 길 위에 놓여 있는 일본이라는 '걸림돌' 하나를 '평화조경석'으로 다듬어내고, 이러한 상호 동반자적 관계를 통해 동아시아 평화공동체를 담보해 낼 수 있는 대안을 찾고자 한다.

이 책은 필자의 박사학위 논문을 기반으로 출판한 것이다. 지도교수였던 박상철 교수님, 흔쾌히 출판을 제안해 주신 리즈앤북의 김제구 대표님과 수고해 주신 관계자 분들께 감사드린다.

더없이 고마운 많은 분의 얼굴이 스쳐 지나간다. 일일이 거명하는 일이 자칫 감사의 무게감을 가벼이 할 것 같아 조심스럽다. 내 가족, 벗, 은사 분들이 그렇다.

마지막으로 이 책을 한반도 평화체제에 바친다.

2021년 5월
강동완

제3부 신군국주의화의 방위수정주의적 관점 분석

프롤로그

일본 신군국주의화의 실체는 역사수정주의 관점과 방위수정주의 관점 분석을 통해 상당 부분 확인할 수 있었다.

역사수정주의 관점은 한반도와 일본 사이에 중첩되어 나타나는 삼위일체적 지역 체계인 샌프란시스코체제, 평화헌법체제, 판문점체제를 기반으로 한다. 이 세 개의 체제는 상호 작용을 통해 반(反)공산 블록 형성, 한반도 분단의 고착화, 일본 사회 우경화의 요인으로 작용하고 있다.

한편, 방위수정주의 관점은 일본의 궁극적 목표인 보통국가화와 이것의 실현 방법으로 기능하는 방위계획대강 및 집단적 자위권을 근거로 한다. 이들 역시 상호 작용하며 미·일 동맹체제의 강화, 평화헌법의 무력화, 일본의 군사대국화를 견인하고 있다.

역사 및 방위 수정주의적 해석을 통해 사회의 구성 요소 일체가 안보 하나로 수렴되는 현상, 그것이 바로 군국주의적 경향이자 일본 신군국주의화의 실체다. 군국주의는 눈에 보이는 현상 형태이거나 과정이 아니라, 군사 절대주의적 신념 체계이기 때문에 관찰적·경험적 분석 못지않게 심층적·연역적 연구가 필요하다. 일본 사회 군국주의 경향의 부활 현상을 설명하기 위해 역사수정주의와 방위수정주의적 관점을 분석한 이유다.

일본의 신군국주의화는 이웃 국가에는 물론, 일본에도 불행한 일이다. 끊임없는 국가 간 갈등과 군사화로 인한 사회의 파편화로 귀결되기 때문이다. 일본 신군국주의와 한반도 평화체제의 연계성이란 측면에 대한 대안으로, 한반도 평화체제 정착을 통한 지역의 안보·경제적 '완충지대화' 구축과 역내 '힘의 균형화' 전략 두 가지 방안을 제시했다. 궁극적으로는 동아시아 평화·경제 공동체의 실현이다.

수정주의적 관점은 부정(否定)하는 게 아니라 해석하는 것이다. 부정은 '그렇지 않다'라고 판단해 버리는 것인 반면, 수정주의는 '나의 견지'에서 해석하는 것이다. 즉, 부정은 판단(judgment)의 영역이지만 수정주의는 해석(interpretation)의 영역인 셈이다.

예를 들면, 일본은 과거사와 관련해 침략의 역사를 부정하지는 않는다. 다만, 그 침략이 서구의 제국주의적 침탈로부터 주변국을 보호하기 위한 수단이었다고 강변하며 억지 해석으로 버틴다. 군 위안부의 존재 또한 부정하지 않는다. 다만, 강제로 연행하지 않았고, 숫자는 부풀려 있으며, 성노예는 더더욱 아니었다는 해석을 굽히지 않고 있다.

방위와 안보 면에서도 이러한 해석의 태도는 별반 다르지 않다. 자국의 평화헌법은 미국의 '강압'에 의한 비자주적 헌법이므로 '자주적 헌법'으로 개정해야 한다고 강변한다. 자위대는 군대가 아니기 때문에, 게다가 비무장의 형태로 활동하기 때문에, 해외로 나가는 일이 '파병(派兵)'이 아니라 '파견(派遣)'이라 우긴다. 집단적 자위권이 행사되더라도 동맹인 미국의 후방 지원에만 그 역할을 한정할 것이기에 교전권을 부인해 온 헌법과 충돌하지 않는다고 주장한다. 이런 식의 엉터리 궤변 논리를 들어 헌법 해석을 통한 안보 정책의 변경으로 일관하고 있다.

"역사는 반복된다. 한 번은 비극으로, 한 번은 익살극(笑劇)으로."

마르크스(Karl Heinrich Marx)는 한 시대를 풍미했던 혁명의 역사를 그렇게 파악했다. 근대 이후의 일본 사회 현실을 단적으로 표현하기에 이보다 더 적절한 비유를 찾기는 쉽지 않다.

봉건제적 적폐를 타파하고 근대화 촉진의 혁명 정신으로 시작한 메이지유신은, 시간이 지남에 따라 개혁 본연의 자리로부터 이탈했다. 제국주의로 변질한 채 군국주의의 한길로 내달렸다. 결과는, 침략당한 자의 고통과 전쟁의 참상이라는, 처참하게 파괴되고 일그러진 비극으로써의 종말이었다. 다시 그 참혹했던 군국주의의 상처뿐인 영광을 재현하고자 안달하며, 시대착오적인 안보(무력) 중심의 군사대국 일본을 향해 부질없이 내달리고 있는 이들이 있다. 마치 제2의 메이지유신이라도 꿈꾸고 있는 양 과거의 향수에 흠뻑 젖어 있는 일본의 보수우익 세력이 그들이다.

역사가 반복된다면 이들의 앞날 또한 불을 보듯 자명하다. 그 종말은 분명 남루한 한 편의 익살극일 터이다. 한 번은 태평양전쟁의 처참한 비극으로, 또 한 번은 현대판 메이지유신이라는 어릿광대의 어설픈 익살극으로의 종결일 것이기에 그렇다.

일본의 신군국주의를 경계하고 연구하는 이유는, 피식민지 주변 국민으로서의 불안감 때문만은 아니다. 사회 일체적 요소가 보통국가라는 군사적 요소 하나로 수렴되는 동안, 그 사회 구성원들의 삶은 몹시 피폐해진다. 전전의 일본 상황이 그랬고, 전후 일본 사회가 그렇다.

군국주의는 병영국가적 전체주의다. 병영국가는 국가의 모든 체제가 병영화(군사화)되어 있는 국가다. 주변국의 앞날은 물론이고, 일본 국민에게도 몹시 불행한 일이기에 경종이 필요하다. 한반도 강제 병합과 만주사변, 태평양전쟁의 참상을 보라. 전후 거침없던 고도 경제 성장 이후의 잃어버린 20년, 그리고 그 이후 현재의 일본을 보라.

군국주의에는 인종주의와 민족주의로 무장한 제국주의에 파시즘적 요소가 가미되어 있다. 민족 개념이 본격적으로 받아들여지기 시작한 것은 대략 19세기 무렵으로, 근대의 산물이다. 전쟁으로 인해 영토의 분할과 통합이 반복되는 과정 중에 '민족공동체'라는 의식이 싹텄기 때문이다.

일본의 전전 민족주의는 국수주의적 초민족주의였다. 천황제 이데올로기에 개인의 희생을 앞세운 채 식민주의와 팽창 정책으로 나아갔다. 민족주의에 더해 자국의 이익 극대화라는 제국주의적 팽창주의와 유기적 위기의 대응 수단으로써의 파시즘은 전체주의와 군국주의의 한 측면이다.

일본 군국주의화 경향의 뿌리는 일본의 지정학적 특성과 특유의 개인주의, 그리고 무사도(武士道)를 기반으로 하는 독특한 계급 구조에서 찾을 수 있다. 여기에 신격화된 존재로서의 천황 이데올로기가 작용했다. 흔히 일본주의 혹은 일본 내셔널리즘으로 꼽는 것이 고립된 개인주의에 덧칠해진 천황 중심적 집단주의다. 다소 모순되어 보이는 이것이 일본의 국가 정체성이다.

이런 이유로 민주화운동이 활발했던 다이쇼 데모크라시(大正デモクラシ-)[1] 시대 민주적 인사들 상당수가 일본의 내치로서 민주주의와 인권을 중시했지만, 대외정책이라는 외치적 측면에서는 강력한 제국주의적 시각을 견지했다. 국익을 위해서라면 제국주의적 진출은 용납된다는 논리였다. 이런 주장을 펴는 이들이 점차 정부의 고위직과 군부 실세로 등장하면서 제국주의 일본이 군국주의로의 전환을 이루게 된다. 일본은 패전 이후 반성의 기미 하나 없이 '전후 레짐(postwar regime)'으로부터의 탈각만을 꿈꿨으며, 부단히 군국주의적 야망을 품은 이들에 의해 '과거'로의 회귀의 길을 모색해 왔다.

보통국가화로 상징되는 보수우경화의 일련의 흐름은 궁극적으로 군사대국화, 즉 전쟁이 가능한 보통국가로의 전환이다. 이것이 도를 넘어 신군국주의로 치닫고 있는 것이 현재의 일본이다. 일본의 신군국주의적 경향은 동아시아 역내 갈등은 물론이고, 냉전체제의 유물인 샌프란시스코체제의 유지와 평화헌법체제 중지의 원인으로 작동하고 있

---

1. 1912년 다이쇼(大正) 천황이 즉위했던 기간의 연호를 사용하여 붙인 시대 명칭. 흔히 '다이쇼 데모크라시=천황제 민주주의'로 부를 만큼 이때 일본 사회에 민주주의와 정당정치가 뿌리내리게 된다.

다. 이는 주변국과의 갈등을 통한 주변국 위협론의 확대 재생산, 내셔널리즘의 확산을 위한 기제로 작용한다. 그뿐 아니다. 판문점체제의 지속을 획책하여 대륙으로의 세력 확대 및 대륙 진출의 교두보로 삼으려 하고 있다.

자유주의, 공산주의, 전체주의(파시즘)는 20세기를 지배했던 이데올로기다. 공산주의는 쇠락하여 지구촌 어딘가를 배회하고 있고, 전체주의 역시 작은 불씨만을 남겨 놓은 채 역사의 뒤안길로 사라져 갔다. 자유주의만이 건재함을 과시하며 명맥을 유지하고 있는데, 여전히 서구세계 산업화와 선진화의 전형 같은 대우를 받으며 그 세력을 확대하는 중이다.

하지만 시장 만능주의에 따른 국가 권력의 개입 축소와 민간 부문의 자유로운 활동을 중시하는 사이, 경쟁과 도태의 어두운 그림자는 사회 곳곳을 병들게 하고 있다. "해방된 개인과 통제하는 국가라는 두 가지 존재론적 요소는 자유주의가 추구했던 강자의 약자 지배, 즉 귀족정의 타파였으나, 오히려 더 강력하고 더 영속적인 귀족정, 자유주의적 불의의 구조를 유지하고자 끊임없이 싸우는 귀족정이 되고 말았다"라는 성찰에까지 이르게 한다.[2]

이렇듯 불안정한 국제 정세의 변화 속에서 진행되고 있는 일본의 신군국주의적 경향과 그 실체를 역사수정주의와 방위수정주의 관점 분석을 통해 고찰하며, 한반도 평화체제와의 관계성에 주목했다. 주변국의 군사대국화라는 위협의 요인 못지않게 중요한 외부적 위협이 타

2. 패트릭 J. 드닌 『왜 자유주의는 실패했는가-자유주의의 본질적인 모순에 대한 분석』

자적 행위라면, 주체적 행위의 차원에서 한반도의 변화 분위기를 주도해 나가려는 노력은 한반도의 몫이다.

남북 분단의 판문점체제는 여전히 한반도가 일본 식민지 상황에 한 발을 걸쳐 놓고 있다는 의미로, 판문점체제가 바로 식민 지배의 결과물이기 때문이다. 그래서 통일은 곧 해방이다. 해방은 식민지 한반도가 일본으로부터의 속박과 예속, 그 구조로부터 완전히 벗어나 새롭게 탄생함을 의미하기에 통일의 길과 해방의 길은 다르지 않다.

한반도는 분단 80년을 향해 가고 있으며, 분단 역사의 종말을 향한 숨가쁜 여정이 진행 중이다. 평화와 공존의 한반도를 위한 민족 구성원의 확고한 의지에 더해, 동(북)아시아의 패권 질서에도 변화가 오고 있다. 시기는 다소 유동적이지만, 북·미 관계의 개선을 통한 종전선언도 그리 먼 시점의 이야기만은 아니다.

그 궁극적 목표는 한반도의 평화체제 구축이지만, 한반도 평화체제는 민족 구성원의 뜻만으로는 성취하지 못한다. 한반도를 둘러싸고 있는 주변 열강들의 동의와 협조가 있어야 가능한 일이다. 그 열강 중 하나가 일본이다. 멀고도 가까운 나라이자 밉다고 원수로만 지낼 수도 없는 이웃, 이것이 한·일 관계의 현실이다.

일본의 신군국주의를 극복할 수 있는 대안으로 평화체제 한반도를 통한 '힘의 균형화' 전략과 동아시아 역내 '안보·경제의 완충지대화' 전략 두 가지를 제시할 수 있다.

먼저, 역사적으로 동아시아는 힘의 불균형으로 인해 많은 부침을 겪은 과거사를 간직하고 있다. 힘의 균형은 일국 차원을 넘어 지역 차원의 평화공동체 형성에도 이바지하게 된다.

또한, 안보와 경제의 완충지대화 추구 전략은 담대한 도전이다. 한반도를 비롯해 연해주와 시베리아 대륙, 북방유라시아 영토까지를 아우르는 거대한 안보와 경제의 평화·협력 벨트다. 동아시아의 역내 '갈등'이라는 문제의식에서 역내 '평화공동체'로의 발상의 전환이다.

본서에서는 일본 신군국주의를 분석하는 데 있어 역사수정주의와 방위수정주의적 관점을 분석 대상으로 삼았다. 역사수정주의 관점은 '왜곡'과 '갈등'을 그 추동 기제로 한다. 방위수정주의 관점은 '동맹'과 '해석'이 추동 기제로 작용한다. 역사 왜곡 및 주변국과의 갈등, 미·일 동맹과 헌법 해석 변경이 역사수정주의와 방위수정주의를 추동하는 핵심 연결고리다.

일본은 평화헌법 국가다. 평화헌법은 군대 보유와 전쟁의 거부다. 보통국가화는 평화를 버리고 군대와 전쟁을 취함을 의미한다. 보통국가의 대항 개념은 특수국가도, 결손국가도, 제한적 보통국가도 아니다. 보통국가의 대항 개념은 평화국가다. 평화국가는 전전의 일본 제국(군국)주의처럼 부끄럽거나 폐기해야 할 추악한 가치가 아니다. 평화국가는 인류 최상의 규범과 가치를 공유하는 국가로서, 자랑하고 보존해야 할 더없이 고귀한 덕목이다. 또한, 평화국가는 일본 국민과 한 약속이자, 이웃 국가 국민과의 신뢰의 징표이다. 악한 수단은 선한 목적을 정당화시키지 못한다. 전쟁이 가능한 보통국가화로 모든 것이 수렴되는 사회야말로 군국주의 국가다.

수정주의로서의 역사 및 방위적 관점은 '현상 유지'로써의 역사나 방위와 대비되는 개념으로 파악할 수 있다. 그러나 그 범위는 훨씬 넓다. '현상 유지'를 넘어선 '현상 타파' 이상을 목표로 한다. 일본의 보통국가화는, 현재보다 약간 변경된 국가로서의 일본이 아니라 현상 타파 이상의 국가 정체성을 목표로 추진된다. 헌법의 수정 혹은 폐기라는 측면에서 특히 그렇다. 그런 점에서 수정주의적 관점의 분석은, 일본의 신군국주의화를 파악하는 데 매우 유효한 분석틀이다.

역사수정주의 관점 분석으로서의 기존 연구는 흔히 있으나, 필자는 이를 확대하여 방위수정주의 관점으로까지 접근해 살펴봄으로써 보다 다면적인 일본 신군국주의화의 실체에 다가가고자 한다. 나아가 일본 신군국주의화 경향과 한반도 평화체제 이행기의 관계를 고찰하고, 이를 바탕으로 동아시아 공동체 형성을 위한 대안을 제시하려 한다.

수정주의는 대략 세 가지 관점을 갖는다. 이론적 관점과 사실 확인 관점, 부정적 관점이 그것이다.

첫째, 이론적 관점은 새로운 이론틀로 사건의 재검토를 목표로 한다. 둘째, 사실 확인 관점은 사실 확인이 우선이기는 하나 사건에 대한 수정이 목표다. 셋째, 부정적 관점은 사건을 의도적으로 왜곡하려는 동기에서 출발한다. 일본의 역사 왜곡 등이 그 대표적인 예이다.

대체로 일본 사회에서 수정주의적 경향이 뚜렷이 나타나는 시기는 고이즈미(小泉純一郎) 정부에서다. 고이즈미 총리의 평양 방문으로 김정은 위원장과의 〈평양선언〉이 있었다. 문제는 김정은 위원장의 '일본인 납치 피해자'에 대한 사실 인정이었다. 이후, 일본 사회의 분위기는 완전히 한쪽으로 쏠렸다. 일방적인 '북한 때리기'가 전면에 등장하면서 과거사 왜곡과 부정이 뒤따랐다. 일본만 잘못이 있는 게 아니라는, 도덕성 '희석' 작업의 일환으로 벌어진 현상이었다.

일본의 군사대국화 문제라든가 군국주의화 경향과 관련해서는 이미 국내외에 다수의 선행 연구가 있다. 특히, 역사수정주의 관점의 분석에 대해서는 과거사와 위안부 문제 등을 집중적으로 다루는 연구가 주를 이루었다. 하지만 대부분 연구가 특정한 단일 사안에 대한 논의를 이어가는 방식, 즉 위안부나 역사교과서 왜곡 문제 혹은 영토 문제 등에 한정되어 있었다.

역사수정주의 관점에서의 일본 사회 분석, 특히 수정주의적 관점에 주목한 연구는 주로 일본군 위안부 문제와 역사 왜곡 및 역사교과서 관련 연구들이다. 방위수정주의 관점 분석과 관련해서는, 일본 정부의 방위 정책이나 안보 정책 등을 수정주의적 관점으로 이해하려는 차원의 연구는 시도조차 없던 것으로 보인다. 주로 군사학 분야에서 안보 정책 차원으로 다루기 때문이라 판단된다.

수정주의를 '현실 이탈'이라는 차원에서 본다면, 현행 헌법을 우회·회피하려는 의도적 행위로써의 방위 정책 혹은 평화헌법의 정신과 충돌 가능성이 있는 안보 정책은 방위(안보)수정주의 관점이라 할만하다. 헌법 해석을 통해 안보 정책을 변경하려는 행위 등이 그 좋은 한 예라 하겠다.

함동주는 일본 역사수정주의에서 타자 인식이 지닌 문제점을 우선 지적한다. 일본인과 타국인을 대립적인 존재로 분리하며, 일본인의 자부심 부각을 위해 타국인을 열등하게 본다는 점이다. 오히려 역사적 왜곡이나 오류는 차라리 부차적 문제일 수 있다는 지적이다.

노가와 모토카즈는 역사의 진실과 마주하려는 한국과 중국의 노력, 특히 양국이 추진하고 있는 '과거사 바로 알기' 활동 등을 일본 우익세력은 '일본 매도하기'로 보고 있으며, 이들이 지키고자 하는 가치는 민족 우월의식으로서의 '민족의 명예'라고 지적한다. 앞선 함동주의 진술과 거의 맥을 같이하는 주장이다.

야마구치 도모미와 테라 모리스 스즈키, 고야마 미에는 일본 정부에 의한 역사수정주의적 관점의 해외 진출(해외 선전전)에 주목한다. 일본의 보수우파가 해외 진출로까지 나섰다는 사실은, 이미 일본 국내는 어느 정도 세 확보가 되었다는 의미로 본다. 역설적으로 이런 현실이 바로 '일본의 위기'라고 진단한다. 이렇듯 역사수정주의의 해외 선전 활동을 위해 일본 정부가 지출하는 연간 예산이 약 7천억 원(2015년)에 달한다는 점도 밝히고 있다.

방위수정주의와 관련해서는, 직접적으로 수정주의적 관점에서 분석하기보다는 단일 안보(방위)정책에 관한 원인이나 영향, 대응 전략을 제시하는 연구가 주를 이룬다. 대표적으로 오로스는 최근의 일본 안보 전략을 '노선의 전환'으로 분석한다. 즉, 요시다(吉田茂) 노선에서 기시(佐藤信介) 노선으로의 전환이라는 주장이다.

일본의 국가정책 노선은 요시다 독트린이 유일하다 할 정도로 그 영향력이 막강하다. 경제 우선, 안보 위탁 노선이다. 일본 정부는 경제 발전에만 치중하며, 안보는 미국에 위탁하는 것을 말한다. 이것이 기시 노선으로 전환했다는 말은, 경제와 안보 모두를 독립적으로 행사 가능한, 대등한 미·일 동맹체제로의 이행 혹은 탈미(脫美)를 추진하고 있다는 의미다.

이러한 일본 정부의 태도를 외교정책적인 면과 역사문제로 분리해서 분석하여 "외교정책 면에서는 보통국가론적 성향을 보일 것이고,

역사문제에 관해서는 수정주의적 보통국가론에 기반한 대외정책을 펼칠 것"이라는 전망도 있다.[3]

본서는 수정주의적 관점을 역사수정주의 관점과 방위수정주의 관점으로 이분화해 분석하였다. 역사수정주의 관점과 방위수정주의 관점을 분리 분석하는데, 분석틀은 3개의 체제와 3개의 전략을 사용하였다. 분석틀 설정에 있어서는 역사성과 상호 연관성 그리고 중요도를 고려하였다.

우선 역사수정주의 관점의 분석에는 샌프란시스코체제, 평화헌법체제, 판문점체제를 대상으로 하였다. 이 3개의 체제는 한반도와 일본 열도에 걸쳐 서로 중첩되어 나타나는 삼위일체적 성격의 층위다. 이를 보다 세분화한다면, 2+1 체제로 이해해도 무방하다.

이는 두 가지 의미에서 그렇다. 첫째는 일본 국내의 내재적 요인으로서 샌프란시스코체제와 평화헌법체제, 외재적 요인으로 판문점체제를 말함이다. 둘째는 패전과 종전이라는 서로 다른 상황이 만들어 놓은 체제라는 의미에서다. 샌프란시스코체제와 평화헌법체제는 일본의 '패전'으로 인해 맺어진 체제다. 이와 달리, 판문점체제는 '종전'이라는 끝나지 않은 전쟁의 휴전 상태로서의 체제다. 이 3개의 체제는 상호 작용을 통해 영향을 주고받는 연동형이 되기도 하고, 개별 체제로 독립적으로 작동하기도 한다.

일본 보수우익의 수정주의적 관점은, 이를 유지(샌프란시스코체제)·중지(평화헌법체제)·지속(판문점체제)이라는 이해의 개념틀로 정리했다.

....
3. 박영준 「'수정주의적 보통국가론'의 대두와 일본 외교 : 자민당 아베 정권의 재출범과 한반도 정책 전망」, 한국과 국제정치 제29권 제1호

샌프란시스코체제의 유지는 현재의 아시아 패러독스적 요소, 즉 정치적 갈등과 경제 협력 기조를 유지하는 것이며, 이를 통해 보통국가화를 실현한다는 전략이다. 평화헌법체제의 중지는 개헌을 통해 평화헌법체제를 끝내버리겠다는 전략이다. 판문점체제의 지속 역시 주변국 위협론의 확대 재생산을 통한 내셔널리즘 확산 전략이다. 북한·중국 위협론과 혐한론의 현실이 그 존재성을 입증해 준다.

냉전의 시작과 함께 작동하기 시작한 샌프란시스코체제는 일본의 전후 처리에서 안보 강화와 경제 재건 및 부활로의 전환점이 되었다. 당연히 일본 제국주의로부터 침략 받고, 고통을 감내해야 했던 피해국에는 만족스럽지 못한 결과로 인식되었다. 이는 지금까지도 동아시아 국가 간 갈등의 원인으로 남아 있다. 활발하고 역동적인 경제적 교류와 협력은 경제 분야에만 국한되어 있다. 정치와 외교, 안보 면에서는 여전히 갈등하고 반목하는 관계로서의 이웃이다. 아시아 패러독스가 그것이다.

평화헌법체제는 보통국가로 이행하고자 하는 일본 우경화 세력에 있어 최대의 난제다. 이의 극복을 통해 전력 보유와 전쟁이 가능한 국가로의 전환은 일본 보수우익의 오래된 염원이다. 현실적으로는 개헌을 통한 군사국가화의 길밖에 없으나, 이것이 여의치 않자 편법으로 등장한 게 헌법 해석 변경이다. 즉, 전력 보유와 교전권 및 집단적 자위권의 행사 등을 헌법 변경이 아닌, 수정주의적 해석상의 변경을 통해 위헌 소지를 피해서 가겠다는 발상이다.

앞의 두 체제가 일본에 내재하는 내재적 체제라면, 판문점체제는 일본 밖에 외재하는 체제로 서로 연동하며 기능한다. 때로는 일본 우경화의 핑계거리로, 종국에는 일본 군국주의화의 최종 종착지로 자리하고 있다. 역사 갈등과 영토 갈등, 그리고 한반도 유사시가 그 전형적인 예라 하겠다.

이들의 상호 연계성은 다음과 같다.

먼저, 샌프란시스코체제의 유지와 평화헌법체제의 중지는 반(反)공산화를 목표로 한다. 샌프란시스코체제의 유지와 판문점체제의 지속은 한반도 분단의 고착화로 귀결되었다. 평화헌법체제의 중지와 판문점체제의 지속은 일본 사회 우경화의 요인이 되었다. 이는 궁극적으로 신군국주의화의 기제로 작용하고 있다.

방위수정주의 관점의 분석틀은 보통국가화, 방위계획대강, 집단적 자위권이라는 세 개의 전략으로 설정한다. 일본이 지향하는 국가 형태(보통국가)와 이를 이루기 위한 전략 정책의 핵심 고리가 방위계획대강과 집단적 자위권이기 때문이다.

보통국가화는 일본의 국가 목표다. 군대 보유를 통한 전쟁이 가능한 국가로서 전전의 일본이 그런 국가였다. 이는 일본 보수우익이 외치는 '아름다운 나라 일본'이기도 하다.

방위계획대강에 대해 일본 정부는 "일본 방위력 본연의 상태와 보유해야 할 방위력의 수준에 관한 규정"이라고 정의하고 있다. 일본 정부는 동아시아 역내 안보 상황의 변화나 국제 정세의 흐름에 따라 그 대응 방안이나 안보환경 평가 등을 방위계획대강을 통해 제시해 왔다.

집단적 자위권은 군대의 보유 및 교전권과 함께 방위 및 안보 정책의 마무리라 해도 과언이 아니다. 자위대의 존재성과 전수방위 방침은 헌법 우회(해석)를 통해 그 범위를 점차 확대해 왔다. 여기에 집단적 자위권이 추가되면서, 자국에 대한 무력 공격뿐 아니라 동맹국에 대한 무력 공격에 대해서도 자위권을 행사하게 되었다. 위헌성 경고를 무시한 채, 세계 어디라도 누비고 다닐 수 있게 되었다는 말이다.

이들의 상호 연계성을 살펴보면, 보통국가화 전략과 집단적 자위권 전략이 만나서 미·일 동맹체제를 강화했다. 보통국가화 전략과 방위계획대강이 결합해서 평화헌법을 무력화시키고, 방위계획대강과 집단적 자위권의 동조화는 군사대국화로 나타났다. 궁극적으로 지향하는 바는 신군국주의화의 실현이다.

한편, 한반도 평화체제와 일본 신군국주의화의 관계를 살펴보기 위해 남·북 관계와 북·미 관계, 한·일 관계 및 북·일 관계, 북한의 대미전술 전반에 관해서도 분석·검토하였다.

남·북 관계와 북·미 관계는 최근 들어 교착 국면으로 빠져든 느낌이다. 특히, 미국 대통령 교체기의 불확실성이 있어 쉽게 예측하기 곤란한 측면도 있다. 다만, 2018년의 화해 분위기와 미국의 비핵화 대응 전례라는 이전 경험을 기준으로 판단할 때, 다시금 남·북·미는 대화 모색을 통한 합리적 방안 도출로 나가게 될 것으로 보인다. 북·일 관계는 북미 관계와의 연동성 등의 측면에서 볼 때, 북·미 관계의 영향을 많이 받는 구조라 마지막에 등장하는 주인공일 가능성이 크다.

본고가 진행되는 막바지에 미국(트럼프→바이든)과 일본(아베→스가)의 리더(정권) 교체가 있었다. 일본 신군국주의적 경향의 극복이나 한반도 평화체제 정착은 일국만의 단선적 결정으로 현실화하는 게 아니므로, 주변 강대국과의 협력 관계가 매우 중요하다. 남·북·미·중·일을 비롯한 여타 국가들의 관계가 서로 영향을 주고받으며, 상호 관계 속에서 현상하는 살아 숨쉬는 유기체와 같기 때문이다. 경제와 안보적 측면에서의 상호 이익에 기반한 한반도 평화체제 구축과 이를 통한 역내 평화공동체 건설이 중요하다.

미국의 국익이라는 차원에서 보자면, 미국은 공화당에서 민주당으로의 정권 교체에도 불구하고, 북·미 간 대화를 통한 관계 개선 노력은 형식은 다를지 모르겠으나 대전제는 여전히 유효할 것으로 보인다.

일본의 한반도 정책은 분단체제의 유지를 통한 보통국가화로의 이행이라는 기존의 구도를 절대적으로 유지하려고 할 것이다. 신군국주의의 실체는 그처럼 견고하게 일본 사회를 지탱하는 핵심축이기 때문이다.

일본 신군국주의화의 실체 규명과 해체에 관련해서는, 한반도 평화체제 구축을 통한 동아시아 역내 힘의 균형 전략, 한반도와 북방 영토를 아우르는 경제·안보의 완충지대화 전략을 대안으로 제시한다.

제1부

일본 군국주의의 부활과 실체

제1장

:
●

일본 신군국주의화의 근거 및 대응 필요성

1. 일본 신군국주의화의 근거

(1) 군국주의화의 정치경제학적 측면

제국주의론적 관점

일본의 신군국주의 경향을 경계하고 그 흐름을 예의 주시하는 이유
는, 무엇보다 지나간 역사에서 비롯된 주변국 국민으로서의 피해 의식
때문이다. 군국주의가 태생적으로 내포하고 있는 군사제일주의적 성
격은 위협 요인이 되기에 충분하다. 반복적으로 침략당하고 식민 지배
의 경험까지 있는 주변국으로서는 더욱 그렇다.

그러나 이를 학문적으로 연구·분석하는 이유는 단순히 침략주의적
위협을 느끼기 때문만은 아니다. 인류는 평화와 행복 추구권을 갖는
다.[1] 이는 인종과 민족, 국가를 초월한 보편적 가치. 주변국의 군국
주의화는 지역 내 평화를 해칠 위험이 있음은 물론, 해당 국가의 사회
와 국민을 위해서도 불행한 일이다.

....

1. 존 로크는 저서 『시민정부』를 통해 "인간은 태어나면서부터 완벽한 자유를 누리고
자연법이 부여하는 모든 권리와 특전을 무제한적으로 향유할 자격을 가지고 있다. 이
점은 전 세계 모든 인간이 평등하다"라며 시민정부론을 주장했다. 이러한 로크의 사
상은 미국의 권리장전 제1조 "생명과 자유의 향유, 행복과 안전의 추구와 달성" 조항
에, 대한민국 헌법 제10조의 "모든 국민은 인간으로서의 존엄과 가치를 가지며, 행복
을 추구할 권리를 가진다. 국가는 개인이 가지는 불가침의 기본적 인권을 확인하고
이를 보장할 의무를 진다"라는 행복추구권에, 일본 헌법 제3장 제13조의 "모든 국민
은 개인으로서 존중된다. 생명, 자유, 행복 추구에 대한 국민의 권리는 공공의 복지에
반하지 않는 한 입법이나 기타의 국정에서 최대의 존중을 필요로 한다"라는 규정에
큰 영향을 주었다.

홉슨(J. A. Hobson)은 "제국주의는 국민 전체의 이해관계가 아니라, 자신들의 이익을 위해 국민에게 그 정책을 강요하는 특정 계급들의 이해관계를 동기로 삼는다"고 비판한다. 그래서 이와 같은 강탈 행위를 떨쳐내고 국민의 이해관계로 만드는 능력은 "민주주의를 정치·경제적 현실로 만들 국민의 지성과 국민의 의지와 교육에 달려 있다"라고 강조한다.[2]

군국주의는 기본적으로 인종주의와 민족주의로 무장한 제국주의에 파시즘적 요소가 크게 가미된 군사 우선, 군사 제일의 병영국가(garrison state)적 전체주의라고 할 수 있다. 그 기원은 민족국가의 탄생, 민족국가의 군대(국민군) 형성, 나폴레옹의 독재 정책 등으로 거슬러 올라간다. 이후 독일, 이탈리아, 일본의 국가 이데올로기로 기능하며 위세를 떨쳤다.

제국주의는 무엇보다도 자국의 '경제적 이득'과 관련이 깊다. 일반적으로는 타국 침탈에 의한 영역 확장이나 식민지 건설 등으로 인해, 제국주의를 정치적(군사적) 행위로만 인식하는 경향이 강하지만 이는 겉으로 드러난 현상 형태일 뿐이다. 그 실상은 자원의 확보와 시장 팽창이라는 경제적 이익을 위한 군사적 행위인 경우가 대부분이다. 따라서 정치와 경제, 이중의 의미로 보는 게 타당하다. 인류 역사의 발전 단계에서 볼 때, 제국주의를 잉태한 것은 중상주의였다.

---

2. J. A. 홉슨은 『제국주의론』에서 제국주의를 경제적 이득을 위한 행위로 파악했다. 특히 몇몇 소수의 독점적 이익만이 있을 뿐이라며, 소수의 이익을 위해 본국 시민이나 식민지 국가의 시민들은 '비용 부담'이라는 희생만을 강요당했다고 설명한다. 제국주의의 해결책으로 홉슨이 제시한 것은, 사회적 개혁 차원에서의 재분배 정책과 민주주의의 확립을 위한 국민의 지성과 의지, 교육이다.

마르크스(Karl Marx)는 유물론의 관점에서 역사의 발전을 네 단계로 나누어 설명했다. 원시공산제 사회, 고대노예제 사회, 중세봉건제 사회, 산업자본주의 사회가 그것이다. 마르크스는, 인간은 노동을 통해 자연을 변화시키고, 자연을 변화시키는 과정을 통해 자신도 변화한다고 했다.

"인간은 자연의 소재를 자기 자신의 생활에 적합한 형태로 획득하기 위해 팔과 다리, 머리와 손을 운동시킨다. 그는 이 운동을 통해 외부의 자연에 영향을 미치고, 그것을 변화시키며, 그렇게 함으로써 동시에 자기 자신의 자연(천성)을 변화시킨다." [3]

이렇듯 지양(止揚, Aufhebung)의 과정을 거쳐 오늘의 인류에 이르렀고, 이러한 지양 과정의 핵심은 인간의 '노동'이다.

역사 발전의 각 단계를 구분하는 것은 그 시대의 생산양식이다. 생산양식은 '인간의 직접적인 생산 과정에서의 물질적인 생산'과, '생산력과 생산 관계들의 총체' 모두를 의미한다. 또한, 생산 수단과 그것의 소유 형태도 중요하다. 생산 수단은 생산 과정에서 사용되는 수단으로, 노동 대상과 노동 수단으로 이루어진다. 노동 대상은 '노동이 가해지는 대상'으로 토지나 삼림 등이 될 것이고, 노동 수단은 '인간의 노동과 대상을 매개하는 수단'으로 도구나 기계 등이 된다.

원시공산제 사회는 군집을 이룬 채 수렵과 채취 위주의 생활을 했다. 이때는 축적이나 노예가 필요치 않았다. 하지만 사냥술과 도구가 발전하고 보관 방법을 터득하면서 축적을 하게 된다. 그리고 이와 같은 기술의 진보는 잉여노동력을 만들어내어 이들을 계급화한다. 촌장

3. 칼 마르크스 『자본론 I (상)』

이나 제사장 같은, 일하지 않아도 되는 이들의 출현이다.

결국 축적은 이를 탐내는 이들과의 분쟁을 낳았고, 이는 전쟁으로까지 발전했다. 노예 역시 전쟁의 산물이라 볼 수 있다. 고대노예제 사회의 탄생이다. 고대 이집트, 고대 그리스, 고대 로마와 같이 왕과 노예로 계급 분화가 확실한 사회는 다시 계급이 더 세분되는 중세봉건제 사회로 이행하게 된다. 대략 4세기부터 14세기까지 1천 년의 기간을 일컫는다. 이때는 신(神)으로부터 통치권을 위임받은 국왕과 이를 보증해 주는 성직자, 장원의 주인인 영주, 그리고 귀족, 기사, 농노, 노예로 구성된 계급사회였다.

중세봉건제 사회 말기가 되면서 상업에 눈을 뜬 새로운 계급이 출현하게 되는데, 이들이 바로 상인 계급이다. 봉건 영주의 계급적 힘이 약화하는 계기도 된다.[4] 처음에는 단순히 장인들이 만들어 놓은 잉여 생산물의 구입과 판매만을 담당하던 이들이, 세월이 흐르며 그 세력을 넓혀 주문생산을 통해 공장의 출현을 이끌어냈다.

뽈 망뚜(Paul Joseph Mantoux)는 "자신의 벽 안에 원료를 담고 있고, 근대적 생산의 원칙 자체를 명백한 형식으로 구현하고 있는 특징적인 기념비, 이것이 공장이다"라고 극찬했고[5], 마침내 상인 계급은 지중해를 중심으로 한 무역활동으로 거대한 부를 축적하게 된다.

이들 중상주의자는 이윤의 발생을 생산 과정이 아니라 유통 과정

---

4. 페리 앤더슨은 『절대주의 국가의 계보』에서 "상인 계급의 탄생과 노예제의 폐지는 봉건영주의 힘의 약화를 초래했고, 이것이 점차 중앙집권화되고 군사적 힘을 가진 절대주의 국가의 출현, 즉 정치적·법적 강제의 상향적 '전위(displacement)'였다"라고 분석한다.

5. 뽈 망뚜 『산업혁명사 (상)』

에서 찾았으며, 금이나 은을 쌓아두는 방법으로 부를 축적하였다. 생산 수단을 소유한 부르주아 계급의 탄생이었으며, 이제껏 없었던 새로운 계급으로서의 시민사회의 출현이었다. 생산 수단을 소유하고 이윤을 신봉하는 신세력과 장원을 소유한 구세력은 필연적으로 부딪칠 수밖에 없었다. 신으로부터 통치를 위임받은 왕을 타도하기 위해 이들은 신의 대항마로 인간의 '이성'을 내세워 왕과 투쟁했다. 17~18세기를 휩쓴 유럽의 시민혁명이 그것이다. 봉건사회의 특권 신분들 및 영주제의 붕괴를 이끈 프랑스혁명이 대표적이다.[6]

당시까지는 토지(영토)가 유일한 생산 수단으로 철저히 농업에 기반한 생산체제였으나, 해외무역으로 이익이 극대화되자 국가산업 자체도 농업에서 상업으로 이동하게 된다. 상업은 다시 공장을 기반으로 한 산업혁명을 가져왔고, 대량생산의 결과 값싼 노동력과 원자재 그리고 판로의 개척[7]을 요구받게 되었다. 이와 같은 산업과 생산을 통한 해외무역이 더욱더 정치적으로 확대되며, 자국의 이익을 위한 약탈 수단으로 기능하게 되는 것이 제국주의로의 발전(이행)이다.

가라타니 고진(柄谷行人)은 제국과 제국주의를 분리하여 "제국은 다수의 민족국가를 통합하는 원리를 가지고 있지만, 국민국가에는 그것

....
6. 이매뉴얼 월러스틴 『근대세계체제III : 자본주의 세계 경제의 거대한 팽창의 두 번째 시대 1730~1840년대』
7. 이매뉴얼 월러스틴은 『역사적 자본주의/자본주의 문명』를 통해 자본주의적 팽창에 대해 다른 의견을 제시한다. "시장에 대한 추구를 가지고 지리적 팽창을 설명하려는 것은 말이 안 된다"며 역사적 사실에 들어맞지 않는다고 비판한다. 역사적 자본주의 밖에 있는 지역은 필요치 않았거나 혹은 구입할 만한 적당한 수단을 갖고 있지 못해서 자본주의적 생산품을 별로 구매하려 들지 않은 지역이었다는 설명이다. 그래서 "식민지배자들이 새로운 정복지를 찬탈한 후 식민정부를 움직여서 자기들의 상품에 대한 '기호를 만들어내고자' 노력했다"라는 것이다.

이 없다. 그와 같은 국민국가가 확대되어 타민족·타국가를 지배하게 될 경우에는 제국이 아니라 '제국주의'가 된다"라고 설명한다. 그리고 "제국의 확대는 정복이기는 하나 정복된 상대를 동화시키지 않고 복종(혼인)과 공납(교환양식B)으로 만족한다는 점이 특징이다. 반면, 제국주의는 아메리카의 제국주의처럼 외견상 자유민주주의를 장려하면서 관세권(교환양식C)은 빼앗는다는 점"이라고 설명한다.[8]

파시즘적 관점

파시즘은 나치즘, 제국주의와 함께 전체주의로 규정된다. 전체주의의 개념 또한 히틀러의 나치즘, 무솔리니의 파시즘, 나아가 스탈린주의를 경험했던 동시대의 지식인들에 의해 정의되어 오늘에 이르렀다. 전체주의라는 말을 처음 사용한 이는 무솔리니(Benito Mussolini)로, 그는 "전체주의적 국가"라는 표현을 썼다. 하지만 전체주의를 개념화하여 처음으로 사용한 이들은 이탈리아의 언론인이자 정치인이었던 아멘돌라(Giovanni Amendola)와 사회운동가 고베티(Piero Gobetti)였다. 1923년 파시스트들이 선거법을 개악하자, 이들은 "'전체주의 정신'에 의해 제정된 악법"이라고 비난하면서 처음 사용했다.[9]

초기의 전체주의 개념은 완전히 부정적인 의미만은 아니었다. 새로

....
8. 가라타니 고진은 『제국의 구조: 중심·주변·아시아 주변』을 통해 교환양식을 A, B, C, D로 나누어 설명한다. 교환양식A는 호수(증여와 답례), 교환양식B는 약탈과 재분배(지배와 보호), 교환양식C는 상품 교환(화폐와 상품), 교환양식D는 고진이 새로이 지향하는 교환양식이다. 고진은 교환양식A(네이션)가 교환양식B(국가)·C(자본)에 의해 해체된 후, 고차원적(한 번의 부정[지양]으로 인해 회복[고양]된 것)으로 회복된 것을 교환양식D로 설명한다.
9. 장문석 『파시즘』

운 정치로 받아들이거나 긍정하는 경향도 있었다. 전체주의 개념이 소련의 스탈린주의와의 동의어, 나아가서는 공산주의 일반을 지칭하는 용어로 폭력과 공포의 이데올로기로 도구화한 것은 냉전의 시작과 함께였다.

E. H. 카는 "역사가는 한 사람의 개인이다. 우리는 때때로 역사의 경로를 움직이는 행렬(moving procession)"이라며, "역사가는 다만 그 행렬의 어느 한 부분에 끼어서 터벅터벅 걷고 있는 돋보이지 않는 인물, 역사가는 역사의 일부이다"[10]라고 했지만, 이는 역사가만의 몫은 아니다. 현실의 삶 속에서 부단히 부딪치며 미래를 향해 나아가고 있는 인간들 모두의, 현재와 과거 사이의 끊임없는 대화가 역사이기 때문이다. 과거의 전체주의는 인류에게 오늘의 자유, 더 정확하게는 '정치적 자유'의 안녕을 되묻는다. 사회 일각을 파고드는 짙은 정치혐오는 자유의 본질을 훼손할 우려가 크다. 그래서 위험하다.

한나 아렌트는 전체주의의 일시적인 패배가 전체주의가 완전한 종말을 고한 것은 아니라고 경고하며, "정치적으로 시작은 인간의 자유와 동일한 것이다"라고 정치적 시작과 자유의 시작을 동일시한다.[11] 정치적 행위가 있었고, 인간의 자유가 창조되었다는 말과 다르지 않다. 인간의 자유를 억압하고 무력을 앞세운 채 힘을 과시하려는 일체의 것들 속에 잔재로 남아 있는, 전체주의의 어두운 그림자는 늘 기회를 엿보며 도사리고 있다. 때로는 깃발과 구호로 현혹하고, 때로는 양의 탈을 쓴 채 겸손을 가장하고 있다.

....
10. E. H. 카 『역사란 무엇인가』
11. 한나 아렌트 『전체주의의 기원 2』

    파시즘 혹은 파시스트의 개념과 관련해서는 지금까지도 학자들 간에 여러 의견이 분분한 상황이나, 그 기원에 관해서는 대체로 이탈리아의 무솔리니 등이 결성했던 1919년 3월 23일의 '이탈리아 전투 파쇼(Fasci italiani di combattimento)'에서 찾는다. 그렇다면 왜 이탈리아에서 파시즘이 태동하게 되었는지가 궁금해진다. 이 의문과 관련해서는, 서로 상반되는 대표적인 두 의견이 존재한다.

    먼저, 파시즘을 새롭게 발전해 가던 이탈리아 역사에서 잠시 옆길로 샜던 우연의 산물, 이상기형물 정도로 보는 베네데토 크로체(Benedetto Croce, 이탈리아의 정치가)의 견해가 있다. 그는 이탈리아 왕국의 설립(1861년) 이후 이탈리아의 통일(1870년)로까지 이어진 민족 부흥 운동 리소르지멘토(Risorgimento) 전통의 열렬한 숭배자였다.

    크로체는 자신의 저서 『이탈리아사』를 통해 새로운 이탈리아를 건설하기 위해 통일 이후 이탈리아의 자유주의적 정치 지배층이 얼마나 헌신하고 분투했는지를 입증하고자 했다. 크로체에 의하면 파시즘은 "이탈리아 근대사와는 단절된 채 그저 툭 튀어나온 한낱 야만인들에 의한 막간극"에 불과했던 셈이다.[12]

    이와 다른 주장으로는 이탈리아의 마르크스주의 정치이론가 안토니오 그람시(Antonio Gramsci)가 있다. 그람시는 파시즘의 출현을 이탈리아 역사에 내재해 있는 구조적 모순으로 본다. 그람시는 그의 주요 이론 중 하나인 '수동 혁명론(rivoluzione passiva)'으로 크로체의 주장에 반박했다. 그람시에 따르면 크로체의 저술은 "1789년 프랑스

12. 장문석 「크로체의 역사주의와 자유주의 -19세기 역사 서술을 중심으로-」, 『대구사학』 제95집

에서 시작되어 공화주의자와 나폴레옹의 군대를 통해 유럽의 다른 지역으로까지 확산한 위대한 혁명의 '수동적' 측면-구제도를 강력하게 밀어붙임으로써, 프랑스에서처럼 구제도를 즉각적으로 붕괴시킨 것이 아니라 1870년에 이르기까지 점차 '개량주의적'으로 침식해 들어가게 한 측면-에 불과할 뿐이라고 말할 수 있다"라고 비판하며, 이탈리아 사회에 구조적으로 내재해 있던 현상의 분출로 파시즘을 파악했다.

여러 위기가 복합적으로 뒤엉켜 있는 '유기적 위기(organic crisis)'에 직면한 상황에서 그 대응 수단으로 택한 수동 혁명의 측면, 즉 소수의 지배 엘리트들에 의한 위로부터의 개혁으로, 사회 관계들의 전통들을 변모시키는 것만으로는 진정한 변화(혁명)를 기대할 수 없다는 주장이다.

유기적 위기는 기존 지배계급이 직면해 있는, 치유가 어려운 장기간에 걸친 구조적 모순이다. 이때는 수동 혁명의 방법이 아닌 기동전[13]을 수단으로 사용해야 한다는 것이다. 크로체가 '새롭게 발전해 가는 이탈리아'라고 옹호했던 그 체제가 바로 한낱 수동 혁명에 지나지 않았다는 지적이다. 그리고 이 점이 이탈리아에서 파시즘이 출현하게 된 이유라고 설명했다.

---

13. 그람시의 전략론에는 '기동전(war of movement)'과 '진지전(war of position)'이 있다. 기동전은 미발전 국가에서 사용할 수 있는 전면 공격으로, 피아(적과 아군)의 구분이 분명한 상황에서의 전략이다. 진지전은 서유럽과 같은 선진자본주의 국가에서 사용 가능한 전략으로, 국가 혹은 지배계급의 타도를 위한 '대항 이데올로기'를 말한다. 그람시는 선진자본주의 국가들의 지배는 물리적 강제력보다는 교육·언론·대중문화·법률 등을 통해 획득되는 대중의 '동의'를 통한 계급의 지배로 보았다. 즉, '이데올로기적 헤게모니'를 확보하는 이데올로기 투쟁이다.

민족주의론적 관점

역사학자 페리 앤더슨(Perry Anderson)은 "서구에서 절대주의 국가(Absolutist States)의 등장은 16세기가 지나면서"라고 본다. 농노제의 붕괴와 함께 봉건영주들의 계급적 힘은 위험에 처하게 되었으며, 그 결과로 "중앙집권화되고 군사적 힘을 갖춘 절대주의 국가로의 정치적·법적 강제의 상향적 '전위(displacement)'가 일어났다"라고 주장한다.[14] 기존의 농노제에 기반한 경제에서 기계제에 의한 생산으로 생산양식 자체가 변화함에 따라 상부구조의 정치체제 역시 변화했던 것이다. 이러한 변화의 여러 요인이 유럽에서 민족 형성을 촉진했다.

베네딕트 앤더슨(Benedict Anderson)은 민족을 '상상되는 정치공동체'로 본다. 여기서 '상상되는'이라 함은 민족 구성원 각 개인의 친교·만남·앎은 구성원 각자의 인식의 차원, 즉 상상의 영역에 존재한다는 의미다. 민족 구성원 모두를 알거나 친교 맺는 것은 불가능한 일이며, 오직 마음으로부터의 민족적 '의식'에 기반한다는 말이다.

그는 민족주의의 기원을 이야기하며 "민족공동체 이전에 사람들을 묶는 역할을 했던 몇 개의 종교 공동체가 있었다"고 주장한다. 이슬람 세계, 기독교 세계, 불교 세계가 그것이다. 이후 "인쇄술의 발달과 함께 활자어를 매개로 한 언어가 민족 구성의 경계로 작용하며 민족주의 의식의 발달을 가져왔다"[15]라며, 인쇄자본주의의 발전이라는 역사적 맥락에 주목했다.

이처럼 모든 사회의 구조 형태는 생산 관계들로 설명할 수 있다. 생

---

14. 페리 앤더슨 『절대주의 국가의 계보』
15. 베네딕트 앤더슨 『민족주의의 기원과 전파』

산 관계가 생산력의 특정한 발전 단계에 의해 규정된다고 볼 때, 민족의 탄생과 구성에 있어 결정적인 토대는 자본주의적 생산 관계가 생겨나는 과정에서의 자본주의적 사회구성체의 필수적 요소인 구조 형식과 발전 양식이다. 즉, "부르주아지들의 공통된 경제적인 이해관계는 민족의 형성에, 경제적 조건과 이해관계는 민족 통합 과정에서 가장 큰 원동력이자 핵심적 동인이었다."[16)

어찌 되었든, 민족의 기원을 떠나 민족을 본격적으로 받아들이기 시작한 것은 근대 이후의 일이다. 19세기가 되어서야 비로소 민족의 관점에서 보고 느끼고 생각하게 된 것이다. 특히, 이탈리아와 독일의 통일 과정을 통해 민족주의는 확실한 기반을 닦는다. 이탈리아는 앞서도 거론했던 리소르지멘토로 1870년 완전한 반도 통일에 성공했다. 교황국의 중부, 시칠리아와 나폴리 왕국으로 분열되어 있던 남부 이탈리아는 당시 유럽 국가들의 영토 확장 각축장이었다.

민족 부흥(통일)의 기운이 일기 시작한 것은 나폴레옹의 통치 시기부터다. 프랑스혁명의 자유주의와 평등의 정신이 큰 영향을 주었다.[17) 프랑스혁명은 유럽 전역에 민족주의 운동의 기폭제로 작용했다. 이탈리아도 예외는 아니어서 정치·사회적으로 깊은 영향을 주었다.

나폴레옹 통치체제가 붕괴한 1815년 후, 이탈리아에는 시대착오적인 반동 정치가 부활했다. 이탈리아는 다시 분열 상태로 되돌아갔다. 이탈리아는 일곱 개의 크고 작은 국가들로 쪼개진 상태에서 오스

---

16. 알프레드 코징 『사적유물론적 민족이론』
17. 프랑스혁명은 민족주의뿐만 아니라 자유주의, 민주주의, 사회주의(평등), 보수주의 이데올로기의 산실이다.

트리아의 지배를 받는 처지가 되었다. 하지만 이미 자유와 평등의 프랑스혁명 정신은 사회 깊숙이 뿌리내리고 있었다. 리소르지멘토는 이렇듯 혼탁한 정치 상황과 사회 분위기에서 민족부흥운동, 즉 통일운동으로 기능했다. 살데냐 국왕을 중심으로 한 통일전쟁과 외교정책을 앞세워 이탈리아는 오스트리아와의 몇 차례에 걸친 독립운동 끝에 통일을 이룩했다.

독일의 경우도 주변의 오스트리아·프랑스·덴마크와의 전쟁을 통해 프로이센 주도의 신생 독일 국가로 통일된다. 통일 독일의 뒤안길에도 나폴레옹의 그림자가 어른거린다. 신성로마제국의 해체를 가져온 나폴레옹의 침공으로 국가 분열 상태에 있던 독일은 민족공동체의 부활을 모색하게 된다. 이때 등장하는 것이 범(凡)게르만 통합의 대(大)독일주의와 프로이센 중심의 소(小)독일주의다. 이를 두고 대립하던 오스트리아와 프로이센이 전쟁을 벌여, 1866년 프로이센이 승리를 거두며 프로이센 중심의 통일이 이루어진다.

신생 독일은 민족주의적 색채는 비록 옅었으나, 민족주의의 강화를 위해 지속적으로 노력했다. 대표적인 것이 문화투쟁의 전개를 통해 문화적 규범에서 일탈한다고 간주하는 소수파(이를테면 사회주의자, 가톨릭교도, 폴란드인 등)를 '제국의 적'으로 삼아 탄압했다는 사실이다.[18] 이미 이때 나치즘의 탄생이 예고되었는지도 모를 일이다.

이후 민족주의는 다양한 이념과의 결합, 근대 산업사회의 발전과 함께 자본주의적 국민 경제의 성립으로 한층 격화되었다. 민족주의는 기반(토대)이 무엇이냐에 따라 다른 모습으로 나타났다. 제국주의 국가

....
18. 장문석 『민족주의』

에서는 침략 민족주의적 성향, 즉 민족주의 식민지 건설을 위한 '침략 이념'으로 사회를 오염시켜 나갔고, 제국주의와 맞서 싸워야 했던 제3세계의 식민지국에서는 저항 민족주의로, 제국주의로부터의 '해방 이념'으로 등장했다.

일본의 전전 민족주의는 식민주의와 팽창정책이 기승을 부리던 국수주의적 초민족주의(超民族主義)였다. 이들은 천황제 이데올로기인 국체(國體)[19]를 앞세워 일본 민족의 우수성을 강조하고, 더불어 민족과 국가의 동일시로 개인의 희생을 강요했다. 이와 같은 국가주의적 민족주의 성향은, 패전과 함께 전후를 맞이하면서 평화헌법에 기반한 민주주의로 대치되었다. 하지만 이 또한, 경제 성장에 따른 경제대국 일본이 되면서, 점차 자신의 목소리를 내고자 하는 욕망으로 표출되었다.

1980년 중반 불거진 미국과의 경제 마찰을 계기로, 일본에서는 일방적인 미국 추종 외교 및 안보에서 벗어나려는 움직임이 일기 시작했다. 'NO라고 말할 수 있는 일본'이 그 대표적인 예다.

이러한 미·일 갈등은 1996년 하시모토 내각과 클린턴 행정부가 들어서면서 극복되었다. 하시모토 총리는 국가 이데올로기로 외부적으로는 신자유주의를 받아들였으며, 내부적으로는 군사 대국 일본을 목표로 했다. 전후 일본 (신)민족주의의 발현이었으며, 이후 국가 주도의 국가주의적 민족주의의 모습으로 변질된다.

---

19. 국체는 국가체제를 말한다. 일반적으로는 정치체제라고 표현한다.

(2) 일본의 지정학적 위치와 역사적 측면

일본의 전략지정학적 위치

한반도가 서양에 처음으로 알려지며 얻은 인상은 '조용한 아침의 나라' 혹은 '은둔의 나라'와 같은 정적인 모습이었다. 인도의 시인이자 사상가였던 타고르(Rabīndranāth Tagore)는 우리에게 '동방의 등불'이라는 희망가를 선사했지만, 이는 동시대 식민지국의 국민 일반이 공유하고 있었던(타고르의 인도도 당시 영국 식민지였기에) 독립을 향한 애틋한 심정의 감정 이입이었을 것이다. 역사적으로나 지리적으로나, 한반도보다 더 조용하고 은둔형인 국가는 이웃 나라 일본이었다.

한반도는 역사 이래 수없는 외침에 시달렸던 국가다. 1천 번에 가까운 외침을 당했다고 하니, 쉴 새 없이 대비해야 했고 틈만 나면 싸워야 했던 고난과 고통의 처절한 역사였다. 대륙으로부터는 중국 영토를 두고 벌이는 한족과 북방 세력(흉노, 돌궐, 몽골, 거란, 여진 등)과의 싸움으로 고래 싸움에 새우 등 터지는 꼴이었다. 고구려 때의 수나라, 당나라, 돌궐의 침략이 그렇다. 고려 때는 거란족과 몽골군이 괴롭혔다. 조선 인조 때의 정묘·병자호란은 여진족(후금)이 준 굴욕이었다.

해양으로부터는 일본열도에서 밀려오는 왜구의 침략과 약탈 행위로 골치를 썩어야 했다. 14세기 고려 때만도 500회가 넘게 왜구의 노략질이 있었고, 조선시대에는 도요토미 히데요시(豊臣秀吉)에 의해 나라가 풍전등화의 위기로까지 내몰리게 되었다. 그리고 끝내는 오랜 식민 지배로 이어졌다.

문재인 대통령은 〈2019 국민과의 대화〉 텔레비전 방송에서 "한국은 일본의 안보에 있어 방파제 역할을 하며 굉장히 큰 도움을 주고 미국은 핵 안보 우산을 제공한다"라고 지적했다. 정확한 지적이다. 일본은 대륙 세력으로부터 제대로 된 공격이나 침략을 받아본 경험이 별로 없다. 그나마 사료가 전하는 것으로는 두 개 정도를 꼽을 수 있다.

13세기에 몽골군이 카라후토(樺太, 지금의 사할린 지역)를 침공했던 적이 있다. 하지만 이 또한 사료의 부족 등으로 자세한 내막은 알려져 있지 않다. 우선은 사할린을 당시 일본 영토로 볼 것이냐의 문제도 있고, 사할린의 원주민인 아이누족과의 분쟁이었기에 아이누족을 일본인이라 볼 것이냐의 문제까지 나아간다.

아무튼 이 분쟁까지를 포함한다 해도, 태평양전쟁 시기 미군과의 오키나와(沖繩) 전투를 포함해서 두 번 정도다. 대륙 세력이 해양으로의 진출이 여의치 않았던 당시의 시대 상황 등을 고려해 본다면 일본은 지정학적으로 천혜의 요새와도 같았고, 그것을 저지·지지해 주던 방파제의 역할은 한반도가 했던 셈이다.

해양술의 발달과 해양 세력의 부상은 지역 패권에 변화를 가져왔다. 해양 세력은 대륙으로의 진출을 갈망했다. 근대의 산업화는 더욱 이를 부채질했다. 값싼 노동력과 원자재를 찾아 상품의 소비시장을 얻고 확대하기 위해 식민지 건설이 절실했다. 기업가들이 군사비 지출을 선호하는 이유 또한 이윤이 쉽게 발생하기 때문이다. 그들의 시선이 꾸준히 군비로 향하는 이유다.[20]

청나라와 러시아는 한반도라는 방파제를 넘어오는 일본 해양 세력

20. 미카엘 라이히 「군사비 지출과 이윤을 위한 생산」, 홉스바움 외 『현대 세계 자본주의론』

과 맞부딪쳐야 했다. 한반도가 열강들의 각축장이자 먹잇감이 되는 순간이었다. 이후 지금까지도 대륙 세력과 해양 세력은 서로의 영역을 다지고 넓히기 위해 숨가쁜 경쟁을 이어가고 있다. 패전으로 전후를 맞이했던 일본도 여전하다. 한반도와 대륙 침탈을 노리고 있는 보수 우익의 책동은 멈추지 않고 있다.

대표적인 게 1965년에 폭로된 미쓰야(三矢, 세 개의 화살) 계획이다. 유사시에 한(+대만)·미·일 3국이 세 개의 화살이 되어 한반도와 만주 지역을 점령하겠다는 작전 계획이다. 이 계획이 만들어진 것은 1963년 사토 에이사쿠(佐藤榮作)[21] 내각 때로, 미국의 지원 속에 당시 방위청 장관이던 고이즈미 준야(小泉純也)[22]에 의해서다. 이 계획은 주변 사태 유사시로 확대 해석되어 1997년의 신가이드라인에 그대로 담겼으며, 1999년에는 주변사태법으로 제정되었다. 이들 법률에 따라 자위대는 미군의 후방 지원 역할을 담당하는 것으로 임무 부여되었지만, 점차 공고해지고 일체화되는 미·일 동맹체제는 단순한 후방 지원 이상을 목표로 한다는 문제점이 있다.

한편, 보다 구체적으로 미쓰야 계획이 현실화한 것은 2002년의 개념 계획이었던 '5055'다. 이 계획은 한반도와 일본 및 그 주변 지역에서 유사사태가 동시에 발생한 경우를 상정한 것이었다. 이것은 개념적 계획이었는데, 이것이 실전 계획으로 격상된 게 한반도 유사사태 대응 공동작전계획이다. 미·일 공동으로 2006년 말부터 추진했다. 유사시 일본 난민(대략 10만~15만 명으로 추산)의 이송 문제부터, 미·일 동맹에

....
21. A급 전범 기시 노부스케(岸信介)의 친동생
22. 일본 총리를 지낸 고이즈미 준이치로(小泉純一郎)의 부친

의한 북한 공격까지 포함되어 있어 논란이 되었다. 이렇듯 일본의 대륙 진출 야망은 여전히 현재진행형이며, 보통국가화가 심히 우려되는 이유다.

특히 2000년대 이후 중국의 부상과 미국의 견제, 여기에 편승한 일본의 군사대국화 움직임 등으로 동아시아의 패권 질서는 한 치 앞도 내다보기 어려운 실정이다. 현재 히말라야 고원에서는 인도와 중국이 군사적으로 충돌하고 있으며, 대만해협을 사이에 둔 대만과 중국의 양안관계(兩岸關係, Cross-Strait relations)는 언제 충돌이 일어나더라도 이상하지 않을 만큼 분위기가 고조된 상황이다. 또한 1972년 이후 일본이 실효 지배 중인 센카쿠 열도(중국명 댜오위다오)에는, 최근 들어 중국 정부 선박의 접근이 잦아지고 있어 자칫 중·일 간의 충돌로까지 번질 가능성이 크다는 분석이 많다.

일본 군국주의의 역사적 근거

로자 룩셈부르크(Rosa Luxemburg)는 군국주의를 자본주의의 축적체제와 연결 지어 그 의미를 파악한다. 자본의 축적이 일상적일수록 협소해지는 비자본주의 영역의 국제적 쟁탈전은 한층 가열되며, 이러한 제국주의 간의 경쟁 속에 군국주의가 탄생하게 된다는 것이다. 이와 더불어 군국주의 그 자체를 하나의 축적 영역이라고 보았다. "순수 경제적으로 자본에서 잉여 가치의 실현을 위한 대단히 중요한 수단으로 나타난다"라는 것이다.[23]

대표적인 게 군수산업 부문이다. 생산에서 소비에 이르기까지 국가

....
23. 로자 룩셈부르크 『자본의 축적II』

가 막중한 역할을 하기에 그렇다. 특히, 국내의 경제 상황이 불황의 연속일 경우나 세계적인 대공황의 타개책으로써 전쟁은 항상 그 역할을 마다하지 않았다. 대공황의 산물로써의 히틀러와 나치즘, 쇼와공황(昭和恐慌)에 이은 관동군의 만주 침략전쟁 등이 대표적이라 할 수 있다.

제1차 세계대전의 틈바구니에서 전쟁물품 수출로 재미를 보던 일본 경제는, 1918년 전쟁의 종결과 함께 유럽이 경제 회복기에 들어가자 자연히 수출 경쟁력을 잃었다. 재고는 쌓여 갔으며, 기업들은 과잉 설비 투자에 따른 재무 상태의 악화로 불황을 맞게 되었다. 엎친 데 덮친 격으로 1923년 9월의 관동대지진은 막대한 재정 소요를 유발했다. 경제난이 심화하면서 문민정부의 인기는 하락했으며, 이때를 놓치지 않고 강력한 노선의 군부가 전면에 등장하게 되면서 군국주의적 색채가 노골화되었다.

일본 군국주의의 뿌리는 지정학적 특성, 개인주의, 계급구조 등에서 찾을 수 있다. 그리고 이것이 표면적으로 나타나기 시작한 것은 메이지유신 이후의 일이다. 근대화와 산업화의 영향이다. 지정학적 특성으로는 대륙으로부터 이탈된 해양 세력이라는 고립된 소외자의 '섬 의식'이 존재한다.

개념적으로 이들은 뭍으로의 '이동'이 아니라, 뭍으로의 '탈출'이라는 인상이 강하다. 뭍에서 뭍으로 위치 변화는 이동으로 설명된다. 또한 이들에게는 계급 구조상 고착화된 신분 불변의 원칙 같은 게 있다. 막번(幕藩)체제는 쇼군(將軍)과 다이묘(大名)[24]의 주종관계 체제였다. 다

----

24. 막번체제는 중앙의 막부(幕府)와 지방의 번(藩)이 주종관계로 유지되는 체제이다. 막부의 수장은 쇼군, 번의 수장은 다이묘이다. 다이묘의 등장은 10세기 말 즉, 헤이

이묘는 지방의 번주이자 봉건영주로서 절대적인 권한을 갖는다. 그리고 이들 밑에는 무사 계급인 사무라이(侍)[25]의 존재가 있다.

이러한 사회 속에서 평민들의 삶은 고립된 개인이었다. 특히나 천황의 그림자는 한층 개인의 존재성을 희미하게 만들었다. 신격화된 천황만이 가진 주권과 이에 순종하는 신민으로서의 백성일 뿐이었다.

1890년 교육칙어(教育勅語)[26]가 발표되자 학교에서는 수업 시간 전에 이를 암송해야 했다. 마치 우리가 1970~80년대 국민교육헌장을 암송했듯이 말이다. 일본이 근대화를 이루는 과정 중에 이러한 고립된 개인주의와 천황 중심적 집단주의 사상들이 '일본주의(내셔널리즘)'로 자리를 잡으며 메이지유신 이후의 일본 국가의 정체성으로 정착된다.

20세기 초, 일본의 민주주의 운동이라 일컫는 '다이쇼 데모크라시(大正デモクラシ-)' 시대가 열린다. 민주주의와 의회정치에 대한 민중의 요구가 빗발치던 시기였다. 한편으로는 러·일전쟁의 승리로 인한 군사적 자신감과 외교정책의 나약함으로 인한 불만(히비야 방화사건)[27]

....

안시대(794~1185)로 거슬러 올라간다. 대략 10세기 말부터 19세기 말 메이지유신 전까지 일본 각 지역을 다스렸던 지방 영주를 말한다.

25. 무사의 본격 등장은 대략 9~10세기쯤이다. 12세기 이후가 되면서 정치적 실권까지를 쥐게 된다. 이들은 장원의 영주 가까이에서 경호를 담당하던 사병이었다.

26. 메이지천황이 국민에게 당부하는 형식으로 되어 있다. 12가지 덕목(국민의 충과 효가 국체의 정수이자 교육의 기반이다. 신민은 부모에 효도하라, 형제자매의 우애, 부부애, 우정을 쌓고, 학문과 지식을 습득하고, 착하고 유능한 인물이 되며, 황실 전범 및 헌법을 준수하고, 위급함이 있을 때 황실과 국가를 위해 몸을 바쳐라 등)을 명기한 후, 이를 지키는 것이 국민의 전통이며, 이는 역대 천황의 유지이기에 천황 자신도 이를 지키기 위해 노력하겠다는 말로 끝맺는다.

27. 히비야 방화사건(日比谷燒打事件)은 1905년 9월 5일 포츠머스조약에 서명하는 날 일본에서 일어난 최초의 대규모 무력시위를 말한다. 러·일전쟁의 승리에 따른 배상금 문제에 불만을 표출한 사건으로, 막대한 전비를 쏟아 부은 일본은 막대한 배상금

등 상당히 이중적인 상태의, 가치관의 혼란기를 맞고 있었다. 근대화를 이루면서 서구의 문화와 지식은 민중의 민주주의 의식에도 많은 영향을 주었다.[28]

그러나 일본 내치에서의 민주주의와 인권을 주장하던 이들도 외치, 즉 대외정책에 있어서는 강력한 제국주의적 시각을 견지했다. 이들은 민족의 생존과 활로를 위해 필요하다면 국외로의 제국주의적 진출은 용납된다는 논리를 펴며 팽창주의적 제국주의를 주장하였다.

이런 주장을 하는 이들이 점차 정부의 고위직에 오르며 한층 우경화로 기울고, 특히 군부에서의 입김이 세지면서 문민 통제에서 벗어난 군부의 일탈적 행위들이 벌어지게 된다. 이의 직접적인 계기가 되는 것이 만주사변이다.

만주사변은 군의 통제장치를 벗어난 관동군의 일방적 침략 행위였으며, 일본 제국주의가 일본 군국주의로 전환하는 분기점이었다. 이후 1945년 태평양전쟁에서 미국에 무조건 항복하고 전쟁을 종결하던 기간까지의 대략 15년을 일본 군국주의 시대로 본다.

....

을 기대했으나, 포츠머스조약에 따라 러시아는 배상금을 지불하지 않았다. 이날 도쿄의 히비야공원에서 대규모 집회가 열렸는데, 흥분한 민중들이 관공서 등에 불을 지르며 항의했다.

28. 유지아 「1910~1920년대 일본의 다이쇼 데모크라시와 제국주의의 변용」, 『한일관계사연구』 57

2. 일본 신군국주의화의 대응 필요성

(1) 전략지정학적 대립과
한반도 평화체제의 양립 가능성

일본의 수도인 도쿄(東京) 근교 사이타마현(埼玉縣) 히다카시(日高市)에 고마진자(高麗神社)라는 신사가 있다. 한국어라면 '고려신사'로 읽히는 이 신사는, 고구려 왕족 출신인 '약광(若光)'을 주제신으로 모시고 있다. 약광은 고구려가 나당연합군에게 패망하던 668년을 전후해서 일본으로 건너간 도래인(渡來人)[29]으로, 일본 관동(關東)지역에 터전을 잡고 고구려 유민들을 이주시켜 고마군(高麗郡)을 개척했다고 알려져 있다. 약광의 사후에 지역 주민들은 약광을 신으로 받들기 위해 고마진자를 세웠다고 한다. 현재도 고려신사와 약광의 묘인 '고령왕묘'가 잘 보존되어 있다.[30]

이처럼 고대부터 현재에 이르기까지, 역사적으로 한반도와 일본열도(倭) 사이에는 빈번한 인적 교류와 왕래가 있었다. 위에서의 예처럼 백제와 신라, 고구려는 다양한 방식으로 왜와 교류 관계를 맺어왔다. 그중에서도 백제의 왕래와 교류가 제일 활발했는데, 백제는 왕자들을 일본으로 보내어 일정 지역을 다스리게 하며, 우수한 문물과 문화 등

------

29. 5~6세기에 중국이나 한반도에서 일본으로 건너간 이주민들을 말한다. 선진문물의 전파자들이다.
30. 바바 나오야(馬場直也)『고마진자(高麗神社)』

을 일본열도에 전파하였다. 백제를 '반도부여', 일본을 '열도부여'라고 부를 만큼 그 관계는 아주 각별했다.

하지만 나당연합군에 의해 한반도가 통일되고, 백제와 고구려가 멸망하면서 양국 관계는 다소 소원해졌다. 특히, 백제에 구원군을 보냈던 야마토(大和) 조정이 금강 하구 백촌강 전투에서 나당연합군에 의해 패하고 돌아간 후 상황은 더욱 악화하여 외교 단절로까지 이어졌다. 이후 외교 관계는 회복되었지만, 예전과 같은 돈독한 사이로 발전하지는 못했다.

고려 말 이후 조선시대에 이르기까지 잦아진 왜구의 출몰은 이러한 외교 및 무역·문물의 원활하지 못한 교역 관계 탓이 컸다. 이후 일본열도는 틈만 나면 한반도 침략을 획책했고, 마침내는 식민지화에까지 이른다. 식민지의 여파는 '한반도 분단'이라는 형태로 현재까지도 남아 있다. 아직 한반도는 식민지에서 해방되지 못했다. '통일'이 '해방'이라는 말은 그래서 유효하다. 통일운동을 독립운동하듯 결기 있게 해야만 하는 이유다.

진정한 해방을 위한 노력이 남과 북, 미국 사이에서 벌어지고 있다. 두 차례에 걸친 정상회담과 판문점 회동 등으로 순탄할 것만 같았던 북·미 관계가 개선의 여지를 뒤로한 채 잠시 소강 상태에 머물러 있다. 판문점체제의 해체와 한반도 평화체제의 도래를 반기지 않는 세력이 여전히 건재하다는 방증이다.

군사대국화를 위해 가야 할 길이 바쁜 일본 역시 그 세력 중의 하나다. 판문점체제의 해체가 절대 달갑지 않기 때문이다. 아직은 판문점체제를 통해서 볼 이득이 많은 까닭이다.

한반도의 분단은 내셔널리즘의 확대에 이중의 이용 가치가 있다. 남한과는 과거사 문제와 독도 영토 갈등 문제를 최대한 부각시켜 일본 국민의 애국심을 조장하고, 민족교육을 통해 자라나는 학생들을 우군으로 포섭한다. 북한과는 '북한에 의해 납치된 일본인 피해자' 문제가 있다. 이 또한 일본 사회 우경화의 절대적 소재로 자리매김하였다. 이를 기반으로 성장하고 있는 게 일본의 보수우익, 특히 아베와 같은 수정주의자들이다.

하지만 그럼에도 불구하고, 한반도 평화체제를 위해서는 주변국인 일본과의 연대가 절실히 요구된다. 한반도 평화체제가 어렵고도 힘든 이유가 여기에 있다. 남과 북의 문제가, 남과 북을 떠나 주변 강대국의 동의와 협조가 병행되어야 하기 때문이다.

(2) 강대국 국제정치와 한반도의 거대한 비전

"전쟁은 곧 평화다."

작가 조지 오웰(George Orwell)이 자신의 소설 속 인물 빅브라더의 입을 통해 내놓은 경고다. 권력자는 물리력으로써의 힘뿐만 아니라 머릿속 관념까지를 통제해 자신들의 헤게모니(hegemony) 블록을 형성한다. 지배 권력은 자신들이 가진 막강한 강제적 권한뿐만 아니라, 피지배계급의 동의(consent)[31]를 기반으로 통치한다.

여기에는 이데올로기가 중요한 요소가 된다. 강제력과 동의로 헤

....
31. 국가 혹은 통치의 헤게모니는 피지배계급의 '동의'를 통한 권력 획득이다.

게모니 블록은 형성된다. 헤게모니란 패권을 의미하는 것으로, 군주가 갖는 힘으로써의 '권력'을 상징하는 용어로 사용되었다.

후에 이 용어는 혁명 지도의 개념으로 러시아 마르크스주의 지도부 내에서 사용되기도 했으며, 레닌 또한 1905년부터 가끔 프롤레타리아와 빈농 대중의 동맹과 지도라는 측면에 의미를 두고 사용했다. 그리고 그람시에 의해서 '헤게모니'는, 전술과 전략적인 어법을 초월해서 구체적인 사회구성체 속에 존재하는 통일성을 이해하는 핵심 개념이 되었다.[32]

국제정치에서도 강대국의 지배 논리로서의 헤게모니의 위력은 막강하다. 헤게모니의 핵심 이슈는 '이익의 증진'이다. 이는 한 사회체계 또는 정치체계에 의한 사회구조의 창출뿐만 아니라, 국제체계 창설의 원인이 된다.[33]

2018년 4월 27일, 판문점 평화의 집에서는 남과 북의 정상이 만나 〈한반도의 평화와 번영, 통일을 위한 판문점 선언〉에 서명했다. 11년 만의 남·북 정상회담이자, 신한반도시대의 서막이 열리는 순간이기도 했다. 이후 숨 가쁘게 이어진 평화와 번영을 향한 여정은 '5·26 남·북 정상회담'을 통해 역사적인 '6·12 싱가포르 북·미 정상회담'을 견인해 내기에 이른다. 70여 년에 걸친 갈등을 종식하고 평화의 씨앗이 뿌려지는 순간이었으며, 동시에 냉전의 마지막 보루인 판문점체제(동아시아 불평등체제/샌프란시스코체제)의 공고했던 벽이 허물어지는 순간이었다.

....

32. 어네스트 라클라우, 샹탈 무페 공저 『사회변혁과 헤게모니』
33. 로버트 길핀 『국제정치에서 전쟁과 변화』

선언서에 서명하는 최종 작업 하나를 남겨두고는 있으나, 도도한 역사의 물줄기를 되돌릴 수는 없을 것이다. 다음에 있을 북·미 정상회담이 기대되는 이유이기도 하다. 이 모든 정치·외교적 사건들 또한 불과 3~4년의 시차 속에서 만들어진 세기적 사건이자, 강고한 적(敵)이 해체되는 극적인 순간들이었다.

집단적 인지부조화(cognitive dissonance) 현상에 따른 '부조화 압력'이란 바로 위와 같은 상황들을 전제로 해서 만들어진 이론일 것이다. 그만큼 극에서 극으로의 전환이었던지라, 받아들이기 쉽지 않은 현실이었다는 의미에서다. 하지만 인지부조화는 그것의 감소를 지향하는 방향으로 인간의 행동을 유발하는 선행조건이라는 점이 희망이고 위안이다.[34]

동아시아에는 현재 두 개의 전선이 형성 중이다. 미·중 간 패권 전선(신냉전)이 하나고, 샌프란시스코체제적 전선이 다른 하나다. 대륙 세력(중국)과 해양 세력(미국)이 해양으로의 진출을 놓고 벌이는 신흥 전선, 그리고 냉전의 끝물에 있는, 채 청산하지 못한 과거사를 중심으로 한 붕괴 직전의 구전선이 샌프란시스코체제 전선이다.

전자는 현재 무역전쟁으로 표면화된 대결의 한 국면을 맞이하고 있으며, 아베 전 총리로 대표되는 일본 정부는 지역 현안에 다각도로 개입하면서 그 충격을 최소화하려고 애쓰고 있다.[35] 그리고 이 양대

....

34. 레온 페스팅거 『인지부조화 이론』

35. ① 북·미 간 관계 개선과 한반도 평화체제 구축 협상들이 난항에 빠져 있는 이면에는 일본(아베 전 정부)의 방해 공작이 크게 영향을 미쳤던 것으로 알려져 있다. 일본이 한반도 통일(평화체제)에 그다지 우호적이지 않다는 것은 주지의 사실이나, 이를 좀 더 노골적으로 보여주는 사례가 대미 로비설이다. 즉, 일본이 자금줄을 쥐고 있

전선의 기능과 역할에 핵심 키워드로 작동하고 있는 것이 한반도 비핵화(또는 북핵) 의제이다. 지정학적 변화가 표출되고 있는 결정적 양상들이다.

한 치 앞도 내다볼 수 없을 정도로 격렬하게 격돌하던 미·중 무역전쟁도 잠시 휴전 상태에 돌입해 있다. 그러나 이후 어디에서 불똥이 튀어 제2의 무역전쟁으로 비화할지 예측하기란 어렵지 않다. 중국은 이미 '반도체 굴기'를 선포한 상태다. 2025년까지 중국 내 반도체 자급률을 70%까지 끌어올리겠다는 목표를 세워놓고 있다. 미국 역시 이를 호락호락 내주지는 않을 기세다.

이렇듯 미·중 간 기술 패권 경쟁이 치열해지는 이면에는 기술 수준에 따르는 군사력(무기체계)의 첨단화를 빼놓을 수가 없다. 이는 동아시아 지역 안보에 있어서 평화체제 한반도를 상정했을 때, 그 중요성에 한층 무게감이 실리는 문제이기도 하다. 동아시아 3국(한국, 중국, 일본)이 확실한 힘(경제력+군사력)의 균형 상태(억제력, Deterrent Power)[36]를 이루게 될 것이기에 그렇다. 그리고 바로 이 지점에 일본의 고민이 있다.

특혜 받은 나라 일본의 역사는 한국전쟁이 한창이던 1951년 9월에 그 기원을 두고 있다. 샌프란시스코 강화조약(Treaty of San Francisco)

는 미국의 싱크탱크인 국제전략문제연구소(CSIS) 등이 일본 편향적이며, 한반도 부정적인 연구 결과들을 쏟아내고 이를 미국의 주류 언론들이 받아쓰면서 미국의 한반도 정책에도 영향을 미치고 있다는 분석. ② 아베 전 총리와 푸틴 러시아 대통령은 양국 간 영토 갈등을 빚고 있는 쿠릴열도 4개 섬의 영유권 협상 타결과 이를 통한 평화조약 체결을 위해 분주히 움직인 바 있다.
36. 한 국가가 타 국가를 힘으로 억누르려 하지 못하는 상태

에 의해서다. 조약 제14조(b)에는 다음과 같이 명시되어 있다.

"현행 조약에 명시된 경우를 제외하고 연합국은 연합국의 모든 배상 청구권을 포기하고, 전쟁 수행 과정에서 일본과 그 국민들이 저지른 행위로부터 발생한 연합국과 그 국민들의 다른 모든 청구권도 포기하며, 연합국의 점령에 따른 직접적인 군사적 비용에 대한 청구권도 포기한다."

일본으로 하여금 독일이 걸었던 '사죄의 길'을 택하지 않아도 되는 구실을 만들어주었을 뿐만 아니라, 일본 제국주의 잔재와의 끊임없는 외교 분쟁, 여전히 미해결 상태로 남겨진 전후 보상 문제 등을 낳았다. 전형적인 강자들의 질서다.

지금도 식민지 지배에 대한 사과와 반성은 모르쇠로 일관하고 있는 일본이다. 과거사와 관련한 그나마 의미 있는 언급이라는 것들이 1982년의 미야자와 담화[37], 1993년 고노 담화[38], 1995년 무라야마 담화[39] 정도다. 이후 일본의 모든 정권은 하나같이 무라야마 담화를 계승한다고 말만 내뱉었을 뿐, 언행일치에 이르지는 못했다. 그리고 최근에는(2015년) 아베 전 총리가 '사죄'가 빠진 '반성' 발언으로 주변국의

....

37. 역사교과서 왜곡 문제와 관련하여 당시 일본 관방장관이던 미야자와 기이치(宮澤喜一)가 담화를 발표하였다. 교과서 기술(3·1 운동을 데모 또는 폭동으로, 대한제국 침략을 진출로 수정토록 한 것)과 관련하여 주변국의 비판을 겸허히 받아들이겠다고 언급하였다.

38. 당시 일본 관방장관이던 고노 요헤이(河野洋平)가 위안부 문제와 관련해 일본군의 강제성을 인정하고 사과와 반성을 밝혔다.

39. 당시 일본 총리였던 무라야마 도미이치(村山富市)가 50주년 종전기념일 담화를 통해 "식민지 지배와 침략으로 아시아 각국의 국민에게 큰 손해와 고통을 안겨줬다. 의심할 여지없는 역사적 사실을 겸허하게 받아들이고 통절한 반성의 뜻과 진심 어린 사죄를 드린다"라고 발표하였다.

빈축을 샀다.[40]

그런데 이 샌프란시스코체제 전선에 금이 가기 시작했다. 이 체제 탄생 과정에 결정적인 요인이었던 한국전쟁, 즉 판문점체제가 해체의 조짐을 보이고 있기 때문이다. 북·미 간 평화협정 체결을 통한 한반도 평화체제 구상이 그것이다. 이는 다시 말하면 한국전쟁의 종결을 의미하는 것으로, 자연히 샌프란시스코체제에 대한 재논의가 불거질 수밖에 없다는 의미이기도 하다. 그리고 이는 자연스레 동아시아 평화체제 구축으로 나아가는 시금석으로 작용하게 될 것이다.

제임스 매티스(James Norman Mattis) 전 미국 국방장관은 "미국에 대한 위협을 힘(Power), 긴급성(Urgency), 의지(Will) 등 세 가지 측면으로 분류"하면서 "힘(Power)의 측면에서는 러시아, 의지(Will)의 측면에서는 중국이 미국에 큰 위협"이라고 하였다.[41] "긴급성(Urgency)의 측면에서는 북한이 시급한 문제"라는 말도 덧붙였다.

이 기사에 따르면, "최근에 탄도미사일 '에마드(Emad)'를 시험 발사한 이란의 위협과 북한의 위협 정도를 비교한다면, 이란의 위협은 아직 지역적 차원(중·단거리 탄도미사일의 시험 또는 보유를 말함)이지만, 북한의 위협은 세계적 차원(대륙간탄도미사일의 시험 또는 보유를 말함)"이라고 밝혔다.

그런가 하면 트럼프 대통령으로부터 외교계 인사 중 "존경하

40. 아베 총리는 인도네시아 자카르타에서 열린 아시아·아프리카 정상회의(반둥회의) 60주년 기념 연설에서 "2차 대전 당시 침략 행위에 대해 깊이 반성한다"라고 했다.
41. 2018년 12월 1일, 미국 서부 캘리포니아주 시미밸리의 로널드 레이건 전 미국 대통령 재단(The Ronald Reagan Presidential Foundation and Institute)에서 개최된 연례 국가 안보 토론회에서 한 발언.

고 좋아하는 사람"으로 인정받는 미국외교협회(CFR)의 리차드 하스 (Richard Hass) 회장은 교착 상태에 빠진 미국과 북한 간의 핵 협상을 타개하기 위해 "미·북 양측이 협상의 최종 목적(end goal)이 뭔지 동의하고 이를 실천하기 위한 상세한 조치를 담은 로드맵, 즉 지침을 만드는 것이 필요하다"라며, "미·북 양측이 최종 목적 전에 중간 목적 (intermediate goal)을 세우고 이에 도달하기 위한 수단으로 제재, 외교, 경제적 보상 등을 적절히 섞는 등의 단계적인 조치를 마련하는 것도 중요하다"라고 주장하였다.[42]

북한에 대한 경제 제재 일변도의 정책으로는 해결의 실마리를 찾기가 쉽지 않음을 보여주고 있다. 뒤르케임(Emile Durkheim)식 용어로 하자면 '사회적 연대(social solidarity)'[43]로서의 평화 방식으로 풀어야 한다는 의미로 읽힌다.

하지만 우리가 현실에서 두 눈으로 목도하고 있는 바와 같이, 힘 있는 강자에 의해 지배되고 있는 정글과 같은 국제관계 하에서 '연대로서의 평화' 개념이 얼마만큼이나 설득력이 있는 대안이 될 수 있을지 의문이다. 또한, 평화의 한 방법으로서의 '사회적 연대'라는 광의의 의미로 이해하고자 하더라도, 이 역시 '진부하다'라는 지적에서 벗어날

---

42. 2018년 11월 28일 연방하원건물에서 주최한 토론회에서 한 발언.
43. 뒤르케임의 사회적 연대는, 분업이라고 하는 기능적 상호의존관계에 기초한 유기적 연대(organic solidarity)다. 뒤르케임은 사회 질서의 기초를 분업에서 찾았다. 분업을 효용 면에서만 보는 게 아니라 사회적 연대를 가능하게 하는 것도 분업이라고 주장한다. 사회적 연대에는 기계적 연대(mechanical solidarity)와 유기적 연대가 있다. 기계적 연대는 동류성에 기초한 연대로, 여기에서 개인적 퍼스낼리티는 집합의식 속으로 침전된다. 유기적 연대는 개인 간의 차이를 전제로 한다. 그러므로 개인의 고유한 퍼스낼리티가 생명이다.

수 없을 것 같기도 하다. 하지만 '아시아 패러독스(한반도·중국·일본+미국)'의 평화적 해결이라는 측면에서 보자면, 이는 마다해서도 안 되고 거역해서도 안 된다.

동아시아의 확고한 미래상은 연대로서의 평화다.

제2장

∴

일본 군국주의화의 경향과 전개 과정

1. 일본 군국주의와 천황제 이데올로기

(1) 일본 내셔널리즘과 천황제

일본은 자국을 '신(神)의 나라'라고도 하고, 천황을 신이라고도 한다.[1] 천황은 일본이라는 DNA 그 자체다. 만세일계, 즉 '하나의 자손'이라는 의미로, 신의 자손이 다스리는 우월한 유전자라는 자부심으로써 그렇다. 국체·천황·신이 동급인 이유인데, 이는 그저 신화 속의 이야기로 신화는 허구에 불과하다.

전후 역사에서 한·일 관계는 늘 갈등과 긴장의 연속이었다. 과거 한때, 정확하게는 김대중 정부 시절, 당시 김대중 대통령과 일본 오부치 게이조(小渕惠三) 총리는 한일 공동선언 〈21세기 새로운 한·일 파트너십〉에 합의하며 양국의 장밋빛 미래를 그렸다. 1998년 10월의 일이다. 많은 이들이 양국 관계 개선의 전기가 되길 기대했다. 선언문의 중요 내용은 '셔틀외교의 정례화, 청소년 교류 확대, 대북 공조' 등이었다. 하지만 오부치 총리의 갑작스러운 타계와 무르익지 않은 환경 탓 등으로 별다른 성과를 내지는 못했다.

이러한 대일정책 기조를 이어받은 노무현 참여정부에서도 고이즈미라는 대화 파트너를 맞이해 큰 성과를 내지 못한 채 대일관계는 지지부진 이어졌다. 노무현 대통령은 고이즈미 총리와의 정상회담 기자회견장에서 "역사 문제와 관련한 여러 문제에 대해 일본 국민이 감정

----
1. '신의 나라(神國)'라는 명칭은 『일본서기(日本書紀)』에 처음 등장한다.

적으로 나쁘게 반응할 만한 문제는 제기하지 않겠다고 생각하고 왔다. 그러나 양국의 감정적 문제를 합리적으로 해결하고자 하는 역사 연구는 계속돼야 한다고 생각한다"며 "동북아에서 새로운 질서를 만들어가는 지도적인 국가로서, 국민으로서, 겸손한 자세를 보이고 관용과 양보의 태도를 스스로 가져가는 것이 동북아시아 질서를 위해서 좋지 않은가. 약한 사람의 관용은 비굴한 것으로 보일 수 있다. 강한 사람의 관용은 겸손이 이득일 수 있다"라고 말하여 일본의 정치인이 아니라 일본 국민에게 직접 호소하는 방식으로 과거사와 관련한 일본 국민의 현명한 판단과 결단을 촉구하기까지 했다.[2]

이처럼 풀리지 않는 한·일 관계의 이면에는 '천황'의 존재와 천황 '이데올로기'가 자리하고 있다. 일본인들은 지나간 과거사에 대한 반성이나 사죄는 천황에게 불경한 일이 될 것이라는 생각을 하고 있다. 천황은 신이기에 그렇다. 일본 신화의 태양과 하늘의 여신 아마테라스 오미카미(天照大御神)의 자손인 천황은 신성한 존재이자 완벽한 존재이기에 천황이 잘못할 일은 절대 없다는 인식이 짙게 깔린 탓이다. 국체명징(國體明徵)[3]운동이 대표적이다. 천황의 신성불가침성, 즉 신이 인간의 모습을 한 천황은 현인신(現人神)이므로 책임이 발생할 수 없는 절대적인 존재라는 논리다.

이러한 인식의 근저에는 '일본은 신의 나라'라는 우월감이 작용했다. 이것의 근거는 키기(記紀)로까지 거슬러 올라간다. 키기는 신화와 조작

2. 〈노무현-고이즈미, 한일 정상회담은 셔틀회담으로 합의〉, 오마이뉴스, 2004. 12.18.
3. 국체로서의 천황의 절대성을 분명하게 인식시키는 운동으로, 천황기관설(천황 역시 국가 하부기관 중 하나라는 주장)을 배척하고 국수주의적인 황국사관을 심어주기 위함이었다.

으로 가공된 『고사기(古事記)』[4]와 『일본서기(日本書紀)』[5]를 통칭해서 부르는 말로, 신국론의 역사는 길고 그만큼 뿌리도 깊다. 신국론은 국학(國學)[6]이나 신도(神道)의 형태로 이어져 오다가, 근대에 이르러 국체(國體)론으로 각색되어 일본 내셔널리즘의 주요 이념으로 자리 잡았다.

일본에서 천황 칭호는 대략 7세기 후반 텐무(天武)천황 때부터 사용했다는 게 학계의 정설이다.[7] 천황제가 국가 이데올로기의 확산과 정착을 위한 정신적 무기로 작동한 것은, 크게 봐서 1882년에 천황이 내린 교서인 '군인칙유(陸海軍軍人に賜はりたる勅諭)'와 1890년 공표한 '교육칙어(敎育ニ關スル勅語)'를 통해서다. 천황의 신민으로 기르고, 천황의 군대로 육성하는 일련의 코스였으니, 이는 일본인의 의무나 마찬가지였다.

(2) 신권천황제와 상징천황제

근대 이후 일본의 천황제는, 신권천황 혹은 상징천황으로서의 존재라는 두 가지 점에서 그 특색이 있다. 대략 메이지 헌법이 공포되던 1889년부터 패전 이후 일본 신헌법이 제정되기까지인 1947년까지의 천황을 '신권천황'이라 하고, 신헌법이 제정된 1947년부터 오늘까지

....

4. 712년에 완성된 천황 가계를 기술한 고서
5. 720년에 편찬된 역사서로, 일본에서 가장 오래된 정사(正史)로 알려져 있다.
6. 이원순은 국학을 단순한 학문 활동으로 그친 게 아니라 사상체계로서 '존황', '국수주의'로 흐를 수밖에 없는 역사적 기능에 주목했다.
7. 구마가이 키미오(熊谷公男) 『대왕에서 천황으로(大王から天皇へ)』

의 천황은 '상징천황'이라 한다. 메이지 헌법(大日本帝國憲法) 제1장 제
1조 "대일본제국은 만세일계의 천황이 통치하고", 제3조 "천황은 신성
하여 침해해서는 안 된다", 제4조 "천황은 국가의 원수로서 통치권을
총람"하는 것으로 규정하고 있다.

메이지유신으로 정권을 잡은 이들의 태생이 하급무사 출신들이었
기 때문에 자연히 정권 핵심부의 인물 역시 이들로 채워질 수밖에 없
었다. 그리고 이는 당연히 군대 위주의 군사문화와 정신력을 강조하는
국가정책을 만들어가게 되었다. 그 한 예가 병역의무로서의 징병제 도
입(1873년)이다. 만 20세가 되는 모든 성인 남자에게 3년간의 병역의
무를 지우고,[8] 군인칙유(軍人勅諭)를 앞세워 군인으로 해야 할 도리와
덕목을 교육·강요했다. 충절(忠節), 예의(禮儀), 용기(武勇), 신의(信義),
검소(質素)의 5개 조항을 들고 있다.

한편, 자라나는 학생들에게는 교육칙어라는 이름으로 수신의 교육
및 그 중요성을 가르쳤다. 충성심과 효도심, 부부 사이의 우애, 형제애,
학문의 중요성, 준법정신 등 12가지의 포괄적 덕목이 명기되어 있다.

군인칙유와 교육칙어는 하나의 정신으로 귀결된다. 발표 시기만 차
이가 있을 뿐, 이 둘은 시간이 흐르면서 일본 국민이면 누구나 갖추어
야 할 기본 덕목으로, 영구적인 성질을 갖는 성훈처럼 취급되었다.[9] 즉
신민으로 태어났으니 자라서 군인이 되어 야스쿠니(靖國)신사에 묻히
는 것이 최고의 덕목이며, 최고의 신민으로 대접받는 사회를 만들고자

---

8. 오세원 「일본 근대 수신교과서(修身敎科書)를 통한 '군신(軍神)' 연구 -천황의 군대를
   중심으로」, 일어일문학 25, 2005.
9. 안도 타다시(安藤忠) 「군인칙유와 교육칙어(軍人勅諭と敎育勅語)」, 『교육학잡지(敎育
   學雜誌)』 제18호, 1984.

한 것이다.

전후 연합국에 의한 점령통치가 진행되며 1947년 신헌법이 제정되었다. 여러 논란 끝에 일본에서 천황은 상징적 존재로 남게 되었다. 일본 헌법 제1장 '천황' 장을 통해 천황의 지위와 주권재민의 뜻을 명기하고, 천황은 "일본의 상징이자, 국민 통합의 상징"이라고 규정했다. 하지만 헌법 개정론자들은 현행 천황의 지위를 전전의 '국가 원수'로 격상하려는 의도를 숨기지 않고 있다.

2. 전전(戰前)의 군국주의적 경향

(1) 메이지 헌법(대일본제국헌법)과 신권천황제

메이지유신의 과정과 성공 요인

자주적으로 서구의 근대화 조류에 편승한 일본이기는 하나, 에도막부(江戶幕府)의 대외 대응 태세는 쇄국정책의 고수였다. 문호를 개방하기까지의 과정 또한 그렇게 순탄치는 않았다. 1782년 러시아가 락스만(A. Laxmann)을 정부사절로 홋카이도에 상륙시켜 일본과의 통상을 요구한 이래, 1854년에는 미국의 페리 제독(M. C. Perry)이 가나가와(神奈川)에 내항해 미·일 화친조약을 체결하였으며, 1858년에는 미·일 수호통상조약을 체결하게 된다. 이후 영국·러시아·네덜란드·프랑스 등

과도 유사한 조약을 체결함으로써 막부체제의 폐쇄적 외교 방침은 종 말을 고하게 된다. 이들 5개국과 맺은 굴욕적인 수호통상조약이 '안세 이 5개국 조약(安政五カ國條約)'이다.[10]

일본의 통치 구조는 1603년 이후 중앙집권적 봉건체제였으며, 통 치권을 실질적으로 장악하고 있던 것은 에도막부의 도쿠가와(德川) 가 (家)의 세습 쇼군(將軍)들이었다. 물론 명목상의 권력은 일본왕(천황)이 갖고 있었다.

1889년 메이지 헌법의 제정과 더불어 일본왕은 비로소 절대적 존 재로 제도화된다. 메이지 정부 시기의 천황은 122대 메이지천황(무쓰 히토)으로, 메이지유신의 실력자들에 의해 옹립된 존재였다. 이를 달리 표현하면 '상징적 존재'였다는 말이다. 법적(메이지 헌법)으로는 막강한 권한(절대천황제)을 부여받았지만, 말뿐인 권한이었던 셈이다. 그 권한 은 메이지 정부의 실세들에게 돌아갔다.[11] 이후, 1926년 제위에 오른 쇼와천황(히로히토, 2차 세계대전의 전범)은 실제로 막강한 권력을 휘두 르게 된다.

1868년 1월 왕정복고 쿠데타(메이지유신)의 성공으로 260여 년간 일본을 지배해 온 막번(幕藩)체제 하의 봉건적 요소를 종식한 일본은,

....
10. ① 외국인의 치외법권 인정(영사재판권 규정) ② 일본의 수입 관세율 결정은 협상 상대국과 협상을 통해 결정할 것(관세자주권의 결여) ③ 외국에 대하여 일방적으로 최혜국 대우를 할 것(편무적 최혜국 대우) ④ 개항장(외국인의 내왕과 무역을 위해 개방한 제한 지역)에 외국인의 영구차지권과 자치권을 인정할 것 ⑤ 조약의 유효기 간은 없으며 개정할 때는 상대국의 동의를 얻을 것
11. 메이지 정부 초기의 천황 권력은 미미하기 그지없었으나, 60~70여 년이 지나 20 세기 초가 되면 상황이 일변하여 천황은 막강한 권한을 누리게 된다. 124대 쇼와천 황인 히로히토는 청·일전쟁과 러·일전쟁 그리고 태평양전쟁의 총 지휘부였던 대본 영의 명령권자 역할을 했다. 내각의 간섭 없이 군대를 운영할 수 있었던 셈이다.

능동적·자주적으로 근대화의 길로 들어서며 서구 강대국들과의 교류를 통해 서구화에 박차를 가한다.

혁명에 성공한 메이지 정부는 1871년 막부의 기초 단위였던 261개 번(藩)을 폐지하고, 전국을 3부(府)와 302현(縣)으로 일원화하는 중앙집권 정책을 제도화한다. 같은 해 11월에는 '이와쿠라 사절단(岩倉使節團)'을 꾸려 서양 견학에 나서는데, 메이지 정부의 핵심 인물 절반(100여 명) 가량이 1년 2개월여에 걸친 견학 길에 나섰다.

메이지유신의 주축 세력들이 서양 세력의 위협을 보며 느낀 자각은 "일본 사회는 서양 세력에 대처할 능력이 없다"는 사실이었다. 이러한 지적·정치적 경험, 즉 현실 자각은 이들을 "자신들의 무능함과 약점 개선을 위해 사회적·정치적 변혁으로 나아가게 했다."[12] 이와쿠라 사절단 역시 그러한 동기에서 출발했다.

메이지유신의 성공 원인으로는 다음의 3가지를 꼽을 수 있다. 첫째, 16세기 이후 네덜란드와 꾸준히 교류하며 국제정세 변화에 민감했다. 둘째, 일본은 탈(脫) 중국 중심적 세계관을 갖고 있었다. 셋째, 일본은 서구 세력과의 무력 충돌을 통해 사전 예방주사를 맞을 수 있었다.[13]

메이지 헌법 성립 과정

일본에서 국가체계를 규정하는 헌법 제정에 관한 논의가 본격적으로 시작된 것은 대략 1880년경이다. 유럽 헌법 조사에서 귀국한 이토

------

12. 마리우스 B. 잰슨 『사카모토 료마와 메이지유신』
13. 김시덕 『동아시아, 해양과 대륙이 맞서다』

히로부미에 의해 본격적으로 국가기구 개혁 작업이 이루어졌다. 국가기구의 정비가 우선이라는 판단에서였다. 입헌제 실시를 위해서는 궁중제도의 정비, 화족제의 개혁, 내각제의 수립이 필요했기 때문이다. 이렇듯 국가기구 정비를 끝낸 후 이토는 헌법 기초 작업에 본격적으로 나섰다.[14]

서양의 근대 법제가 일본에 수용되기 시작한 것이 1870년대 초반이었으니, 헌법의 수용에 관한 본격적인 논의는 다소 늦은 감이 있다. 이때 이미 형법, 상법, 민법, 소송법 등이 준비되고 있었다. 헌법 제정과 관련해서는 정부와 민간에서 다양한 헌법 초안들이 제시되었는데, 대표적인 민간 헌법 초안 작성은 자유민권파가 주도했다.[15]

메이지 헌법이 본격적으로 작성되기 시작한 것은 1886년으로, 이후 약 2년간 지속되었다. 헌법 초안 작성에는 이토와 이노우에 코와시(井上毅), 이토 미요지(伊東巳代治), 가네코 겐타로(金子堅太郎), 그리고 독일인 헤르만 뢰슬러(Karl Friedrich Hermann Roesler)가 고문 역할로 참여하였다. 1888년에 뢰슬러의 조력을 받은 최종 초안이 정해진다. 이어 헌법 심의기관인 추밀원을 설치하여 약간의 수정을 거친 최종안이, 1889년 2월 11일 선포식 거행을 통해 천황으로부터 내각 총리대신에게 하사(흠정)되었다.[16]

....

14. 방광석 「'제국헌법'과 명치천황」, 『일본역사연구』 제26집
15. 자유민권운동은 이타가키 다이스케, 고토 쇼지로 등이 메이지정부를 관료독재정권이라 비판하며 국회 개설을 요구함으로써 시작되는데, '정한론 정변' 때 정권에서 멀어진 이들이 제출한 「민찬의원설립건백서」가 그 효시이다.
16. 메이지 헌법에 따르면, 제국의회는 입법권 행사 자체를 할 수 없다. 단지 협찬할 수 있을 뿐이다. 법률은 헌법 제6조에 따라 천황이 재가하며 공포·집행하게 된다.

(2) 신권천황제와 독일 헌법의 영향

메이지 헌법의 독일 헌법 수용

일본이 독일식 헌법을 수용하고, 독일 헌법과 헌법 이론에 근거하여 메이지 헌법을 제정하는 과정이 일사천리로 순탄하게 진행된 것은 아니다. 메이지유신의 일원들 중에는 영국식 입헌정치를 지향했던 정치인들도 일부 존재했기에, 독일식과 영국식을 놓고 갈등을 빚었다.

대표적인 인물이 오오쿠마 시게노부(大隈重信)였다. 당시 태정관의 참의(參議) 신분이었던 오오쿠마는 영국식 입헌정치 주창자로, 천황을 등에 업은 정권의 실세였던 이토, 이노우에, 고와시 등과의 노선 갈등 끝에 천황으로부터 파면 당한다. 이를 '메이지 14년 정변(1881년)'이라 부른다. 결국 당시 실세 중의 실세였던 이토 히로부미의 강력한 의견과 '메이지 14년 정변'의 영향으로, 일본은 독일식 헌법 체제를 추진하게 된다.

이토는 이와쿠라 사절단의 일원으로 유럽을 견학할 당시 독일에서 6개월, 오스트리아와 영국에서 각각 2개월씩 헌법 조사를 했다. 이토는 프로이센에서 베를린대학의 그나이스트(Rudolf von Gneist)와 그의 제자 모쎄(Albert Mosse), 오스트리아에서 슈타인(Lorenz Stein)의 강의를 듣고 국가조직의 큰 틀을 이해하게 되어 체제 구상의 전망을 세웠다.[17] 1883년 8월, 이토는 프로이센과 같은 군권주의에 입각한 헌법 제정에 대한 확신을 굳게 갖고 귀국길에 올랐다.

이토가 독일과 오스트리아에서 들은 조언은, 프로이센 헌법을 모델

....
17. 방광석 『근대일본의 국가체제 확립 과정』

로 하면서도 거기에 포함된 자유주의와 민주주의적인 요소를 최대한 삭제하여 헌법을 제정하라는 것이었다.[18]

일본 헌법 제정에 있어 또 한 명의 외국인 조언자였던 뢰슬러는 독일 헌법 사상의 정신을 구체화해 주었다. 뢰슬러는 1878년 일본 정부 외무성의 법률 고문으로 일본에 온 이후 1893년 귀국할 때까지 약 15년간 헌법 제정의 조언자로 활동했다. 자유주의 이론의 전파자, 헌법 기초에 대한 의견서 등을 통해 이론적 틀을 제공해 주었을 뿐만 아니라, 자신의 초안을 메이지 헌법에 상당 부분 반영시켰다. 헌법 발포 후에도 일본 입헌체제의 운영에 관한 조언을 하는 등 메이지 헌법 및 그 헌법 사상의 형성에 직접적인 영향을 끼친 인물로 기억되고 있다.[19]

메이지 헌법과 프로이센 헌법

앞서 살펴본 바와 같이 일반적으로 메이지 헌법 체계는 독일식 또는 프로이센형 헌법 체계로, 특히 '메이지 14년 정변' 이후 급격하게 독일식 군국주의 노선을 지향하는 헌법 작성에 몰입하게 되는 과정이 이를 잘 입증해 준다. 그런데 메이지 헌법을 독일의 프로이센 헌법과 비교해 보면, 메이지 헌법이 입헌군주제에서 군주(천황)의 권한을 더욱 강화했을 뿐 아니라 한층 보수적 색채를 띠고 있음을 알 수 있다.[20]

첫째, 메이지 헌법 제4조 "천황은 국가의 원수로서 통치권을 총람하며 이 헌법의 조문 규정에 따라 이를 행한다"라는 조항이 그렇다. 이

----

18. 김창록 「근대일본헌법사상의 형성」, 『법과 사회』 7권
19. 김창록 상동
20. 강광문 「일본 명치헌법의 제정에 관한 연구-명치헌법 제4조의 계보(系譜)를 중심으로」, 『공법연구』 제40집 제3호

조항에 따르면, 천황=군주와 의회의 권력 분립은 허용되지 않는다. 일단 천황이 모든 국가권력을 장악하고, 자신이 흠정한 헌법 조항에 따라 일부 권력의 행사에서만 제한을 받는 데 불과하다. 프로이센 헌법에서는 보이지 않는 조항이다.

둘째, 메이지 헌법 제5조에 따르면, 입법권의 주체는 어디까지나 천황이고 의회는 천황의 입법권 행사에 협찬하는 데 지나지 않는다. 따라서 모든 국가권력의 주체는 천황=군주이고, 의회나 재판소 등 국가기관은 천황의 보좌기관으로 인식된다. 프로이센 헌법(제 62조)의 경우는 "입법권은 국왕과 양 의원이 공동으로 행사한다"라고 규정하여, 입법권은 군주와 의회가 공동으로 행사하는 것으로 되어 있다.

셋째, 헌법 개정에 천황의 권한이 더욱 강화되었다.

비단 내용상의 차이뿐 아니라 프로이센 헌법에는 존재하지 않는 메이지 헌법 제4조 규정은 누구에 의해 어떻게 메이지 헌법에 도입되었는지, 독일의 어느 헌법의 어떤 조항을 참조하게 되었는지를 알아보는 것도 중요하다.

메이지 헌법과 프로이센 헌법 이전의 독일 헌법들

일본의 헌법 제정 역사에서 독일식 헌법 작성의 시도는 메이지 14년(1881년) 이전부터 있었다. 독일식으로 헌법을 제정하기 위한 첫 시도가 메이지 헌법은 아니었다는 말이다. 1876년에 메이지 정부 원로원에 의해 작성된 원로원 국헌안과 그 전의 일본 정부 지시 아래 작성된 대일본정규 초안이 있는데, 이 두 헌법 초안이 메이지 헌법보다 프로이센 헌법과의 유사점이 더 많다. 당시 이노우에나 이토가 이해한

독일 헌법은 프로이센 헌법에 지나지 않았다.[21]

독일에는 1850년에 작성된 프로이센 헌법이 있었고, 1848년 3월 혁명 전에 작성된 바이에른 헌법과 바덴 헌법 등 독일연방의 각 구성 국가의 헌법 등이 함께 존재하고 있었다. 독일 제국 헌법이 새로 제정된 것은 한참 후인 1871년이었다.

1882년 봄, 이토가 헌법 조사를 위해 유럽으로 떠나고, 국내에 남은 이노우에 또한 프로이센 이외의 독일 헌법에 비로소 눈을 돌리기 시작한다. 1882년 독일 국법학자 슐체(Hermann Schulze)의 프로이센 국법학의 일부가 일본에서 번역되어 『국권론』으로 출간되었다.

이 책을 읽은 이노우에는 당시 메이지 정부에서 고문으로 활동하고 있던 뢰슬러에게 "군주의 권한에 관련해 바이에른 헌법처럼 '일반적인 규정'을 두는 게 좋은 것인지, 아니면 프로이센 헌법에서처럼 구체적으로 군주의 권한을 나열해 놓는 방식이 좋은 것인지 알려달라"고 했다.

뢰슬러의 대답은 "둘 다 가능하나 프로이센 헌법의 구체적 열거 방식이 더 바람직하다"는 것이었다. 이노우에가 프로이센 헌법이 아닌 다른 독일 헌법의 규정을 참조하고, 슐체의 책과 뢰슬러의 조언에 따라 터득하여 일본 헌법 초안에 도입한 것이다.[22]

일반적으로 알려져 있듯이 일본의 메이지 헌법 제정에는 프로이센의 헌법이 크게 영향을 끼쳤다. 그러나 일부 조항, 즉 메이지 헌법 제4조 천황에 관한 조항과 제5조 입법권 관련 조항은 프로이센 헌법에는

....
21. 최경옥 「일본의 명치헌법 제정에 있어서 외국인의 영향」, 『헌법학연구』 제7권 제1호
22. 강광문 상동

명기되어 있지 않거나 혹은 보다 권력 분배적 규정을 하고 있다. 이런 점에서 이 조항들은 프로이센 헌법보다는 오히려 그 이전의 헌법이었던 바이에른 헌법과 뷔르템베르크 헌법의 영향에 입각했다는 사실이 설득력 있다.

"한 국가의 헌법은 아무렇게나 근거 없이 만들어질 수 없으며, 그것은 세기를 거쳐 이루어진 성과이다"라는 세기의 철학자 헤겔의 경구는 우리에게 지나간 역사를 되돌아보게 한다. 일본은 조슈번(長州藩)과 사쓰마번(薩摩藩)의 하급무사들이 반란(메이지유신)에 성공해 근대화에 성공하였으며, 그 업적은 메이지 헌법으로 명문화되었다.

그들은 천황의 존재를 절대군주로 신격화해 그를 정점으로 일본 군·관·민을 하나로 통합시켜 부국강병의 길로 나아가고자 했다. 그리고 그 길에 조선 공략론인 정한론(征韓論)이 자리하고 있다. 군국주의화에 성공한 이들은 갑신정변과 동학혁명, 청·일전쟁을 계기로 제국주의 영토 확장 본색을 드러내며 조선을 식민지화하였다.

(3) 군국주의의 형성과 전개 과정

군국주의의 형성

'일제(日帝)로부터의 식민 지배'라고 할 때의 일제는 '대일본제국'의 약칭이다. 대략 1868년 메이지유신부터 1945년 태평양전쟁의 종결까지 약 77년의 기간을 지칭한다. 초기 제국주의적 행태는 일본 관동군이 군사행동으로 만주를 침략했던 1931년 9월을 기점으로 군국주의화한다.[23] 일본의 군국주의는 1937년 중일전쟁, 1941년 태평양전쟁을 일으키고, 끝내는 미국에 의해 패망의 길을 걷게 된다.

일본 『국방용어사전』에 따르면, 군국주의 정의를 "평화보다 전쟁을 국가 및 사회의 최고 가치로 여기며, 군대에 우월적인 지위를 부여하고, 정치·경제·외교·사회·교육·문화 등 국민 생활의 전 분야를 반항구적으로 이 목적에 따르도록 조직하려는 주의"라고 기술하고 있다.

군국주의를 보는 관점은 논자들의 시각과 이데올로기에 따라 상이하다. 맑스-레닌주의로서의 계급주의적 군국주의 관점, 군부와 방산업체의 유착에 의한 군산복합체론적 관점, 구소련을 국가관료주의로 정의하고 이들 관료와 군이 공생관계에 있다고 파악하는 군관복합체적 관점, 신생국가들에서 나타나곤 하는 신생국 군국주의적 관점, 페미니스트적 이해에서 파생된 남성 우위의 가부장제 군국주의적 관점, 군과 자연환경이라는 측면에서 파악하는 생태적 군국주의론적 관점 등이 있다.

독일 출신 미국 사학자 알프레드 파그츠(Alfred Vagts)는 『군국주의의 역사』 서문에서 제국주의와 군국주의를 비교하며 "제국주의는 영토 확장을 추구하지만, 군국주의는 인력과 비용을 희구한다. 그러므로 군국주의는 고대부터 존속하는 정치적 현상으로 볼 수 있다"라고 주장하면서, "1870년대 이후 독일의 군국주의는 우선 군인의 문민 지배, 군사 우대, 군대식 사고와 정신·이념, 군대식 가치척도의 강조를 뜻한다. 또한 군사적 목적을 위해 국민에게 과도한 부담을 지우고, 국가의 훌륭한 인적 자원을 비생산적인 군 복무에 소비하는 것을 뜻하게 되었

---

23. 알프레드 파그츠(Alfred Vagts) 『A history of militarism: civilian and military』

다"라고 비판했다.

일본은 그 근대사가 말해 주듯 군권(君權) 중심의 천황제 국가 이데올로기를 기반으로 성장했다. 이는 국민의 자발적이고 희생적인 총력 체제와 이를 위해 국가의 모든 물질적·정신적 자원을 총동원하는 군국주의 체제였다. 천황제 이데올로기는 단적으로 '신민'되기다. 충성과 효도, 우애가 핵심 논리다. 가정에서는 부모에게 효도할 것, 부부나 형제자매 사이에는 우애를 갖는다. 국체(천황)의 가부장적 지배 이데올로기가 만들어지는 것이다.

근대 일본에서 군국주의가 형성되는 기본적인 사회정치적 배경은 ①국체와 가정의 일체화에 기반한 가족주의적 천황제 이데올로기, ②천황의 군대(황군) 구축, ③해외 팽창주의의 성장을 들 수 있다.[24]

군국주의의 전개 과정

일본에서 고대 왕권의 확립 과정은, 먼저 원시적 왕권 형성 과정으로 제정일치적 제사장의 역할을 한다. 이어서 법과 제도, '천황'이라는 호칭의 사용 등이 명시적으로 정비되는 고대 중기, 천황 가계가 공적 권력을 상실한 채 귀족 권문세가로 변질하는 고대 후기로 나뉜다. 즉, 일본 고대사는 천황이나 천황가가 성립하여 발전하고 쇠퇴에 이르는 과정의 역사다. 당시 천황의 주요 역할은 공민에게 성을 하사(賜姓)하는 일과 제사를 주관하는 일이었다.[25]

....
24. 박충석 「일본 군국주의의 형성-그 정치·사회적 기원을 중심으로-」, 『사회과학연구논총』 4
25. 이근우 「고대천황제의 성립과 변질」, 『일본역사연구』 제16집

이처럼 존재감마저 희미하게 퇴색해 있던 천황의 존재가 현인신(現人神)으로 급부상하는 계기가 메이지유신이었다. 메이지유신 주도 세력들에게는 하급무사 출신이라고 하는 계급적 한계가 있었기에 '막부타도'라는 명분을 얻기 위해 천황을 등에 업은 것이다.

천황의 신권적 절대성이 처음부터 자연스럽게 일본인들 가슴에 침투해 들어간 것은 아니다. 천황제 이데올로기를 확산 보급하기 위한 부단한 노력이 뒤따랐다. 그 핵심은 대일본제국 헌법에 의한 천황의 신권적 권위 보장, 교육칙어에 따른 국가주의 교육 실시, 천황을 중심으로 한 가족주의 국가관의 확립, 대외 침략전쟁에 따른 황군(皇軍)의식과 군국주의 강화 등이다.[26] 이는 천황제 파시즘으로 귀결되었다.

천황의 신성성은 전후(戰後) 많이 희석되기는 했으나, 이를 다시 원위치시켜 일본의 정신적 지주로 자리매김하려는 이들에 의해서 지금도 부단히 도전하고 있는 실정이다. 전후 일본 신헌법에서 규정하고 있는 천황은 "일본국의 상징이자 일본 국민 통합의 상징"(헌법 제1장 제1조)이다. 천황제가 존속하게 된 것은 전쟁 종결의 전제조건이 '국체호지(國體護持)', 즉 천황의 안위를 보전하는 일이었기 때문이다.

하지만 자민당을 비롯한 일본 보수우파가 준비하고 있는 개헌안에는 제1조에 "천황을 국가 원수로 한다", 제9조에는 "일본군의 부활"을, 제20조에는 "총리의 야스쿠니신사 참배를 자유화"한다는 내용 등이 포함되어 있다. 뿐만 아니라, 긴급사태 조항을 신설하여 총리에게 모든 것이 통제 가능한 초법규적 권한을 주었다. 마치 계엄령처럼 국민

---

26. 박진우 「천황제와 일본 군국주의」, 황해문화 89

의 자유를 필요에 따라 제한할 우려가 있어 '히틀러의 나치법'이라는 비판을 받고 있다.

연합국 총사령부의 초기 대일 점령정책은 일본에 민주주의를 바르게 이식하는 일이었다. 이는 역으로, 군국주의의 뿌리가 되었던 황국사관에 철퇴를 내리고 구악을 일소하는 일이기도 했다. 하지만 결론은, 천황의 전쟁 책임 면책으로 나타났다. 천황제는 폐지되지 않고 존속하여 일본의 상징이자 국민 통합의 상징으로 남게 되었다. 그뿐만아니다. 샌프란시스코 강화조약의 조문에도 일본의 전쟁 책임에 대한 언급이 없다. 공직에서 추방되었던 전범들이 다시 제자리를 찾아 돌아왔다.

이러한 사실은 일본인의 역사 인식에 엄청난 악영향을 미쳤다. 전쟁에는 패했으나, 전쟁 책임으로부터는 자유를 부여받은 것이다. 이는 가해의 기억을 망각한 전쟁의 피해자 의식으로 나타났다. 이러한 피해자 의식은 일본 군부 지도자를 대상으로도 나타났다. 즉, '국가 지도자의 잘못된 정책으로 희생당한 국민'이라는 피해자 의식이다.

또한, 전후 바로 이어진 냉전체제로 인해 '냉전 논리'가 망각을 강요하는 힘으로 작용하여, 이를 기반으로 한 독특한 평화 의식이 형성되었다.[27] 가해의 기억을 망각한 채 피해자 의식에서 비롯되는 기형적 평화 의식이다. 엄밀하게 말하면, 이 역시 강대국 힘의 논리에 의한 결과물이다.

---

27. 요시다 유타카 『아시아 태평양 전쟁』

군국주의와 보통국가

일본의 보통국가화를 논함에 있어 중요한 것은, 보통국가라는 용어보다는 그 용어에 담긴 의미를 곱씹어 보는 일이다. 보통국가의 화두는 곧 개헌 논의 촉발로 이어졌다.

개헌론의 핵심은 헌법 제9조의 변경 혹은 폐기다. 그렇다면 일본은 헌법에 녹아 있는 평화 정신을 훼손하려는 게 분명하다. 그렇기에 보통국가는 한낱 레토릭에 지나지 않는다는 지적이 가능하다. 보통국가는 그저 눈속임일 뿐이라는 비판도 받을 수 있다. 실상은 군사국가화가 목표라는 방증과 다름없기 때문이다.

보통국가의 대항 개념은 평화국가다. 일본은 평화국가다. 평화국가란 군대를 버리고 평화를 취하는 국가다. 물론 일본 사회 일각에서는, 일본이 단 한 번이라도 평화국가였던 적이 있었는지에 의문을 제기하는 목소리도 있다. "전후 일본의 경제 성장으로 생활수준이 향상되며 '평화'를 실감하게는 되었지만, 그 성장의 그늘에서 짓밟혀버린 소중한 것을 잊거나 무시한 평화는 기만일 뿐"이라는 성찰의 목소리도 있다.[28] 이는 국체로서의 천황을 비판적으로 보는 시각에 근거한 것으로 공감하는 바이기는 하다.

국체는 국가체제, 일반적으로는 정치체제를 의미한다. 한 국가의 정치체제는 헌법이 규정하며, 민주국가일 경우 특히 그러하다. 일본 헌법은 일본을 민주적 평화국가로 규정하고 있다. 국체론으로써의 천황제를 주장하거나, 혹은 평화국가가 아니라는 주장은 수정주의적이거나 반헌법적 발상일 뿐이다. 일본이 평화국가가 아니라고 주장할 게

....
28. 메도루마 슌 『오키나와의 눈물』

아니라, 탈헌법적 상황과 그 현실을 직시하고 비판해야 함이 옳다고 본다. 이런 이유로 일본을 평화헌법 국가로 규정한다.

일반적으로 보통국가의 국가 이념은 민주적 평화 추구를 기본 원리로 한다. 그런데 이미 명백한 평화국가인 일본이 평화를 버리고 보통국가화로 얻으려고 하는 것이 무엇인지는 자명하다. 이는 평화국가로부터의 역행이기도 하지만 보통국가로부터도 역행이기 때문에, 차라리 군사국가화라 함이 옳다.

보통국가는 잘잘못을 따지고 인정할 줄 아는 국가다. 보통국가는 자신의 잘못에 대해서는 가감 없이 반성하고 사죄할 줄 아는 국가다. 보통국가는 지나간 역사를 직시하며, 역사를 통해 미래를 열어갈 줄 아는 국가다. 보통국가는 이러한 보통의 국가다.

일본 정부가 주장하는 '적극적 평화주의'는 보통국가화로 이룰 수 있는 성질의 것이 아니다. 오히려 평화헌법을 지키고, 세계 각국 인류에 전파하고, 평화헌법의 정신을 오래 기릴 수 있을 때, 비로소 진정한 의미에서의 '적극적 평화주의'가 된다. 현재 일본이 주장하는 보통국가의 실체는, 탈평화국가 혹은 군사국가다.

일반적인 관점에서 보자면 국가는 패권국가, 평화국가, 보통국가의 세 부류로 분류 가능하다. 패권국가는 일극체제일 경우와 다극체제일 경우가 존재하는데, 냉전시기와 탈냉전시기 상황이 대표적이다. 냉전시기에는 미·소 양극체제 혹은 다극체제로서의 패권 질서가 형성되었지만, 탈냉전시기는 단연 미국에 의한 일극체제적 패권 질서가 유지되던 시기였다.

평화국가의 여부는 해당 국가의 헌법 내용을 참고할 필요가 있다.

헌법은 국가의 근본법이며, 국가의 통치조직과 작용의 기본 원리 및 원칙에 관한 규범의 총칭이다.[29] 현재, 헌법에 비무장 평화 정신을 담고 있는 국가는 일본과 코스타리카공화국 정도다. 일본은 헌법 제9조 1항과 2항에 '비무장, 교전권 부인, 전쟁 포기' 정신을 규정하고 있다. 중앙아메리카의 코스타리카공화국은 헌법 제12조에 '군대 폐지'를 담고 있다. 내용은 다음과 같다.

"상비기관으로서의 군대는 금지된다. 공공질서의 감시와 유지를 위해 경찰력을 둔다. 미주(美州)의 협정에 의하거나 국가의 방위를 위할 때만 군사력을 조직할 수 있다. 그 어떤 군사력도 언제나 문민권력에 종속된다. 군대는 개인적 및 집단적인 형식의 성명 및 선언을 논의하거나 발표해서는 안 된다."[30]

이외의 모든 국가는 보통국가다. 보통국가라고 해서 모두 같은 것은 아니다. 국가로서의 형태, 자주권, 정치 체제는 천차만별이다. 힘(국력)의 작고 강함에 따라 외교, 교역, 안보, 국제 관계에서 행사하거나 누릴 수 있는 자유의 범위가 한정된다. 패권국가가 아니기 때문이다. 그러므로 어느 국가든 궁극적으로는 패권국가를 지향하는 경향이 강하다.

전후 한때 완벽한 평화국가를 지향하던 일본이 현재는 잦은 헌법 해석 변경으로 평화헌법의 정신을 상당 부분 훼손하고 있다. 준평화국가 혹은 유사평화국가로 변질된 채, 여느 국가처럼 보통국가를 지향하

29. 김종철 「헌법은, 우리에게 무엇인가? : 헌법의 의의, 헌법의 정신」, 황해문화 45
30. 김승국 「코스타리카의 영세중립문화가 남북통일에 주는 시사점」, 남북문화예술연구, vol.. no.7

는 이유도 결국은 패권국가로서의 지위를 탐내고 있기 때문이다. 헌법 제9조의 평화정신을 훼손하고 사회 일체가 군사국가화 하나로 수렴되는 사회, 그게 바로 군국주의 국가다. 이렇듯 안보(방위) 하나로 일체화된 경향성이 신군국주의의 실체다.

신군국주의화는 주변국과의 갈등 유발을 통해서 지속·강화되는 추세임을 고려할 때, 일본의 신군국주의화는 동아시아 역내 긴장과 갈등의 요인이 될 수 있다. 평화체제 한반도가 달갑지 않은, 판문점체제의 지속을 획책하는 기제로도 작용한다. 한·일 관계나 북·일 관계, 중·일 관계 등 주변국 관계가 진전을 보지 못하는 이유이기도 하다.

제3장

·
·
●

일본 신군국주의화의 실체와 분석 구조

1. 역사수정주의의 구조와 체제

(1) 샌프란시스코체제

샌프란시스코 강화조약은 1951년 9월 8일 서명하고, 1952년 4월 28일 발효되었다. 일본 보수우익 세력은 샌프란시스코 강화조약 발효일인 4월 28일을 '주권 회복의 날'로 부른다.

1997년 몇몇 보수우익 인사들이 주동이 되어 처음으로 '주권회복 45주년 기념 국민집회'가 개최된 이래, 그들은 매년 이 행사를 개최했다. 17회째가 되던 2013년 4월 28일, 아베 정부는 일본 헌정기념관에서 대대적인 '주권 회복 및 국제사회 복귀의 날 기념식' 행사를 가졌다. 일본 정부 차원에서 주최하는 첫 행사이자, 천황 부부까지 참석하는 대대적인 행사였다.

아베 총리가 천황 부부의 행사 참석을 강력히 요청했다는 이야기도 있다. 또한, 천황 부부가 퇴장할 때는 누군가의 선창에 따라 '천황폐하 만세 삼창'까지 있었다고 한다. 정치와 일정 거리를 두려 했던 당시 천황의 입장에서는 상당히 당혹스러울 수도 있었을 것이다. 천황과 정치를 연결해 보려는, 즉 천황을 정치에 이용하려는 불순한 의도로 읽힌다는 지적이다. 이는 당시 국내외로부터 많은 비난을 샀다.

이후 2020년 현재까지, 정부 주도 형식의 행사는 진행하지 않고 있다. 대신 '힘내라 일본! 전국행동위원회'라는 단체의 이름으로 행사를 치르고 있다. 그들이 이렇게 이 날에 목을 매는 이유는, 죄지은 지난 역사를 '탈각'하고 당당한 역사로 수정(위장)하기 위해서다. 전범국으로서의 오명은 이 날을 기점으로 종결했고, 이후 자국은 보통국가가 되었다고 선전하고 싶기 때문이다. 일본이 생각하는 샌프란시스코체제의 의미이자, 그 현상 유지에 안간힘을 쓰는 이유다.

'샌프란시스코체제'라는 용어는 포스트 얄타체제를 의미하는 것으로, 하버드대학 교수였던 이리에 아키라(Iriye Akira)가 처음 사용했다. 냉전의 도래를 의미하는 것으로, 아시아의 냉전을 넘어 세계적 차원의 냉전체제를 포함하는 개념이다. 동아시아 질서에서 미·일 동맹은 항상 상수의 개념으로 작동했다. 그 결과는 적대와 대립의 냉전 공고화였다. 이에 기반한 지역 및 국제 질서를 샌프란시스코체제라 한다.

동아시아에서 일본의 부활은 미·소 냉전의 격화에 기인한다. 소련의 세력 확대에 이은 중국의 공산화는 자유진영을 대표하는 미국에게 동아시아에서의 정세를 유지·확대할 묘수를 찾게 했고, 그 대안으로 나온 게 일본을 방공십자군의 틀로 묶어두는 일이었다.

샌프란시스코 강화조약이 체결된 것은 1951년 9월 8일이지만, 그 훨씬 전부터 준비는 시작되고 있었다. 일본 정부는 1945년 11월 외무성에 조약국장을 책임자로 하여 '평화조약문제연구간사회'를 설치해서 각종 조서를 작성했다. 1947년 3월에는 단기 대일강화를 제창하는 맥아더 성명이 발표되었고, 동년 7월에는 대일강화 예비회의를 제안하는 등 대일강화 촉진 분위기가 높아지고 있었다.[1]

샌프란시스코 강화조약은 몇 가지 특징적인 규정들을 제시하고 있

---

1. 외무성(外務省) 「일본외교문서 : 샌프란시스코 평화조약 준비대책(日本外交文書 : サンフランシスコ平和條約準備對策)」

다. 첫째, 전후 처리에 있어 평화의 중요성을 강조하고 있다. 둘째, 협정체결권의 승인이다. 샌프란시스코 강화조약과 함께 체결된 미·일 안전보장조약이 그 한 예이다. 셋째, 전쟁 배상 조건의 완화다. 넷째, 영토를 분할·재편했다. 다섯째, 일본을 자유진영의 일원으로 편입시켰다. 거친 냉전의 한복판에서 체결된 샌프란시스코 강화조약은 자유진영 국가와 공산진영 국가를 명확하게 구분, 분리하였다. 그리고 협력과 배제라는 이중의 논리로 접근함으로써 결과적으로 냉전의 공고화라는 문제점을 남겼다.

(2) 평화헌법체제

포츠담선언 수락을 계기로, 패전을 인정하고 무조건 항복을 선언하게 된 일본은 바로 연합군의 점령 하에 놓이게 된다. 맥아더를 총사령관으로 하는 연합군사령부의 초기 대일 점령정책의 기조는, 일본의 민주화와 비무장화였다. 미 국무성의 초기 점령정책도 다르지 않았다. 일본을 자본주의와 민주주의 국가체제로 발전시키는 것을 우선으로 삼았다.

이러한 의지는 일본 헌법 제9조 조문에 그대로 녹아 있다. 일본 헌법을 '평화헌법'이라고 부르는 이유도 바로 이 9조의 정신에 있다. 일본 헌법 제9조 제1항에는 "국권의 발동인 전쟁과 무력에 의한 위협, 무력행사는 국제 분쟁을 해결하는 수단으로써는 영구히 방기(放棄)한다"라고 명시하고, 제2항에 "전 항의 목적을 실현하기 위해 육·해·공군 및 기타의 전력은 보지(保持)하지 않는다. 국가의 교전권은 인정하지 않는다"라고 명기하고 있다.

일본 헌법 개정론자들은 이 9조를 개정 혹은 폐지하고 싶어 하는 것이다. 그래서 군대도 보유하고, 무력행사 및 교전권도 갖고자 한다. 이들은 동아시아의 정세가 급박하게 돌아가고 있다고 주장하면서, 북한의 미사일이 위협이고 핵무기가 위험하다며 국민의 불안감에 기름을 붓는다. 영토(센카쿠열도)를 두고 잦아진 중국과의 마찰과 중국의 경제·군사적 확장에 대한 반발 심리는 우경화를 더욱 부채질하는 요소로 자리 잡았다.

요시다 독트린(吉田ドクトリン)은 전후 대표적인 일본의 외교 노선이다. 마치 상반되는 듯이 보이는 일본 국내의 평화헌법체제와 외교적 미·일 동맹체제를 적절히 활용하여, 자국의 이익을 최대화하는 외교정책이다. 군사 안보적 측면의 비용은 최소한으로 줄여 미국의 안보 우산 아래 위탁하고, 일본의 모든 국가 역량은 경제 발전에 치중한다는 전략이다.

이 전략에 변화의 요인으로 작용한 것이 탈냉전체제의 도래였다. 미·일 동맹 또한 새로운 전기를 맞이하며 상호 역할 규정을 제도화해 나갔다. 때를 같이하여 일본 내에서는 '보통국가론'이 회자되기 시작했다. 경제적 수준에 걸맞은 국제적 업적 혹은 기여를 내세우며 국제무대에서 목소리를 내야 한다는 주장에 힘이 실렸다.

오자와 이치로에 의한 보통국가론 제기, 고이즈미 전 총리에 의한 본격적인 보통국가화 추진 전략은 현재까지 일본의 기본적인 국가전략 노선이라고 봐도 무방하다 할 정도로 보통명사화 되어 있다.

보통국가화 추진을 위해 일본 보수우익이 전가의 보도로 내세우는 전략(술책)들은, 대중 조작을 통한 내셔널리즘의 확산, 교육의 강조를 통한 이데올로기 주입, 역사 왜곡 및 주변국과의 갈등 조장(과거사, 영토 문제)을 통한 위협론 확산 등이다. 이 모든 의도는 결국 하나로 수렴되는데, 바로 보수반동화를 통한 내셔널리즘의 강화이다.

우경화를 통한 애국심 고취로 국민을 일치단결시키고, 그 여세를 몰아 일본은 보통국가화 노선들을 하나둘 실현해 나가고 있다. 현재 한국과는 강제징용(징용공) 피해자 문제가 빌미가 되어, 수출 규제와 일본 상품 불매운동이 이어지며 전후 가장 험난한 양국 관계가 이어지고 있다. 덩달아 일본 국민 사이에서는 한국에 대한 이미지마저 나빠져 혐한론이 득세하는 실정이다.

이뿐만 아니다. 독도 문제와 위안부 문제는 한·일 양국이 첨예하게 대립각을 세우고 있다. 중국과는 센카쿠열도 영토 문제가 최근에 더욱 격화되면서 중·일 양국의 충돌 우려 가능성까지 제기되고 있는 실정이다. 과거사와 관련해서는 난징대학살 진상 조사와 사과 문제를 놓고 양국 의견이 팽팽하게 맞서고 있다. 러시아와는 북방영토(쿠릴열도) 반환 문제가 아직 미완의 과제로 남아 있다.

이러한 주변국과의 일련의 갈등 상황과 과거사 관련 의견 충돌은 불가피한 측면도 있으나, 현재까지 진행되어 오고 있는 과정을 자세히 검토해 보면, 의도적이며 작위적인 성격이 짙다는 점을 지적하지 않을 수 없다. 결국 이들이 획책하는 바는, 평화헌법체제를 중지하고 일본 보수우익 세력이 추구하는 보통국가 일본을 건설하려는 고도로 의도된 도발이다.

(3) 판문점체제

판문점체제는 일본 식민 지배의 유산이자 일본 신식민 지배의 포석이다. 1951년 예비회담을 통해 전후 한·일 양국은 처음으로 테이블을 마주했고, 다음 해부터는 국교 정상화 교섭을 시작했다. 7차례에 걸친 회담 끝에 1965년 한·일 기본조약, 즉 한·일 협정이 체결되었다. 6월 22일에 조인되고, 12월 18일에 성립되었다. 해방 이후 20년이 지나서였다. 이렇듯 지난한 타협의 과정은 미완의 전후 처리가 남겨 놓은 식민 지배 습성 탓이다. 쉽게 실타래를 풀 수가 없었다.

일본 정부가 내세우는 식민지 정당화론은 냉전의 여파로 한층 힘을 받는 상황이었다. 미국이나 일본은, 역으로 이승만 정부의 책임론을 들먹였다. 한국 정부의 대일 인식에 문제가 있다는 투였다. 이렇게 갖은 우여곡절 끝에 체결된 한·일 협정 또한 '미완의 굴욕적인 협정'이라는 오명과 협정 반대 저항에서 벗어날 수가 없었다. 식민 지배에 대한 배상이나 사과, 개인청구권 문제 등을 명확히 해결하지 못한 채 봉합에 가까운 상태로 봉인해 버린 까닭이다.

최근 이게 다시 세상에 나오며 한·일 양국은 유례없는 갈등 상황에 직면해 있다. 강제징용 피해자 배상 문제로부터 불거진 경제 갈등이 그것이다. 이는 일본 제품 불매운동으로 이어지며 양국 관계는 최악으로 치닫고 있다.

북한과의 관계는 더욱 험악했다. 미·중 화해 분위기가 무르익던 1970년대 초반, 잠시 북·일 관계 개선의 노력이 있다가 별다른 성과를 내지 못하고 수면 아래로 가라앉았다. 해방 후 45년이 지난 1990년이 되어서야 비로소 구체적인 양국 관계 개선을 위한 노력이 열매를 맺게 된다. 탈냉전의 훈풍이 불어 닥친 덕분이다.

1990년 9월, 평양에서 〈북·일 3당 공동선언〉이 발표되었다. 이 공동선언문을 통해 일본은 조선 인민에게 끼친 불행과 고통, 손실에 대해 사과하고 보상해야 함을 인정했다. 하지만 더 이상의 진전은 없었다. 대한항공 폭파사건의 주범이었던 김현희의 일본어 교사 문제가 불거졌기 때문이다. 김현희의 일본어 교사라고 알려진 이은혜(다구치 야에코)의 행방 문제가 불거지며, 1991년 개시되었던 북·일 국교정상화 교섭이 교착 상태에 빠져버렸다. 이후, 시간은 멈춰버린 듯했다.

2002년, 고이즈미 전 총리가 북한을 방문하여 김정일 위원장과 정상회담을 하면서 분위기가 반전되는 듯했다. 하지만 그 또한 그것으로 끝이었다. 북한에 의한 일본인 납치 문제가 블랙홀이 되어 모든 것을 빨아들였기 때문이다. 일본 사회는 기름을 부은 듯 들끓었다. 북·일 관계는 그대로 멈추어버렸고, 일본은 북한의 핵과 미사일 위협론을 제기하며 연일 북한 때리기에 나섰다.

오랜 세월 한반도는, 일본열도와 대륙을 잇는 통로이자 방파제 역할을 해왔다. 다시 말해, 대륙으로 진출하려는 일본열도의 침략적 교두보이자, 대륙 세력으로부터 일본을 지켜주는 방파제의 역할을 해왔다는 말이다. 하지만 그 결과는 참혹하게도 식민 지배로 이어졌다.

다시 한반도가 하나됨을 통해 평화체제로 나아가려고 하는 중차대한 시점에서 '재팬 패싱론'과 '일본 훼방론'이 회자한다. 판문점체제의 유지를 통해 대륙으로 진출하고자 하는 일본의 저의는 분명하다.

판문점체제는 침략과 갈등, 냉전과 대립의 구시대적 산물이다. 판문점체제를 해체하고, 한반도 평화체제를 통한 협력과 상생의 동아시아 평화공동체로 나아가야 한다.

2. 방위수정주의의 내용과 전략

(1) 보통국가화

보통국가화 전략에서 빼놓을 수 없는 게 평화헌법의 존재다. 평화헌법이 존재하기 때문에 보통국가화가 절실한 것이다. 보통국가화의 핵심은 3가지이다. 군대를 보유하고, 자유로운 동맹관계를 통해 집단적 자위권을 행사할 수 있고, 교전권을 가지는 것. 즉 '전쟁이 가능한 국가'를 바라는 것이다. 그런데 이를 불가능하게 제어하고 있는 시스템이 바로 일본의 평화헌법이다. 그래서 일본의 보통국가란 '비(非)평화헌법 국가' 혹은 '유사 평화헌법 국가(현재 일본은 헌법 해석 변경을 통해 헌법을 무력화하고 있다)'를 말한다.

평화헌법, 특히 제9조에 명시한 것이 전쟁 포기와 국가 교전권의 부정이다. 헌법 개정에 목을 매고 있는 일본 보수우익들에게는 눈엣가시 같은 존재다. 그래서 이들이 들고 나오는 주 논리가 '자주헌법론'이다. 현재의 일본 헌법은 당시 연합국 최고사령부의 맥아더를 비롯한 미국의 입김이 작용하여 작성된 것이니, 이를 자국의 의지가 반영된 자주 헌법으로 개정해야 한다는 논리다.

초기 연합국 최고사령부의 대일 점령정책은 크게 두 가지로 요약할 수 있다. 우선 일본을 비군사화해 전쟁 재발을 미연에 방지하는 것이고, 다음은 천황 군주제를 민주제 국가로 변모시키는 것이었다. 이러한 기본 방침 아래 평화헌법은 제정되었으며, 천황은 상징적 존재로 남게 되었다.

물론 미국에 의한 강압론을 제기하는 보수우익의 주장과 다르게, 일본 내에서의 많은 연구 성과에 따르면, 먼저 일본 측의 제안(평화헌법과 관련한)이 있었고 이를 연합국 사령부가 받아들였다고 한다. 즉, 맥아더 사령관과 시데하라 총리의 공감대가 형성되어 있었음을 밝히고 있다. 이는 맥아더가 1948년 일본 헌법조사회에 편지를 보내 "헌법 제9조의 발상자는 시데하라 수상이었다"고 증언한 점과, 헌법조사회 회장이었던 다카야나기 겐조(高柳賢三)의 조사 결과로도 알 수 있다.[2]

1948년 제정된 일본 헌법은, 70여 년을 이어오면서 아직 한 번도 개정되지 않았다. 1956년 헌법조사회를 내각에 설치한 일과 1964년 헌법조사회 보고서 발표 등 전후 초기 몇 번의 개정 시도는 있었으나, 워낙 민감한 사안이라 뜻을 이루지는 못했다.

여당인 자유민주당 역시 1973년 '헌법개정대강 초안' 작성을 시작으로, 2012년 '일본국 헌법 개정 초안'을 발표했다. 2014년에는 개헌을 위한 국민투표법을 개정해서, 선거 연령을 20세에서 18세로 하향 조정했다. 사정이 이렇다 보니, 시간의 흐름에 따른 법 환경의 변화 및 관련 법령들과의 관계성 등을 이유로 개정론이 자주 거론되고 있지만

....
2. 다카야나기 겐조(高柳賢三) 『천황·헌법 제9조(天皇·憲法第九條)』

역시 여의치는 않다. 이런 사정들로 인하여 헌법 개정이 아니라 헌법 해석을 통한 편법이 난무하고 있다.

일본 보수우익 세력이 섣불리 헌법 개정 작업에 나서지 못하고 있는 이유 중 하나는, 국민 의견이 아직 개헌에 부정적이기 때문이다. 특히 전쟁을 경험했던 세대들이 생존해 있는 상황에서 개헌론은 힘을 얻기가 쉽지 않았다. 역사 왜곡, 주변국과의 갈등, 교육을 통한 보수 이데올로기의 확산 등은 이러한 사회 분위기를 역전시키고자 하는 보수우익의 술수다. 개헌 저지선인 국민 과반수의 반대를 찬성 과반으로 바꾸어보고자 하는 것이다.

정치 세력은 이미 보수우익이 절대다수를 확보한 상태다. 현재 중의원 465석 중 보수 세력 의석수는 개헌선인 3분의 2를 확보했고, 참의원 245석 중 157석을 확보해 개헌선 164석에서 몇 석이 부족한 상황이다. 일본의 보수우경화 추세를 고려해 본다면, 보수 세력이 개헌선을 넘기는 것은 시간문제일 가능성이 크다.

일본의 평화헌법이 우리에게 주는 의미 또한 각별하다. 이웃 나라의 헌법이기는 하나, 그 정신 속에는 우리와의 약속이 함축되어 있기 때문이다. 일본이 패전하고 전후 처리를 하는 과정 중에 전쟁과 침략의 불행했던 과거사를 반성하는 정치인들이 존재했다. 그들은 다시는 불행한 역사를 후손들에게 물려주어서는 안 되겠다는 각오를 다지며, 주변국 국민에게 끼친 고통과 피해에 대한 사죄의 뜻을 평화헌법 정신에 새겨 넣은 것이다. "일본은 그 약속을 헛되이 깨지 말라!"고 우리가 당당히 주장할 수 있는 이유다.

(2) 방위계획대강

일본의 안보·방위 정책의 흐름 또한 국제 정치질서와 무관하지 않다. 냉전기에는 철저히 미국의 안보 우산 아래 의지하는 행태를 보였다. 이는 1970년대 미국과 소련의 화해 분위기까지 이어진다. 하지만 1979년 소련의 아프가니스탄 침공으로 다시 냉전의 기운이 감돌자, 미·일 안보체제와 상호 협력의 중요성이 한층 주목받게 되었다. 이는 동아시아에서의 독자적인 안보 대처 능력에 대한 요구로까지 이어졌다. 일본 방위백서에서도 1980년대부터 소련의 위협 인식이 증대하였다며 그 대응 필요성에 주목하고 있다.

1990년대를 맞이하여 소련의 붕괴와 동구권 사회주의의 몰락으로 잠시의 안정기를 찾는 듯하다가 90년대 말이 되면서 중국과 북한 위협론이 새롭게 등장하며 경계감은 높아졌다.

국제적인 위협 요인이 극도로 상승한 것은 2001년 9·11 테러의 영향이 컸다. 이때부터 글로벌 위협과 테러에 대한 공동 대처를 주문하는 목소리가 한층 커졌다. 2010년을 기점으로 본격적인 중국 위협론이 대두되며, 미국과 중국의 갈등은 경제전쟁으로 비화하였다. 1970년대 닉슨 독트린 이후 40여 년을 이어져 오던 양국 협력관계는 경제·지정학적 대립으로 격화되면서 대결별(the Great Decoupling)의 상황을 맞고 있다.

일본 안전보장 정책의 지침이기도 한 '방위계획대강'은 이러한 국제정세의 흐름에 연동되어 변화를 거듭하고 있다. 1976년 미키(三木武夫) 내각에서 처음 책정된 이후 다섯 차례(1995년, 2004년, 2010년,

2013년, 2018년)의 개정 작업을 거쳤다.

방위계획대강 이전에는 1958년부터 1976년까지 운용되던 '방위력 정비계획'에 입각한 안보 정책을 펼쳤다. 이는 1957년 기시 내각이 제정한 '국방의 기본 방침'에 따라, 장기적이며 점진적인 방위력 증강계획으로 수립한 정책이다. 국방의 기본 방침은 기시 내각의 안보와 방위 정책의 기조로 수립되었다. 제4차 방위력 정비계획(1972년)에 기반적 방위력 구상 정책을 수용, 구체화하여 1976년 책정한 게 '방위계획대강'의 출발점이다.

9·11 테러 사건 이후, 일본과의 적극적인 공조 태세로 전 세계 테러와의 전쟁에 임하고자 하는 미국은, 더욱 절실하게 미·일 동맹의 일체화를 요구했다. 일본 역시 이를 통해 안보 공백을 최소화하겠다는 복안이었기에 미·일 동맹 일체화 추세는 한층 가속되었다.

국방비 지출 역시 2010년 방위계획대강에서 글로벌 힘의 균형 변화에 주목하며 동적 방위력 구축을 목표로 한 이후 급격하게 상승하고 있으며, 그 상승 추이는 현재까지 이어지고 있다. 세계 군사대국들이 모여 있는 지역적 특성에 더해, 중국의 부상은 대만과의 민족 갈등을 키우고 있으며, 센카쿠열도를 놓고 일본과의 분쟁이 가열되는 등 동아시아 주변은 긴장이 한껏 고조되고 있다.

(3) 집단적 자위권

전쟁이 가능한 보통국가 일본이 되기 위한 최종 난관은 헌법의 개정이다. 헌법 개정을 통해 군대 보유와 교전권 용인을 합법화하는 길을 에둘러 가는 것이 '헌법 해석을 통한 위헌 피해 가기'다. 비록 헌법 개정에는 이르지 못했지만, 실질적으로는 헌법 개정이 무색할 정도의 헌법 해석 변경이 이루어졌기 때문에 헌법 개정이 아쉬울 리 없다. 즉 집단적 자위권 행사가 용인되었으므로, 자위대를 국방군으로 승격(?)하는 문제는 이미 무력행사가 가능하도록 헌법 해석 변경이 이루어진 상태라 상징성 외에 큰 의미는 없다.

집단적 자위권은 동맹의 개념에서 중요한 의미가 있다. 미·일 동맹 체제가 온전하게 작동하기 위해서는, 이 집단적 자위권 행사가 전제조건이나 마찬가지다. 미국에 대한 공격을 자국에 대한 공격으로 간주하고 공동 대응에 나설 수 있는 조건이 바로 집단적 자위권 행사다. 이는 더 나아가서 전수방위를 전제로 한 개별적 자위권을 넘어서는 문제로, 일본의 방위 정책이 적극 방위로 전환했다는 의미이기도 하다. 이로써 일본은 그동안 유지해 왔던 기본적 방위 정책으로서의 전수방위, 비군사화, 문민통제, 무기수출 3원칙, 방위비 1% 제한 원칙 등을 폐기 처분하게 된 것이다.

전수방위가 기본적인 일본의 방위 전략으로 자리를 잡은 게 대략 1970년대 무렵이다. 1970년 방위백서에는 "전수방위를 일본 방위의 근본 취지로 한다"라고 명기하고 있다. 즉, 일본 국토 및 그 주변에 한정시킨 방위 전략이었다. 하지만 시간이 흐르면서 점점 확대 해석하는 주장들이 늘어났다.

1980년대가 되면서 방위력 행사 기준이 '무력 공격을 받았을 때부터'로 확대되었다. 2003년 고이즈미 정부는 "다른 적당한 수단이 없을 경우 '적 기지 공격은 합헌'이라는 주장과 '전수방위'는 서로 모순되지 않는다"라고 표명했다.

이렇듯 입장에 변화가 오는 결정적인 계기는 1997년 체결된 신가이드라인(미·일 방위협력지침)이다. 신가이드라인에서는 미군 활동에 대한 일본의 지원을 '시설의 사용'과 '후방지역 지원'으로 규정하고 있다. 여기서 문제가 되는 것은 후방지역 지원이다. '주로 일본 영역'이라는 한정은 두고 있지만 구체적으로 그 범위가 명확하지 않다는 점과, 때로는 해석에 의해 활동 영역이 고무줄처럼 줄었다 늘었다 할 수 있는 것 아니냐는 의구심 때문이다.

여기에 기름을 부은 것이 1999년 제정된 '주변사태법'이다. 일본 주변 지역에서 유사 사태가 발생했을 경우를 가정, 자위대의 역할을 명시한 것이다.[3] 게다가 이를 지리적 개념이 아니라 상황에 따른 개념으로 설명함으로써 자위대의 집단적 자위권 범위를 무한정 확대했다. 2001년 9·11 테러 이후에는 '대테러대책특별조치법'을 제정했는데, 이는 미군이 대테러 군사 활동을 명분으로 세계 각지에서 벌이는 각종 작전에 지원 활동을 할 수 있도록 법제화한 것이다.

이와 같은 일련의 군사 활동 준비 태세를 정당화하는 논리는 '적극적 평화주의'의 동참이다. 1991년 발발한 걸프전 때 미국은 다국적군을 편성하면서 일본의 참여를 요구했으나, 일본은 헌법과의 충돌 가능성 등을 고려해 자위대의 파병 대신 전쟁 비용으로 130억 달

----

3. 일본 주변 지역의 범위와 관련해서는 공간적 의미와 상징적 의미 두 가지로 해석할 필요가 있다. 물론, 주변 지역을 해석하는 방식에 따라 그 범위가 확대되기도 축소되기도 하나, 일단 공간적 의미에서도 다소 넓은 대만·베트남·필리핀 근처까지 아우르는 광범위한 지역이다. 상징적 의미로는 더 넓은 폭을 가진다고 볼 수 있다.

러를 지원했다. 이처럼 엄청난 액수의 비용을 지불했음에도 불구하고 국제사회로부터 제대로 된 대접을 받지 못하자, 일본은 책임 분담(responsibility sharing)을 이유로 1992년 PKO(국제평화유지군) 특별법안을 통과시켰다. 대테러특별조치법, 국제긴급원조대법 등이 이때 만들어진 법안들이다. 마침내 2014년 7월, 아베 내각은 집단적 자위권을 용인했다.

현행 평화헌법이 엄연히 존재하는 상황에서 집단적 자위권의 용인은 마치 화룡점정(畵龍點睛)과도 같은 것이다. 군사대국화 일본에 있어 마지막 눈동자 한 점은 평화헌법의 개정이겠지만, 이는 현실적으로 많은 난관이 있어 당장은 쉽지 않을 것이다. 하지만 집단적 자위권 용인으로 인하여, 군이 헌법 개정을 하지 않더라도 일본은 세계 어느 곳에서든 미·일 동맹을 명분 삼아 마음껏 군사 활동을 벌일 수 있게 되었다. 자위대의 존재성을 법률로 확실하게 정립하는 일이나, 자위대를 자위군으로 승격하는 문제 등은 이제 그다지 중요하지 않게 되었다.

이미 자위대는 전쟁을 수행하기에 전혀 부족함이 없는 첨단 무기와 장비 체계를 갖춘, 잘 훈련된 인적 조직이 되었다. 더구나 일본은 세계 5위의 군사력과 이에 걸맞은 세계 최고 수준의 막대한 군사비를 지출하고 있는 국가이지 않은가.

3. 신군국주의화 경향과 실체의 분석 구조

(1) 선행연구 분석과 신군국주의화 실체의 구조

선행연구 분석과 한계 : 방위수정주의의 부재

역사수정주의와 방위수정주의 관련 연구 중에는 압도적으로 역사수정주의적 관점에서의 연구가 많다. 방위·안보적 측면에서 일본의 군사대국화 연구는 군사학 분야에서 비교적 활발히 진행되어 왔으나, 현실 일탈적 행위를 방위수정주의라고 직접적으로 칭한 연구는 거의 없는 것으로 파악된다.

다만, 포괄적 의미에서의 방위와 안보 관련 연구들, 예를 들면 전수방위, 방위계획대강, 신가이드라인 등의 '미·일 군사동맹' 관련 연구, 국가 안전보장 관련법이나 개별·집단적 자위권 등의 '안보 법안' 연구들을 방위수정주의적 관점의 연구들이라 할 수 있겠다.

현재 진행되고 있는 일본 정부의 일련의 방위 관련 논의들이 위헌적 요소로 인해 '해석 개헌'이라는 편법을 통해 진행되고 있는 바, 이를 수정주의적 행태로 해석해도 무방할 것으로 이해된다. 이런 이유로 방위수정주의적 관점에서의 선행연구 검토는, 개별 방위·안보 정책으로서의 국가전략론과 관련한 연구를 대상으로 진행하였다.

이제까지의 과거사와 관련한 연구 성과 중 수정주의적 관점에서 가장 많이 다뤄지고 있는 분야는, 일본군 위안부 및 역사 왜곡, 역사교과서 관련 연구들이다. 신기영은, 당면한 위안부 문제의 구도를 대등한 인식의 두 차이로 보는 한·일 양국 간 외교 관계적 측면이 아닌 글로벌 수준에서 볼 것을 주문한다. 일본군 위안부 문제는 "일본 정부의 수정주의적 역사 해석 대 국제 인권 규범과의 대립이라는 큰 구도"로 이해해야 더 정확하게 볼 수 있다는 지적이다.[4] 위안부 문제는 과거사 해석의 문제가 아니라 글로벌 여성 인권의 관점에서 접근해야 바른 해답을 찾을 수 있다는 말이다.

함동주는 일본 역사수정주의의 비판 대상으로서 일차적으로는 역사적 사실의 오류와 왜곡을 들 수 있지만, 더욱더 중요한 문제는 다름 아닌 역사수정주의 속에 담긴 그릇된 사상적 성격에 있다고 지적한다. 특히, 이들의 타자 인식이 지닌 문제점이 크다고 주장한다. 첫째, 일본 역사수정주의는 일본인과 타국민을 대립적 존재로 파악하고 있다. 둘째, 일본 역사수정주의는 일본 국민의 '자부심'을 부각하기 위해 타국민의 문제점과 열등성을 강조한다.[5]

노가와 모토카즈(能川 元一)는 "1995년까지만 해도 일본 우파의 인식은, 위안부 보상 문제는 국가가 취급할 일은 아니고, 사적인 레벨에서의 제공은 상관없다는 식이었다"라고 전한다. 이들의 생각에 변화가 오는 계기는, 1996년 이후로 위안부 문제가 중학교 역사교과서에 기술된다는 사실에서 오는 위기감에 있었다. 또한 이들은 주변국의 과거사 문제 거론, 즉 한국이 주도하는 위안부 문제와 중국이 강력히 주장하는 난징대학살 문제 등이 '일본을 매도하려는 운동'이라는 인식과

4. 신기영 「글로벌 시각에서 본 일본군 '위안부' 문제-한일관계의 양자적 틀을 넘어서」, 『일본비평』15
5. 함동주 「일본 역사수정주의의 내셔널리즘과 타자 인식」, 일본역사연구 제17집

이러한 인식을 낳게 된 배경에는 역사적 사실에 관한 우파의 냉소주의[6]가 있다고 지적한다. 그리고 이러한 인식의 전제는 '아시아·태평양전쟁에 관한 역사수정주의적 인식'이라고 분석한다.

난징사건의 존재 부정, 위안부 문제에 일본군이나 일본 정부가 책임질 일은 없다는 전제가 존재하기 때문에 빚어진 역사 인식의 오류다. 그리고 이러한 부정과 책임 회피를 통해 이들이 지키고자 하는 것은 단지 '민족의 명예'라고 지적하며, 역사수정주의와 민족 우월의식(racism)의 친화성에 주목한다.[7]

고야마 미에(小山エミ)는 미국 캘리포니아주 글렌데일 시립공원에 '평화의 소녀상'이 설치되기까지의 과정을 생생하게 전해 주고 있다. 설치 과정에서 불거진 일본 정부(주미 영사관 포함)와 샌프란시스코의 자매도시인 오사카 시의 방해 공작이 얼마나 심했는지, 일본 내에서 우익 세력이 쏟아내는 일본인 이지메(따돌림)에 관한 가짜뉴스[8]들이 얼마나 황당한 것들이었는지를 증언하고 있다.

역사수정주의자들의 이와 같은 역사 왜곡 책동이 일본 국내를 벗어나 해외에서까지 기승을 부리는 현상을 보며, 고야마는 두 가지를 우려한다. 첫째, 보수우파들의 전유물 같았던 역사수정주의적 인식에 좌

----

6. 역사 논쟁은 별 의미 없다. 난징학살이 실제로 있었는지 아무도 100% 증명하지 못한다. 그러므로 목소리 큰 쪽이 이긴다. 주변국들은 과거 역사를 현실 정치에 이용하고 있을 뿐이라는 인식을 말한다.

7. 노가와 모토카즈 「'역사전'의 탄생과 전개」, 『바다를 건너간 위안부』

8. 한국계 주민에 의해서 일본인들이 이지메(따돌림)를 당하고 있다. 일본인이 먹고 있는 라면에 한국인이 침을 뱉었다. 글렌데일 고교에 다니는 일본인 여학생의 사물함이 망가지고 '강간자의 자식'이라는 메모가 나왔다는 등의 확인 불명 글들이 일본 내 언론에 의해 다수 보도되었으나, 현지에서 이를 확인해 본 결과 그런 일은 한 건도 확인되지 않았다는 게 저자의 주장이다.

파 성향의 정치인·학자까지도 가세하고 있다는 점. 둘째, 이러한 일본 정부의 조직적 후원과 압력이 해외에 거주하고 있는 일본인들의 갈등과 분열로 이어질 조짐이 있다는 점 등이다.[9]

테사 모리스 스즈키(Tessa Morris Suzuki)는 1993년의 〈고노 담화〉와 2015년 아베의 〈패전 후 70년 담화〉를 비교하며, "반성과 참회에 대한 '굳은 결의'를 완전히 버린 것이자 역사수정주의를 향한 비약의 시작"이라고 비판하고 있다. 한편, 광신적으로 역사수정주의식 사고를 하는 이들이 자신의 저서를 영어로 옮겨 해외에 있는 다수의 연구자와 지식인·정치인들에게 발송하고 있는 현실을 고발한다. 더불어 이러한 작업에 일본 정부의 예산이 연간(2015년도) 약 7천억 원 정도 소요되었다는 점을 밝히고, '역사수정주의의 전략적 대외발신'이라며 혹독한 비판을 가하고 있다.[10]

야마구치 도모미(山口智美)는, 일본 사회 보수우익 세력(정부 포함)이 해외 선전전에 열을 올리는 것은 "일본 국내에서 자신들의 논리가 압승을 거두고 있다는 자신감에서 나온 행위"로 판단하며, 이런 현실이 일본 사회의 위기라고 진단한다. 그리고 이러한 역사수정론자들의 행위가 단순히 과거 기억에 대한 투쟁만이 아니라 "자위대의 활용을 통해 미국과의 군사동맹을 심화시키고, 이를 통해 국제사회에서 일본의 군사적·정치적·경제적 존재감을 높이려는 책동"이라고 비판한다.[11]

김정현은 기록물 발굴의 중요성을 강조하며, 국가별·지역별로 새로

....
9. 고야마 미에 「미국 '위안부' 추모비 설치에 대한 공격」, 『바다를 건너간 위안부』
10. 테사 모리스 스즈키 「사죄는 누구에게, 무엇을 하는 건가? - '위안부' 문제와 대외발신」, 『바다를 건너간 위안부』
11. 야마구치 도모미 「관민일체의 '역사전'의 행방」, 『바다를 건너간 위안부』

운 자료 발굴 및 공개된 자료에 대한 세심한 분석, 연구자 간 정보 공유와 연구의 필요성을 주장하고 있다. 일본 우익과 일본 정부에 의한 역사수정주의의 준동, 위안부 부정, 공격적 민족주의를 극복하기 위해서는 국경을 넘나드는 연구 교류 네트워크와 자료 발굴 작업을 더욱 확대해야 한다는 것이다. 국제적 연대와 노력을 통해 일본의 역사수정주의와 국가주의를 극복해 나가야 할 것이라는 주장이다.[12]

방위수정주의와 관련한 논문들은, 앞에서도 설명한 것처럼 개개의 방위·안보를 주요 요소로 하는 국가전략론을 검토하는 방식으로 간략히 살펴보도록 하겠다.

오로스(Andrew L. Oros)는 최근 벌어지고 있는 일본의 국가안보전략을 '요시다 노선에서 기시 노선으로의 전환'으로 분석하고 있다. 요시다 노선(독트린)은 미국 중시 외교, 미국 편승 안보, 경제 중시 정책을 강조하는 외교 노선이다. 이에 기반한 일본의 안보전략이 제2차 아베 내각부터 변화했다는 지적이다.[13]

2012년 12월 중의원 선거[14]에서 당시 야당이던 우익계열이 압승을 거두며 자민당으로의 정권교체가 이루어졌다. 이 선거를 계기로 자민당의 요시다(吉田茂) 노선에서 더욱 보수적 국제주의 노선인 기시(岸

....

12. 김정현 「한중일의 일본군 '위안부' 기록물 발굴 성과와 과제-역사수정주의와 보편적 인권의 길항」, 한일관계사연구 제69집
13. 이런 이유로 이를 '아베 독트린'으로 부르는 학자도 있다.
   C. 후스(C. Hughes) 『Japan's Foreign and Security Policy Under the 'Abe Doctrine' : New Dynamism or New Dead End?』
14. 총 480석 중에 여당이던 민주당(57석)과 국민신당(1석)이 58석, 야당 자민당과 일본유신회·공명당 등이 417석을 얻었다. 야당 의석 중 공산당(8석)과 사민당(2석) 등 진보계열 의석 10석을 제외하면 우익계열이 407석으로 압승을 거둔 선거다.

信介) 노선으로 전환했다고 분석한다.[15] 기시 노선을 추종하는 후세 정치인들, 즉 나카소네(中曾根康弘)와 후쿠다(福田赳夫), 고이즈미(小泉純一郎)를 이어서 아베(安倍晋三)로의 확고한 권력 이양으로 분석하고 있다.[16] 이들 '기시의 후예들'이 일본 군국주의화의 전면에 나선 것이다. 이는 일본 안보전략이 수정주의자들로 교체되었음을 의미한다.

박영준은 일본 국가 전략론을 네 개의 유형으로 나누어 고찰한다. 평화국가론, 보통국가론, 미들파워 국제주의, 수정주의적 국가주의가 그것이다. 특히 최근 들어 나타나고 있는 일본 정부의 행태는 외교·안보정책 성향 면에서는 보통국가론적 성향을, 역사 문제에 관해서는 수정주의적 보통국가론에 기반한 대외정책을 전개할 것으로 전망했다. 즉, 미·일 동맹 일체화를 통한 국내 안보체제의 강화와 국제 안보적 측면에서 역할을 확대해 나갈 것이라는 전망이다. 한편, 과거사 및 위안부 문제의 부정, 근린 제국 조항을 폐기하는 교과서 검정기준을 통해 수정주의적 역사관을 펼쳐 나갈 것이라고 지적했다.[17]

일본의 신군국주의화 경향에 관한 국내의 연구는, 주로 과거사 문제(일본군 위안부, 역사 왜곡, 영토 문제)에 초점을 맞춘 역사수정주의 분석이 주를 이루고 있다. 이 또한 개별적 사안에 입각한 연구들 위주로

<hr>

15. 요시다의 노선은 '안보는 미국에 의존하며, 경제를 중시하는 정책'으로 요약된다. 이에 반발하며 격렬하게 대립하는 인물이 기시 노부스케다. 그는 전범 출신(전범으로 공직 추방되었다가 해제된 후 정계에 복귀했다)답게 보다 노골적인 국가정책을 주장했다. 헌법 개정과 재군비를 주장했는가 하면, 이를 위해 정치를 우선시해야 한다고 주장했다. 요시다에서 기시로의 노선 전환도 이와 같은 인식의 차이를 대변한다. 물론 후에 이들은 자유민주당으로 하나가 되어 55년 체제를 만들어간다.

16. 앤드류 오로스(Andrew L. Oros) 『Japan's Security Renaissance: New Policies and Politics for the Twenty-first Century』

17. 박영준 상동

진행되고 있다. 방위수정주의적 측면에서는 이러한 경향이 한층 뚜렷해서, 일본의 국가전략 분석이 주를 이루고는 있으나, 종합적이고 거시적인 관점에서의 분석이라기보다는 개별 사안에 집중하는 연구 경향을 보이고 있다.

본서는 일본의 신군국주의화를 부감(high angle)하고 추상하는 방식으로 분석하여 그 실체를 더욱 명확하게 규명함은 물론, 주변 요인들과의 상호 연관성을 밝혀내어 그 실체에 한층 가까이 다가가고자 했다.

수정주의적 관점

수정주의(revisionism)와 부정(negation)의 차이는 '해석(interpretation)'과 '판단(judgment)'의 문제다.

예를 들어 위안부 문제를 보면, 두 개의 주장이 있을 수 있다. 군 위안부는 존재했지만 자발적 행위였다는 주장과 군 위안부는 없었다는 주장이다. 전자는 군대를 따라다니며 군 주위에 머무르는 위안부가 있기는 했지만, 군이나 정부와는 무관한 개인적 돈벌이 수단이었다는 주장이다. 해석의 차원이다. 후자는 그런 행위나 위안부라는 집단 자체가 존재하지 않았다는 주장으로, 존재 자체를 부정하는 것이다.

전자가 우리가 말하는 수정주의의 영역이다. 같은 논리로 일본 제국주의에 의한 침략의 역사를 살펴볼 수 있다. 일제에 의한 침략과 만행은 있었으되, 이는 어디까지나 동아시아 주변국을 서구의 침략으로부터 지켜주려는 이웃으로서의 불가피한 측면이었다는 게 일본 정부의 궤변이다. 당시는 서구의 제국주의적 침략과 영토 확장 정책이 크게 확산하던 시기였다는 부연 설명도 빼놓지 않는다.

위안부 문제에 대처하는 자세도 앞서와 다르지 않다. 강제 연행은 없었고, 숫자(20만 명)는 과장되어 있으며, 성노예가 아니었다는 주장만 되풀이하고 있다. 역시나 위안부의 존재 자체를 부정하지는 않는다. 수정 혹은 침묵, 둘 중 하나의 태도를 보이는 게 일본 정부가 역사를 대하는 자세이다. 제국주의적 침략 행위의 본심에 대해서도 말이 없다. 강제 연행이나 징용에 대해서도 부정도 긍정도 아닌 모호한 태도를 보인다. 주변국의 피해나 손해에 대해서도 어물쩍 넘어가려 한다.

그리고는 피해국의 국민이 받았을 고통을 생각하면 "통석의 염을 금할 수 없다"[18]라고 한다. 또 "우리나라(일본을 지칭)가 한반도의 사람들에게 다대한 고난을 입힌 한 시기가 있었다"라며, "그 일에 대해 슬픈 감정을 나는 이미 표시했고 변함없는 마음이다. 일본 국민은 과거 역사에 대한 반성으로 한국 국민과 흔들리지 않는 신뢰와 우정을 만들고자 노력해 왔다"[19]라는 발언도 있다.

피해국의 국민이 받았을 고통이 구체적으로 어떤 것이었으며, 그 고통으로 얼마나 큰 피해를 보았는지에 대한 자세한 언급은 없다. 침묵한다. 그리고 그 고통에 대해서는 사과한다. 마침내는 "일본에는 전후 세대가 이제 인구의 80%가 넘는다. 전쟁과는 아무런 관련도 없는 우리 후손들에게 사과하는 숙명을 짊어지게 해서는 안 된다. 우리 일본인은 과거의 역사를 정면으로 마주하지 않으면 안 된다. 겸허한 마음으로 과거를 이어받아 미래세대에게 물려줄 책임이 있다."[20]라고 주

----

18. 1990년 5월 아키히토 천황이 노태우 대통령 방일 연찬식 때 한 발언
19. 1994년 3월 아키히토 천황이 김영삼 대통령 방일 궁중 만찬에서 한 발언
20. 수상관저(首相官邸) 〈내각총리대신담화(內閣總理大臣談話)〉, 平成27年8月14日

장한다. 적반하장이 도를 넘었다. 이 또한 수정주의적 사관이다.

수정주의가 모두 나쁜 것만은 아니다. 대체로 수정주의는 세 가지 주요 관점에서 그 의미를 파악해 볼 수 있다. 이론적 관점, 사실 확인 관점, 부정적 관점이 그것이다.

수정주의의 이론적 관점은, 사건을 비추는 필터 혹은 프리즘(정치적, 경제적, 인종적, 성Sexual적)에 의해 사건의 재검토를 목표로 한다. 사실 확인 관점은 사건에 대한 수정을 목표로 한다. 물론, 사실 확인이 우선이다. 부정적 관점은 동기 자체가 사건을 의도적으로 왜곡하려는 목표를 갖는다. 일본이 행하고 있는 수정주의가 세 번째 예에 해당한다고 주장하는 이유는, 바로 역사와 진실의 의도적인 '왜곡' 때문이다.

일본에서 수정주의적 경향이 본격화하기 시작하는 시점은 2002년 고이즈미(小泉純一郎) 총리의 평화 방문 이후다. 물론 그 이전에도 1990년대 후반의 역사교과서 왜곡 문제[21]라든가 위안부 강제 동원 부정 등을 통해 꾸준히 그 흐름을 유지하고 있었다. 그러나 대내외적으로 확대하고 선전하기 시작한 것은, 김정일 위원장이 북한에 의한 납치 피해자 문제를 사실로 인정하고 그 현황을 알려주면서부터다.

일본으로 돌아온 고이즈미 총리에게는, 첫 북·일 정상회담의 성과보다는 오히려 납치 피해자 문제의 해결이 더 급한 과제로 부각되었다. 일본 보수우익 세력이 총궐기하였기 때문이다. 이를 계기로 정치적 힘을 얻고 세력을 확대한 이가 아베(安倍晋三) 전 총리다. 그때까지

....
21. 1990년대 중반부터 '새로운 역사교과서를 만드는 모임(새역모)'과 '자유주의사관 연구회' 등이 역사교과서 및 역사 교육의 개정을 위한 본격적인 활동을 시작하였다. 후지오카 노부카쓰(藤岡信勝), 니시오 간지(西尾幹二)가 중심인물이다.

아베 신조는 그저 무명의 젊은 세습정치인에 지나지 않았다. 아베는 '납치 피해자 가족회의'를 등에 업고 자신의 보수적 색채를 적극적으로 드러내며 정치 전면에 나선다. 정치적 꽃가마를 타는 순간이었다.

이처럼 일본 보수우익 세력이 북한에 의한 납치 피해자 문제에 총궐기한 이유는, 자신들의 역사와 관련된 허술한 '도덕성'을 희석시켜 줄 좋은 재료라 여겼기 때문이다. 일본제국주의 역사의 피해자라고 자처하던 저들(북한)도 우리와 별반 다르지 않은 반인륜적 납치 행위의 가해자였다는 선전 효과를 노렸던 것이다. 이에 자신감을 회복한 일본 보수우익 세력은 주변국과의 국제적인 '역사전(역사전쟁)'을 준비했다. 그 시작은 제2기 아베 내각의 등장과 함께였다.[22]

먼저 일본의 대표적인 보수일간지 산케이신문(産經新聞) 그룹이 시작했다. 자사 발행 월간지《정론(正論)》을 통해 2013년 '역사전쟁'이라는 키워드로 캠페인을 시작했다. 이어 산케이신문도 역사전 대열에 합류하여 2014년 4월 〈역사전〉이라는 제목의 시리즈를 시작했다. 그들은 이를 '정론노선의 일환'이라 주장한다. 2014년 4월 1일부터 제1부(고노 담화의 죄)로 시작된 이 시리즈는, 2018년 4월까지 4년에 걸쳐 20부(공자학원)까지 이어졌다. 제1부터 7부까지가 위안부 문제를 다루고 있다.

역사전 제1부 〈고노 담화의 죄〉에서 "위안부 문제가 오늘날과 같이 국제 문제로 비화한 발단은 허구를 마치 사실인 양 그리고 '나는 노예사냥을 했다'고 쓴 1983년 요시다 세이지(吉田清治)의 저서 『나의 전쟁 범죄-조선인 강제 연행』에 있다. 요시다의 증언은 1996년 유엔 인권

....
22. 제2기 아베 내각 : 2012년 12월 26일~2014년 12월 23일

위원회에 제출된 쿠마라스와미 보고서(Coomaraswamy Report)[23]에서도 인용되고 있다"라며, 요시다의 이 책은 "완전히 거짓이다"[24]라고 강변한다.

일본 보수우익 세력들이 위안부 문제를 얼마나 심각하고 엄중하게 보고 있는지를 잘 나타내주는 하나의 방증이다. 최근 불거져 나온 정대협(한국정신대문제대책협의회) 논란에 이들의 입김은 또 얼마나 작용했는지 새삼 궁금해지는 대목이다. 주로 종교단체를 통해 자신들의 보수우경화 메시지를 한국의 언론과 정치권, 재계 및 보수계열 시민단체에 전파·전달하고 있다는 사실은 이제는 공공연한 비밀이 되어 있다.

이러한 역사수정주의 해외 발신의 영향 혹은 이들과의 연대의식에 편승한 국내 일부 친일 인사들의 행태도 최근 문제가 되고 있다. 이들에 의해 일본의 역사수정주의적 시각에 입각한 도서가 발간되어 국민적 공분을 사기도 했다.[25]

....

23. 쿠마라스와미(Radhika Coomaraswamy)는 유엔 인권위원회 특별보고자로 임명되고, 〈여성에 대한 폭력과 그 원인 및 결과에 대한 보고서〉를 제출한다. 여기서 말하는 쿠마라스와미 보고서는, 1996년 1월 4일 유엔 인권위원회에 제출된 〈전시 군사적 성노예제 문제에 관한 조선민주주의인민공화국, 대한민국 및 일본에서의 방문 조사에 따른 보고서〉를 말한다.

24. 위안부 문제를 부정하고 있는 일본 보수우익 세력 최대의 적은, 일본 국내에서 진보를 표방하는 아사히신문(朝日新聞)이다. 2014년 8월 5일 아사히신문은 "위안부 문제와 관련해 요시다의 증언을 토대로 1980~1990년대 다수의 기사를 냈는데, 제주도에서 여성을 강제로 끌고 왔다는 요시다 세이지의 증언이 거짓이라고 판단해 이와 관련한 과거의 기사를 삭제한다"고 발표했다. 이것을 빌미로 일본 보수우익 세력이 위안부 자체를 부정하며, 아사히신문 기사를 거짓 주장이라 공격하고 있다.

25. 이영훈 등이 저술한 『반일 종족주의』가 대표적이다.

(2) 신군국주의화 경향과 실체의 분석틀

역사수정주의적 관점의 분석틀

제2차 세계대전 이후 한반도와 일본 사이를 연결하는 고리이자 갈등의 뿌리이기도 한 3개의 체제, 즉 샌프란시스코체제, 평화헌법체제, 판문점체제를 중심으로 일본 우경화 경향의 실체로 기능하고 있는 역사수정주의적 관점을 비판적으로 분석한다. 서로 다른 삼위일체적 이 체제들은 독자적으로 기능하기도 하고, 다른 체제와의 결합을 통해 동아시아 역내 질서에 영향을 주고받기도 한다. '아시아 패러독스(Asia Paradox)'[26]가 그 한 전형이다. 이로 인해 동아시아 지역은 지속적이며 능동적인 경제협력 체제를 형성하는 반면, 안보 면에서의 부단한 갈등 상황이라는 미증유의 이중성을 띠고 있다.

샌프란시스코체제는 한국전쟁 기간 중에 '일본과의 평화조약'으로 체결되어 동아시아의 반공주의 블록을 형성하고, 한국전쟁 정전협정 이후 한반도의 분단체제를 공고하게 고착화하고 있다. 한편, 평화헌법 체제는 평화헌법을 부정하고 개정하려는 이들의 우경화 노선에 판문점체제를 끌어들여 일본 사회 보수우익화의 도구로 삼고 있다. 샌프란

---

26. 로버트 매닝(Robert A. Manning) 「The Asian Paradox: Toward a new architecture」, World Policy Journal. Fall93, Vol. 10 Issue 3.
국제정치의 기본 특성상, 국가는 힘을 바탕으로 상호 견제 협력(세력균형)하는 것을 지극히 현실주의적 현상으로 본다. 다만, 경제·문화적 상호 협력(의존)에 기반한 공통의 이익을 절대화함에도 불구하고 이에 상응하는 제도화에 이르지 못하고 있다. 또한, 정치·군사적으로는 대립과 갈등의 골을 좁히지 못하고 있어 이와 같은 동아시아 국가 간 질서의 혼란상은 역내 불확실성을 증폭시키고 있음은 물론, 대립과 긴장으로 불안정성의 요인이 되고 있다.

시스코체제는 포스트 얄타체제로 냉전의 시작을 의미한다. 이는 동아시아, 특히 한·중·일 3국의 갈등 관계를 넘어 세계적 차원의 냉전체제로의 진입을 의미한다.

샌프란시스코체제의 준비단계 버전은 패전국 일본에 대한 징벌적 조약으로 구성되어 있었다. 하지만 예상치 않은 중국의 공산화와 한국전쟁의 발발은 확산하는 공산주의 세력화에 대한 강한 경계감으로 표출되었다. 이에 대한 대응책으로 동아시아의 방공 보루이자 미국의 전진기지로 일본을 선택한 미국은, 징벌적 조약에서 화친조약으로 구성을 바꾸어 1951년 일본과 샌프란시스코 강화조약을 체결했다. 이후 각국의 비준 절차를 거쳐 1952년 4월 28일 발효되었다.

평화헌법체제의 중지는 헌법 개정을 꿈꾸고 있는 일본 보수우익 세력의 오랜 세월에 걸친 염원이다. 이들의 궁극적인 목적은, 일본 헌법 제9조의 전쟁 포기와 국가 교전권 불인정 조항을 삭제 또는 수정하여, 전쟁이 가능한 군사대국 일본을 만들고자 하는 것이다. 헌법 개정의 명분은 헌법 제정의 '강압론'에서 찾으며, 이를 '자주적' 헌법으로 바꾸어야 한다고 주장하고 있다. 즉, 현재의 일본 헌법은 당시 일본에 주둔 중이던 연합국 최고사령부(GHQ) 맥아더 사령관의 의지에 의해 강압적으로 작성된 헌법이기 때문에, 이를 일본 정부 주도의 자주 헌법으로 바꾸어야 한다는 논리다.

그러나 이는 어디까지나 자의적 판단일 뿐이다. 역사적 사료는 맥아더 사령관과 당시 일본 총리였던 시데하라 기주로(幣原喜重郎)에 의해, 특히 시데하라 총리가 제안하고 연합국 최고사령부가 그 뜻을 수용해 만들어진 주체적 헌법임을 입증하고 있다. 여기에 대해서는 4장에서 후술하기로 하겠다. 평화헌법체제를 중지하고자 하는 끈질긴 작업은 일본 우경화 과정과 동일한 선상에서 진행 중이다.

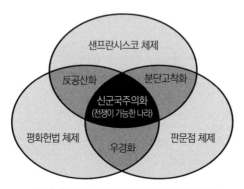

〈그림 1〉 역사수정주의적 관점 분석틀(3체제)

판문점체제(Panmunjom regime)는 "한반도에 형성된 냉전의 유물들, 아시아 패러독스의 핵심 기반 중 하나인 한국전쟁 군사 정전 체제"이다.[27] 이 판문점체제가 종말을 고하고, 새롭게 한반도 평화체제로 이행하려는 순간, 일본이 훼방꾼으로 나타났다.

겉으로 드러난 대표적인 예가 볼턴(John Robert Bolton)의 회고록에 등장하는 일본이다. 일본은 끈질기게 북·미 정상회담에 대해 부정적이었던 것으로 나온다. 볼턴은 일본 측 파트너였던 야치 쇼타로(谷內正太郞) 국가안전보장국 국장의 말을 빌려 강경한 태도를 소개하고 있다.[28] "북한의 전략인 '행동 대 행동'[29] 방식에 속아서는 안 된다"고 강

....
27. 김학재 『판문점체제의 기원』
28. 〈볼턴 회고록에 남북·미 진정 못마땅했던 일본 외교전도 소개〉, 연합뉴스, 2020. 6. 21.
29. 행동의 시차에 따른 유불리 인식이다. 즉, 경제 지원은 먼저 받고 비핵화 조치는 지연되는(dragging out) 방식으로, 북한에 이로울 것이라는 인식에서 나온 주장이다.

조하면서, 일본 아베 내각은 "북한은 핵무기 외에도 일본에 직접 위협이 되는 중·단거리 미사일과 생화학무기도 폐기되어야 한다"고 주장했다. 판문점체제의 지속이 자국의 이익에 부합한다고 보기에 취한 행동들이다.

방위수정주의적 관점의 분석틀

방위수정주의적 관점은 보통국가화 전략, 방위계획대강 전략, 집단적 자위권 전략 등 3개의 중요한 전략적 행위들을 분석틀로 삼고 있다. 이 세 전략이 공통으로 혹은 서로 간의 유기적인 결합을 통해 궁극적으로 지향하고 있는 목표는 일본의 '신군국주의화'이다.

보통국가화 전략과 집단적 자위권 전략의 유기적 결합은 '미·일 동맹'의 강화적 기능으로 작용하고 있으며, 보통국가화 전략과 방위계획대강 전략의 유기적 결합은 '평화헌법 무력화' 기능으로 작용하고 있다. 방위계획대강 전략과 집단적 자위권 전략의 유기적 결합은 일본의 '군사대국화' 기능으로 작용하고 있다.

보통국가화 과정에서 평화헌법의 존재성은 떼려야 뗄 수 없는 불가분의 관계에 있다. 헌법 개정을 주장하는 일본 보수우익 세력들이 볼 때, 평화헌법의 존재 자체가 일본을 일반적이지 않은 비(非)보통국가로 만들고 있다고 인식하기 때문이다. 그래서 이를 개정하여 보통국가로 만들겠다는 것이 이들의 복안이다. 이를 달리 표현하면, '평화국가'를 전쟁 지향적 '보통국가'로 만들겠다는 의도이다.

방위계획대강 전략은 일본 방위전략 및 군 운용 지침서이다. 하지만 내용 면에서는 임시방편적 요소들이 많다. 지금 당장 헌법 개정을 통한 보통국가화의 길이 쉽지 않다는 인식, 즉 헌법 개정이 아닌 헌법 해석에 따른 내용들이 들어 있기 때문이다. 이런 이유로 방위계획대강의 존재 자체가 평화헌법을 무력화하는 요인으로 작용하고 있다는 우려의 목소리가 크다.

집단적 자위권 전략은 미·일 동맹 일체화를 향한 오랜 노력의 결과물이다. 이제까지 일본 방위의 전수 범위였던 일본과 주변 지역을 벗어나, 미국이 군사 행동을 하는 곳이라면 어디서라도 자위권 행사가 가능하게 되었다. 이는 헌법의 무력화다. 일본 헌법은 군대 보유 및 교전권을 부정하고 전쟁을 포기한다고 명기하고 있지만, 헌법 해석이라는 명분으로 이를 완전히 무력화시켜 버린 것이다.

방위계획대강은 미·일 안보조약에 기반을 둔다. 미·소 냉전체제와 데탕트에 따른 긴장 완화, 그리고 이어 나온 소련의 아프가니스탄 침공은 국제정세를 신냉전 분위기로 몰아가며 미·일 안보체제에도 협력 필요성을 한층 가중시켰다. 방위계획대강은 이런 시대적 분위기 속에서 탄생하였다(1976년). 2013년 아베 정부에서 '신방위계획대강'으로 명칭을 변경한 후, 2018년 개정된 방위계획대강이 현재까지 유지되고 있다.

방위계획대강이 처음 논의되었던 시점은 1957년 기시 내각에서였다. 하지만 당시의 분위기는 방위비 증액과 관련하여 여론의 동의를 얻기가 쉽지 않았다. 전쟁의 참상에 대한 기억이 여전히 강하게 남아 있었기 때문이다. 그래서 당시에는 국방 기본 방침에 따라 장기적이며 점진적인 방위력 증강 계획인 '방위력 정비계획'이 수립되었다.

방위력 정비계획은 1976년 방위계획대강이 책정되기 전까지 4차례에 걸쳐 수립·운영되었다.[30] 방위계획대강을 모태로 중·단기적 안보 정책을 수립 책정하는 것이 '중기방위력정비계획'이다. 1986년 중기 방위력정비계획이 결정된 이후 지금까지 총 8번의 개정이 있었다. 최근의 개정은 2019년이었다.

방위계획대강은 1972년 제4차 방위력 정비계획의 결정 결과 기반적 방위력 구상 정책을 수용하여 이를 구체화한 것이다. 2001년 9·11 테러 이후 글로벌 차원의 대응을 반영해서 책정한 것이 2004년 방위계획대강이다. 9·11 테러 이후 일본과의 더욱 긴밀한 국제 안보 공조 체제를 희망하는 미국의 압력도 거세졌다. 그 영향으로 2003년 유사법제도 국회를 통과하게 된다. 방위청이 1977년부터 준비해 오던 법안이었으나, 전전의 국가총동원법을 연상시킨다는 이유로 야당의 반대에 부딪혀 뜻을 이루지 못했던 법안이 국회의 문턱을 넘은 것이다.

2010년 방위계획대강부터 국제사회의 흐름에 따라 '동적 방위력 구축'과 글로벌 힘의 균형 변화에 주목하게 된다. 이후 점차 적극적인 방위력 구축 작업에 나서게 되는데, 2010년의 방위계획대강에서 목표로 했던 '동적 방위력 구축' 작업은 2013년 방위계획대강에서는 '통합 기동 방위력 구축'으로, 이를 다시 2018년 방위계획대강에서는 '다차원 통합 방위력 구축'으로 향상해 나갔다.

이와 함께 일본의 방위비 지출 또한 2013년을 지나면서 대폭 증액되고 있다. 현재 일본은 세계 5위의 군사력을 보유한, 세계 7위의 군사

---

30. 가이드라인은 방위계획대강 책정 2년 후인 1978년에 책정되었다. 방위계획대강을 골자로 한 부속적 문서의 성격이 강하다. 그리고 1995년 방위계획대강 계획에 따라 가이드라인의 개정 필요성도 대두되어 1997년 신가이드라인이 체결되었다.

비 지출 국가이다. ☞그림 6(278쪽), 그림7(280쪽) 참조

북한이나 중국의 위협이 명시적으로 대두되기 시작한 것은 2004
년 신방위계획대강 때부터다. 일본은 "북한의 핵과 미사일 등 대량 파
괴무기와 중국의 경제력 향상에 이은 군사력 증강을 우려하고 있다"고
밝히면서, 이에 대한 위협 및 경계감을 신방위계획대강 안보환경 평가
항목에 적시하고 있다. 미·일 동맹의 일체화를 통한 안보 공백의 최소
화가 일본 정부가 추진하고 있는 역내 안보정책이다.

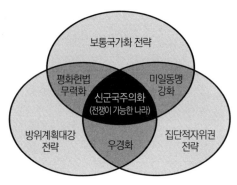

〈그림 2〉 방위수정주의적 관점 분석틀 (3전략)

제2부

신군국주의화의
역사수정주의적 관점 분석

제1장

:
●

샌프란시스코체제

1. 샌프란시스코체제의 흐름

(1) 한국전쟁과 전후 질서

샌프란시스코체제, 평화헌법체제, 판문점체제는 한국(한반도)과 일본 사이에 서로 중첩되어 나타나는 삼위일체의 성격을 갖는 지역적 체계다. 하나의 체제가 독자적으로 나름의 역할과 기능을 수행하기도 하지만, 다른 하나의 체제에 영향을 주기도 하고 받기도 한다는 의미다.

제2차 세계대전에서 일본 군국주의가 패망하고 한반도가 독립한 이래, 한반도와 일본은 약 75년간을 변치 않고 불편한 관계를 이어져 오고 있다. 양국의 정치·경제·사회·문화·외교·안보의 틀을 형성하고 있는 3체제는, 동아시아의 공산화 저지와 불완전한 전후 처리, 한반도 분단의 고착화라는 본질을 공유한 채, 역내 경제 협력과 안보 갈등의 실체로서 존재한다.

계층적이면서 동시에 병렬적이기도 한 이 삼위일체적 지역 체계는 '아시아 패러독스' 현상을 만들어 내고 결정짓게 하는 핵심 요인으로도 작용하고 있다. 아시아 패러독스의 원인으로는 모호한 과거사 청산(역사 인식)과 아시아의 부재(지역 인식) 문제가 깊게 자리하고 있다.

전후의 처리 과제들을 말끔하게 정리하고 유럽연합(EU)과 같이 '하나의 유럽'을 통한 새로운 공동체적 동반자 관계를 맺은 유럽 각국(프랑스, 폴란드 등)과 독일의 예와는 다르게, 동아시아의 전범국 일본은 마치 승전국의 일원인 것 같은 상황 속에서 전쟁 책임의 추궁을 면책

받았다. 한국전쟁에 뒤이은 동아시아의 역내 공산화를 저지하고, 일본을 자유진영 수호의 보루로 만드는 것을 목표로 한 미국의 뜻에 따라, 미일강화조약을 체결하고 샌프란시스코체제를 정립하면서다.

샌프란시스코체제 이후, 일본은 평화헌법체제에 기반한 '제한적 보통국가(Limitary normal state)'[1]의 길을 걷는다. 한국전쟁이 종전에 이르지 못하고 정전의 상태로 장기간 대치하는 동안 한반도에는 판문점(분단)체제가 고착화하고, 이는 한반도는 물론 동아시아의 불안 및 갈등 요인으로 작용했다. 이처럼 미완의 전후 처리 후과(後果)는 동아시아를 협력과 긴장의 모순 속으로 밀어 넣었다.

샌프란시스코 강화조약(Treaty of San Francisco, Treaty of Peace with Japan, San Francisco Peace Treaty, 日本國との平和條約)은 전쟁 종식을 위한 48개 연합국과 일본이 맺은 평화조약으로, 전문과 7장 27조로 이루어져 있다. 전문은 "연합국과 일본은 공통의 복지 증진, 국제 평화와 안전을 유지하기 위해 우호적인 연계 아래 상호 협력해야 하며, 전쟁 상태 해결을 위한 평화조약 체결을 희망"한다는 내용이다. 제1장은 평화(제1조), 제2장은 영토·영역(제2조~제4조), 제3장은 안전(제5조~제6조), 제4장은 정치 및 경제 조항(제7조~제13조), 제5장은 청

---

1. 제한적 보통국가(Limitary normal state)라고 칭한 이유는, 평화헌법의 테두리 내에서 자국에 필요한 안보 대응 태세에 임할 수밖에 없었던 당시의 현실을 강조하기 위함이다. 이후 일본 보수우익 세력이 추구하고 있는 보통국가화를 향한 일련의 과정은 '제한적 보통국가'에서 전쟁도 가능한 '일반적 보통국가'로의 이행으로 설명할 수 있다. 일부 학자들은 '결손국가'라는 명칭을 사용하기도 하나, 결손이란 단어에는 '없거나 불완전하다'는 의미가 강해 이 용어의 사용은 적절치 않아 보인다. 평화주의에 입각한 보통국가의 의미가, 무엇이 없거나 불완전한 상태는 아니기 때문이다. 지극히 정상적이며 모두가 지향해야만 하는 바가 바로 평화주의에 입각한 보통국가이다.

구권 및 재산(제14조~제21조), 제6장은 분쟁의 해결(제22조), 제7장은 최종 조항(제23조~제27조)으로 되어 있다.[2]

국제정치 영역에 있어 '국제질서'와 관련한 논의는, 국가 간 관계를 말해 주는 상수 개념이다. 국제질서는 서로 독립적인 것으로 인정되는 개별 정치 단위 간의 본격적인 상호교류 관행이다. 고대 수메르까지 거슬러 올라갈 수 있으나, 국제관계에서는 1648년 베스트팔렌조약을 현대적인 국제질서의 기준으로 간주한다. 현대적 국제질서의 출현은 지난 2세기의 산물로 보는데, 이는 다양한 지역시스템이 국제질서로 발전한 시기이기 때문이다.[3]

전후 동아시아의 국제질서는, 흔히 미·일 동맹의 모태라 일컫는 샌프란시스코 강화조약이 함의하는 바가 매우 크다. 샌프란시스코 강화조약에 의해 동아시아의 외교·안보적 질서가 규정되어 왔기 때문이다. 특히, 동북아시아 3국(한반도·중국·일본)의 관계에는 반드시 미국이라는 지역 외적 요인이 중요시되는데, 바로 샌프란시스코 강화조약에 의해 역내 질서 관계가 영향을 받는 현실에 기인한다.

즉, 동아시아 질서에서 미·일 동맹의 선순위적 작동은 적대와 대립의 냉전 공고화였다. 이에 기반한 지역 및 국제질서를 샌프란시스코체제(San Fransisco System)[4]라 부른다.

．．．．．．．．．．．．．．．．．．．．．．．．．．．．．．．

2. 외무성(外務省) 「일본과 미국의 안전보장조약(日本國とアメリカ合衆國との間の安全保障條約)」
3. 조지 로손(George Lawson) 『세계정치론』
4. 샌프란시스코체제는 포스트 얄타체제, 즉 냉전의 도래를 의미하는 것으로 아시아의 냉전을 넘어 세계적 차원의 냉전체제를 포함하는 개념이다. 샌프란시스코체제라는 용어를 처음으로 사용한 이는 하버드대학 교수였던 이리에 아키라(入江昭)다.
   아키라 이리에(Akira Iriye) 『The Cold War in Asia: A Historical Introduction』

미·소 간 냉전이 가시화되고 격렬해지면서, 미국의 전략은 동아시아에서 일본을 정치·군사·경제적으로 부활시키는 것으로 전환되었다. 일본을 점령하고 있던 미국이 일본과의 강화조약 체결을 구상하고 준비하기 시작한 것은 1947년부터다.

초기 구상 단계에서는 패전국에 대한 징벌적 조약으로 구상하고 있었는데, 뜻하지 않은 복병이 등장했다. 중국의 공산화와 한국전쟁의 발발이다. 두 복병으로 인하여 미국은 궤도를 수정해야만 했고, 징벌적 조약에서 화친조약으로 성격이 변한 것이다. 동아시아에서 공산주의에 대한 위협의 증가는 일본을 빨리 '방공십자군'이라는 동맹의 틀로 묶어야만 했다. 미국 입장에서 동아시아의 핵심 국가는 일본이었기 때문에 주변 피해국들의 이해는 간단히 무시되었다.[5]

1948년 들어 파상적인 공세로 전환한 중국공산당은, 여러 정파와의 연합을 통해 군사적 우위를 확보하는 한편, 정치협상을 체결하며 국공내전의 대미를 향해 나갔다. 마침내 1949년 10월 1일 중화인민공화국을 수립하며 내전에 종지부를 찍는다. 장제스(蔣介石)를 지원했던 미국의 애초 예상과는 다른 결과였다. 이어 1950년 한국전쟁이 발발하자, 미국은 대일본 정책에 변화가 불가피했다.

이후 미·중 관계 개선에 의한 협조체제에 이어 중·일 관계의 우호적 전환, 소련의 붕괴로 인한 탈냉전, 다시 중국의 국력 증대에 따른 힘의 부상, 즉 세력전이(Power Transition) 현상은 미·중 간 힘의 균형 변화와 함께 신냉전 상황을 초래했다. 그동안 동아시아 역내 질서는 혼란으로 요동쳤다. 이 틈을 비집고 1990년대가 되자 오자와(小澤一郎)에

5. 박진희 「전후 한일관계와 샌프란시스코 평화조약」, 한국사연구(131)

의한 일본 보통국가론이 등장했다.

2000년대 들어서는 소위 '기시(岸信介)의 후예들'로 불리는 고이즈미(小泉純一郎)[6]와 후쿠다 야스오(福田康夫)[7], 아소 타로(麻生太郎)[8], 아베(安倍晉三)[9]를 주축으로 한 세대교체형 세습 정치인들(이들은 모두 총리를 역임했으며, 아베는 최장수 총리 기록을 세우고 물러났다)에 의해 신군국주의 경향이 한층 뚜렷해졌다. 이들 뒤에는 극우 정치단체 '일본회의'가 있다는 사실이 최근 들어 새삼 주목받고 있다.[10]

(2) 샌프란시스코 강화조약의 취약성

제1차 세계대전의 전후 처리를 위해 맺어진 베르사유조약(Treaty of Versailles)은 파리평화회의(Peace Conferences in Paris) 의제, 즉 '흐트러진 유럽 질서의 정돈'이라는 합의 정신에 따라 독일과 31개 연

----

6. 외조부가 우익 선봉이자 장관인 우정대신 고이즈미 마타지로(小泉又次郎), 부친은 방위청장관 출신 고이즈미 준야(小泉純也)다.

7. 부친인 후쿠다 다케오(福田赳夫)는 일본 제67대 총리를 역임했다. 기시 노부스케의 정치적 후계자이다.

8. 증조부인 아소 타키치(麻生太吉)는 조선인 강제징용기업인 아소탄광의 창업주, 외조부는 전후 총리 출신 요시다 시게루(吉田茂), 역시 총리 출신 스즈키 젠코(鈴木善幸)는 장인이다.

9. 외조부가 A급 전범인 기시 노부스케(岸信介) 전 총리, 부친은 전 외무상 아베 신타로(安倍晋太郎)이다.

10. 일본회의는 1997년 5월 30일, 유력한 우파단체로 알려진 두 조직 '일본을 지키는 국민회의(우파 인사들이 총결집된 모임)'와 '일본을 지키는 모임(우파계 종교인 및 종교단체가 총결집된 모임)'이 통합하면서 새롭게 결성되었다.

합국 사이에 맺은 강화조약이다.

국제정치의 민주적 이상을 실현하기 위해 엄격한 전쟁 책임을 규정한 베르사유조약은, 전쟁 발발국의 영토 분할 문제, 전쟁 범죄 관련자에 대한 명확한 처벌 규정 등을 명시하였다. 패전국에 관한 징벌적 조항이 과했다는 비판이 일부에서 제기될 정도로 엄격했던 베르사유조약에 비해, 태평양전쟁의 전후 처리 조약이었던 샌프란시스코 강화조약은 패전국 일본에 지나치게 관대했다.[11]

베르사유조약이 제1차 세계대전 패전국(독일)에 대한 배상 요구를 과하게 했던 탓에 또다시 세계대전을 초래했다는 비판적 인식이 근저에 깔려 있기는 했으나, 샌프란시스코 강화조약이 패전국 일본에게 관대했던 가장 큰 이유는 공산주의에 대한 미국의 경계심 때문이었다. 소련의 팽창주의 정책에 따른 동아시아 역내 세력화에 대한 우려, 중국의 공산화에 대한 충격, 한국전쟁의 발발은 일본을 승전국들과 어깨를 나란히 할 수 있는 대등한 지위로 격상시켰다.

추축국의 일원이자 패전국이라고는 하나, 한때 제국주의적 위세를 떨쳤던 일본을 미국은 서둘러 동맹국으로 격상시켰다. 일본을 동아시아에서 공산주의 세력을 막아내는 반공의 전초기지로 삼아야 했기 때문이다. 그러다 보니 냉전이 격화되던 전후 시기부터 샌프란시스코 강화조약이 체결되기까지의 기간 동안, 미국의 관건은 하루라도 빨리 강화조약을 체결하는 것이었다.

샌프란시스코 강화조약은 일본과 전쟁을 종결하고 새로운 관계를 맺음에 있어 몇 가지 규정을 제시하고 있다.

....
11. 김성원 「베르사유조약과의 비교를 통한 샌프란시스코조약의 비판적 검토」, 동아법학(85)

첫째, 전쟁 종료 후의 전후 처리에 있어 평화의 중요성을 강조하고 있다. "연합국과 일본 쌍방은 동등한 주권국가로서 국제 평화 및 안전을 유지하기 위해 상호 우호적으로 협력하는 관계"임을 규정하고 있다.

둘째, 협정체결권 승인이다. 샌프란시스코 강화조약 서명 후 바로 미·일 안전보장조약이 체결되었는데, 이는 강화조약에서 승인했기에 가능했던 협약이다. 샌프란시스코 강화조약 제3장 안전, 제5조(c)를 통해 연합국은 다음을 인정했다. "일본은 주권국가로서 유엔헌장 제51조에 언급된 개별적 혹은 집단적으로 고유한 자위권을 소유한다. 자발적으로 집단안보조약에 가입할 수 있다."

셋째, 완화된 배상 조건이다. 샌프란시스코 강화조약 제5장 '청구권과 재산' 조항 제14조(a)에는 "전쟁 중 일본에 의해 발생한 피해와 고통에 대해 연합국에 배상해야 한다. 그러나 일본이 생존 가능한 경제 상황을 유지해 가며 완전한 배상과 동시에 여타 의무를 이행하기에는 일본에 자원이 충분하지 않다는 점 또한 알고 있다"라고 전제한 후, 제14조(b)에서 "연합국은 본 조약에 별도의 규정이 있는 경우를 제외"하고 "연합국의 청구권을 포기한다"라고 규정했다.

넷째, 영토(영역)를 분할·재편했다. 강화조약 제2장 영토(영역) 조항에서 일본의 주권이 미치는 영역을 규정했다. 하지만 명확하지 않은 모호한 설정 등으로 동아시아 주변국과의 영토 분쟁이라는 갈등의 불씨를 남겼다.

다섯째, 일본을 자유진영의 일원으로 편입시켰다. 마치 바퀴의 축과 바퀴살(hub and spokes)처럼, 냉전 상황에서 작성된 샌프란시스코 강화조약은 자유진영 국가와 공산진영 국가를 명확하게 구분하여 협

력 아니면 배제함으로써 '아시아 냉전'을 공고화했다.[12]

상황이 이렇다 보니, 공산진영 국가인 소련과 중국은 샌프란시스코 강화조약에 서명하지 못했다. 전쟁의 직접적 당사국들이었음에도 이후 개별적으로 국교를 맺을 수밖에 없었다. 이는 샌프란시스코 강화조약의 간접적 수용이라 할 수 있다.

한국은 자유진영의 일원이었으나 전쟁 당사자로 인정받지 못하고, 한·일 간 식민지배지의 문제로 귀속되어 서명국에 포함되지 못했다. 즉, 전쟁 대상국이 아닌, 식민 지배를 받은 비(非)전쟁 상황에 있는 국가라는 인식 때문이었다. 청구권 문제 또한 1965년 '대한민국과 일본국 간의 재산 및 청구권에 관한 문제의 해결과 경제 협력에 관한 협정(한·일 청구권협정)'을 통해, 3억 달러의 무상 자금과 2억 달러의 차관 지원을 조건으로 대일 청구권을 포기하는 것에 합의했다.

이처럼 샌프란시스코 강화조약의 모호하고 비정상적 상황은 현재에 이르기까지 그대로 이어져 오고 있다. 일본은 자신들에게 유독 관대하게 체결된 샌프란시스코 강화조약의 유리한 부분만을 선별적으로 대입하면서 전후 처리와 배상 문제, 영토 분쟁 대응에 적극적으로 활용하고 있다. 이제까지의 행태에 비춰보아, 일본 정부가 이러한 상황을 일변하여 선제적으로 전쟁의 사후 처리에 기꺼이 나설 가능성은 매우 희박하다. 샌프란시스코 강화조약의 모호성이 동아시아의 과거사 갈등에 여전한 불씨로 남아 있는[13] 까닭이다.

....

12. 김숭배 「샌프란시스코평화조약과 동북아시아 비서명국들 : 소련, 한국, 중국과 평화조약의 규범 보전」, 『일본비평』(22)

13. 강병근 「평화조약 내 영토 조항에 관한 연구 -대일 평화조약과 대이태리 평화조약을 중심으로-」, 『국제법학회논총』 제63권 제4호

2. 미·중 신냉전과 한반도 분단체제

(1) 냉전 대립구도에서 신냉전 대립구도로

거대한 체스판 위의 16개 말들은 64개의 눈이 그려진 체스판을 누비며 체크메이트(checkmate), 즉 상대방의 킹(king)을 잡기 위한 힘겨루기와 눈치싸움에 불꽃을 튀긴다. 브레진스키(Zbigniew Kazimierz Brzezinski)는 『거대한 체스판』이라는 그의 저서를 통해 '세계 패권을 위해서는 무엇을 어떻게 해야 하는지'를 다분히 자국 중심적인 관점으로 국제정세에 대해 조언한다. 체스를 두는 주체는 미국이고, 상대편은 세계 패권 혹은 미국의 이익이다.

현실주의적 관점에서 보자면, 세계는 권력투쟁 중인 무정부상태[14]로 약육강식의 장과 같다. 조절과 조정 기능을 가진 세계 정부가 부재하기에 그렇다. 이런 현실 하에서는 유일 패권국의 패권에 순종하거나, 동맹국들끼리 힘의 균형을 유지하는 것이 세계평화에 이르는 길이다.

강대국 간의 역학관계라는 측면에서 보자면, 국가의 이익을 위해서는 네 편과 내 편을 가르지 않아야 한다. 어제의 적이 오늘의 동지가 되는 일도 다반사다. 트럼프 정부는 동맹국들의 안보 비용 부담 전가에 적극적으로 나서며, 동맹국의 안보 '무임승차'를 강력히 비판하고 있다. 냉혹한 국제질서의 현실적 예다.

전후 70년간 세계질서의 역사는 경쟁과 협력, 다시 경쟁의 시대였

---

14. 한스 모겐소를 중심으로 한 '정치적 현실주의' 정치철학 사조가 대표적이다.

다. 물론, 미국이 두는 거대한 체스판 위의 세계질서 변화였다. 이를 오간스키(A. F. K. Organski)는 세력전 이론(Power Transition Theory)으로 설명한다. 패권국으로의 등극, 즉 전쟁의 발생은 기존의 지배국과 신흥강국으로 떠오른 피지배국 간 대결에 의해서라는 것이다.

국제정치는 마치 정글과도 같다. 강자만이 살아남는 구조다. 강자는 세력을 형성한다. 세력균형론에서 주장하는 동맹관계 같은 외적 요인이 그것이다. 세력전 이론에서 강자의 조건은 국력으로, 국가의 내적 요인을 중요시한다. 경제적 생산성, 전쟁 또는 노동 가능 인구수, 정부의 효율성이 오간스키가 주장하는 국력의 3대 요소다. 이처럼 끊임없는 부상과 도전 속에 영원한 강자는 이제껏 존재하지 않았다.

앨리슨(Graham Allison)은 이를 '투키디데스의 함정'이라고 불렀다.[15] 그는 이러한 현상이 예외적인 게 아니라 지극히 당연한 '법칙'에 가깝다고 주장하며, 이를 국제정치에서는 물론 가족관계 안에서, 그리고 비즈니스의 세계에서도 나타나는 당연한 현상이라고 설명한다. 혁신적인 기술개발에 성공해 급부상한 애플이나 구글, 우버 등이 기존의 산업 강자들과 치열한 경쟁을 벌인 것이 그 한 예라는 것이다.

전후 세계사 역시 그렇다. 먼저, 자유진영과 공산진영 간 이데올로기가 극렬하게 대치하던 미·소 냉전이 있었다. 1970년대가 되면서 국제정치는 탈이데올로기적 방향으로 흐른다. 국가 간 이익을 좇아 동·서 진영의 긴장 완화, 즉 데탕트의 시대가 도래한다. 1990년대가 지나면서 미·중 간 신냉전이 격화되었다.

중국은 냉전시기 소련에는 동맹체로서, 미국에는 소련 견제를 위한

....
15. 그레이엄 앨리슨 『예정된 전쟁』

역내 균형세력으로서 이중의 역할을 했다. 하지만 차츰 미국의 신보수주의자들에 의해 중국 위협론이 두드러지게 제기되면서 '협력에서 견제로' 중심추가 많이 기울어진 상태다. 그 한가운데에 한반도가 있다. 한반도 평화프로세스는 미·중 신냉전체제의 중심을 관통하며 '백척간두 진일보'하고 있다.

(2) 신냉전과 한반도 평화프로세스

강대국 패권국가가 취하는 위협 요소의 재인식 결과는 국제체제의 변화로 나타난다. 이러한 변화에 대한 분명하고 냉철한 분석은, 새롭게 재편되는 국제체제에서 한반도의 지정학적 가치를 어디에 위치시킬지 결정해 준다. 중국의 부상과 함께 찾아온 미·중의 신냉전 구도는 한반도 분단체제에도 변화의 물결을 몰고 왔다. 70년을 이어온 강 대 강, 북·미 대결 구도에도 미세한 균열의 조짐이 보인다.

역사상 처음으로 성사되었던 6·12 싱가포르 북·미 정상회담(2018년)이 그 전기가 되었다. 북·미 양 정상은 완전한 비핵화 실현, 평화체제 보장, 북·미 관계의 정상화, 한국전쟁 전사자 유해 송환 등 4개 항에 합의했다. 그로부터 8개월 뒤인 2019년 2월 27일부터 28일까지 베트남 하노이에서 2차 정상회담을 가졌다. 합의 실패로 회담은 결렬되었고, 양 정상은 빈손으로 자국으로 돌아갔다.

4개월 뒤인 6월 30일, 남·북·미 3국 정상은 판문점에서 깜짝 회동하고 북·미 협상 재개를 약속했다. 하지만 지루한 답보 상태만을 거듭하며 북·미 관계는 교착 국면에 빠져 있다. 게다가 미국 대통령도 트럼 프에서 바이든으로 교체되어 협상의 한 축이 바뀌었다. 불확실성은 커지고 있으며, 북·미 관계는 새로운 돌파구를 찾아야 하는 상황에 직면해 있다.

하지만 여전히 북·미 관계 개선을 통한 한반도 평화체제 구축에 관한 희망의 불씨는 살아 있다. 현재 교착 상태에서 헤어나지 못하고 있는 북·미 간 관계 개선의 최대 걸림돌은, 서로에 대한 믿음에 확신이 없다는 데 있다. 특히 미국의 입장이 그렇다. 전쟁 상태를 잠시 멈춘 채 휴식을 취하고 있는 전쟁 당사자들이기에 어찌 보면 당연한 일이다. 정전협정 체제를 종전·평화협정으로 하루빨리 바꿔야 하는 이유다.

북한은 이미 핵무기 운반수단인 대륙간탄도미사일(ICBM)과 잠수함발사탄도미사일(SLBM)을 보유하고 있는 핵전략국가다. 핵무기 보유는 기본이다. 이제까지 취해 왔던 미국 정부 주도의 국제 핵 확산방지체제의 현실을 되돌아보면, 미국은 핵무기와 함께 운반수단을 모두 보유하고 있는 핵전략국가를 '완전하고 검증 가능하며 돌이킬 수 없는 핵 폐기(Complete, Verifiable and Irreversible Dismantlement)'로 인도한 예가 전무하다. 이스라엘이 그랬고, 중국이 그랬고, 파키스탄과 인도가 그랬다. 국제관계에서 예측이란 이처럼 전례에 근거해서 추론해야 바른 답을 찾을 수 있다.

현재 남아 있는 북·미 간의 미해결 핵심 이슈는 상호 불확실성이다. 미국의 고민은, 평화체제 한반도가 어느 방향으로 나아갈지 쉬이 감을 잡을 수 없다는 데 있다. 즉, 평화체제 한반도의 예측 불가능성이다. 세계 5~7위 정도의 경제·군사 규모의 거대국가가 자칫 사회주의 진영인 중국이나 러시아와 한편이 되었을 때 초래할 재앙을 미국은 맞이하고 싶지 않은 것이다. 그래서 북한의 김정은 위원장에게 충성서약이라도 받고자 하는 게 미국 트럼프 대통령의 솔직한 심정이었다. 그렇게만 된다면 미국의 네오콘들도 쌍수를 들어 환영했을 것이다. 그러나 북쪽의 대응 역시 호락호락하지 않다.

북한은 최근에 단거리 미사일 발사 실험을 자주 하였다. 북한판 이스칸테르급 미사일(KN-23), 북한판 에이태킴스 미사일(KN-24), 초대형 방사포(KN-25)를 선보였다. 단거리 지대지 탄도미사일들이다. 이를 두고 우리 언론 일각에서는 '단거리 탄도미사일과 방사포는 기술 특성상 남한을 겨냥해 개발한다고 볼 수밖에 없다며 우려가 높아지는 상황'이라고 분석하기도 했다.[16)]

하지만 이미 핵전략국가인 북한이 남한을 위협하기 위해 단거리 탄도미사일 개발에 열을 올리고 있다는 주장은 설득력이 떨어진다. 북한으로서는 미국과의 군사력 유불리는 별 의미가 없다. 오직 핵 한 방에 의존해야 하는 북한의 처지에서 필요한 것은, 확실한 미 본토 타격 능력이다. 협상용으로 이보다 더한 것은 없다. 반면, 단거리 탄도미사일의 뛰어난 성능은 미국에 보여주고 싶은 북한의 구애용 선물이다.

북한의 인접국이 남한만 있는 것은 아니다. 북한의 단거리 탄도미사일 사정권 안에는 남한은 물론, 중국의 베이징과 일본 도쿄도 포함된다. 즉, 미국 위협용 무기가 대륙간탄도미사일이나 잠수함발사탄도미사일이라면, 미국에 보내는 구애용(중국 견제용) 무기는 단거리 탄도미사일들이다. 이 능력을 미국 정부에 보여주고 싶은 것이 북한의 솔

16. 〈北 김정은 사활 건 '신형 미사일'에 숨겨진 비밀〉, 서울신문, 2020. 5. 31.

직한 속내다. 미국과 중국을 동시에 견제 가능하다는, 다른 말로 하면 '전략적 선택국가'로서의 역할을 하겠다는 무언의 시위이자 실력 보여주기인 것이다.

작년 미국과 러시아는 32년 만에 중거리 핵전력 협약(INF)을 파기했다. INF는 사거리 500~5,500km 중·단거리 미사일의 생산·보유·실험을 전면 금지한 조약이다. 미국과 러시아의 문제인 듯 보이지만, 실은 INF체제로부터 자유롭게 미사일 개발에 열을 올리고 있는 중국을 견제하기 위한 정책으로 볼 수 있다. 중국의 전략 미사일부대는 '로켓군'이라 불리며 미사일 방어 및 공격 체계를 확고히 하고 있다.

한편, 최근 미국은 유럽에 이어 동아시아에도 미사일 방어시스템을 구축하는 방안을 적극 검토 중이다. 지난 7월 28일 한·미 미사일 지침 개정으로 한국군의 미사일 능력이 강화되었다. 우주발사체에 대한 고체연료 사용 제한이 해제되어, 군사 목적으로 이용할 정찰위성 및 중·장거리 탄도미사일 개발 능력이 한층 향상될 전망이다. 남한과 북한 모두 같은 맥락으로 이해할 수 있다.

3. 아시아 패러독스(Asia Paradox)의 현실

(1) 역내 경제 협력과 안보 갈등의 병존

지난 세기 동아시아의 역사는 국가 간 혹은 진영 간 갈등과 불확실성으로 점철되었다. 전쟁은 종결되었으나 전시 같은 상황의 연속이었다. 전후 단절을 통해 역사의 물줄기를 미래로 이끌어야 했음에도 불구하고 동·서 냉전의 한가운데서 역사의 단절에 실패했다. 그 결과 여전히 청산되지 못한 과거사에 발목이 잡혀 있다.

영토 분쟁이 그렇고, 북·일 관계가 그렇고, 한·일 간 외교 갈등도 그렇다. 동아시아, 특히 한·중·일 3국이 가진 상호의존적인 경제 협력의 심화에도 불구하고, 갈등이 끊이지 않는 이면에는 전후 역사 인식의 차가 존재한다. 그 골이 몹시 깊다.

시기가 다소 앞서거나 뒤설 뿐이지, 한·중·일 3국의 경제 성장 속도는 눈부실 정도의 괄목할만한 발전을 이루어냈다. 일본이 한국전쟁의 특수를 계기로 패전국가에서 세계 2위의 경제대국으로 올라서는 데는 채 30년이 걸리지 않았다. 한국 역시 전쟁의 폐허에서 한강의 기적을 일으키며 연 8~9%의 고성장으로 선진국에 진입하였고, 중국도 이에 질세라 90년대의 비약적인 발전을 통해 일본을 뒤로 밀쳐내고 세계 2위의 경제대국으로 거듭났다.

무역 규모 면에서도 한·중·일 3국은 서로 간의 비중을 매년 늘려가고 있다. 1965년 한·일 수교 당시 2.2억 달러였던 한·일 간 무역 규모는 2014년 860억 달러로 연평균 13.6% 성장했다. 2019년도에는 759.87억 달러로 다소 줄어들기는 했으나 여전히 5대 무역교역국 중 하나다. 같은 기간 한·중 간 무역이 2434.33억 달러, 중·일 간 무역은 831.64억 달러였다. 한·중·일 3국은 세계 무역량의 18.5%를 차지하고 있다. 2020년 현재 한국의 10대 무역국 중 중국이 1위, 일본이 5위다. 이 두 나라가 30%가 넘는 비중을 차지하고 있다.[17]

이렇듯 경제적으로는 밀접한 협력국들임에도 불구하고, 3국의 문제는 전후의 역사에 대한 인식의 차가 크다. 바로 그 지점에 샌프란시스코체제와 평화헌법체제, 그리고 판문점체제가 중첩되어 나타난다.

판문점체제의 원인은 일제의 식민 지배였다. 식민 지배를 끝장냈던 광복은 식민 굴레에서의 해방이기도 했으나 또 다른 비극의 시작이기도 했다. 해방은 얻었으나 분단(통일)을 남겼기 때문이다.

사정이 이러하다면 죄책감을 느낄 법도 하지만, 일본에게는 그런 의식이 전혀 없다. 조선의 식민지화 행위, 즉 한·일 병합은 일제의 정당한 국제정치 행위의 일환이었다는 게 일본의 변치 않는 주장이다. 다만, 부정적 요소가 있었다면 그건 식민 통치 방식에 관한 문제라는 식이다. 우리와는 완전히 다른 시각이다. 쉽게 풀릴 수 없는 판문점체제의 뒤틀림이다.

일본에는 평화헌법체제의 이상적 국가 목표가 있다. 오랜 기간 헌법 개정을 통한 보통국가화의 노력이 있었으나, 그것은 어디까지나 보수우익적 성향의 정치인들에 의해서다. 아직도 일본 사회를 지탱하는 힘은 평화국가로서의 정체성이다. 아베 전 총리가 말하는 '아름다운

17. 한국무역협회, 무역통계

나라'[18]는 그저 전후체제(평화헌법체제)로부터의 탈각이 이루어진 나라, 일본일 뿐이다.

평화헌법은 주변국과의 약속이기도 하다. 다시는 전전과 같은 제국주의적 망상으로 주변국을 침탈하거나 막대한 피해를 주지 않겠다는, 이웃 국가 및 세계 인류와의 약속이 평화헌법이다. 그 약속을 벗어던지고 편의적으로 만들어가야 하는 '아름다운 나라'이기에 일본은 부끄러운 과거사를 인정할 수 없다. 난징학살도, 위안부도, 강제노역도 모두 부정해야 한다.

일본은 스스로가 '아름다운 나라'와는 전혀 걸맞지 않은, 수치스러운 역사적 사건들이 사실이었음을 인지하고 있음에도 전범에 대한 미화와 식민지 수혜론 등으로 진실을 뒤덮고 있다. 샌프란시스코체제의 취약성과 전쟁 피해 당사국들에 대한 배상 조건이나 전후 처리 문제의 안이한 대처는, 지금도 동아시아 갈등의 원인이 되고 있다는 점을 누구보다도 잘 인지하고 있다. 문제는 자국의 군국주의(군사대국화) 부활을 위해서 이를 애써 외면한 채, 오히려 역사 왜곡에 혈안이 되어 주변국과의 갈등 조장에 열심이라는 점이다. 부끄러워해야 하고, 비판받아 마땅한 일이다.

21세기의 동아시아 역사도 이전 세기의 불확실성에서 별반 다르지 않게 흘러가고 있다. 중국의 부상에 따른 역내 세력화 움직임과 이를 극렬 저지하려는 미국의 신냉전체제, 즉 일대일로와 인도-태평양전략의 충돌의 장으로 변하고 있다. 근년 들어, 항공모함 전단을 동원한 남

---

18. 아베 신조가 관방장관이던 2006년 자민당 총재 선거에 나서며 발표했던 저서의 제목이다. 지금도 아베류가 생각하는 일본의 국가 이상은 '아름다운 나라'이다.

중국해에서의 미국 군사력 시위에 중국은 격분하고 있고, 군사적 충돌 가능성으로까지 비화했다. 그뿐만 아니다. 2020년 7월 22일 트럼프 행정부는 휴스턴 중국 총영사관의 폐쇄를 명령했고, 중국도 이에 질세라 청두 미국 영사관을 폐쇄 조치했다.

이렇듯 동아시아 정치 지형의 현실은, 국제정치학의 현실주의자들과 자유주의자들의 상반된 주장처럼 양쪽을 서로 교차하며 냉탕과 온탕을 오가는 모양새다. 현실주의[19]에서는 상이한 이데올로기와 추구하는 국익의 차이로 인해 결코 충돌을 피할 수 없을 것이라고 주장하는 반면, 자유주의자[20]들은 전략적 협력을 통한 경제적 상호 의존 관계를 더욱 발전시켜 나가야 한다는 주장을 펴고 있다.

물론, 이 양자의 절충주의[21]로써 협력형 경쟁(coopetition)을 통한 상호 윈-윈 전략이 일부 설득력을 얻고 있기는 하나, 힘의 역학 구조상 현실 가능성은 매우 회의적이다.

2017년 12월 트럼프 전 행정부는 〈국가안보전략서〉 발표를 통해 대외정책 기조를 미국 우선주의에 기반한 글로벌 리더십, 국익에 부합하는 국제질서 수립, 주권 강화를 통한 미국의 국익 수호라고 밝혔다. 2019년 〈인도-태평양전략보고서〉에서는 중국을 수정 세력(revisionist power)으로 규정하며 비판하고 있다.

....

19. John J. Mearsheimer 『The Tragedy of Great Power Politics』
20. Joseph S. Nye Jr. 『Powers to Lead』
21. Graham Ellison 『Destined for War: Can America and China Escape Thucydides's Trap?』

(2) 갈등 구조의 표출과 경제 보복

한·일 관계가 전후 최악의 갈등 상황으로 내몰리고 있다. 현실주의 정치에서는 국력의 우열이 분명한 때에는 분쟁의 소지도 적다. 하지만 '힘의 균형이 이루어지는 시점이 되면 강한 대립을 보인다'는 이론으로 보자면 당연한 현상일지도 모르겠다. 상대의 실력(힘)을 인정하는 과정이 필요한 법이기 때문이다. 일본의 유력 일간지 마이니치신문은 최근 사설을 통해 "양국 관계 교착 국면의 타개는 일본이 한국을 '선진국 대접' 해주는 것에서부터 시작해야 한다"라고까지 했다.[22]

일본에 비하면 한국은 작은 나라이자, 일본으로부터 식민지 경험까지 있는 나라이다. 인구나 국토 면적은 대략 2.5배와 3.8배의 차이를 보인다. 경제 규모 면에서도 대략 3배 정도의 차이를 보이는데, 인구 수에서 2.5배 차이가 나기 때문에 실질적으로 한국 경제가 일본을 많이 추월해 왔음을 알 수 있다. 한국의 1인당 실질 GDP는 2020년 현재 44,950달러로, 46,887달러인 일본의 95.9% 수준을 기록하고 있다. 3년 뒤인 2023년에는 일본을 추월할 것으로 예상한다.[23]

특히, 일부 산업 분야에서는 일본을 앞서고 있는 한국 기업의 숫자가 늘어나고 있다. 대표적인 것이 반도체 메모리 분야로, 세계 메모리 시장에서 대략 65~70%대의 점유율을 보이고 있다. 눈부신 성장세다. 이미 한·일 관계는 언제 힘의 충돌이 일어나더라도 전혀 이상하지 않

22. 〈한일대화의 움직임, 정세변화를 타개의 계기로(日韓對話の動き 情勢變化を打開の契機に)〉, 마이니치신문(每日新聞), 2020.11.18.
23. IMF(International Monetary Fund) Country Information 참고

은 구조로 짜여 있다. 여기에 기름을 부은 것은 역시 역사 문제(화해·치유재단 해산, 강제징용 피해자 판결 등)였다.

2018년 10월 30일, 우리 대법원은 4인의 강제징용 피해자가 청구한 신일철주금(일본제철의 전신을 말함)을 상대로 한 손해배상 재판에서 1인당 1억 원 지급을 명령했다. 강제 동원되었던 강제징용 피해자들에 대한 위자료 청구권을 인정한 것이다.

바로 그날, 아베 전 총리는 일본 중의원 답변에서 "이 문제는 1965년 한·일 청구권협정에 의해 완전히 그리고 최종적으로 해결되었다. 국제법에 비추어 있을 수 없는 판단이다. 의연하게 대응해 나갈 것"이라고 발언했다.[24] 이후 아베 전 총리는 징용 문제의 강경론을 주도하며 여론전에 적극적으로 나섰다.

그리고는 역사 문제에 대한 맞대응으로 경제 카드를 꺼내들었다. 2019년 7월, 불화수소 등 반도체와 디스플레이 핵심 소재를 앞세운 채 한국에 대한 수출 규제를 단행한 것이다. 8월에는 백색국가에서 한국을 배제하겠다고 발표했다. 당연히 국제 무역 윤리에 어긋나는 일이다. 한국은 부품·소재·장비 산업의 국산화에 박차를 가하는 한편, 지소미아(한·일 군사정보포괄보호협정, 日韓祕密軍事情報保護協定)가 국익에 실효성이 없다는 판단 하에 조건부 연장을 결정했다.

중·일 관계 역시 힘들기는 마찬가지다. 일본 정부가 센가쿠열도를 국유화하겠다고 발표했던 2012년 이후 관계 개선의 실마리를 찾지 못하고 있다. 일본 정부의 적극적인 노력과 126대 나루히토(德仁) 천황의 즉위식이 맞물리며, G2(미국·중국) 정상의 축하 방문 행사의 일환으로

----

24. 일본 중의원, 제197회 국회, 본회의 제3호 회의록, 2018. 10. 30.

시진핑 주석의 국빈 방일 계획이 추진되기도 했다.

하지만 이 또한 코로나19의 영향과 중국 정부가 추진한 홍콩판 국가보안법(홍콩보안법) 강행 채택의 여파 등으로, 일본 내에서 시진핑 주석의 방일에 부정적인 여론이 높아지며 발목이 잡혔다. 여당인 자민당 내에서도 시 주석의 방일 중지 요청이 있었는가 하면, 국민 10명 중 6명이 시 주석의 방일을 반대하는 것으로 조사되었다. 반대가 62%, 찬성은 28%에 지나지 않았다(日本經濟新聞社, 2020.7.20). 결국 시진핑 주석의 방일은 실현되지 못했다.

러시아와 추진 중이던 쿠릴열도 반환 협상도 러시아 푸틴 대통령의 무관심한 듯한 태도로 답보 상태를 벗어나지 못하고 있다. 아무런 조건 없이 북한 김정은 위원장을 만나서 직접 해결하고 싶다던 납치 피해자 문제 해결 역시, 아베 전 총리의 염원과는 다르게 흘러가서 끝내는 실현하지 못했다.

아베 전 총리는 권좌에서 내려왔다. 지구의를 부감(俯瞰)하는 외교라거나 전후 외교의 총결산이라며, 거창한 수식어를 단 채 추진했던 아베 전 총리의 대외정책의 실태는 갈등과 고난의 연속이었다. 동아시아 외교의 실타래는 일본에서부터 풀어야 한다. 아베의 뒤를 이은 스가 총리는 아직 별다른 움직임이 없다. 산적한 일본 국내 문제만으로도 그의 코는 석 자다.

4. 영속패전론(永續敗戰論)과 전쟁에의 종속

(1) 아시아의 부재

일본 근대사에 있어 일본이 성숙한 민주주의 국가로 나아갈 수 있는 길이 두 번 있었다.

한 번은 메이지유신을 통해 일본이 근대화의 문을 열어젖혔을 때이다. 하지만 이때 일본은 메이지유신의 태생적 한계, 즉 하급무사 계급에 의한[25] 쿠데타적 성격으로 인해 이들이 군부의 핵심 요직을 차지한 채 전체주의 국가로 폭주하며 실패했다.

또 한 번은 일본이 태평양전쟁에서 패하고 연합국의 점령통치를 받을 때였다. 이마저도 미국 중심주의적 점령정책에 따른 불확실한 전후 처리로 인해 군국주의의 불씨를 완전히 잠재워버리지 못하며 실패했다. 공직에서 추방되었던 전범들이 돌아오고, 미국의 역코스 정책이 시행되면서 미·일 군사동맹체제는 오히려 한층 공고화되었다.

그 본질에는 치명적인 '대미종속' 구조가 자리하고 있다. 미국이라는 거인의 등뒤에서 신군국주의의 부활을 도모하기에 바쁘다. 러시아와 중국, 북한과 남한 등 아시아를 대하는 저들의 배타적 내셔널리즘의 근저에는 바로 이 대미종속적 거인 바라기 행태가 자리하고 있다.

....
25. 메이지유신의 지사로 불리며, 이후에 메이지 정부의 중추적 인물이 된 이토 히로부미나 야마가타 아리토모 등도 봉건사회의 상층 계급이 아니라 농민에 가까운 하층 무사계급 출신이었다.

'동양의 고아', '아시아의 응석받이' 의식에 머물러 있는 한, 대미종속적 행태는 더욱 노골적이 될 수밖에 없다. 이는 미국의 요구에 더 취약해지는 구조가 된다는 뜻이고, 그럴수록 미국이라는 등짝은 더욱 크게 일본을 막아선다는 의미이다. 역시 그만큼 아시아에서 일본의 고립은 깊어진다.[26]

이러한 배경의 원인으로 시라이(白井聰)가 지적하는 것은 일본의 패전 부인 의식이다. 패전을 부인한 채 미국의 등뒤로 숨으려 한다는 것이다.[27] 이와 유사한 개념으로 '희생자 코스프레(被害者コスプレ)'가 있다. 피해자가 아님에도 피해자인 척하는 것이다. 침략전쟁을 일으켰던 당사자이자 명백한 전쟁의 가해자인 자신들을, 마치 전쟁의 희생자인 양 인식하고 행세한다는 의미이다. 이는 히로시마와 나가사키에 떨어진 핵폭탄 때문이다. 현재로서는 유일한 원폭 피해 국가라는 점에서, 자신들을 전쟁의 희생자라 한탄하며 스스로를 가여워한다. 가해자 의식이 퇴색할 수밖에 없는 정신구조라 할 만하다.

태평양전쟁의 실질적인 종결은 샌프란시스코 강화조약에 의해서다. 하지만 샌프란시스코 강화조약의 규정을 따져 보면, 이 조약은 패전국과 연합국(승전국) 간의 강화·평화조약이라기보다는 대등한 위치에서 상호주의적 관점으로 체결된 우호조약(treaty of friendship)이라는 인상이 짙다.

영토(영역) 조항에서는 물론이고, 배상과 관련한 청구권 조항에서도 그렇다. 전범국이자 패전국인 일본이 지배했던 영토(영역)의 처리

---

26. 시라이 사토시 『영속패전론』
27. 시라이 사토시 상동

문제나, 지배 지역의 국가 또는 국민에 대한 배상 문제에 관해서도 분명한 해결책을 내놓지 못했다.

샌프란시스코조약의 한계는 결국 서구인의 서구적 인식의 한계 때문이라 할 수 있다. 공산주의에 대한 방어만 생각했지, 일본에 의해 희생당한 비서구인의 입장은 철저히 외면했다. 결국 일본의 지정학적 가치와 탈동양적 이미지 정도가 당시 서구인이 가진 비서구인(동양)에 대한 인식의 전부였지 않았겠느냐는 추론에 이른다.[28]

이처럼 미국 주도의, 게다가 냉전이라는 상황에서의 강화조약 체결의 결과는 누가 봐도 관대한 처분이었다. 일례로 패전국의 배상 부담 경감은 일본의 조기 경제부흥에 크게 일조하였다. 하지만 그것은 아시아 지역 전쟁 피해국의 바람과는 어긋나는 조치였다. 패전국 일본이 자유진영의 일원이 되어 미국의 군사 블록에 포섭된 대가의 산물이었을 뿐이다. 이에 대한 불만의 목소리가 '전면 강화론'으로 분출되었으나, 강화조약의 구도를 바꾸기에는 한계가 있었다.

바로 여기에서 일종의 '뒤틀림(ねじれ)'이 발생하게 된 것이다. 시간이 지나며 냉전체제가 해체되고, 냉전을 기준으로 한 역사 해석, 즉 냉전사관의 속박이 풀렸을 때, 전후 일본과 아시아의 관계는 다시 강화조약 체결 당시의 원점으로 되돌아갈 수밖에 없었다. '뒤틀림'이 표면화된 것이다.[29] 첫 단추를 잘못 끼운 탓이다.

---

28. 김성원 상동

29. 미야기 타이조우(宮城大藏) 「샌프란시스코 강화와 요시다 노선의 선택(サンフランシスコ講和と吉田路線の選擇)」, 국제문제(國際問題) No. 638

(2) 전쟁 (참여) 가능한 보통국가

잘못 끼운 첫 단추는 전후 80년을 목전에 둔 오늘까지도 아귀가 맞지 않는 불편한 형태로 세계와 대면하고 있다. 누차 강조하는 바이지만, 우리는 단지 자위대가 자위군(軍)이 되어 한 세기 전의 모습으로 노골적 침략 본성을 드러낸다거나, 주변국을 침탈하려고 하는 파시즘적 행태를 우려하는 게 아니다. 이미 그것은 철이 지난 유행가 가사와도 같다. 세상이 변했다.

미국도 더는 세계의 경찰 역할을 못하겠노라고 선언했다. 동맹의 개념이 무색해진 시대다. 철저하게 다극화된 체제로의 이행이 불가피하다. 이러한 시대 변화에서 미·일 동맹만은 예외가 되고 싶은, 혹은 예외가 되게끔 하는 것이 일본의 복안이자 의도다. 미·일 동맹을 고도의 정치적 문제, 즉 통치 행위[30]로 규정하려 한다.

1959년 미·일 안보조약의 위헌심사에 관한 '스나가와 사건(砂川事件)'[31]에서 일본 최고재판소(대법원)는 "헌법 제9조는 일본이 주권국가로서 갖는 고유의 자위권을 부정하지 않는다. 이 조항이 금지하는 전력이란 일본이 지휘·관리 가능한 전력을 의미하기 때문에, 외국의 군

....

30. 통치 행위란 사법심사의 배제라고 볼 수도 있다. 근대 입헌주의는 법치의 구현이다. 국가기관의 행위도 국민의 기본권, 권력 분립의 원리에 입각해 사법심사를 받아야 한다. 하지만 국가 행위가 특수한 상황에서 행해진 경우, 이를 고도의 정치적 판단이라 인정해 사법부에서의 판단을 유보하는 예외적 상황을 말한다.

31. 1957년 타치가와(立川) 미군기지 확장 반대 투쟁 과정에서 발생한 소송사건이다. 주민들의 반대에도 불구하고 정부가 경찰을 동원해 강제로 측량을 강행하자, 기지 확장을 반대하던 주민 일부가 미군기지 출입금지구역 몇 미터 안으로 들어가게 되었다. 이 때문에 이들 중 7명이 미일안전보장조약 제3조에 기초한 행정 협력 위반으로 기소된 사건이다.

대는 전력이라 볼 수 없다. 따라서 미군의 주둔은 헌법 및 헌법 전문의 취지에 반하지 않는다. 한편, 미·일 안전보장조약과 같은 고도의 정치성을 갖는 조약에 대해서는 아주 명백하게 위헌 무효로 인정되지 않는 한, 그 내용에 관한 위헌 여부의 법적 판단을 내릴 수 없다"라며 파기 환송했다.

일본 정부가 평화헌법 조항에 연연하지 않고 군사대국화로 내달릴 수 있는 초석이 되어준 판결이다. 미국을 등에 업고 못할 것이 없게 된, 혹은 미국의 의지라면 무엇이든 해야만 하는 일본의 지배구조[32]를 바르게 봐야 한다.

현재에 이르렀다고 별반 달라지지 않았음을 우리는 최근에 벌어진 사건을 통해 확인했다. 북·미 정상회담의 뒷이야기를 담은 볼턴의 회고록을 통해서도 밝혀졌듯이, 아베 전 총리는 미국을 상대로 한반도 평화프로세스, 특히 북한에 대한 부정적 감정을 가감 없이 전달해 회담을 훼방 놓은 것으로 알려졌다. 2018년 6월 싱가포르 정상회담에서 트럼프 대통령은 '북·미 종전선언'에 큰 관심을 두고 있었는데, 자신(볼턴)과 아베 총리가 이를 저지하기 위해 설득한 것으로 나와 있다.

아베 총리는 북·미 정상회담 전이었던 2018년 4월 미·일 정상회담 직후에도 "북한은 미국이 최대의 압박과 압도적 군사력 위협을 가해야 할 대상"이라고 말했다고 전했다.[33] 이처럼 일각에서는 북·미 관계가 더는 진전되지 못하고 교착 상태에 빠진 것을 일본의 방해 탓으로 이

---

32. 야베 코우지(矢部宏治) 『알아서는 안 되는 숨은 일본 지배의 구조(知ってはいけない 隠された日本支配の構造)』
33. 〈트럼프, 북미 종전선언 집착했으나 아베가 반대 입김〉, 연합뉴스, 2020. 6. 22.

해하는 시각도 분명히 존재한다.

2017년 7월 17일, 아베 총리는 뉴욕타임즈 기고문 〈아베 신조 : 북한의 위협에 맞선 연대(Shinzo Abe : Solidarity Against the North Korean Threat)〉를 통해 대내외적으로 트럼프 미국 대통령에게 충성을 맹세한다. 긴 기고문의 핵심은 다음과 같다.

"나는 테이블 위에 놓여 있는 모든 선택사항에 대해 미국의 입장을 확고히 지지한다."

북한 문제와 관련해서 미국 측이 내릴 모든 선택을 확고하게 지지한다는 의미다. 트럼프 대통령 임기가 그해 1월 20일부터였으니, 임기 시작하자마자 띄운 아베 총리의 연서였던 셈이다.

현재 논의되고 있는 보통국가 일본에 대한 주변국(우리)의 우려는 바로 이런 것이다. 미·일 동맹이라는 끈끈하고 합법적인 테두리 안에서, 한반도 유사시에 벌어질 수도 있는 무력을 통한 개입 혹은 관여다. 지금은 누구도 과거처럼 일본이 단독으로 한반도를 침탈할 것이라는 상상은 안 한다. 하지만 미·일 동맹을 앞세운 한반도 유사시 상황이라면 이야기는 달라진다.

한반도 분단체제의 불확실성으로 인해, 안보 불안이 여전한 지금의 지역구도를 그대로 유지하고자 획책하는 일본의 의도와 그에 대한 합리적 의심, 한반도 평화프로세스에 역행하고자 애쓰는 일본의 훼방 행위와 그 뒤에 숨겨져 있는 날카로운 비수, 전범국에게 갖는 트라우마성 두려움에는 이러한 이유가 있다.

제2장

...

평화헌법체제

1. 속국 민주주의의 역설과 한계

(1) 국가체제의 후퇴

근대 일본의 국가 성격은 대략 3개의 중심틀로 구분이 가능하다.

우선, 전전의 일본 국가는 자유민권파와 보수파(메이지유신 세력)의 대결 상황에 천황이 중심에 서는 형국이었다. 천황이라는 존재를 중심에 놓고 민권과 국권의 충돌이었던 셈이다. '유신(維新)'은 '세상을 바로잡음', 즉 혁명이었다.

도바(鳥羽)·후시미(伏見) 전투 이후 보신전쟁(戊辰戰爭)[1]이라 불리는 내전에 의해 촉발된 메이지유신(明治維新)은, 백성들에게는 천지개벽의 새 세상이 열리는 혁명이었다. 하지만 농민과 평민 등 밑으로부터 불타올랐던 변화와 혁명의 의지는 이들 세력이 북상하면서, 즉 에도(江戸)[2]에 가까워지면서 점차 그 성격이 변해 갔다.

천황이라는 존재가 권력의 정점에 그 그림자를 점차 짙게 드리우게 되었기 때문이다. 천황 중심의 메이지유신이 되어버리고 만 것이다. 옛것으로서의 복고(천황)와 새것으로서의 유신(혁명)이라는 메이지유신의 이중성 속에서 백성들은 지배계급과 억압이 없는 사회, 자유롭고 평등한 사회를 꿈꾸었다.[3] 메이지유신을 '어일신(御一新)' 즉, 세상

---

1. 1868년 1월부터 다음 해 5월까지 유신 정부군과 구(舊)막부군 사이에 벌어졌던 전쟁으로, 근대 일본을 탄생시킨 전쟁이다.
2. 현재의 도쿄 치요다구(千代田區)를 중심으로 한 지역으로, 1868년 도쿄(東京)로 개칭
3. 송완범 「메이지(明治)유신과 다이카(大化)개신」, 『일본사상』 제36호

을 바꾼다는 의미로 지지하고 동참했던 서민·농민들의 의사가 유신 후 정치에 전혀 반영되지 않았다는 자성 속에서, 헌법 제정 및 국회 개설에 대한 요구가 분출하였다.[4]

이타카키 다이스케(板垣退助, 1837~1919)[5] 등에 의한 애국공당(愛國公黨) 및 정치단체 릿시샤(立志社)의 결성, 우에키 에모리(植木枝盛, 1857~1892)[6]의 일본국 헌법 초안 문안 작성, 나카에 조민(中江兆民, 1847~1901)[7]의 주권재민 사상, 기타무라 도고쿠(北村透谷, 1868~1894)[8]의 평화 사상, 가타야마 센(片山潛, 1859~1933)[9] 등이 주도했던 사회민주당 선언에서의 군비전폐론, 고토쿠 슈스이(幸德秋水, 1871~1911)[10]의 사회주의 사상과 반전론, 다나카 쇼조(田中正造, 1841~1913)[11]의 평화 사상 등이 메이지 시대의 대표적 자유민권운동이다.

다음으로 전후에는 크게 두 시기로 나눠서 이해할 수 있다. 패전 직후부터 2002년 고이즈미 총리의 평양 방문까지를 '평화헌법과 미·일

....

4. 이토 나리히코 『일본 헌법 제9조를 통해서 본 또 하나의 일본』

5. 토사번(土佐藩) 출신의 무사이자 정치가, 메이지유신의 원훈이다. 국민에게서 높은 지지를 받던 서민파 정치인이다.

6. 일본의 사상가, 정치가. 자유민권운동의 이론적 지도자이다. 자유민권운동가로서 인지도가 높았으나 34세의 나이로 요절함으로써 많은 활약을 보여주지는 못했다.

7. 일본의 사상가, 정치가. 자유민권운동의 이론적 지주였다. 프랑스식 민권사상의 보급 및 장 자크 루소를 일본에 소개했다.

8. 일본의 시인, 평론가, 자유민권운동가.

9. 일본의 노동운동 지도자. 사회주의 운동의 개척자이다. 일본에서 근대적 노동운동의 지도자로 활동했다.

10. 일본의 사회주의자. 대역사건(천황 암살 계획)으로 11명의 동지들과 함께 처형당했다.

11. 일본의 정치가이자 사회운동가. '아시오 동산(足尾銅山) 광독(鑛毒)사건'을 고발한 정치가로 유명하다. 아시오 동산 광독 사건은 '아시오 지역에 있는 동을 생산하는 광산에서 배출한 물질에 의한 환경오염 사건'을 말한다. 일본 최초의 공해 사건이다.

안보체제'의 불편한 동거 상황으로, 평양회담 이후부터 현재까지를 '납치 문제와 북핵 문제(미·일 동맹)'의 전략적 결혼 상황으로 볼 수 있다.

포츠담선언의 수락으로 패전을 인정한 일본은 이후 점령군의 지휘하에 들어간다. 초기 점령군의 대일정책 목표는 일본의 민주화[12]와 재무장을 인정하지 않는 일본 비무장화였다.[13] 이는 일본 신헌법(평화헌법) 제9조 조문을 통해 명백히 알 수 있다.

미국 국방성의 통합참모본부(JCS) 보고서 〈일본에서 합중국의 안전보장상의 필요에 대한 전략적 평가(Strategic Evaluation of United States Needs in Japan)〉[14]에 의하면, 여전히 소련의 공산주의 팽창 정책을 예의 주시하며, 일본을 자본주의와 민주주의 국가체제로 성장시키는 것이 우선하여 추진해야 하는 사안이라고 강조한다.

또한 일본 국내의 치안 유지에 주목하고, 전쟁이나 비상사태 등의 돌발 상황에 대비하여 일본군 편성에 대해서도 언급하면서 "정세가 명확해지지 않는 한 연합군이 일본에서 철수할 때까지는 한정된 군대를 만들 계획에 착수해야 한다"고 강조하고 있다.[15] 이 기조가 그대로 유

----

12. 연합군사령부(GHQ) 내 민정국 차장이던 찰스 케디스(Charles Louis Kades)가 민주화 정책을 담당하며 개혁 입법 작업을 통해 평화헌법의 토대를 만들었다.

13. 한국전쟁 이전 일본 재무장에 관한 미 국방부의 정리된 의견으로는 'NSC44'가 있다. 1949년 3월 1일 채택된 이 문서에서 당시 합참의장이었던 오마 브레들리(Omar Bradley)는 일본의 재무장을 위한 선제조건으로 ①비상사태 발생 시 내부 보안을 유지하고 지역 방어 활동을 지원하는 제한된 일본군 설립 계획의 수립, ②제한된 일본군에 적합한 무기와 장비를 보급할 병참 계획의 수립, ③일본 방위를 위한 제한된 일본군 병력의 기초로써 일본 경찰과 해안 순찰대를 활용하는 방안 등을 비밀리에 행할 것 등의 세 가지를 건의했다.

14. 이 보고서는 후에 'NSC49'로 명명되어 회람할 수 있게 되었다.

15. 유지아 「전후 대일강화조약과 미·일 안보조약 과정에 나타난 미군의 일본 주둔과 일본재군비 논의」, 『일본학연구』 제41집

지되었더라면, 현재의 자위대는 물론 미·일 안보체제라는 개념 역시 존재하지 않았을 것이다.

하지만 상황은 일변했다. 1950년 6월 한국전쟁이 발발하면서 그동안 잠재되어 있던, 소련으로 대변되는 공산주의의 팽창과 세력 확대에 대한 우려감이 현실화하였다. 일본 점령군 최고사령관 맥아더는 일본 내에 경찰예비대의 창설과 해상보안청 인원 8천 명 증원을 지시하였고[16], 즉각 7만 5천 명 규모의 경찰예비대가 창설되었다. 바로 1952년에 일본의 평화와 질서 유지를 목표로 한 '보안대'다. 보안대는 1954년 '자위대'로 이름을 바꾸고, 실질적인 군대로서의 면모를 갖추어 나아가게 된다. 일본 평화헌법과의 양극 대립이라는 갈등의 서막이 열린 셈이다.

경찰예비대의 창설에 이어 미국은 일본과 두 개의 조약을 체결한다. 1951년 9월 8일 〈샌프란시스코 강화조약〉과 〈미·일 안전보장조약(Security Treaty Between the United States and Japan, 日本國とアメリカ合衆國との間の安全保障條約)〉'이 그것이다. 이 둘은 같은 날 체결되었으며, 1952년 4월 28일 발효되었다. 일본국으로서의 주권 회복이자 독립국의 지위 회복이다.

미국은 일본을 점령 중이던 1947년경부터 강화조약에 대한 준비에 들어갔다. 일본의 패색이 짙던 무렵부터 미국의 관심은 종전 후 일

---

16. 1950년 7월 8일 당시 일본 총리였던 요시다 시게루에게 '일본 경찰력 증강에 관한 서한'을 보내 치안 유지를 담당하던 경찰력과는 별도로 수상 직속의 경찰예비대 창설과 해상보안청의 증원(8천 명)을 지시한다. 경찰예비대의 원래 성격은 극렬한 정치적 파업이나 음모, 국내 폭동 등으로 한정되었다. 따라서 외부로부터의 공격이나 이에 대한 대비의 성격은 없었다.

본에 미군 주둔기지를 확보하는 일이었고, 일본은 천황을 전쟁 책임으로부터 면책시키는 일이 급선무였다. 미·일 양국은 이 두 문제를 두고 전쟁 중에도 교섭을 벌일 정도였다. 마침내 전쟁이 끝나고 강화조약을 체결하는 시점이 되자, 미국은 서둘러 일본과의 강화조약 체결을 성사시켜 〈샌프란시스코 강화조약〉이 만들어졌다.

이 강화조약의 목적은, 전후 처리로써의 추궁이라기보다는 오히려 일본을 동맹관계로 격상시키기 위한, 동맹조약에 서명할 수 있는 자격을 부여하는 일종의 자격증서와도 같은 것이었다. 어떤 형태로든 패전국에 대한 전후 처리(책임 추궁)는 반드시 거쳐야 하는 것이 국제정치에서의 질서인데도 말이다.

미국은 연이어 미·일 안보조약도 체결했다. 미국은 전략적 요충지 확보 차원에서 일본 내 미군기지와 미군 주둔을 성사시켰다. 일본의 목표는 조기 강화였으므로, 이를 위해 요시다는 한국전쟁이 발발하자 '유엔에 대한 협조'라는 외양으로 포장한 채 가능한 모든 수단을 동원하여 미국에 적극적으로 협조하였다.[17]

요시다 시게루(吉田茂)의 외교 노선을 흔히들 '요시다 독트린'이라 부른다. 일본 국내의 평화헌법 체제와 외교적 미·일 동맹 체제를 적절히 활용하여 일본의 국익을 최대한 보장받는 고도의 외줄타기식 외교 노선으로, 일본 유일의 국가전략론으로 평가받고 있다. 주권국가로서 필요한 안보와 방위력은 미국의 안보 우산 아래 위치 지은 채 최소한의 비용만을 지출하고, 일본의 국가 역량은 오로지 경제 발전에만 집중한다는 정책이다.

....
17. 유지아 상동

이와 같은 요시다의 주장에 힘을 실어주었던 주요 명분이 일본 헌법 제9조의 평화주의였으니, 제9조는 재군비로 인한 재정 지출 압박에 대한 충실한 방패막이의 역할을 해주었다. 물론, 이와 관련하여 요시다의 본심을 알기란 쉽지 않다. 다양한 연구가 활발하게 진행되어 왔지만, 아직 확실한 규명은 이루어지지 않고 있다.

사실 일본의 경제 발전과 재군비라는 두 목표는, 선후(先後)의 문제였지 가부(可否)의 문제는 아니었다. 다만, 재군비가 요시다의 생각보다 시기상 빨랐다는 것이 문제였다. 요컨대 재군비가 요시다 자신의 생각과 반드시 상충하는 것만은 아니었다는 말이다. 이러한 인식은 일본 내부에서 재군비를 둘러싼 논의가 양극화되는 상황에도 나타난다. 또한 '경제 부흥이 먼저냐, 재군비가 먼저냐'라는 순서의 논쟁이었을 뿐, 대다수가 강화 이후 일본 재군비의 필요성에는 동의하고 있었다는 사실에서도 알 수 있다.[18]

이러한 불편한 동거 상황에 변화의 계기가 된 것이, 1989년의 베를린 장벽의 철폐와 1991년 소련의 붕괴에 이은 탈냉전 체제의 도래였다. 냉전에 근거한 국제체제를 벗어던지고 새로운 국제질서에 대한 요구가 싹텄다. 미·일 동맹과 같은 동맹 정치 또한 지속하느냐 종말을 맞느냐의 갈림길에 서게 되었다. 결과는 동맹의 유지였다.

미·일 동맹의 목적을 '경제적 상호 의존과 협력'에서 찾는 자유주의자들의 주장과 '동아시아 안정론'이라는 미국의 입장에 동조하는 현실주의자들의 주장을 종합해 보면, 미·일 동맹은 아시아의 '안정 유지'라

---

18. 김남은 「강화와 안보를 둘러싼 미일 교섭과 일본의 전략 -요시다 시게루(吉田茂)를 중심으로-」, 『일본근대학연구』 제56집

는 목적도 갖고 있음을 알 수 있다. 동맹의 순수 목표인 '방어'적 개념에서 보다 능동적으로 한 발 더 나아간 개념이다. 미국은 군사적 중요성과 동맹으로서의 상호 역할을 규정했고, 일본은 자체 능력의 강화와 동맹에 대한 기여라는 명분으로 미·일 동맹 체제를 지속시켜 왔다. 이 체제는 점차 제도화되었고, 아시아 안정 유지의 중요성은 한층 주목받았다. 이는 미·일 양국 입장에서도 동맹체제 유지의 이유로 충분했다.[19]

동맹체제의 제도화와 때를 같이하여, 일본 사회에서도 '제한적 보통국가'에서 '제한적'이란 수식어를 떼어버리고 일반적 '보통국가'를 향한 움직임이 일기 시작했다. 보통국가 일본을 주창하는 이들의 입김이 세졌기 때문이다. 국제외교 무대에서 자신들의 목소리를 높이고 국제사회의 일원으로서 능동적 역할에 주목하는 이들이다.

1990년대 초반 오자와(小澤一郞)에 의해 '보통국가론'이 처음으로 제기되면서 이후 일본의 기본 국가전략노선으로 채택되기에 이른다. 이들은 자위대의 군사적 기능을 강화하고, 자위대를 UN 주도의 국제안보 활동에 적극적으로 참여하게 함으로써 암묵적 공감대를 형성하고 있다.[20]

이 노선이 본격화되기 시작한 것은 2001년 고이즈미(小泉純一郞) 총리 시절부터다. 특히, 2002년 고이즈미의 평양 방문 이후 북한에 의한 일본인 납치 문제가 일본 사회의 핵심 이슈로 주목받으면서, 일방적인 '북한 때리기'와 함께 자신들의 '피해자' 흉내 내기 의식이 더해졌다. 이를 교묘한 애국주의로 포장하는 세력들에 의해, 아베(安倍晋三) 전 정

<hr />

19. 손한별 「탈냉전기 미일동맹의 변화와 지속」, 『한국군사학논집』 제69집 제1권
20. 한의석 「21세기 일본의 국가안보전략」, 『국제정치논총』 제57집 3호

권에서 추구했던 것처럼 '전쟁이 가능한' 수정주의적 보통국가화의 폭주는 한층 기세를 올리게 되었다. 국가체제의 역주행이자 후퇴다.

(2) 시민의식과 평화사상

평화주의와 국체 유지의 모순

일본에서 평화의식이 본격적으로 싹트기 시작한 것은 전후의 일이다. 물론, 메이지유신 시기에 민권파와 국권파의 대립을 통해 일정 부분 평화사상 개념이 식자층에서 회자되기는 했으나, 메이지유신 주도 세력들에 의한 천황 중심의 국체운동이 활발히 전개되면서 그 뜻을 제대로 펴지 못했다. 특히, 메이지유신의 호전적 성격은 봉건제적 요소를 제국주의적 요소로 변화시켜 대륙 침략의 논리로, 대동아공영권의 정당화로 탈바꿈시켰다.

평화와 관련한 의식 또는 평화주의에 관한 인식의 측면에서 일본이 가진 역사적 경험과 구조적 특징은 매우 독특하다. 전쟁 발발 국가의 국민 혹은 신민으로서 갖는 가해자적 경험과, 파쇼체제의 국가에 의해 동원되어 전쟁의 참상을 몸소 겪어야 했던 일반 민중으로서 갖는 피해자적 경험이 서로 중첩되어 있다. 즉, 전쟁의 가해자와 피해자로서의 체험을 모두 공유하고 있다는 말이다. 이러한 복합성으로 인해, 일본인의 평화사상은 가해자 의식이 희석된 피해자 의식으로 형성되었다.

더불어 현실을 규정하고 있는 두 가지의 다소 상반되어 보이는 구조적 특징을 보이기도 하다. 첫째, 세계 2, 3위를 다투는 막강한 경제대국으로서의 경제력을 갖고 있음에도 불구하고, 자체적으로 안보 문제를 해결하지 못하는 치명적 결함 국가로서의 처지다. 경제력에 걸맞지 않은 저열한 안보 대처 능력이 그것이다. 즉, 자국 영토 일부를 미군에게 내어준 채 미국과의 동맹관계를 통한 안보 우산에 의지해야 하는 외국군 기지 보유국으로서의 특수한 현실 말이다. 둘째, 전쟁의 패배에 따른 군국주의의 청산과 재발 방지를 위해, 세계에서도 가장 진보적인 헌법, 즉 '평화헌법' 보유국으로서의 역설적 현실이다.

이렇듯 혼란스럽고 다소 모순적으로 보이는 현실적 특징들이 전후 평화에 대한 일본인들의 의식에 큰 영향을 미쳤다. 특히, 일본 헌법 제9조에 입각해 성립한 평화주의의 이념은, 일본인의 평화의식 형성과 발전에 지대한 영향을 끼쳤다.[21] 문제는 이러한 평화주의에 관한 의식이 완벽하게 뿌리내리기에는 구조적 한계를 갖고 있었다는 점이다.

천황제의 유지와 지속이 바로 그 한 이유다. 태평양전쟁에서 패색의 그림자를 드리우던 전쟁 기간에도 그랬고, 패전 이후 연합군에 의한 점령 기간에도 그들 최대의 관심사는 '국체', 즉 천황의 안위였다. 비록 전전의 신권천황제의 모습에서 전후 상징천황제의 형태로 성격이 바뀌기는 했으나, 적어도 일본 국민들이 갖고 있던 천황이라는 존재에 대한 숭배의식, 즉 천황주권과 신민의 관계에는 큰 변화가 없었다는 사실이 중요하다.

이는 일본 국민의 의식 속에 평화와 천황이라는, 병존할 수 없는 요소가 결합하는 혼돈적인 상황으로 자리를 잡았다. 천황제의 유지와 존

21. 이상봉 「전후 일본인의 평화의식에 관한 비판적 고찰 : 형성 과정과 특징 및 변화를 중심으로」, 『국제정치논총』 43(3)

속이라는 상황은, 일본 군국주의로부터 침탈당했던 아시아 주변국들의 시각에서는 도저히 이해할 수도 받아들일 수도 없는 황당한 일이었다. 침략 전쟁을 진두지휘했던 국체로서의 천황이었기 때문이다. 그런 천황의 지속적인 지지와, 침략 전쟁에 대한 반성과 사죄의 의미로 평화주의 원리를 담은 평화헌법이 동시대라는 한배를 탔다. 존속된 천황제(전전체제)와 평화헌법(전후체제)의 공존 상황이 벌어지게 되었다.[22]

이러한 모순적 상황이 있기는 했어도 전쟁의 참상을 겪은 이후라 평화에 대한 일반적 시민의식은 꽤나 높았다. 베트남전 반대 운동, 오키나와 반환 운동, 미·일 안보조약 반대 투쟁 등이 높은 국민적 지지를 얻었다는 사실에서 이를 확인할 수 있다. 아무튼, 평화헌법과 국체의 공존이라는 모순적 상황은 오늘에 이르기까지 일본 국민들의 평화의식을 퇴색시키는 주요 요인[23]으로 작용하였다. 물론 여기에는 지배 권력의 통치 이데올로기 작용이 한몫했고, 현재도 하고 있다.

수정주의적 역사 인식과 우경화의 제도화

전쟁의 폐허 위에 새롭게 재건에 나선 일본 경제는 한국전쟁의 특수를 계기로 눈부신 성장을 이어갔다. 요시다 독트린에 기반한 국가전략을 바탕으로 대내적으로 민주주의와 고도 경제성장을 이루었다. 마침내 1970년대 중반에 독일을 제치고 일본은 미국에 이은 세계 제2위

---

22. 이상봉 상동
23. 평화헌법과 국체 유지라는 모순적 상황에 더해 일본 국민의 보수반동화 경향의 주요 요인으로는, 본 논문 뒤쪽에서 살펴볼 내셔널리즘의 강요, 교육의 이데올로기성, 역사 왜곡, 주변국과의 갈등 조장, 보통국가화의 길 등을 들 수 있다.

의 경제대국으로 부상했다. 이들의 자신감은 '1억 총 중류사회'[24]라는 용어로 표출되었으며, 연공임금제(年功賃金制)[25]·종신고용(終身雇用)[26]이라는 일본식 직장 문화를 탄생시켰다. 일본 국민 의식의 '전환'이 일어나는 시기이기도 했다. 1970년대를 거치면서 고도의 경제성장으로 인한 자신감은, 다른 한편에서 국민 의식의 보수화 현상으로 나타났기 때문이다.

이 시기 미국에서는 신보수주의자들의 세력 형성이 눈에 띈다. 소련의 붕괴로 초래된 탈냉전 이후, 세계 패권 질서가 양극체제에서 미국의 단극체제로 변화하자, 힘의 강대함을 계속 유지 발전시켜 나가려는 세력의 네트워크가 형성되기에 이른 것이다.

소련의 붕괴로 탈냉전기에 접어들자, 세계는 평화 분위기에 도취했다. 미국이라고 예외는 아니었다. 정치 엘리트나 일반 국민 모두 이러한 평화 분위기에 편승했고, 신보수주의자들은 안보 문제가 약화되고 있다고 걱정했다. 특히, 외교·군사 분야에 관한 관심에 비해 국내 문제와 경제 문제에 모든 관심이 집중되자 신보수주의자들의 우려감은 커졌다.[27]

....

24. 고도성장기를 거치며 1980년대 생겨난 일본 사회 자신감의 발로였다. 일본 인구의 90% 이상, 즉 1억 명이 중류층에 속한다고 자부한 것이다. 내수시장의 큰 규모와 중산층이 두터워서 깨지지 않을 신화처럼 보였다. 하지만 1990년대 들어 버블 붕괴와 경기 침체로 잃어버린 20년을 지나며 일본 사회는 눈에 띄게 쇠퇴했다. 지금은 '격차사회(格差社會)'라는 자조 섞인 탄식이 들려온다. 격차사회란 중류 계층이 붕괴하면서 빈부의 차가 심하고 생활수준이 극도로 양극화하는 사회다.

25. 정규직의 경우, 급여와 지위가 일정 기간마다 상승, 승진해 가는 관행적 제도

26. 입사하게 되면 특별한 일이 없는 정년까지의 근무가 보장되는 제도

27. 김영호 「미국 신보수주의 외교 전략의 실제」, 『한국사회과학』 제26권 제1·2호

일본 신보수주의 정치철학은 다음의 몇 가지 특징으로 요약 정리할 수 있다. 첫째, 중도 지향의 정치다. 둘째, 일본의 전통을 존중해야 한다. 셋째, 역사의 재인식과 국민 도덕의 재건이다. 넷째, 지방분권 정치와 다원적 국가다. 다섯째, 정치권력의 한계 자각과 복지정책이다. 여섯째, 세계에 대한 일본의 사명이다.[28]

이들 신보수주의는 '제한적 보통국가'의 결함을 지적하며, '제한적'을 탈각시킨 일반적 보통국가화의 군불을 지피기 시작한다. 이후 1990년대가 되면서 두 번째 의식의 '전환'이 일어난다. 1990년대의 대내외적 변화, 즉 대외적으로는 걸프전의 충격, 미국으로부터 불어오는 정보화 물결, 대내적으로는 거품경제의 붕괴와 함께 나타나기 시작한 일본 사회 전반의 문제점들은, 세계로부터 부러움을 사던 일본의 정치·경제·사회 시스템을 일순간에 나락으로 떨구었다. 그뿐만 아니라 40여 년을 이어오던 자민당 독주체제가 막을 내리고 정치적 격변의 시기로 접어든다.[29]

이러한 대내외적 위기에 엎친 데 덮친 격으로 또 하나의 피할 수 없는 파고가 밀려왔다. 일본의 고도 경제성장에 미치지는 못했으나 때를 같이하여 주변국, 즉 과거 일본의 식민 지배를 받았거나 전쟁 피해국들(한국, 대만 등)의 경제 성장과 국제무대로의 등장이다. 다 지나간 일이라며 애써 회피해 왔던 '과거사'가 호출되어 나온 것이다. 일본군에 의해 자행된 '위안부' 관련 증언 등은 충격이었다.

....
28. 양회식 『일본 신보수주의와 정치개혁』
29. 이지원 「일본의 우경화, 수정주의적 역사인식과 아베식 전후체제 탈각의 한계」, 『경제와 사회』 101

일본 정부는 1992년 '고노 담화'를 통해 책임을 인정하고 사죄와 반성을 표명했다. 1993년의 호소카와는 연설을 통해 "일본에 의한 침략 행위 및 식민지 지배의 견디기 힘든 고통과 슬픔에 대한 깊은 반성과 사죄"를 말했다. 일본 내에 논란도 만만치 않았다.

특히, 일본 보수우익 세력들은 이러한 상황을 매우 심각한 위기로 받아들였다. 이들은 전통적으로 일본의 전후체제에는 비판적이었고, 오히려 전전의 행보에 대한 향수가 있었다.[30] 느닷없는 과거사의 파고에 화들짝 놀란 보수우익 세력은 수정주의적 역사관으로 과거사에 왜곡을 덧씌워 누더기로 만들어버렸다. 장기불황의 절망감, 잦은 지진 등 자연재해에 따른 우려와 공포감, 동일본대지진으로 후쿠시마 원전의 붕괴가 가져다준 안전과 기술력에 대한 회의감 등으로 일본 사회의 자부심과 안전 신화가 무너져 내렸다.

이러한 사회·경제적 불안과 불만의 탈출구이자 그들만의 해방구로써 기능하고 있는 것이 일본 사회 보수 우경주의자들의 세력화이다. 이 흐름이 오늘날에는 '네트우익(ネット右翼 : 인터넷 기반 아래 국수주의, 외국인 혐오증인 제노포비아, 성·인종 차별을 일삼는 무리)', '혐한론(嫌韓論, 한국(인)에 대한 증오 감정)' '헤이트 스피치(혐오 발언, 증오 발언, 언어폭력)' 등의 형태로 고착 '제도화'된 양상이다.[31]

....

30. 이지원 상동

31. 특히 일본에서는 재일 한국인이나 한국(인)에 대한 모욕적 발언들이 확산하면서 사회문제화되고 있다. 이를 억제하기 위해 2016년 일본 정부는 '본국 외 출신자에 대한 부당한 차별적 언동의 해소를 위한 대책 추진에 관한 법률' 이른바 헤이트스피치 억제법이 제정·시행되고 있으나, 처벌 조항 미비로 실효성은 의문시되고 있다. 오사카나 도쿄도 역시 조례 제정 등을 통해 방지책을 마련하고는 있으나, 소극적 대응이라는 지적을 받고 있다.

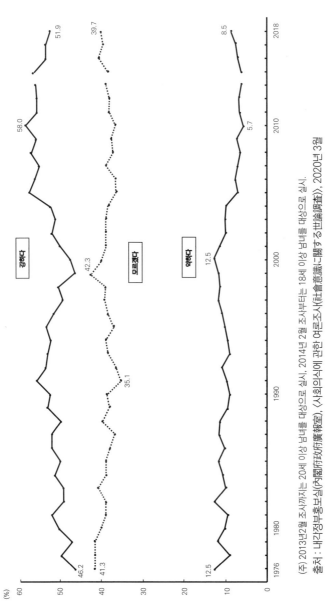

<그림 3> 애국심에 관한 여론조사 결과

(주) 2013년 2월 조사까지는 20세 이상 남녀를 대상으로 실시, 2014년 2월 조사부터는 18세 이상 남녀를 대상으로 실시.
출처 : 내각정부홍보실(内閣府政府廣報室), 〈사회의식에 관한 여론조사(社会意識に関する世論調査)〉, 2020년 3월

이와 같은 현상 변경(status change)의 요인들은 일본 내부에서 자생하고 있다. 옆의 〈그림 3〉을 통해서도 알 수 있듯이, 80년대 일본은 눈부신 경제 성장에 따른 풍요로움 속에서 내셔널리즘(보수주의) 경향이 강화되는 양상을 보인다.[32] 이후 1990년대부터 시작된 '잃어버린 10년'의 여파로 보수주의가 잠시 주춤하다가, 2000년 '기시(岸信介)의 후예'들 등장을 계기로 신보수주의가 새로운 흐름으로 그 세력을 키워가고 있다.

개인의 능력이 모든 것을 좌우하는 사회에서 경쟁은 우열을 가리는 절대적 가치처럼 군림한다. 여기에 더해 잦은 자연재해와 장기적인 경기 침체는 사회 전반에 걸쳐 상실감을 키웠다. 2010년 이후, 일본 사회는 자신감을 잃고 우울한 혼란의 한 시대를 보내고 있다. 균형감을 잃은 군사 편중, 수정주의 정책이 블랙홀처럼 사회의 모든 것을 빨아들인 탓이다.

---

32. 이 여론조사 결과는, 일본 보수 우익세력이 획책하는 애국심 조장을 통한 우경화 분위기 조성의 효과를 보여주고 있다. 대체로 2000년 무렵부터 높아지기 시작해서 2015년을 기점으로 다시 떨어지는 양상을 보이고 있는데, 사회적 우경화 분위기에 편승한 내셔널리즘이 2015년을 넘기면서 그 동력을 잃고 있는 것으로 볼 수 있다. 경기 침체와 자연재해 등이 영향을 준 것으로 파악할 수 있다.

2. 전후 민주주의의 변형과 퇴행

(1) 전후 일본 교육

근대 이후 일본 교육을 논함에 있어 빼놓을 수 없는 사상이 천황제 이데올로기다. 전전 메이지 시기의 국가전략은 절대주의 국가를 지향하는 것이었다. 만세일계(万世一系)의 천황을 중심으로 가부장적 통치이념을 실현한다는 목표였다. 마치 기독교에서의 '아버지 하나님'과 같은 존재로 이해함이 옳다. 천황에게 신성성(神聖性)을 부여하고 천황제 이데올로기를 일본 사회의 고유한 문화로 자리매김하려 했다. 마치 유럽에서의 종교(기독교, 가톨릭 등)가 종교 이상의, 독특하지만 빠질 수 없는 고유의 문화로 자리를 잡았듯이 말이다.

일본의 교육과 관련해서는 전전과 전후로 구분해 살펴볼 수 있는데, 전전의 경우는 메이지 헌법과 교육칙어의 관계, 전후의 경우는 평화헌법과 교육기본법의 관계를 통해 일본이 지향하는 바의 '일본(인)론'을 파악할 수 있다. 전전의 상황은 천황제 이데올로기 주입을 위한 실행 수단으로 교육칙어가 기능했다. 전후에는 평화헌법 이전의 상태를 흠모하는 형태로 교육기본법이 시대착오적으로 기능하며, 평화와 천황제의 모순적 행태를 보였다. 이는 평화헌법과 교육기본법 이전의 상황, 즉 전전의 일본으로 돌아가고자 하는 일본 보수우익의 도전이자, 그들 세계관의 반영이다.[33]

....
33. 박균섭 「한국에서 본 전후 일본교육의 궤적 -교육칙어와 교육기본법의 연속과 불

전후 교육과 관련한 기본 법률은 1947년 처음으로 '교육기본법'이라는 이름으로 제정되었다. 이후 제정 과정과 주체 등을 놓고 많은 논란에 휩싸였다. 헌법개정론의 논리와 흡사하다. 연합군사령부에 의해 강압적인 분위기에서 주체상 비자주적인 제정이었다는 논란 때문에 새롭게 일본 정부에 의한 자주적 법률로 개정해야 한다는 주장이 끊임없이 이어졌다.

우여곡절 끝에 2006년 드디어 교육기본법 개정에 성공한다. 상당히 보수적인 정책으로의 전환이었다. 기존의 막연했던 애국심과 도덕성, 일본 고유의 전통 혹은 문화를 존중하자던 소극적 호소에서 벗어나, 한층 적극적인 형태로 애국과 도덕성을 강조했다.

교육기본법의 개정으로 인하여, 교육 현장에서 대놓고 기미가요나 일장기를 숭배토록 강제하게 되었다. 교육위원회는 교육기본법을 근거로 학교 현장에서의 기미가요 기립 제창 반대 등의 반발을 잠재우려 했고, 역사수정주의적 야스쿠니 사관(황군의 전쟁을 자존자위를 위한 평화전쟁으로 정당화하는 논리)이 영향력을 강화했다.[34] 여기에 더해 개인의 의무를 강조하는 공(公)[35]을 중시하는 방향으로 개정되었다. 60년 만의 개정이었으나 보수우경화된 사회 조류에 편승한 개정안으로써, 노골적인 국가주의 색채로 많은 논란에 휩싸이기도 했다.

....

연속」, 『일본근대학연구』 50권
34. 나카노 고이치(中野晃一) 『우경화하는 일본 정치(右傾化する日本政治)』
35. 일본에서의 '공'은 사회 구성원의 권리와 의무 중 의무를 강조하는 경향이 강하다.

(2) 천황제 이데올로기

황실 번병제도[36]라는 장치는 천황제 이데올로기의 구축에 지대한 역할을 했다. 하나의 시스템으로써 천황제국가 운용을 위해 존재하기도 하지만, 다른 측면에서는 국민 교화를 통해 내면세계를 지배하는 이데올로기로서 종교정책과 함께 교육정책에도 관여한다. 또한, 가정을 국가 지탱의 말단 기구화하는 가족제도의 구축에도 영향력을 행사했다.[37]

후쿠자와(福澤諭吉)의 탈아입구(脫亞入歐), 즉 아시아를 벗어나 유럽으로 들어간다는 논리에서 보듯이, 유럽에는 있되 일본에는 없는 것 중의 하나가 유럽처럼 다수로 통합된 유일신의 부재였다. 일본은 다신교적 전통을 가진 사회였기 때문이다. 이런 점에서 천황의 신성화가 무엇을 의도했는지 파악하기란 어렵지 않다.

천황제 이데올로기(Ideology)는 정치권력과 일본 국민의 합작품이다. 유럽에서 종교(가톨릭, 기독교 등)가 신앙의 수준을 뛰어넘어 하나의 문화로 자리를 잡았듯이 일본에서는 천황제 이데올로기가 그런 역할을 하고 있다. 유럽 정치사는 종교를 떼어놓고 생각할 수 없다. 메이지 시기의 일본 정치사에서도 비슷한 경향이 천황제 이데올로기를 통해 표출되었다.

....

36. 황실 번병(藩屛)제도는 천황 가문이 영원히 지속될 수 있도록 예우 혹은 수호하는 장치의 일체라고 볼 수 있다. 관료제도 장치, 교육제도 장치, 권력제도 장치를 포함하는 개념이라 하겠다.
37. 박준상(朴埈相) 「근대 일본에 있어서 천황제국가의 형성과 조선 식민지 지배의 정치사상적 연구(近代日本における天皇制國家の形成と朝鮮植民地支配の政治思想的研究)」, 메이지대(明治大) 대학원 박사논문

정치권력은 이데올로기 교육을 통해 대중 조작을 반복했고, 국민들은 그렇게 형성된 메커니즘을 비판 없이 순종적으로 수용했기 때문에 성립되었다. 일본 내셔널리즘(nationalism)의 특질을 이데올로기로써의 천황제에서 찾을 수 있는 이유다.[38]

천황제는 이데올로기의 실현을 위한 정신적 지주를 필요로 하였는바, 이것은 제국헌법(1889), 교육칙어(敎育勅語, 1890)[39], 군인칙유(軍人勅諭, 1882)[40]로 나타났다. 한편으로는 제국 헌법과 군인칙유를 통해 통치권을 총람하는 주권자이자 군대를 총괄하는 사령관으로서, 다른 한편으로는 교육칙어를 통해 정신적 영역의 권위자로서 천황을 명시하고 있다.[41]

이처럼 근대 이후 일본의 내셔널리즘 형성이나 네오내셔널리즘의 기저에는 천황의 존재가 군건하게 자리하고 있다. 소위 말하는 국민통합의 상징으로써 그 존재성은 절대적이었다. 다만, 현대에 들어서는 국민통합의 기호 혹은 표상으로서의 천황의 기능이 다소 약화되고 있기는 하다. 그 대체재의 역할을 부여받은 것이 히노마루와 기미가요, 야스쿠니신사 등이며, 역사 미화 작업 등을 통해 이를 더욱 공고하게 확립해 가고 있다.[42]

....

38. 남경희 「이데올로기로서 천황제와 일본의 교육이념 -전전의 수신과 및 전후의 사회과와 관련하여-」, 『한국일본교육학연구』제2권 제1호
39. 1890년 10월 30일 메이지천황 명으로 발표한 교서. 일본제국 신민으로서의 수신과 도덕교육의 기본 규범을 명시하고 있다.
40. 1882년 1월 4일 메이지천황이 군인들에게 내린 교서. 천황의 군대 지휘권을 명확히 하고, 천황의 군대이므로 황군이라 칭하고, 군의 충성과 복종을 명하고 있다.
41. 남경희 상동
42. 히노마루와 기미가요가 현실의 상징이라면, 야스쿠니신사는 사후의 상징이다. 국가를 위해 죽은 자들을 칭송하며 죽음에 영예를 주는 일은, 그곳에 묻힌 당사자에 대한 경의의 뜻도 있으나, 보다 근본적으로는 후세의 모범으로 그 죽음의 정신을 기

만세일계[43]의 천황가는 11세기 말 황실 내분으로 말미암아 사무라이(무사)들에 의해 정치권력을 빼앗긴 이래, 실권 없이 종교적 권위만을 유지해 왔다. 19세기 말이 되어, 다시 사무라이들에 의해 복권이 되고 신성까지 부여받는 최고 권력자로 자리매김했다. 그리고 또다시, 제2의 메이지유신을 꿈꾸는 현대판 사무라이들에 의해 그 권좌를 위협받는 신세가 되었다고 해도 과언이 아닌 지경에 이르렀다. 천황제 이데올로기로써의 내셔널리즘에서 국가 이데올로기로써의 네오내셔널리즘으로의 전환이라 부를 수 있겠다.

3. 재무장 보통국가화 통한 전쟁 가능 국가 실현

(1) 주변국과의 갈등 조장과 일본 위협론

자연 상태에서의 인간을 "만인의 만인에 대한 싸움"으로 묘사했던 홉스(T. Hobbes)는, 거대한 권력 실체 리바이어던을 통한 안정적 통치 형태로서의 사회계약을 주장했다.[44] 이에 반해 루소(J. J. Rousseau)나 로크(J. Locke)의 경우는 위임된 권력론, 피치자와 통치자의 동일성

....

리고 따르기를 바라는 권력 의지의 반영이다.

43. 제1대 천황이 즉위한 기원전 660년 이후, 혈통이 끊이지 않고 현재까지 이어져 왔다는 의미에서 만세일계라는 표현을 쓴다. 신화적 상상력이다.

44. 토머스 홉스 『리바이어던』

원리를 바탕으로 한 사회계약을 설정했다.[45] 이 논리가 국제관계를 설명이나 예측을 통해 다루는 국제정치학의 범주로 옮겨 가면, 민족국가 간 국가 이익을 위한 힘의 대결이라는 체제 이론으로 나타난다.

최근 들어서는 국제관계의 행위자로서 등장하는 주체가 민족국가 단위를 초월한다. 초국가 단위라 볼 수 있는 다국적 기업들의 위세와 NGO 단체 등의 활동 범위는 일국을 넘어 국제적으로 넓혀 가고 있다. 갈등(분쟁)과 평화 사이의 줄타기 역시 한층 복잡해진 셈이다.[46]

갈등은 목적 지향적인 힘의 균형 상태다. 사회적 실체 간 권리와 의무, 특권이 분산된 상태를 말한다. 마르크스는, 갈등은 기존의 사회구조 내에서 변화의 끊임없는 요소들을 추동해 낼 뿐 아니라, 갈등을 통해 그 사회체제 전체가 새로운 사회로 변동된다고 주장했다. 봉건제에서의 내부 갈등, 즉 농노와 영주 사이의 계급투쟁이 두 계급 차원의 갈등 관계를 넘어서, 봉건제 자체를 끝장내고 새로운 소유사회로 이행했던 사례가 그렇다.

일본의 현실 또한 다르지 않다. 주변국과의 영토 문제에 얽힌 갈등,[47] 전쟁 피해국에 대한 말뿐인 사죄와 형식적인 배상은 전후 75년

....

45. 장 자크 루소 『사회계약론』
　　존 로크 『통치론 : 시민정부의 참된 기원, 범위 및 그 목적에 관한 시론』

46. 현대 사회가 되면서 더욱 노골적으로 대두되고 있는 강자(강대국)에 의한 약자(약소국)의 무차별 폭행(침략)이 마치 일방적으로 힘의 원리가 지배하는 정글의 법칙과 하나도 다를 게 없다는 점에서 국제정치학의 예측과 설명이 과연 어떤 의미가 있는지 의문이 든다. 정글의 정치학이 무의미한 것과 궤를 같이한다.

47. 하라 키미에(原貴美惠)는 국가 간 영토 갈등과 관련해 이 문제를 한 국가의 개별적 사안이 아닌 상호 연관(linkage)된 관련성에 주목한다.
　　키미에 하라(Kimie Hara) 『Cold War Frontiers in the Asia-Pacific: Divided Territories in the San Francisco System』

이 흐른 지금까지도 현재진행형이라는 점에서, 그리고 이를 일본 국내 보수우경화의 유효한 이행 재료로 십분 악용하고 있다는 점에서 미진했던 전후 처리에 대해 아쉬움이 크게 남는다. 이들에게는 독도(일본명 다케시마)나 쿠릴열도(일본명 북방열도), 센카쿠(중국명 댜오위다오)가 어느 나라 영토인지, 심지어는 자신의 영토가 아니라는 사실에 대한 진위는 그다지 중요한 문제가 아니다.[48]

영토 문제를 이용해서 주변국과의 갈등 관계를 키우고 이를 국내의 내셔널리즘, 즉 애국주의 확산의 재료로 사용할 수만 있다면 영토 획득 이상의 의미가 있다고 보기 때문이다.

일례로 『외교백서』나 『일본방위백서』에서조차 자국 주변의 안전보장 환경을 거론하며 "한반도는 반세기 이상에 걸쳐 동일 민족의 분단이 지속되고 있고, 남북 쌍방 병력의 대치가 계속되고 있다. 또한, 대만 문제와 남중국해 문제 등도 존재한다. 게다가 우리나라(일본을 말함) 문제만 하더라도 우리(일본을 말함) 고유 영토인 북방영토와 독도 영토 문제가 여전히 미해결인 채로 존재"하고 있다고 주장한다.

이러한 주장은 지극히 모순적이다. 독도와 쿠릴열도는 일본이 실효 지배하지 않아 영유권을 행사하지 못한다. 센카쿠열도는 자신들이 실효 지배하고 있어 영유권을 행사한다. 이 두 문제를 자신들에게 유리한 방향으로만 동일시한다는 데 절대 모순이 존재한다. 이처럼 모순투성이의, 보통 아닌 보통국가화의 길이기에 그 여정이 몹시도 험난하다.

....
48. 본서에서는 영토 분쟁 중인 지역의 지명은 현재 실효 지배 중인 국가의 명칭 사용을 원칙으로 한다.

(2) 영토 분쟁 : 주변국과의 갈등 조장

샌프란시스코 강화조약이 체결되었을 때, 당시 일본 총리였던 요시다(吉田茂)는 조약 조인식의 일본 전권대표로 나와 조약 수락 연설을 했다. 〈샌프란시스코 평화조약에 대한 요시다 총리의 수락 연설(サンフランシスコ平和會議における吉田茂總理大臣の受諾演說)〉이라는 일본 외무성 문서에 따르면, 일본 측은 강화조약 체결 내용에 상당히 만족스러워했음을 알 수 있다.

"여기 제시된 평화조약은 징벌적 조항이나 보복적인 조항을 포함하지 않고 있음은 물론, 우리 국민에게 항구적인 제한을 부과하는 것도 없고, 일본에 완전한 주권과 평등과 자유의 회복을 주고, 일본을 자유롭게 하는 한편 평등한 일원으로서 국제사회가 맞아주는 것입니다. 이 평화조약은 '복수(revenge)'를 위한 조약이 아니라 '화해'와 '신뢰'의 문서입니다. (중략) 이 협약은 공정하며 일찍이 없던 관대한 것입니다."

마치 동등한 입장의 두 나라가 평화조약을 맺은 것과도 같은 느낌이다. 패전국으로서의 반성이나 성찰의 기미도 전혀 없다.

다만 두 가지를 지적하며 불만을 표시하는데, 하나가 영토 문제다. 쿠릴열도와 남사할린 지역이 소련에 수용된 것에 대한 항의의 표시다. 사할린 남부는 1905년 루스벨트 대통령의 중재로 맺어진 포츠머스 강화조약에서 일본이 획득했다는 주장이다. 다른 하나는 경제와 관련한 문제로, 연합국에 대한 배상금이 지나치게 과하다는 불평이다. 하지만 이 또한 엄살이다. 샌프란시스코 강화조약은 절대 징벌적 조약이 아니다. 배상의 완화다.

아무튼 연설의 결론은 "그럼에도 불구하고 이미 조약을 수락한 이상 성의를 갖고 의무를 성실히 이행하겠다"라는 결의 표시로 끝을 맺는다.

샌프란시스코 강화조약에서 영토와 관련한 조항은 제2장이다. 제2장 제2조를 보자.

"(a) 일본은 한국의 독립을 인정하고 제주도(濟州島), 거문도(巨文島), 울릉도(鬱陵島)를 포함한 한반도에 대한 모든 권리, 권원 및 청구권을 포기한다. (b) 일본은 타이완과 펑후제도에 대한 모든 권리, 권원 및 청구권을 포기한다. (c) 일본은 쿠릴열도와 일본이 1905년 9월 5일 포츠머스조약에 의해 주권을 획득한 사할린 일부와 그것에 인접한 도서에 대한 모든 권리, 권원 및 청구권을 포기한다.(이하 생략)"

제2차 세계대전 후의 영토 문제와 연관이 있는 국제적 선언으로는 대서양헌장(Atlantic Charter)과 카이로선언이 있다. 대서양헌장은 1941년 8월 14일 루스벨트와 처칠이 회담 후 발표한 공동선언이고, 카이로선언(Cairo Declaration)은 1943년 11월 27일 루스벨트·처칠·장제스가 채택한 공동선언문이다. 두 선언 모두 "영토 확장의 의도가 없음"을 표명하고 있다. 즉, 영토 불확장 원칙의 천명이다.

특히, 카이로선언에서는 일본의 영토에 관한 기본 방침을 분명히 하고 있다. "일본이 약탈한 모든 지역에서 일본 세력을 몰아낸다"라는 분명한 입장을 천명했다. 이후 1945년 2월 얄타회담(Yalta Conference)에서는 사할린 남부와 주변 섬에 대한 소련으로의 반환을 결정하였고, 1945년 7월 포츠담선언(Potsdam Declaration)에서는 제8항을 통해 일본의 영토를 구체적으로 제시하였다.

이렇게 이어져 오던 영토 불확장 원칙이 1951년 9월 체결된 샌프란시스코 강화조약에서는 협의 과정을 거치며 변질하였다.[49] 이는 미·소 냉전체제의 형성과 관련이 깊다.

한반도와 독도 분쟁

강화조약 체결 당시, 독도 규정 또한 순탄치만은 않았다. 간단히 기술해 보면 이렇다. 1946년부터 미국이 준비한 강화조약 초안에서는 한국 영토라고 인정했다. 1949년 12월 초안에는 일본 영토로 귀속시켰다. 그런데 이후에는 아예 언급 자체가 없다. 중국의 대만에 대한 귀속권 규정과 함께 독도도 사라져버린 것이다. 1950년 8월 7일 초안에서다. 한국전쟁 발발 직후인 셈이다.

중국 대륙의 공산화로 중화인민공화국이 건립된 것과 한국전쟁의 발발이 이 과정에서 중요한 역할을 한 것으로 보인다.[50] 하지만 이러한 결과가 나오게 된 직접적인 배경은 일본 정부의 엄청난 로비 때문이었다. 일본은 미국인 외교관이자 주일 정치고문이던 시볼드(William J. Sebald)[51]를 통해 독도 취득을 위한 공작에 나섰다.

독도가 일본 영토가 아닌 한국령으로 기술되어 있던 것은, 일본과의 강화조약을 작성하는 미 국무부의 초기 초안(1차~5차)에서다. 특히, 제5차 초안은 재외공관 회람용으로 1949년 11월 2일 작성된 것이다.

---

49. 우준희 「동북아 영토분쟁과 일본의 선택 : 독도, 센카구, 쿠릴열도에 대한 일본의 다층화 전략」, 『현대정치연구』 12(2)

50. 이남주 「동아시아 질서의 변화와 새로운 지역협력의 모색 : 샌프란시스코체제의 동학을 중심으로」, 『경제와 사회』 통권 제125호

51. 시볼드는 군인으로 출발해서 법률가를 거쳐 외교관이 된 인물로, 일본에는 매우 우호적이었던 반면 한국에는 비협조적이었다.

이 초안에서도 제주도, 거문도, 울릉도, 리앙쿠르암(독도)을 한국령으로 한다고 규정했다.

그런데 시볼드가 등장하면서 상황이 일본에 유리한 방향으로 바뀌게 된다. 독도가 일본 영토라는 주장의 의견서를 제출하면서부터다. 미 국무부의 독도 영유권 인식에 시볼드의 의견서가 적지 않은 영향을 끼친 게 분명하다. 1950년 8월 7일의 7차 초안 이후 독도에 대한 언급이 삭제되었다.[52]

해방 직후 외교력은 물론 미국에 비친 모습(인식)에서도 일본에 한참이나 뒤처져 있던 당시 한국의 현실(한국전쟁 중)을 고려해 볼 때, 더 이상의 방법을 찾기란 쉽지 않았을 것이다. 독도가 영토 조항에서 제외되는 순간 갈등의 씨앗은 이미 잉태된 셈이다. 일본은 샌프란시스코 강화조약에서 독도가 일본 영토임을 인정했기 때문에 제외한 것이라 주장하며, 독도 분쟁을 국제사법재판소(ICJ)로 가져갈 태세다.

일본 내에서 독도 문제가 사회문제로 크게 드러난 계기는, 2005년 시마네현(島根縣)이 2월 22일을 '다케시마의 날'로 제정하고 매년 이날에 기념행사를 하면서부터다. 독도(영토) 문제를 정치화한 경우다. 일본은 이어서 영토 교육 강화에 나섰다.

2008년 7월 일본 문부과학성(교육부)이 중학교 학습지도요령 해설 사회편에 처음으로 독도 지명을 명기했다. 2014년 1월 일본 문부과학성은 '중·고 학습지도요령 해설서' 개정을 통해, 그리고 4월에는 초등학교 사회과 교과서 검정 결과 발표를 통해서 더욱 구체적으로 왜곡된 내용을 교육하기 시작했고, "독도는 역사적·국제적으로 일본 고유의

---

52. 정병준 상동

영토이며, 이를 한국이 불법 점거 중"이라고 기술했다.

2017년 2월에는 독도 영유권 교육을 의무화하는 내용을 담은 학습지도요령 개정안을 고시했다. 애초 2022년부터 시행하기로 했다가, 2018년 7월에 시행 시기를 2019년으로 대폭 앞당기는 이행 조치를 공고했다. 일본 초·중학생들에게 독도가 일본 땅이라는 교육을 제도적으로 강화하기 시작한 것이다.[53] '일본 고유의 영토인 독도를 한국이 무단 점거하고 있다'는 내용을 현재 대부분의 초·중등학교 사회 교과서에 기술한 채, 일본은 왜곡된 역사를 버젓이 가르치고 있다. 영토 문제의 교육 이데올로기화이다.

러시아와 쿠릴열도 분쟁

러시아와는 쿠릴열도[54] 남단, 일본 쪽에서 보자면 홋카이도 북쪽의 3개 섬과 1개 군도[55]를 두고 영토분쟁 중이다. 일본명으로는 치시마열도(千島列島)다. 영토 분쟁과 관련해서는, 구나시리 섬과 에토로후 섬 이남을 통상 북방영토라 칭하며 일본이 영토권을 주장하고 있다. 소련이 1945년에 불법으로 점령했다는 것이 일본의 주장이다. 앞서 봤듯이 샌프란시스코 강화조약 제2장의 영토(영역) 조항 제2조 (c)에서 쿠릴열도를 언급하고는 있으나, 현재 분쟁 중인 4개의 섬과 관련된 언급은 없다.

북방영토 영유와 관련한 양국의 접촉은 1855년으로 거슬러 올라

---

53. 박창건 「일본 독도정책의 특징과 딜레마―시마네현을 중심으로」, 『독도연구』 제27호
54. 남북으로 총연장 약 1,200km의 도서군이다. 약 56개의 섬으로 이루어져 있으며, 원주민은 아이누(Ainu)족이다.
55. 에토로후도(擇捉島), 구나시리도(國後島), 시코탄도(色丹島), 하보마이군도(齒舞群島)

간다. 그해 2월 에도막부와 러시아 제국 사이에 러·일 화친조약이 체결되며, 처음으로 양국 간 국경을 결정하게 된다. 이 조약 제2조에서 "러·일 간 국경을 에토로후 섬(擇捉島)과 우루프 섬(得撫島) 사이로 한다. 사할린 섬(樺太島)에는 국경을 설치하지 않고 이제껏 해왔던 관행대로 양국 국민이 함께 거주하는 것으로 한다"라고 규정하고 있다.

1875년 8월 러·일 양국은 〈사할린(樺太)·치시마(千島) 교환조약 비준서〉를 교환한다. 이 비준서를 통해 "사할린은 러시아령으로 한다. 대신 우루프 섬 이북의 여러 섬은 일본이 영유하는 것"으로 결정했다. 이런 결정의 배경에는 사할린에서의 일본인과 러시아인 간 잦은 갈등과 치안 문제가 결정적이었다.

다른 한편에서는 러시아의 해양 진출에 대한 지정학적 경계심과 수산자원·해저자원 획득이라는 현실적 고려가 작용한 것으로 보인다. 1905년 러일전쟁에서 일본이 승리하며 러·일 양국은 포츠머스조약(러·일 강화조약)을 체결한다. 이 조약 제9조에 "러시아 제국은 사할린 섬 남쪽 및 그에 인접한 모든 섬을 일본에 양도한다. 양도하는 지역의 북쪽 경계는 북위 50도로 한다"라고 명시했다.

이후 제2차 세계대전의 막바지였던 1945년 8월 8일, 소련의 일본에 대한 선전포고와 전쟁 참여로 영토 문제는 새로운 전기를 맞게 된다. 소련은 쿠릴열도의 북단부터 남하하며 그 지역의 모든 섬을 점령했다. 전쟁에서 패한 일본은 샌프란시스코 강화조약을 체결했다. 이때 치시마(千島)열도를 포기했는데, 소련은 이 조약에 조인하지 않았다.

북방영토 문제는 1956년 소련과 일본 간의 국교 회복 회담이었던 '일·소 공동선언' 교섭 과정까지 이어졌다. 평화조약 체결을 조건으로 하보마이군도(齒舞群島)와 구나시리도(國後島) 두 개 섬 반환으로 이견이 좁혀지던 와중에 갑자기 일본이 태도를 바꾸었다. 4개 섬 전부 반환을 주장하기에 이른 것이다.

교섭은 중단되었고, 결국 영토 문제는 나중에 처리하기로 합의한 채 일·소 공동선언을 통한 국교정상화에 이른다. 미·일 안보조약 개정이 있었던 1960년대에 들어서면서부터 일본은 4개 섬의 영유권을 주장하고 있다. 소련은 미·일 안보조약의 개정에 대한 반발로 두 개 섬의 반환 의사조차 철회했다. 이후 지금까지 쿠릴열도(북방영토) 역시 현재 진행형 영토 분쟁 지역으로 남아 있다.

역사를 거슬러 올라가 보면, 쿠릴열도 문제에는 미·소 냉전의 그림자가 짙게 드리워져 있음을 알 수 있다. 애초 전후 일본 국가 담론 속에는 북방의 4개 섬은 존재하지 않았다. 1956년 일·소 공동선언 협상 과정 중에 미국의 개입 때문에 만들어진 개념이다.[56]

교섭 초기와 달리 일본이 두 개 섬의 반환 입장을 바꿔 갑자기 4개 섬 모두를 돌려받고자 한 이면에는 미국의 개입이 있었다. 소위 '덜레스의 위협(ダレスの恫喝)'이라 불리는 그것이다. 덜레스 국무장관(John Foster Dulles)이 "두 개 섬을 반환하는 조건으로 강화조약을 체결하는 경우, 오키나와를 일본에 반환하지 않겠다"라고 공갈 협박을 한 것이다. 강대국 공갈외교의 전형이라 할만하다.

---

56. 유건평(劉建平) 「러일평화조약체결교섭 -최종적인 전후 처리의 행방 혹은 중일관계에 관한 영향(日露平和條約締結交涉-最終的な戰後處理の行方及び日中關係に對する影響)」, 아시아태평양토구(アジア太平洋討究) No.30

중국과 센카쿠열도(尖閣列島) 분쟁

센카쿠열도, 중국명으로는 댜오위다오(釣魚島)[57]다. 센카쿠열도는 분쟁의 형태가 독도와는 다소 다르다. 일본 정부는 "센카쿠열도는 우리의 시정권(施政權) 범위에 있으므로 일본 고유의 영토"라고 주장한다. 독도의 시정권은 우리에게 있다. 우리가 실효 지배하고 있기 때문이다. 그런데 일본 정부는 "독도는 비록 우리의 시정권 밖이기는 하나 일본의 영토"라는 모순된 억지 주장을 펼치고 있다.

중국과 일본은 1972년 국교정상화 협상에 성공한다. 일본이 패전한 지 27년 만의 일이다. 사정이 이렇게 된 결정적인 이유는, 냉전기였던 당시 일본 정부에 있어 공산주의 국가 중국과의 외교관계는 철저히 미국에 종속되어 있었기 때문이다. 즉, 중·일 관계는 미·일 관계의 차원에서 상정 가능한 대외정책이었다.

중·일 관계 변화의 이면에는 1971년 닉슨 미 대통령의 방중이 있다. '닉슨 쇼크'라 불리는 세기의 이벤트를 보고, 일본은 서둘러 중국과의 국교 정상화 교섭에 나선다. 중국 역시 미·일 안보조약을 묵인하고 전쟁 배상금을 포기하겠다는 등, 일본 정부에 우호적인 자세로 교섭에 임한 끝에 중·일 국교정상화는 실현되었다.

하지만 80년대 들어 불거지기 시작한 역사교과서 왜곡 문제와 야스쿠니신사 참배 문제, 방위비 지출 GNP 1% 한도 돌파 문제, 영토 분쟁 및 해양자원 갈등 등이 마찰 요인으로 대두되며 양국 관계는 파국을 맞고 있다. 이는 양국 관계를 넘어 동아시아 주변국과의 갈등 문제

---

57. 우리나라에서는 흔히 한자 그대로 '조어도'라고도 부른다. 동중국해의 남쪽에 있는 무인 군도로, 5개의 작은 섬과 3개의 암초로 이루어져 있다.

로까지 확대되었다.

센카쿠열도 영토 분쟁과 관련해서는 두 가지로 정리 가능할 것 같다. 국내 정치적 요인과 국제 정치적 요인이다.

국내 정치 요인과 관련해서는, 양국 모두 영토 분쟁 문제를 국내 통치용 이데올로기로 활용하고 있다는 점을 지적할 수 있다. 그동안 동아시아의 헤게모니는 일본이 쥐고 있었다. 여기에 새롭게 부상하고 있는 중국이 사나운 이빨을 드러내며 일본의 역내 패권에 도전장을 내밀고 있다.

중국몽을 실현하기 위한 힘을 국민들에게 보여줄 필요가 있는 중국으로서는 일본과의 갈등 관계가 나쁠 게 없다. 일본 처지에서도 사정은 비슷하다. 중국이 떠오르는 태양이라면, 일본은 지고 있는 태양이다. 중국의 세력화에 대한 불안감을 잠재우고 내셔널리즘을 극대화하기 위한 용도로 일본은 주변국과의 갈등 관계를 유발하고 있다.[58]

국제 정치적 요인 또한 앞서와 맥을 같이한다. 한마디로 동아시아에서의 세력전이(power transition)와 미국의 아시아-태평양 중시전략(Pivot to Asia-Pacific) 혹은 재균형정책(Re-balancing Policy)이 맞물리면서 동아시아의 패권 경쟁이 한층 격화되고 있다. 결국 현재 벌어지고 있는 동아시아 영토 분쟁은 단순히 영토만의 문제가 아니기에 해결의 실마리를 쉽게 찾을 수 없다는 한계에 직면해 있다.

....
58. 이명찬 「센카쿠제도를 둘러싼 중·일 간 갈등과 동북아」, 『국제정치논총』 53(1)

(3) 역사전쟁 : 역사 왜곡 및 과거사 부정

위안부 문제

일본군 위안부(이하 위안부) 문제가 본격적으로 사회적 관심을 받게 된 것은 1991년 고 김학순 할머니의 공개 증언을 통해서였다. 우리 정부는 일본 정부에 대해 철저한 진상조사와 후속 조치를 촉구했다. 일본 정부는 두 차례에 걸친 조사 결과를 토대로, 1993년 고노 관방장관 담화를 통해 군의 관여와 강제성을 인정하고 사과의 뜻을 표명했다. 주요 내용을 살펴보면 다음과 같다.

"장기간에 걸쳐 광범위한 지역에 위안소가 설치되어 수많은 위안부가 존재했던 것으로 나타났다. 위안소는 당시 군 당국의 요청에 따라 설치된 것이며, 위안소의 설치·관리 및 위안부의 이송과 관련해 구 일본군이 직접 또는 간접적으로 관여했다. 위안부의 모집은 군의 요청을 받은 업자가 진행한 것은 맞지만, 이 경우에도 감언과 강압 등 본인 의사에 반하여 모집된 사례가 많았다. 더욱이 관헌(주로 경찰을 의미함) 등이 직접 이에 가담한 사례도 있었던 것으로 밝혀졌다. 위안소에서의 생활은 강제적인 환경에서 참혹하기 그지없었다. (중략) 우리는 이러한 역사의 진실을 외면하지 않고, 오히려 이를 역사의 교훈으로 직시하고자 한다. 우리는 역사 연구, 역사 교육을 통해 이러한 문제를 오랫동안 기억에 담아 다시는 같은 실수를 절대로 되풀이하지 않겠다는 굳은 결의를 재차 표명한다."

이에 대한 후속 조치로 나온 것이 1995년 발족한 〈여성을 위한 아시아 평화국민기금(女性のためのアジア平和國民基金)〉이었다. 이 기금

을 통해 보상금 지급과 의료사업을 진행하고자 했다. 하지만 일본 정부는 법정 책임과 관련해서는 종결 처리되었다는 견해와, 정부 차원이 아닌 민간모금을 통한 보상이라는 자신들의 뜻을 굽히지 않았다. 위안부 피해자들은 반발했다. 한·일 양 정부는 지루한 협상 과정을 이어갔지만, 사실상 여기서 한 걸음도 더 앞으로 나아가지 못하고 있는 것이 현실이다. 일본의 안일한 책임 회피 탓이다.

2007년 7월 30일, 미국 하원은 〈미국 연방의회 일본군 위안부 사죄(HR121) 결의안(이하 미 하원 위안부 결의안)〉을 채택했다. 결의문 서두에서 미 하원은 위안부의 모집 과정 및 성격, 그리고 그 폐해에 대해 다음과 같이 명확하게 정의하고 있다.

"일본 정부는 1930년대부터 제2차 세계대전 동안 아시아와 태평양 제도를 식민지 혹은 전시 점령하면서 공식적으로 제국 군대에 대한 성적 노역을 목적으로 젊은 여성을 동원하도록 위임했다. 세상에 위안부라 알려진 이들이다. 일본 정부에 의한 강제적 군대 매춘 위안부 안에서는 집단 강간, 강제 유산, 창피 주기, 신체 절단과 죽임, 끝내는 자살을 선택할 수밖에 없도록 만들었던 잔인함과 그 운영의 규모는 20세기 인신매매 역사에서 일찍이 전례가 없다."

더는 말이 필요치 않다. 미 하원 위안부 결의안의 이 짧은 문장 안에 위안부의 모든 것이 함축되어 나타나 있다. 무엇보다 미국 의회에서 채택되었다는 사실이 중요하다. 시간을 다소 거슬러 올라가, 1992년 8월 10일부터 양일간 서울에서 열렸던 〈정신대 문제 아시아 연대 회의〉 결의문을 보자.

"강제 종군 위안부 문제는 일본의 천황제 파시즘과 군국적인 국가

권력의 체계적이고 조직적인 강제 연행, 윤간, 고문, 학살 등 전대미문의 잔학한 범죄다."

이 두 결의문이 전체적인 맥을 같이하고 있음을 알 수 있다. 다시 말해서, 1992년 아시아 연대회의 결의문을 2007년 미 의회 결의문이 계승하고 있는 것으로 봐도 크게 틀리지 않는다. 현실이 이러함에도 불구하고 일본 정부는 그저 이를 은폐·부정하기에만 급급하다. 자발적이며 진심 어린 사과는 뒷전으로 내팽개친 일본 정부의 그릇된 행태는, 재론의 여지조차 없는 비인간적 망동이다.

역사교과서 문제

연합군사령부의 역코스 정책은 교육, 특히 교과서 기술 문제에도 상당한 영향을 끼쳤다. 연합군사령부는 전전의 일본 역사교과서를 모두 파기 처분하도록 지시했다. 그리고 1946년에 새롭게 국정 교과서가 집필되었다. 교과서 검정제도의 도입은 1949년부터다. 검정을 거쳐 출판된 이때의 교과서들은, 가해자로서의 일본의 '침략' 사실을 분명하게 기술했다.

일본 사회의 개혁을 중심에 놓던 점령 목적이 경제회복으로 옮겨가면서, 보수 반동의 교육 철학들이 서서히 고개를 들고 저항에 나섰다. 제국주의에 대한 향수가 되살아나며, 자연스레 그 치부(침략, 학살 등)는 수면 아래로 몸을 숨기기에 바빴다. 전전과 전후의 가교 역할을 했던 것으로 평가받는 요시다 역시 그 전형적인 인물이다. 그는 자신의 내각 기간에 공직에서 추방되었던 전쟁 관여 인물들을 기용하기도 하고, 그들을 정치 전면에 세워 일본을 통치하게 하였다.

전후 교육정책과 관련해서도, 일본의 보수 세력들은 연합군사령부의 민주주의·자유주의 교육관에 만족할 수 없었다. 1949년 요시다 3차 내각 때 요시다는 '문교심의회(文教審議會)'라는 자문기관을 만들었다. 이 자문기관에 요시다가 요청한 것만 보아도 그 속내를 알 수 있다. 그는 "도덕심 저하, 자유주의에 대한 오해, 진보주의자들이 가진 일본 전통에 대한 망각, 대학가의 정치적 편향성 등을 교정할 수 있는 대책을 세워라"라고 주문했다.[59]

패전 후 일본 정부의 교육정책은 비교적 일찍 마련되었다. 1945년 9월 15일 일본 문부과학성(교육부)은 전후의 새로운 교육 기본 방침이 될 〈신일본 건설의 교육방침〉을 발표했다. 10월 22일에는 연합군사령부가 〈일본교육제도에 관한 관리정책〉 지령을 내렸다. 1946년 3월에는 미국 교육사절단이 일본을 방문하여 교육 현장을 둘러본 후 보고서를 제출했다. 1947년 3월 12일 제국의회에서 교육기본법안을 각의 결정, 3월 31일 공포·시행되었다.[60]

교과서 왜곡 문제와 문부성의 보수화는, 1953년 우익들의 교과서 비판으로부터 시작되었다. 우익들은 전전의 상황을 비교적 진솔하게 기술한 교과서에 불만을 나타내기 시작했다. 1955년 8월에 『걱정스러운 교과서 문제』라는 소책자를 여당이던 일본민주당이 배포하였다. 전후의 교과서에 대한 불만의 포문을 연 것이다.

이를 계기로 일본 정부는 1956년 '교과서 검정제도 및 교과서 조사

....
59. 요시다 시게루(吉田茂) 『회상 10년(回想十年)』 제2권
60. 문부과학성(文部科學省) 〈교육기본법 제정의 경위(教育基本法制定の經緯)〉

관 제도'를 설치했다. 이때, 히라이즈미 기요시(平泉澄)[61]를 잇는 황국사관 역사학자들이 대거 문부성 관료로 들어갔고, 교육 문제가 황국사관으로 오염되기 시작했다.

일본 정부는 교과서 검정제도를 악용하여 자신들의 입맛에 맞는 역사 기술에 적극적으로 활용했다. 1960년대 초반이 되면서 '가해'와 '침략'의 사실은 교과서에서 사라졌다. 1970년대 중반이 되어서야 '난징대학살'이 교과서에 재등장했다. 1972년 9월 체결된 중·일 국교정상화 협상이 작게나마 영향을 주었기 때문이다.

이어 나타난 것이 나카소네 총리 재임 때의 교과서 파동이다. 일본에서는 지금까지 두 번에 걸친 교과서 파동이 있었다. 1차 파동은 1982년에 일어났다. 문부성이 '침략', '탄압', '출병'을 각각 '진출', '진압', '파견'으로 기술하도록 출판사에 지시한 사실이 드러나며 문제시되었다. 2차 파동은 1986년 우익단체 '일본을 지키는 국민회의'가 제작한 교과서 『신편 일본사』가 왜곡 문제로 주변국의 반발을 사면서 불거졌다.

1997년에는 '새로운 역사 교과서를 만드는 모임(새역모)'을 결성하며, 더욱더 조직적이고 체계적인 교과서 왜곡 작업에 들어갔다. 2006년에는 1947년 제정되었던 교육기본법을 개정하여 나라 사랑의 애국심 교육을 강화하는 한편, 이를 근거로 2008년과 2009년 초·중·고등학교 학습지도 요령 및 해설서를 보급했다. 교과서 왜곡의 대미 장식이었다.

....
61. 1930년대 대표적 황국사관 주창자이자 학자. 그의 학설을 '히라이즈미 사학(平泉史學)'이라고 부른다.

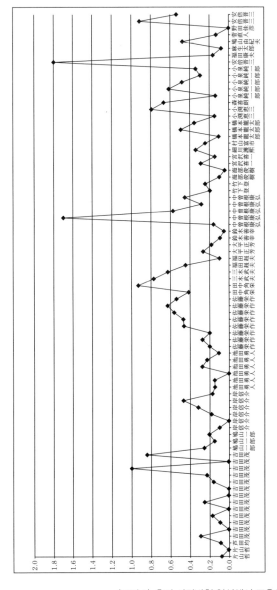

<그림 4> 총리 시정방침 연설에서 교육의 중요성 강조 빈도

출처 : 아오키 에이이치(青木榮一) 「교육행정의 전문성과 인재육성 –신뢰저하가 가져오는 제도개혁–(敎育行政の專門性と人材育成 –信賴低下がもたらす制度改革–), 일본행정학회(日本行政學會), 2015

전후 역대 총리들의 교육에 관한 인식 혹은 그들이 교육을 대하는 중요성은 그들이 행한 시정방침 연설을 통해서 어느 정도 파악할 수 있다.[62] 뿐만 아니라 그들의 정치적 성향을 고려하면 그들의 교육정책이 어떤 색채를 띠었을 것인지 가늠하는 것 또한 어렵지 않다.

188쪽의 〈그림 4〉를 보면, 교육의 중요성을 자주 언급했던 전후 총리 중 상위 3명이 요시다 시게루, 나카소네 야스히로, 아베 신조인 것을 확인할 수 있다. 3명 모두 보수 본류의 극보수 성향을 지닌 정치인들이다. 아베 총리의 경우 제1차 내각기에 역대 총리 중 교육에 가장 강한 관심을 표명했다. 2012년 재집권에 성공 후 구성한 제2차 내각 때는 경제정책을 중시해 '아베노믹스'를 부르짖으며 출발했지만, 시정방침 연설에서는 교육을 경제와 거의 비등할 만큼 중시하는 태도를 보였다.[63]

과거사 문제

지난 8월 11일 일본 도쿄신문은 전후 75주년 사설을 통해 〈일본과

....

62. 일본 총리의 시정연설 중에 교육의 중요성을 어느 정도 강조했는지를 그래프로 표시한 자료다. 대체로 보면, 역대 일본 총리 중 극보수에 가까운 인물이 1, 2, 3위를 했다. 그것도 아주 압도적으로 수치가 높게 나타났다. 1위는 제1차 아베내각 당시 아베 총리다. 2위는 나카소네 전 총리다. 아베 전 총리와 큰 차이가 없다. 3위는 요시다 전 총리다. 이렇게 보수 색채 총리들이 교육을 강조하는 이유는, 긍정적 의미로 말하는 교육의 중요성 때문이 아니다. 교육을 통해 자라나는 세대들을 자신들의 입맛에 맞는 인간으로 만들어내고 싶은 욕심이 크다. 아름다운 나라 일본, 자학의 역사관에서 긍정의 역사관으로, 역사 왜곡과 부정 등이 교육 현장에서 버젓이 자행되고 있다. 한마디로 교육의 악용인 셈이다.

63. 아오키 에이이치(青木榮一) 「교육행정의 전문성과 인재육성-신뢰저하가 가져오는 제도개혁-(教育行政の專門性と人材育成-信賴低下がもたらす制度改革-)」, 연보행정연구(年報行政研究) 50

한국, 역사의 그림자를 잊지 말아야〉라는 제목의 글을 실었다.

"(중략) 모든 역사에는 '빛'과 '그림자'가 존재한다. 일본은 '빛'만 골라 드러내려는 경향이 심해지고 있다. (중략) 발을 밟은 사람은 발을 밟힌 이의 고통을 모른다고 한다. 전후 75년이 흘렀어도 과거사와 관련해 또다시 상대의 발을 밟는 것과 같은 행위를 하고 있지는 않은지 걸음을 멈추고 되돌아볼 일"이라며 참회성 고백을 남겼다.

또한 "군함도(하시마탄광)의 문제도, 강제징용의 문제도 다르지 않다. 조선에서 온 노동자들이 가혹한 노동을 강요당하고 차별대우를 받았다는 증언이 적지 않다. 일본 정부는 1965년 한·일 협정을 통해 해결이 끝난 문제라고만 한다. 법률이나 협정을 핑계로 내쳐버리기에 앞서, 당시 그들이 감내했어야 할 고통에 대해 공감하는 태도를 보였더라면, 상황은 변했을지도 모르지 않는가"라며 일본 정부의 자세를 비판하고 있다.

과거사 문제는 한·일 간의 문제이기도 하지만, 한국 국내의 문제이기도 하다. 과거사와 관련한 청산 작업은 일본만 미완으로 그친 것이 아니다. 한국 역시 과거사 청산에는 제대로 손도 대지 못한 채 빨갱이 타령과 경제발전 논리에 밀려 여기까지 왔다. 그러는 사이 주객이 전도되었으며, 친일의 정당화 논리가 만연해졌다. 친일 분자의 자식들은 여전히 정치·경제 전반을 주무르며 호의호식하고 있고, 독립운동가의 자손들은 여전히 어려운 생활을 면치 못하고 있다.

대한민국의 기득권 세력이 이처럼 반민족적 기반 위에 서 있음은 민족의 수치다. 이래서는 민족정기가 바로설 수 없다. 잘못 꿰어진 단추는 이제라도 바로 고쳐 꿰어야 한다. 살 속의 악성 종양은 아픔을 감수하고라도 도려내야 한다. 철저하게 응징하지 않으면 역사의 과오는 반드시 되풀이된다. 이게 바로 '역사 바로 세우기'의 중요성이다.

일본과 주변국(전쟁 피해국)의 과거사와 관련한 갈등관계를 다룬 최근 연구 결과로는, 지난 29일 서울외신기자클럽에서 열린 〈인류 공동의 기억, 유네스코 세계문화유산과 국제사회의 신뢰〉 토론회가 있다. 이 자리에 발표자로 참석했던 세계 각국의 학자들은, 일본 정부가 국제사회와의 약속을 어긴 '군함도' 문제를 일제히 비판했다. 요지는 조선인 강제노동의 역사는 왜곡해 버린 채, 일본의 산업 근대화만을 미화했다는 것이다.[64]

최근의 교도통신 여론조사에 의하면, "일본인의 46%는 태평양전쟁을 일제의 침략 전쟁이었다"라고 올바르게 대답했다. 하지만 응답자 중 "84%의 일본인은 전쟁과 관련해서 주변국에 이미 충분히 사죄했다"라고 응답했다.[65] 일본 정부의 과거사 대응 논리와 판박이 결과다.

일본 정부 역시 무라야마 담화(1995년, '전후 50주년의 종전기념일을 맞아')를 통해 "멀지 않은 과거의 한 시기, (중략) 식민지 지배와 침략으로 많은 나라, 특히 아시아 여러 나라의 국민에게 다대한 손해와 고통을 주었습니다. (중략) 다시 한 번 통절한 반성의 뜻을 표하며 진심으로 사죄의 마음을 표명합니다. 모든 희생자 분에게 깊은 애도의 마음을 바칩니다. (중략) 서로 의지할 것은 신의만한 게 없습니다. 신의를 시책의 근간으로 삼을 것"이라며 속죄와 신의에 대한 다짐의 뜻을 표했다.

또한, 칸 담화(2010년, '내각총리대신 담화')를 통해 "한·일 병합조약

....
64. 〈日군함도 세계문화유산 지정 취소보다 역사 왜곡 수정에 집중하자〉, 뉴스1, 2020. 7. 29.
65. 〈일본인 46% '일제 전쟁은 침략전쟁'…84% '이미 사죄했다'〉, 연합뉴스, 2020. 8. 3.

체결이 (중략) 3·1 독립운동 등의 격렬한 저항에서도 드러났듯이, 당시 한국인들은 그들의 뜻에 반하는 식민지 지배로 인하여 나라와 문화를 빼앗기고 민족의 자긍심에 큰 상처를 입었습니다. (중략) 아픔을 준 측은 잊기 쉬우나 당한 측은 쉽게 잊을 수 없는 법입니다. 식민지 지배가 가져온 막대한 손해와 고통에 대하여, 다시금 통절한 반성과 진심 어린 사죄의 마음을 표명합니다"라고 밝히기도 했다.

하지만 문제는, '이것으로 모든 게 끝'이라는 것이 이제까지 취해 온 일본 정부의 공식 입장이었다는 점이다. 말은 있되 공감 능력은 현저히 떨어진다는 비난이 끊이지 않는 이유다. 피해국이 간절히 원하는 것은 한 번의 입에 발린 사과 표명 언설이 아니다. 금전적 피해보상은 더더욱 아니다. 피해자의 고통과 아픔에 대한 공감이다. 그것이야말로 진정한 반성과 사죄다. 미래에 되풀이될지도 모를 역사 되밟기에 대한 확실한 예방책이다.

독일은 숨기지 않고 나치에 의해 벌어진 전쟁의 참상을 낱낱이 밝히고, 교육하고, 그 부역자들에 대해서는 현재까지도 찾아내 엄벌하고 있다. 그뿐만 아니라, 매년 공식적으로 사죄의 뜻을 표하며 반성하고 있다. 독일만큼만 해라.

제3장

:

판문점체제

1. 일본 정부의 한반도 정책

(1) 일본 정부의 한국 정책

일본(倭)의 한반도 정책의 역사는 멀리는 임진왜란으로, 더 멀리는 백제·신라·고구려가 서로 경쟁하며 공존하던 삼국시대로까지 거슬러 올라간다. 역사는 단절을 통해 한 단계 상승한다고 한다. 일본과 친밀한 관계를 맺고 있던 백제가 멸망한 후, 한반도와 일본열도 사이에는 화해할 수 없는 감정의 골이 남게 된다.

백제계 후손들이 몰려 살던 지역과 임진왜란의 수장 토요토미 히데요시의 근거지는, 근대의 시작점이며 메이지유신의 발상지이자, 소위 메이지 지사들의 거점이라는 지역과 겹친다. 쵸슈번(長州藩)과 사쓰마번(薩摩藩)이 그곳이다.[1] 오늘날의 지명으로 말하면 야마구치현(山口縣)과 가고시마현(鹿兒島縣)이다. 재미있는 것은, 아베 전 총리의 선거 지역구도 부친으로부터 물려받은 야마구치현이라는 사실이다. 그러니까 고대에서 근대에 이르기까지, 역사의 연은 질기고도 길다. 아주 오랜 기간 일본열도와 한반도는 같은 줄기의 인물과 그 후손들에 의한 협력과 정쟁의 역사였다고 해도 지나치지 않다.

근대 이후 한반도에서 일본의 영향력이 확대되는 계기는 1876년에 체결된 강화도조약이다. 이를 시발점으로 삼아, 결정적으로는 청일전쟁에 이은 러일전쟁에서의 승리로 역내 경쟁자를 모두 물리치면서

---

1. 한국해사문제연구소 「일본의 근대화와 메이지유신」, 『해양한국』

부터다.

　전후 한·일 양국이 교섭의 테이블에 마주 앉은 것은 1951년 예비회담을 통해서다. 1952년 2월에는 한·일 국교정상화 교섭을 시작했다. 동아시아에서 자유진영의 세력 강화를 목적으로 한 미국의 의도에 따른 것이었다.[2] 하지만 교섭은 순탄하지 않았다. 한·일 양국 국민의 감정이나 한·일 청구권 문제가 팽팽하게 맞서는 가운데, 불쑥 불거져 나온 일본 측의 식민 지배에 대한 긍정적 인식론은 한국 정부와 국민의 분노를 사기에 충분했다.

　1965년에서야 협정체결에 성공했으니, 무려 14년이나 걸린 셈이다. 냉전의 확대로 동아시아에서의 반공 블록화를 추진하고자 했던 미국이 등을 떠밀었고, 일본과의 경제협력이 절실했던 한국의 이해가 일치했기에 가능했다. 한·일 국교정상화 이후 양국은 경제협력의 비약적인 증진, 다른 한편으로는 미국과의 동맹을 매개로 반목과 대립을 반복하는 관계로 나아간다.

　일본 정부는 2013년 12월 17일 '국가안전보장전략'을 책정했다. 국가안전보장에 관한 외교 및 방위 정책에 관한 기본 방침을 정한 문서다. 이 문서에서 한국과 관련해 "일본과 보편적 가치와 전략적 이익을 공유하는 나라와의 협력관계"라고 언급하며, "이웃 국가이자 지정학적으로도 일본의 안전보장에 있어 가장 중요한 한국과 긴밀하게 연대하는 것은, 북핵과 미사일 문제를 시작으로 지역의 평화와 안정에 크게 이바지한다는 의의가 있다"라고 강조했다.

　여기서 눈여겨봐야 할 단어가 '보편적 가치'와 '전략적 이익', 그리

2. 이재봉 「한일협정과 미국의 압력」, 『한국동북아논총』(54)

고 '지정학적', '가장 중요한 한국'이란 표현이다.

국가안전보장전략과 유사한 것으로, 일본 총리가 매년 초 의회에 출석해 1년간 정부의 기본 방침이나 정책 방향을 제시하는 '시정방침연설'이라는 게 있다. 시정방침연설에서도 외교와 관련해(국가안전보장전략에 근거해) 관련국들을 언급하는데, 한국도 빠지지 않고 그 대상에 포함이 된다.

또한, 1957년부터 일본 외무성이 매년 발간하는 백서로 『외교청서(外交靑書)』가 있는데, 여기에도 당연히 매년 한국이 언급된다. 다만, 위에서 열거한 4개의 표현이 어느 해에는 포함이 되고, 어느 해에는 삭제된다는 점이 다르다. 한·일 관계의 친밀도(중요성) 정도를 나타낸다고 볼 수 있다.

기본적(보편적) 가치는 "자유, 민주주의, 기본적 인권 등"이며, 전략적 이익은 "지역의 평화와 안정 확보 등의 이익"을 말한다. 경제적 갈등이 불거진 2018년부터 현재까지 『외교청서』에 언급된 한국은 그저 "일본에게 있어 중요한 이웃 국가"였다. 2017년 『외교청서』에서 언급된 한국은 "자유, 민주주의, 기본적 인권 등의 기본적인 가치와, 지역의 평화와 안정 확보 등의 이익을 공유하는, 일본에게 있어 가장 중요한 이웃 국가"였다.

시정연설에서도 그렇다. 아베 전 총리는 2014년 시정연설까지는 한국을 "기본적인 가치와 이익을 공유하는 가장 중요한 이웃 국가"라고 표현했다. 그러다가 위안부 문제가 불거진 2015년부터 지난 6년간의 시정연설에서는 "기본적인 가치를 공유하는 나라"라는 문구를 삭제했다. 한·일 관계 부침의 흔적들이다.

마지막으로 국가안전보장전략에서 말하는 '지정학적'이란 의미에 대해 생각해 보자. 여기에서 지정학적이란 의미는 달리 표현하면 '전략적' 혹은 '안보적'으로 해석할 수 있다. 앞서 기술했던 고대로부터 근대에 이르기까지의 한반도와 일본열도의 관계를 고려해 본다면 충분히 수긍할 수 있는 추론이다.

해양 국가인 일본을 대륙으로 잇는 연결통로라는 측면 하나와 고대로부터의 숙명적인 협력과 정쟁 관계라는 측면에서 지정학적이란 말의 의미는 대단히 전략적이며, 또한 안보적 개념으로 이해될 수 있다.

(2) 일본 정부의 북한 정책

"두 정상(북한 김정일 위원장과 일본 고이즈미 준이치로 총리를 말함) 은, 북한과 일본의 불행한 과거 청산을 통해 현안들을 해결하고 성공적인 정치·경제·문화적 관계를 수립하는 게 쌍방의 기본 이익에 부합하는 것임은 물론, 지역의 평화와 안정에 크게 이바지할 것이라는 공통 인식을 확인했다."[3]

2002년 9월 17일 북·일 양 정상은 평양에서의 역사적인 첫 정상회

----

3. 외무성(外務省)에서 발표한 〈북·일 평양선언(日朝平壤宣言)〉 전문이다. 이 선언을 통해 북·일 양국은 4가지를 약속 또는 확인했다. "첫째, 양국은 이 선언의 정신 및 기본 원칙에 따라 국교정상화 조기 실현을 위해 최선을 다한다. 둘째, 일본은 과거 식민지 지배로 조선인들에게 막대한 손해와 고통을 주었다는 역사적 사실을 겸허히 받아들이고, 통절한 반성과 마음으로부터 사죄의 뜻을 표한다. 셋째, 양국은 국제법을 준수하고 서로의 안전을 위협하는 행동을 취하지 않는다. 넷째, 양국은 동북아 지역의 평화와 안정을 유지·강화하기 위해 서로 협력해 나갈 것을 확인했다."

담 후 이처럼 굳게 약속했다. 북·일 양국 간의 외교사에서 가장 역사적이며 극적인 순간이었다.

하지만 60여 년 걸린 이 약속이 파국을 맞는 데는 그리 오랜 시간이 필요치 않았다. 북한에 의한 일본인 납치자 문제가 발목을 잡아, 불과 며칠 만에 상황은 일변했다. 정상회담 자리에서 김정은 위원장의 납치 문제 시인이 있자마자, 마치 기다리고 있었다는 듯 일본 사회는 일순 반(反)북한 분위기로 바뀌어버렸고, 언론은 연일 '북한 때리기'로 도배를 했다.

일본이 북한과의 관계 개선에 관심을 표명한 것은, 미·중 화해 분위기가 고조되던 1970년대 초반 다나카(田中角榮) 총리에 의해서다. 하지만 별다른 성과를 내지는 못했다. 북·일 국교정상화를 위한 교섭의 첫걸음은 1990년 9월로, 해방 후 45년이 지나서야 본격적인 교섭 작업에 들어간 것이니 꽤 늦었다고 볼 수 있다. 이 시기의 국제정세 변화도 교섭 개시에 한몫을 했다. 냉전 종결의 훈풍이 동아시아에도 영향을 미쳤기 때문이다.

일본 정부의 북한 정책 주요 행위 그룹으로는 정부·자민당과 사회당·일본공산당을 들 수 있다. 1990년 9월, 자민당 부총재 가네마루 신(金丸信)과 사회당 위원장 다나베 마코토(田邊誠)가 북한을 방문해서 김일성 주석과 회담 후 〈북·일 3당 공동선언(북·일 관계에 관한 일본 자민당·일본사회당·노동당의 공동선언)〉을 발표했다. 총 8개 항으로 이루어진 공동선언에는 "과거 일본이 36년간 조선 인민에게 끼친 큰 불행과 고통, 전후 45년간 조선 인민이 받은 손실에 대해 공식적으로 사과하고 충분히 보상해야 함을 인정"하며, "북·일 양국 간 관계 개선을 희망한

다"라고 표명하고 있다.[4]

하지만 이 약속은 계속 이어지지 못했다. 대한항공 폭파범 김현희의 일본어 교사라고 알려진 이은혜(다구치 야에코)의 행방 문제가 발목을 잡으며, 1991년 개시되었던 북·일 국교정상화 교섭이 교착 상태에 빠져버린 것이다. 결국 1992년 11월에 제8차 본회담을 끝으로 중단되었다. 1994년 북·미 기본합의서 채택으로 분위기가 좋아지자 1995년 수교 회담 재개에 합의하여 북에 거주 중이던 일본인 배우자가 일본을 방문하기도 했으나, 장거리 미사일 발사와 납치자 문제 등이 악재로 등장하며 다시 겉돌기 시작했다.

북·일 관계는 한국 정치 혹은 남·북 관계와 연동되어 움직이는 모래시계와도 같았다. 한쪽이 빠지면 한쪽의 양이 늘어나는 제로섬 게임이

....

4. 동경대학동양문화연구소(東京大學東洋文化硏究所)「북일관계에 관한 일본의 자유민주당, 일본사회당, 조선로동당의 공동선언(日朝關係に關する日本の自由民主黨, 日本社會黨, 朝鮮勞動黨の共同宣言)」

"첫째, 3당은 과거 일본이 36년간 조선 인민에게 입힌 큰 불행과 전후 45년간 조선 인민이 받은 손실에 대해 조선민주주의인민공화국에 공식적으로 사과하고 충분히 보상해야 한다는 점을 인정한다. 둘째, 3당은 북·일 양국 간에 존재하는 비정상적인 상태를 해소하고 가능한 한 빨리 국교 관계를 수립해야 함을 인정한다. 셋째, 3당은 북·일 양국 간 관계 개선을 위해 정치·경제·문화 등 각 분야에서 교류를 확대하고, 통신위성의 이용과 양국 간 직항 항로 개설이 필요함을 인정한다. 넷째, 3당은 재일조선인을 차별하지 않고 인권과 민족적 제반 권리와 법적 지위가 존중되어야 하며, 일본 정부는 이를 법적으로 보장해야 한다고 인정한다. 다섯째, 3당은 조선은 하나이고 남과 북이 대화를 통해 평화적 통일을 달성하는 것이 조선 인민의 민족적 이익에 합치하는 것임을 인정한다. 여섯째, 3당은 평화롭고 자유로운 아시아를 건설하기 위해 공동으로 노력하고, 지구상의 모든 지역에서 핵 위협이 사라져야 함을 인정한다. 일곱째, 3당은 북·일 양국 간의 국교 수립의 실현과 현안들을 해결하기 위한 정부 간 교섭이 11월 중에 개시될 수 있도록 적극적으로 노력할 것을 합의한다. 여덟째, 3당은 양국 인민의 염원 및 아시아를 비롯한 세계의 이익에 일조하도록 자민당과 조선노동당, 일본사회당과 조선노동당 간의 관계를 강화하고 상호협조할 것을 합의한다."

었기 때문이다. 남·북한의 체제 우월 경쟁 구도가 그만큼 격심했던 탓이다. 1965년 한·일 협정 체결 전까지는 대체로 북한 우위의 국제질서가 투영되는 분위기였다. 한·일 협정을 통해서 비로소 남한은 미국의 세력권 내로 진입하게 되면서 동아시아의 동맹 질서에 편입되었다.

이러한 북·일 강 대 강 대치 구도 변화의 계기로 등장하는 분위기 몰이꾼이 남·북 화해 분위기다. 대표적으로 1972년 7·4 남·북 공동성명, 1988년 7월 7일 노태우 대통령의 특별선언, 김대중 대통령의 2000년 남·북 정상회담, 2007년 노무현 대통령의 방북 등이다.

북한과 일본이 다시 교섭 테이블에 나선 것은 8년이 지난 2000년 4월이었다. 이때 한반도 정세는 분주한 격동의 시기였다. 미국 클린턴 행정부는 임기 후반기를 맞아 북한과의 관계 개선에 강한 의지를 나타냈고, 한국 정부의 햇볕정책과 김대중 대통령의 방북 등으로 우호적인 분위기가 연출되고 있었다.

이와 때를 같이하여 북·일 간 교섭 움직임도 활발해졌다. 2002년 9월에는 고이즈미 총리가 북한을 방문해 김정일 위원장과 정상회담을 하고, 총 4개 항의 〈북·일 평양선언〉을 채택하였다. 하지만 정상회담 자리에서 김정일 위원장의 시인을 통해 '북한에 의한 일본인 납치 피해자(이하 납치 피해자)' 문제가 사실로 드러나자, 일본 사회는 대대적인 반(反)북한 소용돌이 속으로 빠져들었다.

2004년 5월, 고이즈미 총리의 2차 방북을 통해 납치 피해자 5명을 일본으로 데려왔으나 여론은 더욱 악화하였다. 2002년 10월, 제12차 국교정상화 교섭 본회의는 납치 문제로 인해 결렬되었다. 이후 현재까지 약 20년 동안 요코타 메구미(横田 めぐみ) 사건을 비롯한 납치 피해

자 문제로 인해 북·일 관계는 한 걸음도 앞으로 내딛지 못하고 있다.

일본 외무상이던 고노 요헤이(河野洋平)는 내외정세조사회[5] 연설을 통해 북한과의 국교정상화가 필요한 이유를 3가지로 설명하고 있다.

"첫째, 식민통치했던 지역과의 관계 정상화 협상이라는 측면이다. 이는 역사적 과제임과 동시에 도덕적 문제이다. 둘째, 북한과의 국교 정상화는 동북아 평화와 안정에 이바지하고, 일본의 안보를 강화한다는 측면이다. 셋째, 국민의 지지와 이해를 바탕으로 국교정상화를 실현하되, 북·일 현안에 대해 눈에 띄는 진전을 도모해야 한다고 생각한다. 그 진전은 북한을 고립으로 몰아넣어 얻어지는 게 아니라 대화 속에서 만들어가야 한다."[6]

지금 보더라도 지극히 상식적이며 너무도 당연한 내용을 담은 이 연설이 행해진 때가 2001년 1월이었으니, 이후 일본 정부의 북한 정책이 얼마나 역행했는지는 오늘의 척박한 현실이 잘 보여준다.

당시 미국은 부시 대통령 집권기(2001년 1월~2009년 1월)였고, 부시 행정부의 북한 '악의 축' 발언 등을 통해 알 수 있듯, 미국은 북한과 관계 개선에 관심이 없었다. 공공연하게 '이라크 다음은 북한을 손볼 것'이라는 이런저런 억측들이 난무했다. 무엇보다 분명한 사실은 부시 행정부 등장 이후 한반도 정세는 다시 흔들리기 시작했다는 점이다.

....
5. 1954년 12월, 시사통신사의 관련 단체로 발족한 사단법인이다. 공정한 여론 조성을 설립 목적으로 표방하고 있다.
6. 〈21세기 동아시아 외교의 구상(21世紀東アジア外交の構想)〉이란 제목의 연설이다. 고노 외무상은 재임기간 중 중점을 두고 추진할 세 가지 과제로 주변국과의 관계 강화, 군축 문제에 대한 대처, 문명 간 대화를 들었다. 그중에서 이날 연설에서는 첫 번째 과제인 주변국, 즉 일본의 아시아 외교전략의 큰 그림에 관한 생각을 설명하고 있다.

2002년 9월, 고이즈미 총리가 방북하기 한 달 전이었던 8월에 부시 행정부의 대표적인 네오콘 강경파 볼턴(John Robert Bolton) 국무부 군축 담당 차관이 한국을 방문했다. 그가 들고 온 정보 안에는 〈북한 고농축 우라늄(HEU) 계획의 심각성〉이란 문건이 들어 있었다.[7]

핵시설은 플루토늄 방식과 고농축 우라늄 방식으로 구분된다. 미국이 핵확산방지 차원에서 가장 경계하는 게 은닉이 용이한 고농축 우라늄 방식이다. 북한의 영변 핵시설 동결을 전제로 한 1994년 북·미 제네바 합의가 작동하는 상황에서 불거진 이 정보는 충격파가 매우 큰 사안이었다. 물론 이전 클린턴 정부도 인지하고 있던 정보이기는 하나, 북한 핵 문제를 협상으로 해결하고자 했기에 문제시하지 않았다. 그러나 부시 행정부는 달랐다.

당시 북한은 사회주의권의 연이은 붕괴와 최악의 식량난으로 경제적 어려움이 극에 달했던 고난의 행군을 막 끝낸 때였다. 이런 시기에 고이즈미 총리의 방북은 부시 정부의 당근 정책에 지나지 않았다.

일본 또한 북·일 수교를 통해 유일한 비수교국 북한과의 관계를 개선해 전후체제를 완성하고, 패전 이후 굴레처럼 따라다녔던 '자주외교'의 목마름을 해소하고자 했다. 그러나 북·미 관계의 중재자가 되어 국제무대에 화려하게 데뷔하고 싶었던 고이즈미 총리의 의지에는, 그 무게에 걸맞은 준비가 턱없이 부족했다. 그리고 일본으로서는 아직 시기상조인 과욕에 지나지 않았다.

소련은 미국과의 무기 경쟁으로 파산했다. 북한 역시 채찍과 당근 정책으로 시간만 낭비하게 해 고사시키려 한, 미국 네오콘 세력에 의

7. 임동원 『피스메이커』

한 일종의 사기 퍼포먼스였다면 너무 냉혹한 평가일지는 모르겠다. 하지만 결과적으로는 그랬다.

2018년을 지나며, 남·북·미 정상회담 등으로 한반도 평화 분위기가 한창일 때, 아베 총리가 김정은 위원장에게 몇 차례 조건 없는 만남을 제의했다. '제팬 패싱'이 회자되던 때다. 양 정상이 조건 없이 만나기에는 판이 너무 커졌다. 북·일 정상 간 만남은 일의 선후 원칙에 따라 시간이 다소 많이 필요할 듯싶다. 우선은 남·북·미 간 평화협정 체결이 선결 과제이기 때문이다.

2. 한반도의 일본 정책

(1) 한국의 일본 정책

진정성이란 측면에서 한·일 관계를 검토할 필요가 있다. 사죄와 반성을 요구하는 측과 사죄와 반성을 해야 하는 측의 진정성이다. 먼저, 전쟁과 식민 지배의 피해자인 한국의 입장은 일관되고 명확했느냐는 점을 돌아볼 필요가 있다. 한편, 가해 당사자인 일본은 몇 번에 걸친 사죄와 통절한 반성의 뜻을 표했으나 그것이 마음을 담아 본심에서 우러나온 솔직한 속마음이었느냐, 아니면 피해 상대국에 대한 예의 차원에서 연중행사처럼 내뱉는 미덕의 일종이었느냐의 차이를 바로 봐야 한다.[8] 즉 혼네(本音, 본심)인가, 다테마에(建前, 표면상의 예의)인가의 문제라는 말이다.

전후 한·일 교섭의 첫걸음은 1951년 개최되었던 예비회담이었다. 그리고 총 7차에 걸친 회담이 개최된 끝에 1965년 한·일 협정이 체결되었다. 1960년 4·19혁명으로 제2공화국이 탄생하기까지 약 10년 동안 4차례의 한·일 회담을 열었지만, 번번이 실패했다. 타협 실패의 원인으로 일본과 미국 측은 이승만 책임론을 들었다. 이승만의 대일인식(과도한 청구권 요구, 이승만 라인의 불법적 선포, 전승국 대우 등)이 불합리하고 비이성적이라며 몰아세웠다.

한국 정부는 일본이 인식하고 있는 식민 지배에 대한 정당성 논리, 어이없는 대한(對韓)청구권[9] 주장 등 일본 내의 미완의 전후 처리에서 찾고 있었다. 우선, 일본이나 미국 측 입장의 핵심은 식민지 정당화론과 냉전체제의 국제정치에 기인한다.

1951년 샌프란시스코조약이 체결될 당시, 한국은 조약 조인식에

----

8. 한국의 민간 싱크탱크 '동아시아연구원'이 일본 싱크탱크 '겐론NPO(言論 NPO)'와 합동으로 진행한 양국 국민여론조사. 19세 이상 한국인 남녀 1천 14명, 18세 이상 일본인 남녀 1천 명을 대상으로 실시했다. 한·일 양국 국민이 모두 한·일 관계 개선을 위해 필요한 과제로 역사 문제(위안부, 강제징용)의 해결을 들고 있다. 다음이 독도 문제 해결이다. 그만큼 양국 관계에서 역사 문제가 중요함을 의미한다. 독도 문제 역시 역사 문제의 일환으로 볼 수 있다. 다만, 문제는 역사 문제가 한·일 양국 국민의 첨예한 현안이 된 계기가 무엇이냐를 찾는 과정이다. 진솔한 사과와 반성으로 충분히 해결 가능한 일이나, 이를 부인하고 부정하며 오히려 자국의 우경화에 악용하고 있는 일본 보수우익 세력의 그릇된 인식 탓이 크다. 그리고 바로 이 점이 한·일 양국 사이에 역사 문제가 크게 자리 잡게 된 이유라고 본다.
9. 한반도 내에 산재한 일본인의 재산을 반환하라는 요구. "사유재산은 몰수할 수 없다"는 헤이그조약(1907년) 규정을 근거로 들었다. 이후 한국전쟁 특수로 경제활황기를 맞은 일본은 대한청구권 주장은 접어둔 채, 경제적 측면을 고려하여 한국 진출에 열을 올린다.

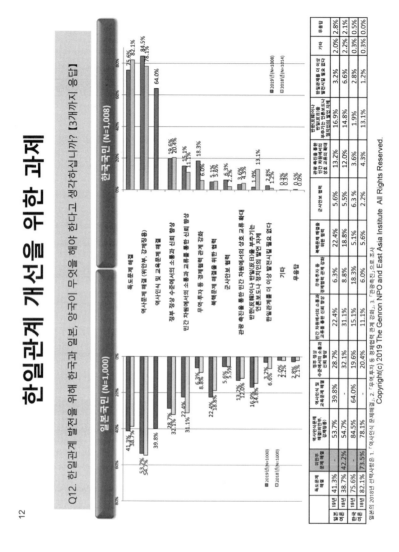

출처 : 동아시아연구원(EAI) 〈[EAI·언론NPO 공동기자회견] 제7회 한일 국민 상호인식조사 발표〉
2019년 6월

〈그림 5〉 한·일 국민 상호 인식조사 결과 (2013년~2019년)

초대받지 못했다. 가장 큰 이유는, 한국은 연합국의 일원으로서 일본과의 교전국이 아니라 식민 지배국이었다는 점 때문이다. 즉, 가혹하게는 일본 협력국 취급을 받았다. 이것이 빌미가 되어 한·일 협상 당시일본 당국자로부터 "한국은 마치 승전국처럼 행동하는데, 그것은 착각"이라는 비아냥을 들어야 했다.[10]

특히, 1953년 10월 6일 제3차 한·일회담에서는 일본 측 수석대표였던 구보타 간이치로(久保田貫一郎)의 "36년의 식민지 지배가 한국에는 이익이었다", "한국이 샌프란시스코 강화조약 발효 이전에 독립한 것은 국제법 위반이다" 등의 망언으로 회담이 결렬되었다. 구보타는동년 10월 27일 참의원에 출석하여 다음과 같이 항변한다.

"신문 기사를 그대로 믿는 것은 곤란하다. 발언의 전후 관계를 파악해야 진정한 의미를 알 수 있다. 본인은 한국 측에서 식민 지배의 안좋은 면만 부각하기에 긍정적인 면도 있었다는 측면에서 한 발언이다.그리고 그러한 조치들(조약 발효 이전에 한국이 독립한 것 등)이 일본 처지에서 봤을 때 이례적인 조치였다는 점을 말한 것이다."

(2) 북한의 일본 정책

북한의 외교관계를 보면, 국제연합 가맹국 191개 국가 중에 유일하게 일본하고만 국교 관계가 없다. 북한 고위 당국자가 공식적으로일본에 국교정상화의 의지를 보인 것은 남일 외상이 처음이다. 일본

----

10. 1952년 5월, 오카자키(岡崎勝男) 외무대신이 중의원 외무위원회에서 한 발언

하토야마(鳩山一郎) 총리의 경제적 관계 개선 의지 표명에 이은 북한의 답신, 즉 견해 표명 형식을 통해서였다.

1955년 2월 25일 〈대일 관계에 관한 조선민주주의 인민공화국 외무상의 성명〉을 통해 "반(半)피점령국의 처지에 놓여 있는 일본 국민에게 심심한 동정과 함께 외국의 종속에서 벗어나 소비에트 사회주의 공화국, 중국 및 아시아 인접 국가들과 정상적인 관계를 회복 발전시키기 위해 노력하고 있는 일본 인민들에게 열렬한 지지와 성원을 보낸다"라고 밝힌 후, "조선민주주의 인민공화국 정부는 일본 정부 수상 하토야마 씨의 우리 공화국과 경제 관계를 개선하고 회담할 용의가 있다고 발표한 최근 발언을 긍정적으로 대하며, 따라서 일본 정부와 무역·문화 관계 및 기타 조·일 관계 수립 발전에 관한 문제들을 구체적으로 토의할 용의를 가지고 있다"라고 발표했다.

이를 계기로 비정치적 분야의 관계 개선, 특히 경제 분야에서의 관계를 확대해야 한다는 주장이 제기되었고, 민간단체 '일본 평화대표단'의 북한 방문으로 구체화되었다. 이후 국교정상화를 향한 북한의 대일 인민외교의 움직임은 투 트랙 전략으로 진행되었다.

하나는, 재일조선인 그룹으로 대표되는, 1955년 4월에 발족한 재일본조선인총연합회(조총련)이다. 다른 한 그룹은, 일본 혁신운동 진영과의 매개체 역할을 했던, 1952년 6월에 결성된 '일조협회'였다. 일조협회는 일·조 우호운동 방식으로 전개되었다.

평화옹호운동을 주도했던 혁신계(사회당과 일본공산당)와 조총련은 이념적 스펙트럼과 활동반경이 비슷했다는 점에서 비록 양대 축을 이루기는 했으나, 당시 북·일 관계 개선에 앞장섰던 세력은 일본 내 혁신계 그룹이라고 볼 수 있다. 그리고 일·조 우호운동은 재일조선인 '귀국 협력운동', 즉 귀국사업의 동력이 될 정도로 1950년대 후반부터 1960년대 초에 전성기를 맞았다.

북한 정권 수립 직후의 대외정책은, "자유 애호 민족들과는 견실한 친선 관계를 맺을 것이며, 일본을 제국주의 침략 국가로 재생시키려고 시도하는 제국주의 국가들은 전부 민족의 원수로 인정한다"라는 것이었다.[11] 미·소 냉전이 본격화하던 당시의 시대적 상황이 반영되어 있기도 하고, 일본 식민지 지배에 대한 강한 거부감과 적대감이 묻어 있다. 이러한 기조가 바뀌었음을 나타내주는 신호가 앞서 기술했던 남일 외상의 1955년 성명이었다.

북한 대외정책 변화에는 국제정치, 특히 공산주의 진영의 상황이 영향을 많이 미쳤다. 우선, 스탈린이 1953년 사망하면서 소련의 대내외정책에도 변화의 바람이 불었다. 강고한 냉전체제에서 평화 공존 외교로의 방향 전환이 이루어졌다. 이는 소련만이 아니라 국제공산주의 진영의 변화로 확대되었다.

1954년 10월 12일 소련(후르시초프)과 중국(마오쩌둥)은 〈대일(對日)공동선언(중화인민공화국 정부 및 소비에트 사회주의공화국 연방정부의 일본과의 관계에 관한 공동선언)〉을 발표했다.

"소련과 중국 정부는 대일정책에 있어 사회체제와는 관계없이 평화공존의 원칙을 출발점으로 한다. 이것이 각 국민의 절실한 이익에 보답하는 것이라고 믿는다. 양국 정부는 호혜의 조건에서 일본과의 광범위한 통상 관계의 발전과 긴밀한 문화적 연대를 희망한다. 또한, 양

----
11. 『조선중앙연감』, 1950.

국 정부는 대일관계를 정상화하기 위해 조처할 용의가 있음을 표함과 동시에, 일본이 소련 및 중국과의 정치·경제적 관계를 수립하려고 할 경우 완전한 지지를 받을 수 있을 것이다. 일본이 평화와 독립적인 발전을 이루기 위해 취하는 모든 조치 역시 완전한 지지를 받을 수 있을 것임을 선언한다."

이러한 일련의 변화들이 1948년 정권 수립 이래 지속하여 오던 북한의 대일외교 정책 전환에 변곡점 역할을 했다. 1960년대가 되면서 한·일 간 회담이 지속해서 이루어지며 관계 개선 움직임이 본격화되자, 북한은 민감하게 반응했다. 한·일 양자가 아니라 남·북·일 3자 회담의 정당성을 펼치기도 하고, 실제로 3자회담을 제의하기도 했다. 1965년 한·일조약이 체결된 이후부터 북한의 대일정책은 노골적인 적대적 대응으로 바뀌었다. 그러나 민간 분야에서의 교류나 대화의 창은 항상 열려 있었다. 국교정상화에 대한 의지의 표현이었다.

평양을 처음 방문한 일본 총리는 고이즈미였지만, 실제로 정상회담을 위한 모든 사전작업을 해놓은 것은 고이즈미의 전임자였던 모리(森喜朗) 총리다. 모리 총리의 의중을 파악한 고노 외상은 2000년 7월 26일 사상 첫 북·일 외무장관 회담을 하고, 백남순 북 외무상에게 정상회담 가능성을 타진했다. 미얀마의 수도 네피도에서 이틀 일정으로 아세안지역안보포럼(ARF)이 열리던 기간이었다.

상호 긍정적 견해임을 확인한 양측은 이 정상회담을 성사시키기 위해 제10차·11차 수교회담을 열었으나, 타협점은 쉬이 찾아지지 않았다. 다음 해 미국에서는 부시 행정부의 등장이 예고되었다. 부시 정부 이전에 북·일 관계의 초석을 다지고 싶었던 북한이 서둘러 정상회담의 개최를 희망하면서 협상에 진전이 생겼다. 하지만 일본 내에서 모리 총리의 지지율(10% 이하)이 너무 낮아 중도 퇴진하는 일이 생기면서 그 바통을 고이즈미 총리가 이어받게 된 것이다.

3. 한반도 평화프로세스와 일본의 대응

(1) 한반도 평화프로세스의 현실

2019년 12월 북한은 4일(28일~31일)에 걸쳐 조선로동당 중앙위원회 제7기 제5차 전원회의를 열었다. 전원회의가 채택한 결과들을 하나하나 뜯어 보면, 2019년 4월 11일 개정한 북한 신헌법의 내용을 부연설명하거나 재확인한 느낌이 강하다. 한 국가의 성격을 이해하는 데 그 국가의 헌법만큼 유용한 틀은 없다.

헌법 분류 이론에 따르면, 헌법과 그 사회의 규범 및 현실과의 일치 여부에 따라 규범적·명목적·장식적 헌법으로 분류한다. 이런 분류 기준에 의해 북한 헌법은 장식적 헌법이라 규정하는 이론들이 많다. 헌법에 부합해서 작동하는 국가체제가 아니라는 말이다. 당연할 수도 있다. 북한은 사회주의 국가이기 때문이다.

사회주의 국가는 당이 영도하고, 인민을 지도하는 체제다. 소위 당·군·정 체제라 하지만, 당·군·정이 독립적으로 작용하는 체제라기보다는 당에 군과 정이 종속되는 체제라고 보는 게 맞다. 하지만 최근 들어 북한 사회가 국제무대에 등장하며, 국제적 규범(international norm)에 맞춘 국가체제를 고민하면서 헌법 개정을 지속해서 추진하고 있는 점 등을 고려해 볼 때, 북한 사회 변화의 흐름을 감지하는 수단으로써 북한 헌법 연구는 필요한 작업이다.

북한 헌법의 변천사를 약술하면 다음과 같다.

1948년 인민민주주의 헌법에서 1972년의 사회주의 헌법으로, 이를 다시 우리식 사회주의 헌법으로 개정한 1992년 헌법, 김일성을 영원한 주석 반열에 올려놓은 1998년의 김일성 헌법, 권력 승계형 2009년 헌법, 2012년의 김일성-김정일 헌법, 그리고 김정은 위원장 체제가 되는 2016년 헌법과 이를 수정한 2019년 신헌법으로 일별할 수 있다.

이를 간단히 표현하자면 이렇다.

1948년 김일성 권력 구축 헌법 → 1972년 권력 집중 헌법

→ 1992년 권력 분점 헌법 → 1998년 권력 분산 헌법

→ 2009년 권력 승계 헌법 → 2012년 김일성-김정일 헌법

→ 김정은 헌법[12]

최근의 헌법 개정과 관련한 일련의 변화 중에 눈에 띄는 대목 몇 가지만 보자. 우선 신헌법 서문에서 '주체사상'과 '선군사상'을 '김일성-김정일주의'로 수정한 부분이다. 이 부분은 '우리 민족 제일주의'가 '우리 국가 제일주의'로 바뀌는 시점과도 맥을 같이한다. 그리고 이후의 헌법 개정의 내용까지 유추해 볼 수 있는 부분이기도 하다.

북·미 관계 개선 여부와 무관하게, 한반도 평화체제 진행 상황과 관

------

12. 박상철 『한국 정치법학론』

계없이 '자력갱생, 자력자강'의 정신, 즉 '자강력 제일주의'는 북한 사회에 유효하게 작용할 것이다. 그리고 이는 '김정은주의'로 자리매김할 가능성이 크다. 추후 헌법 개정이 이루어진다면 이 부분의 삽입이 유력하다. 특히, 지금처럼 북·미 관계가 좀처럼 돌파구를 찾지 못한 채, 미국의 일방적인 제재와 압박정책이 지속될수록 자력갱생의 정신은 더욱 강조될 것이다.

자강력 제일주의는 김정은 위원장이 조선로동당 제1비서이자 국방위원회 제1위원장 시절이던 2016년 신년사에 처음으로 등장한 용어다. 김정은 위원장은 신년사에서 혁명정신으로서의 자강력 제일주의를 다음과 같이 강조하였다.

"사회주의 강성국가건설에서 자강력 제일주의를 높이 들고 나가야 합니다. 사대와 외세 의존은 망국의 길이며, 자강의 길만이 우리 조국, 우리 민족의 존엄을 살리고 혁명과 건설의 활로를 열어 나가는 길입니다. 우리는 자기의 것에 대한 믿음과 애착, 자기의 것에 대한 긍지와 자부심을 가지고 강성국가 건설 대업과 인민의 아름다운 꿈과 리상을 반드시 우리의 힘, 우리의 기술, 우리의 자원으로 이룩하여야 합니다."

'우리 민족 제일주의'라는 용어는 1986년 7월에 김정일 위원장이 당 중앙위원회 일군들과 나눈 담화 〈주체사상 교양에서 제기되는 몇 가지 문제에 대하여〉에서 처음으로 제기되었다. 우리 민족 제일주의에서 '민족'의 개념은 혈연(피)에 의한 공동체를 의미하지는 않는다. 사회주의자에게 민족이란 그리 어울리는 단어가 아니기 때문이다. 여기서 '민족'의 개념은 주체라는 '사상'으로 이해하는 편이 낫다. '우리 주체 제일주의'가 되는 셈이다.

마찬가지로 '우리 국가 제일주의'에서 '국가'의 개념도 그러하다. 사회주의에서 국가라는 단어도 그다지 유쾌한 의미를 갖지는 못한다. 여기서 '국가'는 사상으로서의 '주체'가 사상으로서의 '사회주의'화한 것이다. 즉, '우리 사회주의 제일주의'로 이해함이 적절하다고 본다. '우리 국가 제일주의'는 대륙간탄도미사일(ICBM) 화성15호 발사 성공 이후 '국가 핵무력' 완성을 선언하면서 2017년 11월 30일 로동신문 사설에서 처음으로 사용된 말이다.

2019년 개정된 14차 개정헌법, 즉 신헌법에 보면 유독 '국가'와 '사회주의'라는 단어가 부쩍 많아졌음을 알 수 있다. 없던 문구가 새로 추가되거나 수정되기도 하였다. 서문에서만 보더라도 '주체의 사회주의 국가', 이는 '주체의 사회주의 조국'이 바뀐 것이다. '사회주의 건설의 모든 분야에서', '사회주의 강국건설'(이는 '강성국가 건설'이 수정된 것), '국가 실체로 빛을 뿌리게 되었다'(추가된 문구), '국가 건설과 활동의'(추가된 문구), '사회주의 기업 책임관리제'(추가된 문구), '사회주의 건설의 역군으로(이는 '주체형의 새 인간으로'가 수정된 것)', 그리고 결정적으로는 제6장 국가 기구 편에서 제100조의 '조선민주주의 인민공화국 국무위원회 위원장은 국가를 대표하는 조선민주주의 인민공화국의 최고 령도자이다'라는 기존의 조항에서 '국가를 대표하는'이라는 문구가 추가된 것이다.

이상에서 보듯이 2019년 12월 조선로동당 전원회의는 북한 신헌법에 대한 재확인의 의미가 강하다. 신헌법이 이제까지와는 다소 다른 사회, 마치 중국의 시진핑 주석이 주장하는 '신시대 중국 특색 사회주의'를 연상케 하는 면이 있다. 독자적이며 완성된 사회주의 국가로서의 우월적 자신감이 짙게 묻어난다.

이는 2021년 1월 5일부터 진행된 조선로동당 제8차 대회 당중앙위원회 제7기 사업총화에 대한 보고에도 이어지고 있다.[13] 핵무력 고도화 문제나 경제개발 관련 사항들은 북이 당면한 현실적 문제이기 때문에 보고에서 거론되는 것이 당연한 것으로 보인다.

다만, 주목되는 것은 일련의 흐름이다. 즉, 우리 민족 제일주의 → 우리 국가 제일주의 → 인민대중 제일주의로의 변화이다. 여기서 민족이나 국가는 앞서도 밝혔듯이 혈연(핏줄)에 의한 공동체 관계라기보다는 사상과 이념의 개념으로 파악함이 옳다고 본다. 그래서 이는 사회주의(우리식 사회주의)로 이해할 수 있다.

이렇듯 우리식 사회주의가 강조되는 이유는, 중국이나 러시아의 사회주의와 차별성을 염두에 두고 있기 때문으로 풀이된다. 특히, 중국 시진핑 국가주석의 '신시대 중국 특색 사회주의'와의 차별화 의도라는 생각이다. 이렇게 볼 때, 인민대중 제일주의는 바로 북이 이야기하는 우리식 사회주의의 실체가 된다. 즉, 인민대중을 중심에 놓고, 인민대중의 요구와 이익을 우선시하는 사회주의이다.

향후 북쪽이 남한과 남북경협을 하든 북쪽이 개혁·개방으로 가든, 남한을 포함한 상대 국가가 항상 염두에 두고 접근해야 할 북쪽 특유의 '가치'라는 측면에서 이는 남·북 관계나 북·미 관계에도 상당한 영향을 미칠 것으로 보인다.

이와 같은 앞선 2년여의 움직임 등을 놓고 판단해 본다면, 이제까

---

13. 〈우리식 사회주의 건설을 새 승리로 인도하는 위대한 투쟁강령〉, 민플러스, 2021. 01. 09.

지 취해 왔던 북한의 한반도 전략이 현상 유지 수준을 넘어 한층 강경하고 더욱 공고화되었음을 파악할 수 있다. 종전선언에 대한 확고한 의지, 이를 통해 평화협정을 체결하고 한반도 평화를 구현해 내겠다는 뚜렷한 목표, 이를 위해 강력한 외교력과 군사적 총공세로 북·미 대결 국면을 정면 돌파해 나가겠다는 강고한 전략적 선택으로 풀이된다. 핵무력의 고도화와 자력갱생으로 이를 뒷받침한다는 복안이 깔려 있다.

남한의 한반도 전략은 정권에 따라, 정권의 입맛에 맞게 휘둘려 왔던 불행한 역사를 갖고 있다. 김대중·노무현 정부의 화해와 협력, 평화와 번영 정책 이후 이의 계승·발전을 목표로 한반도 정책을 펼치고 있는 문재인 정부에서는 '평화'를 제1의 가치로 내세우고 있다.

문재인 대통령은 2017년 7월 6일 독일을 공식 방문해 베를린 쾨르버 재단에서 연설한다. 〈신(新)베를린 선언〉으로 명명된 이 연설을 통해 "남·북의 공동 번영, 상호 존중의 정신으로 돌아가야 한다. 북한의 붕괴도, 흡수통일도, 인위적인 통일도 추구하지 않겠다. 북한의 체제 안정 보장과 비핵화 실현, 항구적인 평화, 남·북 경제협력, 비정치적 교류 협력 사업추진" 등을 약속했다.

(2) 한반도 평화프로세스의 한계

이런 장밋빛 약속에도 불구하고 실현 가능성이라는 측면에서 제기되는 몇 가지 구조적 기본 한계는 분명히 존재한다. 모든 것이 북한의 비핵화를 전제로 한 약속이라는 점이 특히 그렇다. '선(先)비핵화, 후

(後)평화체제' 구축의 소극적 도식이다. 남·북 관계의 추진은 북의 비핵화 진전 여부에 달린 후순위적 과제로 밀려나버린다. 대북정책이 한·미 동맹의 관점에서 사고되고 처리되기 때문이다. 불평등한 한·미 관계의 구조적 한계이자, 미국 눈치 보기라는 비아냥이 나오는 이유다.

그래서 한반도 정책에 있어 중요한 문제는 '약속이 아니라 한계의 극복'이라는 지적도 있다. 다행스러운 것은, 최근 들어 정부의 북한 정책 기조에 변화가 감지되고 있다는 사실이다.

먼저, 한반도 문제와 관련해 문재인 정부의 역할이 북핵의 중재자에서 평화의 당사자로의 담대한 인식의 변화가 감지되고 있다. 비슷한 관점에서 정부 정책의 프레임도 북의 비핵화 프레임에서 한반도의 평화 프레임으로 정책 전환이 이루어지고 있다. 이는 앞의 기본 한계에서도 지적하였듯이, 정책의 중심축을 어디에 놓을 것이냐의 문제다. 즉, 기존의 한·미 관계가 정책의 중심축인지, 아니면 남·북 관계로 중심축을 옮겨 올 것인지의 문제다.

이러한 인식의 변화는 자연스럽게 한반도 정책에 거대한 전환을 가져오는 일종의 게임 체인저가 된다. 한·미 공조를 기본 틀로 한 대북제재 방식에서, 남·북 관계를 기본 틀로 한 평화체제 방식으로의 전환 말이다. 일례로 문재인 대통령은 2019년 8월 수석보좌관회의에서 탈(脫)일본 카드로 한반도 평화 분위기를 통한 '한반도 평화경제'를 제시했다.

문재인 대통령은 "일본 경제가 우리 경제보다 우위에 있는 것은 경제 규모나 내수 시장으로, 남·북 간 경제협력으로 평화경제가 실현된다면 우리는 단숨에 따라잡을 수 있다"라고 언급했다. 더욱더 적극적이고 주체적으로, 2018년의 〈4·27 판문점 선언〉과 동년의 〈9·19 평양 선언〉을 선제적으로 실천하는 길만이 한반도 평화체제를 앞당길 수 있음을 명심해야 한다.

미국 트럼프 전 대통령은 "더는 미국이 세계의 경찰이 되는 것을 원치 않는다"라고 했다. 그는 대통령 후보 공약에서도 이 점을 분명히 했으며, "타국 문제에 간섭하지 않는 대신 미국 경제를 재건하는 데 힘을 쏟겠다"라고 천명했다. 미국의 트럼프 행정부는, 국가 이익이라는 측면에서 한반도 분단체제의 유지를 고수했다. 이는 미국 내 네오콘의 뜻이기도 하다. 군사적인 긴장의 항구화를 통해 미국의 국익을 극대화하겠다는 생각이다.

이것이 한반도 문제의 당사자인 남·북한과 충돌하는 지점이다. 최근의 한반도 문제 교착 국면에서 북한 역시 이 사실을 확실히 인지하고, 재확인한 것으로 보인다.

지난 1월 11일 김계관 북한 외무성 고문은, 북한 조선중앙통신을 통해 발표한 담화에서 "조·미 사이에 다시 대화가 성립되자면 미국이 우리가 제시한 요구사항들을 전적으로 수긍하는 조건에서만 가능하다고 할 수 있겠지만, 우리는 미국이 그렇게 할 준비가 되어 있지 않으며 또 그렇게 할 수도 없다는 것"을 잘 알고 있다며, "우리는 우리가 갈 길을 잘 알고 있으며 우리의 길을 갈 것이다"라고 강조했다.

일본 정부의 견해는 사실 미국과 별반 다르지 않다. 일본 정부의 국익에 부합하는 한반도 체제는 평화체제가 아니라 분단체제이다. 전쟁이 가능한 보통국가화의 길에 대척점에 있고, 적대세력으로서의 이용 가치 또한 한반도 분단체제 하의 북한이란 존재에 있다고 보기 때문이다.

역사적인 〈4·27 판문점 선언〉 이후에도 일본 정부는 형식적으로 "제반 현안의 포괄적 해결을 위한 긍정적 움직임으로 환영한다. 북한이 구체적인 행동으로 나오기를 기대한다. 앞으로의 동향을 주시하겠다"라는 것이 아베 당시 총리의 소감이었다. 당시 고노 외무상은 "구체적인 행동으로 보여줄 때까지 압력을 지속해야 한다는 방침에 변화가 없다"라고 강조했다.[14] 여기서 말하는 구체적인 행동이란, 다름 아닌 북의 비핵화와 납치 문제 해결을 위한 행동을 말한다. 지극히 자국 중심적인 관점이라 하겠다.

〈표 1〉 전후 주요 일본정치사

1945년 패전	전후 첫 내각 구성(시데하라 기주로 幣原喜重郎)
1946년	요시다 시게루(吉田茂) 내각, 요시다 독트린
1947년 5월	일본국헌법(평화헌법) 발효
1947년~1948년	사회당 혁신 정부 출범, 공산당 합법화
1951년 9월	샌프란시스코조약 체결(군정 종식 및 일본 주권 회복)
1955년	55년 체제 확립(자유민주당 성립)
1956년 12월	유엔 가입, 자민당 내 좌파 축출
1983년~1986년	자민당 의원 탈당 '신자유클럽' 창당, 연립정권 구성
1993년	자민당 분열, 55년 체제의 마감
1993년	일본신당 호소카와 모리히로(細川護熙) 비자민 연립 내각 형성
1994년	하타 쓰토무(羽田孜) 내각 총사직 후 사회당의 무라야마 도미이치(村山富市) 내각 체제 출범

....

14. 〈남북수뇌회담 : 일본정부는 경계를 허물지 말 것(南北首脳會談 : 日本政府は警戒崩さず)〉, 마이니치신문(每日新聞) 2018. 4. 27.

1996년~1998년	하시모토 류타로(橋本龍太郎) 내각
1999년	오부치 게이조(小渕惠三) 내각 발족 (자민당, 자유당 연립내각)
2001년 4월 ~2006년 9월	고이즈미 준이치로(小泉純一郎) 내각
2002년 9월	고이즈미 총리 평양 방문
2004년 5월	고이즈미 총리 평양 2차 방문
2006년 9월 ~2007년 9월	아베 신조(安倍晋三) 1차 내각
2009년 9월 2010년 6월	민주당 하토야마 유키오(鳩山由紀夫) 내각
2010년 6월 ~2011년 9월	민주당 칸 나오토(菅直人) 내각
2011년 9월 ~2012년 12월	민주당 노다 요시히코(野田佳彦) 내각
2012년 12월 ~2020년 9월	아베 신조(安倍晋三) 2차, 3차, 4차 내각
2020년 9월~현재	스가 요시히데(菅義偉) 내각

제3부

신군국주의화의
방위수정주의적 관점 분석

제1장

∴

보통국가화

1. 보통국가화와 평화헌법

(1) 평화헌법 제정

보통국가화, 방위계획대강, 집단적 자위권은 일본 안보정책을 망라하는 방위의 총체적 개념이다. 방위계획대강은 일본의 방위정책에서 군(자위대)[1]의 운용 지침서 역할을 한다. 집단적 자위권은 평화헌법체제 아래에서 헌법 해석 변경으로 취할 수 있는 마지막 보루와 같았다. 방위계획대강과 집단적 자위권 용인을 통해 마침내 일본은 보통국가화의 길로 나가게 되었다. 보통국가는 '전력을 보유'하고 '전쟁이 가능한' 국가다.

일본의 무조건 항복 선언에 이은 후속 조치로 일본에 발을 디딘 연합국 최고사령부의 초기 점령정책의 핵심은 두 가지였다. 첫째, 일본을 비군사화해서 전쟁의 위험을 원천 차단한다는 것. 둘째, 천황에 의한 군주제 국가가 아니라 민주국가로 탈바꿈시키는 것. 이는 일본에 무조건 항복을 권했던 포츠담선언에 담긴 뜻이기도 했다.

포츠담 선언문이 나오기까지 미국 정부 내에는 관대한 대일 전후 처리를 주장하는 국무성 지일파와 천황제[2]의 폐지 및 확실한 경

---

1. 자위대는 군대가 아니기 때문에 일본에서 군(軍)이란 있을 수 없다. 정확하게는 군이라는 표현 대신 자위대라 표기하는 게 맞다. 하지만 일본의 보통국가화 전략에 따라 자위대가 상당 부분 군의 역할까지 기능하고 있다고 보기 때문에 편의상 혹은 경각심을 일깨우는 의미에서 '군'이라는 표현을 쓴다.
2. '천황제'라는 용어는 일본공산당이 혁명강령인 '32년 테제'에서 처음 사용하였다.

제개혁을 주장하는 군부의 논쟁이 있었다. 이들은 미국의 대외정책을 결정하는 기구였던 국무성·육군성·해군성의 '3성 조정위원회(The State·War·Navy Coordinating Committee, 약칭 SWNCC)' 등에서 격렬하게 대립했다.

이러한 논쟁의 과정을 거쳐 만들어진 것이 포츠담 선언문이다. 총 13개 항으로 구성된 선언문은, 5항까지 서문의 성격을 띠고 있으며 6항부터가 연합국 측의 요구사항이다. "일본 국민을 속이고 오도한 자들의 권위와 영향력은 제거되어야 한다, 일본의 주권 제한, 일본군의 완전한 무장해제, 자유의 보장, 전범재판, 재무장 산업 배제, 세계 무역 활동에 참여 허용, 무조건 항복" 등을 권고하고 있다.

전후 첫 내각은 1945년 8월 17일 황족 출신 히가시쿠니(東久邇宮稔彦) 내각이었다. 하지만 채 달포 남짓 만에 내각은 총 사직하고, 시데하라(幣原喜重郎) 내각이 들어선다. 일본 제국헌법을 평화헌법으로 개정하는 데 실질적인 역할을 한 이가 바로 시데하라 총리다. 지금도 헌법 개정론자들은 개정론의 핵심이 연합국 사령부(맥아더)에 의한 '강요된 헌법'이기 때문에 이를 '자주적 헌법'으로 바꿔야 한다고 주장하지만, 이는 사실이 아니라는 주장이 설득력을 얻고 있다. 평화헌법의 제정, 구체적으로는 평화헌법의 근간이 되는 제9조의 최초의 제안 및 제정과 관련된 당사자들(맥아더 사령관과 시데하라 총리)의 증언이 그것을 증명한다.

맥아더는 미 상원 군사·외교 합동위원회 청문회 증언에서 평화헌법

....
'32년 테제'는 1932년 5월 코민테른에서 결정한 '일본의 정세와 일본공산당 임무에 관한 테제'를 말한다.

제정 과정을 상세하게 밝혔다. 맥아더는 1951년 4월 11일 연합국 총사령관직에서 해임당하고 미국으로 돌아간 후, 1951년 5월 3일부터 3일간 의회 청문회에 참석했다. "어느 날 시데하라가 나를 찾아왔다. 여러 이야기 끝에 한참을 망설이다가 하는 말이 '진정한 해결책은 전쟁을 없애는 길'이라고 믿는다며, '현재 진행 중인 헌법 초안에 그러한(전쟁 포기) 조항을 넣었으면 한다'고 했다"라고 증언했다.

시데하라 역시 1946년 8월 27일 귀족원 본회의에서 "문명과 전쟁은 결코 양립할 수 없다. 문명이 들고 일어나 전쟁을 철퇴시키지 못한다면, 전쟁이 문명을 전멸시킬 것이다. 나는 이러한 신념 하에 헌법 개정안 초안에 의미를 부여하고 있다"라고 답변했다.

한편, 1956년 내각에 헌법조사위원회가 설치되어 헌법 제정 과정을 조사한 후 그 결과를 1963년 공개했다. 제9조 강압론과 관련해서는 '양론이 있음'으로 발표했다. 하지만 당시 조사위원회 위원장이었던 다카야나기 도쿄대학 교수는 후일 그의 저서 『천황·헌법 제9조』에서 "제9조의 발상지가 도쿄의 맥아더와 시데하라라는 점에는 의문의 여지가 없다. 다만, 맥아더인가 시데하라인가 하는 문제와 관련해서는 의견이 갈린다. 하지만 맥아더와 시데하라의 진술에 따르면 둘 다 시데하라가 먼저 제안했던 것으로 주장했다"라고 술회하고 있다.

종전 직후 일본 정부 역시 법제국과 외무성이 중심이 돼서 헌법 개정과 관련된 검토를 시작했지만, 내각 총사직 등 정국이 혼란한 상황이라 별다른 결실을 보지는 못했다. 10월 초, 맥아더는 '자유의 지령'[3]

....
3. 반체제적 사상이나 언동 등 자유를 억압하는 제도를 폐지하라고 연합국 총사령부가
   일본 정부에 내린 지침(지령).

을 하달하고 헌법 개정에 대한 본인의 의사를 표시했다. 그리고 10월 11일 시데하라 신임 총리를 만나 '자유주의적 헌법으로의 개정'에 대한 상호의견에 접근했다. 맥아더의 '5대 개혁지침'도 전했다. 5대 개혁은 ①여성 해방 정책, ②폭압적 제도 폐지(정치범 석방, 비밀경찰 폐지 등), ③교육의 자유주의화, ④노동조합 결성, ⑤경제민주화(재벌 해체, 농지 개혁) 등이다. 이 5대 개혁지침은 전후 일본 정책에 지대한 영향을 미쳤다.

초기 헌법 개정 작업에는 내각뿐만 아니라 민간에서도 다양한 개정안이 공개되었다. 대체로 정부는 비밀리에 개정 작업을 진행한 반면, 민간 전문가 그룹에서는 공개적으로 자신들의 개정안을 발표했다. 1945년 10월에 결성된 '일본 문화인 동맹'의 헌법 초안 작성 작업, 1945년 12월 발표된 헌법연구회 그룹의 '개헌안 개요'가 대표적이다. 이들은 미국 헌법이나 독립선언문, 프랑스혁명의 인권선언문 등 서구의 사상을 접목해 헌법 초안에 반영하고자 했다.

각 정당에서도 개정안 초안을 발표했다. 자유당과 진보당은 메이지 헌법의 유지를 그대로 계승하는 개정안을, 공산당은 천황제와 인민주권의 폐지안을, 사회당은 인민의 생존권을 중시하는 개정안을 제시했다. 시데하라 내각의 '헌법 문제 조사위원회' 위원장이었던 마츠모토(松本烝治)가 1946년 2월 '헌법 개정 요강', '헌법 개정안의 요지 설명' 등을 연합국 총사령부에 제출했다. 하지만 지나치게 보수적이고 현상유지에 기반하고 있다는 비판을 받았다.

마츠모토가 1945년 12월에 작성했던 4원칙에는 "천황이 통치권을 총람한다는 원칙은 변경하지 않는다"라고 했으며, 1946년 1월과 2월의 개정안, 즉 헌법 개정 요강에도 "천황의 대권을 제한하고"라며, 권한에 한정을 두는 듯했지만 역시 천황제의 근간은 그대로 유지하는 안이었다.[4]

연합국 총사령부도 휘트니(Courtney Whitney) 민정국장의 제언에 따라 헌법 초안 작업에 들어갔다. 때를 같이하여 맥아더 사령관 역시 2월 3일 '맥아더 3원칙'을 발표했다. 천황 지위 규정, 전쟁 포기, 봉건제 폐지가 핵심 내용이었다. 마츠모토 위원장의 초안이 일본의 민주화는 물론 국민 여론과도 동떨어져 있다고 판단한 맥아더의 결단이었다. 연합국 사령부 초안을 받아든 일본 정부는 3월 6일, 확정안을 〈헌법 개정 초안 요강〉으로 발표했다.

4월 17일 〈헌법 개정 초안〉이 공표되었다. 이 초안과 관련해서 맥아더 사령관과 극동위원회 사이에 의견 대립이 있었다. 초안을 지지하는 맥아더와 문제를 제기하는 극동위원회 사이의 대립이었다. 극동위원회 측에서는 "일본 국민들이 헌법 초안에 대해 생각할 시간이 거의 없었다"라는 점을 이유로 총선거의 연기를 주장했다. 또한 연합국 총사령부 관계자를 자신들에게 파견해서 협의해 달라고 요청했다. 하지만 맥아더는 이를 거절하고 극동위원회의 개입을 철저히 배제했다.

헌법 개정 초안은 1946년 4월 17일 추밀원 자문을 거친 후 다수의 찬성으로 가결되었다. 6월 25일 중의원에 상정된 '제국헌법 개정안'은 7월 1일부터 심의에 들어가, 소위원회를 설치하여 비공개 논의 끝에 제9조 2항 서두에 '전항의 목적을 달성하기 위해'라는 문구를 추가

4. 중의원헌법조사회사무국(衆議院憲法調査會事務局), 「일본헌법 제정 과정에 있어서의 각종 초안의 요점(日本國憲法の制定過程における各種草案の要点)」, 衆憲資第1號

한 후[5] 8월 21일 위원회 가결, 8월 24일 중의원 본회의에서 압도적 다수로 가결되었다. 찬성이 421표, 반대 8표였다. 10월 29일 천황의 재가가 있었고, 11월 3일 일본국 헌법이 공포되었다. 그리고 6개월 후인 이듬해(1947년) 5월 3일 시행되었다.

(2) 평화헌법 개정의 배경 및 흐름

평화헌법 개정의 의도는 보통국가화에 있다. 물론, 통상의 보통국가였다면 지금과 같은 평화헌법을 보유하지도 않았을 것이니, 이는 동전의 양면과도 같다. 앞면이나 뒷면이나 동전이기는 마찬가지다. 자신들의 제국주의적 과오에서 비롯된 인과응보적 성격에서다.

전 세계적으로 일본과 코스타리카공화국만이 채택하고 있는 헌법에서의 평화주의적 정신은, 일본 우익이 추구하는 보통국가와 양립할 수 없다. 보통국가의 핵심은 강력한 군사력이다. 즉, 군사대국화의 길에 평화헌법이 장애 요소로 길을 막아서고 있는 형국이기 때문에 헌법 개정에 혈안인 것이다.

평화헌법이 지향하는 핵심은 평화적 생존권의 보장, 군대 보유 금지, 교전권 금지, 집단적 자위권 금지 등 네 가지다. 평화적 생존권 보장은 헌법 전문의 내용이고, 뒤의 세 개는 헌법 제9조의 규정이다.

....
5. 소위 말하는 '아시다 수정(芦田修正)'이다. 당시 제국헌법 개정위원회 위원장이었던 아시다(芦田均)의 의견으로 수정되었기에 그렇게 부른다. 후에 헌법 제9조 해석을 둘러싸고 벌어지는 논쟁에서 '왜 그러한 문구를 추가'했는지, 그의 의도를 놓고 의견이 분분했다.

일본 헌법은 전문을 통해 다음과 같이 천명하고 있다.

"일본 국민은 항구적인 평화를 염원하고, 인간 상호 관계를 지배하는 숭고한 이상을 깊이 자각하며, 평화를 사랑하는 모든 국민의 공정과 신의를 신뢰하여 우리의 안전과 생존을 온전하게 유지하기로 결의하였다. 우리는 평화를 수호하고, 전제와 복종, 압박과 편협을 지상에서 영원히 제거하고자 노력하고 있는 국제사회에서 명예로운 일원이기를 희망한다. 우리는 전 세계의 국민이 다 같이 공포와 빈곤에서 벗어나 평화롭게 생존할 권리(인용자 강조)를 가지고 있음을 확인한다."

앞의 인용문 중 '평화롭게 생존할 권리'가 바로 평화적 생존권을 보장하고 있는 규정으로, 인류 역사상 최초로 헌법에 명문화된 것이다.

한편, 헌법 제9조를 통해 군대 보유, 교전권, 집단적 자위권을 금지하고 있다. 핵심 개정 대상이 되는 헌법 제9조는 두 개의 항으로 되어있다. 제1항에서 "일본 국민은 정의와 질서를 기조로 하는 국제 평화를 성실하게 희구하고, 국제분쟁을 해결하는 수단으로 국권의 발동인 전쟁과 무력에 의한 위협 및 무력의 행사는 영구히 포기한다", 제2항에서 "전항의 목적을 달성하기 위해 육·해·공군 및 기타의 전력은 보유하지 않는다. 국가의 교전권은 인정되지 않는다"라고 선언한다. 전쟁포기와 비무장 정신을 명확하게 규정한 것이다.

보통국가를 지향하는 헌법 개정론자들은 이 금지사항들이 자위대의 활동을 제약하고 위축시킨다고 인식하고 있다. 유사 법제의 제·개정을 통한 임시방편적 대응과 헌법 해석을 통한 변경이라는 지속적인 노력 끝에, 이제 남은 것은 헌법 개정이다.

일본 헌법(신헌법·평화헌법)은 1948년 제정된 이래 한 번도 개정되지 않고 70여 년을 이어오고 있다. 헌법 개정과 관련한 첫 움직임은, 1955년 체제를 알리는 보수합동정권인 자민당(자유민주당) 체제 구성 직후였던 1956년 내각에 설치한 '헌법조사회'였다.

1964년 헌법조사회의 보고서와 관련해서 아사히신문은 "개헌 지향적 색채가 농후하다"라는 점을 지적하며, "개헌론의 핵심으로 취급되고 있는 제9조 전쟁 포기 조항에 대해서는 자위를 위해 전력의 보유를 명문화해야 한다고 주장하고 있다"라고 전했다. 또한, "이는 당시 헌법조사회 성립에 주도적 위치에 있던 하토야마 내각이나 헌법조사회를 발족시킨 기시 내각이 헌법 개정 지향적이었다는 사실로 볼 때, 또한 사회당과 민주사회당의 비토로 인해 편향적 인사들로 위원회가 구성되었기에 당연한 결과"라고 분석하고 있다.[6]

일본 헌법을 둘러싼 환경의 변화 및 관련 법령들과의 관계 등을 들어 개정론이 거세게 대두되었지만, 지금까지 손 한 번 대지 못하고 있다. 이에 개정론자들은 어쩔 수 없이 헌법 해석이라는 핑계를 들어 자의적으로 헌법 조문을 피해 가고 있다. 헌법 개정의 핵심은 앞서 살펴봤던 헌법 제9조에 있다. 전쟁 포기와 비무장 조항을 개정(삭제)하여 자위대를 군대(자위군)로 격상시킨 후 군대 보유를 정상화하고, 자율적인 군사 활동을 통해 군사대국으로 나아가겠다는 발상이다.

아베 전 총리는 2020년 신년사(신년 소감)를 통해 "미래에 대한 분명한 비전을 갖고 국가 형태 개혁에 매진하겠다. 우선순위는 헌법 개정이다. 신년을 맞이하여 새로운 시대에 걸맞은 국가 만들기에 결의를 다지고 있다"라며 개헌에 강한 의지를 나타냈다.

....
6. 아사히신문(朝日新聞), 1964. 7. 3. 조간

한편, 동년 1월 6일 신년 기자회견에서도 헌법 개정에 관해 묻는 한 기자의 질문에 "참의원 선거 결과나 최근의 여론조사에서 보듯이 국민의 목소리는 헌법 개정 논의를 적극적으로 추진하라는 것이다. 내 손으로 헌법 개정을 마무리하겠다는 뜻에는 변함이 없다. 다만, 기한이 있는 문제가 아니므로 우선은 통상 국회의 헌법심사회에서 활발한 논의를 통해, 헌법 개정 국민투표법의 개정은 물론 새로운 시대에 걸맞은 헌법 개정 원안 책정을 가속해 나갈 생각이다"라고 답변했다. 자민당 개헌안을 헌법심사회에 제시할 의향이 있음을 내비친 발언이었다.

개헌과 관련한 이런 일련의 아베 구상에 대해 현재 강하게 반발하고 있는 것은 야당의 일본공산당뿐이다. 시이 가즈오(志位和夫) 위원장은 "절대로 인정할 수 없다"라며 비판하고 있다. 현재, 헌법 제9조 개정과 관련하여 여·야 각 정당의 입장은 어느 정도 정리가 된 것으로 알려져 있다. 핵심은, 전쟁 포기와 관련한 조항은 그대로 유지를 하되, 자위대의 성격을 군대로 재규정하여 국제적인 공헌 활동에 적극적으로 참여할 수 있도록 하자는 내용이다.

그래서 집단적 자위권 문제를 어떻게 할 것이냐의 문제만 남아 있던 상황이었는데, 이 또한 수정되었다. 자위권 발동의 3요건을, 2014년 각의 결정을 통해 '무력행사 신(新) 3요건'으로 변경하여 시행하고 있다.

아래의 〈표 2〉에서 보는 바와 같이 종래의 "일본에 대한 급박부정(急迫不正)의 침해가 있을 것"에서 2014년 변경 후에는 "일본에 대한 직접적인 무력 공격, 또는 일본과 밀접한 관계에 있는 타국에 대한 무력 공격이 발생해서 이것에 의해 일본의 존립이 위협받고, 국민의 생명,

자유 및 행복 추구의 권리가 근본적으로 제한될 명백한 위험이 있을 것"이라고 해서, 자위권 발동의 폭을 일본에 대한 급박부정의 침해에서 일본과 밀접한 관계에 있는 타국에 대한 무력 공격 발생으로 확대했다. 급박부정이라 함은 일반적으로 절박한 위법 상황을 말한다. 쌍방 간의 다툼에서 정당방위의 성립 요건이다. 그런데 이 행위의 정당성을 무한하게 넓혀 놓은 해석적 변경이다.

〈표 2〉 무력행사 3요건 신·구 비교[7]

	자위권 발동의 3요건	무력행사 신(新) 3요건 (2014년 각의 결정)
제1요건	일본에 대한 급박부정(急迫不正)의 침해가 있을 것	일본에 대한 무력 공격, 또는 일본과 밀접한 관계에 있는 타국에 대한 무력 공격이 발생해서 이것에 의해 일본의 존립이 위협받고, 국민의 생명, 자유 및 행복 추구의 권리가 근본적으로 제한될 명백한 위험이 있을 것
제2요건	이를 제거하기 위한 다른 적절한 수단이 없을 것	이를 제거하여 우리 국민(일본인을 말함)의 존립을 지키고, 국민을 보호할 다른 적절한 수단이 없을 것
제3요건	필요 최소한도의 실력행사에 그칠 것	필요 최소한도의 실력행사에 그칠 것

7. 내각관방내각법제국(內閣官房內閣法制局) 〈신3요건의 종전 헌법 해석과의 논리적 정합성 등에 관하여(新三要件の從前の憲法解釋との論理的整合性等について)〉

(3) 평화헌법 개정의 내용 및 전망

일본 헌법 개정에 진척이 없는 이유 중 하나는 국민 여론의 지지가 뒤따라주지 않기 때문이다. 전쟁을 경험했던 세대가 여전히 생존해 있고, 전쟁의 아픈 상처를 기록하고 있는 역사와 이를 환기하도록 기억시켜주는 여러 요인이 현존하는 상황에서, 일본 국민의 개헌에 대한 의견은 반대가 여전히 높은 편이다.

보통 찬반 비율이 4.5 대 5.5 정도였는데, 일본 사회의 우경화 분위기와 이 우경화 분위기를 만들어낸 일본 보수우익 세력의 노력, 자위대의 해외파병에 따른 활동 등의 영향으로 개헌 필요성에 동조하는 여론이 점점 높아지고 있다. 현재는 찬반 비율이 거의 대등한 상황에까지 온 것으로 일본 언론은 전하고 있다.

헌법 개정의 기본 요건은, 중의원과 참의원의 본회의에서 총의원의 3분의 2 이상의 찬성을 얻어야 한다. 이후 국민투표에 부쳐 과반수의 찬성을 얻어야 개헌안이 통과된다. 2020년 8월 현재, 중의원(총 465석)은 자민당을 비롯한 개헌세력이 3분의 2 이상의 의원을 확보한 것으로 알려졌다. 참의원의 경우 3분의 2가 되려면 총 245석 중 164석 이상을 확보해야 하는데, 개헌세력으로 볼 수 있는 이들이 대략 157석(자민당 113석, 공명당 28석, 일본유신회 16석) 정도로 약 7석이 부족한 것으로 평가된다.

다만, 22석의 참의원을 확보한 국민민주당 타마키(玉木雄一郎) 대표가 개헌에 호의적인 인물로 평가되고 있어, 결정적일 때 뜻을 같이하는 의원들과 함께 분당(탈당)의 가능성도 제기되고 있다. 그렇다면 참의원 3분의 2 이상 확보도 그리 어려워 보이지 않는 상황이다.

　전체적인 개헌의 흐름은 다음과 같다.

　중의원 100인 이상, 또는 참의원 50인 이상의 동의를 얻어 개정 원안을 국회에 제출한다(헌법 개정 원안 발의)[8]. 중의원과 참의원 헌법심사회에서 심사를 거친 후(헌법심사회 심사 후 본회의 제출)[9], 각각의 본회의에서 ⅔ 이상 찬성으로 가결되면 개헌 발의가 된다(본회의 의결 및 개헌 발의)[10]. 이후 국민 홍보와 고지 기간을 거쳐(국민투표 제안)[11] 발의한 날로부터 60일 이후 180일 이내에 국민투표를 시행한다(국민투표 실시)[12]. 유효투표수의 과반수가 가부를 결정한다(공포).[13]

　개헌과 관련한 논의는 공식적으로 중의원과 참의원이 설치한 '헌법조사회'를 통해서 이루어진다. 1997년 7월 국회법 개정으로 헌법조사회가 설치되었으며, 2000년 1월 중의원 의원 50명으로 중의원 헌법조사회를, 참의원 의원 45명으로 참의원 헌법조사회를 구성하였다. 이들이 내놓은 첫 중·참의원 조사보고서가 2005년 4월에 나왔다. 중·참의원 조사보고서를 합쳐 1천 쪽이 넘는 방대한 분량의 보고서다. 이를 통해 천황제와 안전보장, 국민의 권리와 의무, 정치, 행정, 비상사태 등 사회 전 분야에 걸쳐 의견을 개진하고 있다.

　특히 논란이 된 것은, 중의원 조사보고서 내용 중 자위권 및 자위대

---

8. 국회법 제68조의 2(國會法 第六十八條の二)

9. 국회법 제102조의 6(國會法 第百二條の六), 제102조의 7(第百二條の七)

10. 헌법 제96조 제1항(憲法 第九十六條 1)

11. 국회법 제68조의 5(國會法 第六十八條の五)

12. 국회법 제68조의 6(國會法 第六十八條の六)

13. 헌법 제96조 제1항(憲法 第九十六條 2)

와 헌법 규정과의 관계에서 "이처럼 의견은 분분했으나, 자위권 및 자위대와 관련해서는 어떠한 형태로든 헌법상에 근거를 명확하게 규정하는 것을 부정하지 않는다고 하는 의견이 다수였다"라는 기술 때문이었다. 즉, 자위대의 헌법 명문화 요구인 셈이다.

이외에 다수 의견으로 정리된 내용으로는, 제9조와 관련해 "자위권 행사로서의 필요 최소한의 무력행사는 인정하자"라는 것, 그리고 천황제와 관련해서 현재의 상징천황제를 유지하자는 것이었다. 하지만 천황의 지위를 원수로 하는 문제와 그것을 명문화하는 문제에 대해서는 의견이 분분했다고 밝혔다.[14]

참의원 헌법조사회 보고서에서는 평화주의와 관련해 의견이 대립했다, 제9조 제1항 무력행사 포기에 대해서는 인식을 같이했으나, 제2항 전력 보유 금지와 교전권 금지 조항과 관련해서는 의견이 분분했다. 자위권 문제와 관련해서도, 개별적 자위권은 인정하지만 집단적 자위권 문제에는 여러 의견이 있었다.[15]

1956년 헌법조사회 설치로 개헌에 관한 논의가 시작된 이래 개정 논의의 핵심은 항상 제9조의 개정 문제였다. 하지만 현실적으로 개정 자체가 여의치 않아 헌법 해석을 통한 편법에 의존할 수밖에 없었다. 특히, 1990년대 소련을 비롯한 공산권의 붕괴로 탈냉전이 도래하자, 국제관계의 분위기 변화와 더불어 일본 국내 호헌 세력의 쇠퇴 등 민족주의적 흐름에 편승해서 보통국가론과 국제공헌론이 본격 대두되었다. 중국의 부상과 북한 미사일 등을 이유로 2000년대에 들어서면서

....
14. 〈중의원헌법조사회 보고서(衆議院憲法調査會報告書)〉, 衆議院憲法調査會
15. 〈일본헌법에 관한 조사보고서(日本國憲法に關する調査報告書)〉, 參議院憲法調査會

개헌에 관한 의지는 더욱 커졌다.

고이즈미 내각의 우경향적 성향과 이후 등장한 아베 내각에 의해 개헌의 구체적인 일정표가 만들어졌다. 제1차 아베 내각에서 '일본국 헌법 개정 절차에 관한 법률'이 성립되었다. 국민투표법이라 부르는 이 법의 성립으로(2010년 5월 시행) 개헌 발의가 제도화되었다. 제2차 아베 내각 출범 이후에는 앞서 통과된 국민투표법의 국민투표 연령을 20세에서 18세로 변경했다(2014년 4월). 중의원 헌법심사회 각 당 논의 재개(2015년 5월), 아베 총리의 2020년 개정헌법 시행 의지 표명(2017년 5월) 등 개헌 논의가 한층 가속화되었다.[16]

일본 각 정당이 취하고 있는 최근의 개헌과 관련한 입장을 구체적으로 살펴보는 것은 큰 의미가 없다. 자민당의 독주체제에 야당의 세가 워낙 약하기 때문이다. 헌법 개정의 틀은 자민당이 쥐고 있다고 해도 과언이 아니다. 자민당의 헌법 개정 활동을 개략적으로 정리하면 다음과 같다. 여당 자민당은 창당 이래 1973년 〈헌법 개정 대강 초안〉, 1983년 〈일본국 헌법 총괄 중간보고〉, 2005년 〈신헌법 초안〉, 2012년 〈일본국 헌법 개정 초안〉을 발표했다. 근년 들어 발표한 2005년 창당 50주년 '신강령'에는 신헌법 제정 여망을 명문화했다.

이때 발표한 '신헌법 초안' 전문에 "국민에 의한 새로운 헌법 제정"을 공식화했다. 제1장을 '국민주권과 천황'으로 바꾸고 "상징천황제와 국민주권은 유지"를 했다. 제2장은 종래의 '전쟁 포기'를 '안전보장·국

....
16. 제1차 아베 내각(2006년 9월~2007년 9월), 제2차 아베 내각(2012년 12월~2014년 12월), 제3차 아베 내각(2014년 12월~2017년 11월), 제4차 아베 내각(2017년 11월~2020년 8월)

제 업적'으로 변경했다. 전쟁 포기를 규정한 제9조 1항은 그대로 유지
했다. 전력 비보유를 명기한 제9조 2항은 삭제하고, 자위군 보유로 변
경했다. 새롭게 추가된 내용은 "수상의 자위군 최고지휘권, 자위군 활
동에 대한 국회 승인, 자위군의 국제적 활동, 자위군의 긴급사태 시 활
동" 등이다.[17]

〈표 3〉 중·참의원 조사보고서 주요 내용

	다수 의견	의견 대립
중의원 조사보고서	• 제9조의 자위권 행사는 필요최소한의 무력행사 인정, 자위권 및 자위대에 대한 헌법상 근거를 명확히 하는 것은 부정 않는다. • 상징천황제 유지 • 여성 천황 승계 인정 • 새로운 기본권 추가 명기	• 제9조의 자위권 및 자위대에 대한 헌법상 명확한 근거의 내용 • 미·일 안보조약 • 국제협력 • 천황의 지위를 국가원수로 규정하는 문제
참의원 조사보고서	• 제9조의 개별적 자위권은 필요최소한의 무력 인정, 평화주의 견지 • 상징천황제 유지 • 여성 천황 용인 • 새로운 기본권 추가 명기	• 헌법 전문에 역사·전통·문화를 추가 삽입하는 문제 • 제9조의 자위대 및 집단적 자위권과 관련한 구체적인 내용 • 국제 공헌 문제 • 천황의 지위를 국가원수로 규정하는 문제

한편, 자민당의 2012년 제2차 헌법 개정 초안의 내용을 살펴보면,
전문에 역사와 문화, 천황의 존재를 신설했다. 현행 헌법에서는 그저

....
17. 모로하시 쿠니히꼬(諸橋邦彦) 「주요한 일본헌법 개정 시안 및 제언(主な日本國憲法
改正試案及び提言)」, 『조사와 정보(調査と情報)』 vol.474 제537호

'일본국의 상징'으로만 명기하고 있는 것에 비해, 제1장 제1조에서 천황을 국가의 원수이며 상징으로 위치 지었다. 3장에 '국기 및 국가'를 신설하여 "국기는 일장기(日章旗)로, 국가는 기미가요(君が代)로 한다"라고 명기하고, 제2항에서는 "일본 국민은 국기 및 국가를 존중해야 한다"라고 강제하고 있다. 제9장에 긴급사태 조항을 신설하여 "긴급사태 선언과 긴급사태 선언의 효과"에 대하여 기술하고 있다.

가장 최근의 움직임으로는, 2018년 3월 자민당 당대회에서 보고된 '임시(たたき台) 초안'이 있다. 자민당 헌법개정추진본부가 작성한 ①헌법 제9조에 자위대 명기, ②긴급사태 조항, ③참의원의 합구 해소, ④교육의 충실 추가로, 통상 '개헌 4항목'이라 부른다. 첫 번째와 두 번째 조항은 이제껏 충분히 문제를 제기했기 때문에 더 사족을 달 이유가 없다.

다만, 눈여겨볼 것은 네 번째의 '교육 충실' 추가 조항이다. 앞서 개헌을 위한 국민투표법 개정(2014년)을 통해 선거 연령을 20세에서 18세로 하향 조정했다는 사실을 설명했다. 대체로 보수 정권이 선거 연령을 하향 조정하는 것은 드문 일이다. 한국에서도 보수 진영에서 극렬히 반대하는 사안 중 하나가 바로 선거 연령을 하향 조정하는 문제다. 대체로 젊은 층이 진보적이라는 선입견 때문이다. 실제로 많은 경우 선거 결과가 이를 대변해 준다. 그런데 아베 정권은 이를 뒤집고 선거 연령을 두 살이나 하향 조정한 것이다. 이 사실과 교육 충실 조항이 함의하는 바를 잘 음미해 보면, 일본 보수우익 세력이 어떻게 교육을 이용해서 내셔널리즘을 전파했는지가 명백해진다.

이 문제와 관련하여 일본 사회민주당도 "교육의 목적은 개인의 인격 형성·완성에 있지, 국익 추구에 있지 않다. 국가에 이바지하는 국민을 육성한다는 발상은 위험하다. 교육 내용과 관련해서도 국가의 부당한 간섭 및 통제를 초래할 위험성이 있다"[18]라고 반론을 제기했다. 오늘의 일본 사회 현주소를 잘 대변해 주는 항목이라 하겠다.

3월의 자민당 당대회가 열리기 얼마 전 일본 언론이 행한 여론조사에 의하면, 자민당 지지층에서도 헌법 제9조 2항 유지론이 36.9%이고, 삭제 찬성이 38.7%였다. 연립여당인 공명당 지지층에서도 40.6%의 여론이 제9조 개정안이 필요치 않다고 대답했다.[19] 일본의 대표적 보수언론인 산케이신문 그룹의 여론조사 결과인데도 찬반이 팽팽하게 대립하고 있다. 이러한 사실이, 개헌론자들이 쉽게 헌법 개정을 국민투표에 붙이지 못하는 이유이기도 하다.

〈표 4〉 개헌 관련 각 정당의 입장 정리

정당명	개헌과 관련한 당의 입장
자민당	헌법 개정에 찬성, 자위대를 헌법에 명기할 것
공명당	신중한 논의가 필요, 자위대가 위헌이라고 생각지 않음
입헌민주당	국민의 권리 확대라는 관점에서 헌법 관련 논의를 해나갈 것
국민민주당	미래 지향의 헌법을 논의
일본공산당	헌법 9조 개악에 반대, 개헌 반대
일본유신회	교육 무상화, 통치기구 개혁, 헌법재판소 설치
사민당	헌법 개악에 반대

18. 사회민주당 헌법 개악저지투쟁본부, 〈자민당 개헌 중점 4항목 '시안 초안'에 대하여〉
19. 【산케이·FNN합동세론조사(産經・ＦＮＮ合同世論調査)】〈9조2항 삭제론과 유지론이 길항(9條, 2項削除論と維持論が拮抗)〉, 산케이신문(産經新聞), 2018. 2. 12.

(4) 보통국가 정책의 성격 및 전략적 의의

일본 정계에서 보통국가론을 처음으로 공식화한 인물은 오자와(小澤一郎)이다. 그는 2003년 발간한 저서 『일본 개조 계획』에서 보통국가론을 제기했다.[20] 물론, 오자와의 보통국가론은 그만의 독특한 주장은 아니었다. 앞서간 선배 정치인들의 뒤를 잇는 작업의 일환이었을 뿐이다.

보통국가의 길을 닦은 대표적 인물 중 하나가 다나카 가쿠에이(田中角榮)다. 그가 1972년 발표하여 베스트셀러가 되었던 『일본열도 개조론』[21]을 흉내 낸 90년대 버전이 오자와의 『일본 개조 계획』이다. 다나카 가쿠에이는 오자와의 정치적 스승으로 알려져 있다.

한편으로는, 1980년대 신보수주의(정치·외교)와 신자유주의(경제) 노선을 채택하며 국제사회에서 강대국 지위를 갖는 일본을 목표로 했던 나카소네(中曾根康弘)의 영향도 있다. 나카소네는 소위 '전후 정치의 총결산' 노선을 주장하며, 천황을 중심으로 하는 국가공동체와 군사대국화를 지향하던 인물이다.

....
20. 오자와는 당시 일본 국가 전략과도 같았던 요시다 독트린을 냉전 시기에나 어울리는 전략이라고 비판했다. 탈냉전기에는 바뀌어야 한다는 것이다. 일본의 경제적 위상에 걸맞은 책임을 안보 면에서도 부담해야 한다고 주장했다. 이를 위해서는 무엇보다도 전수방위전략을 수정하여 평화공헌전략으로 추진해야 하며, 자위대의 해외 평화활동 인정 등을 주문했다.
21. 다나카 내각의 구상을 펴낸 책으로, 한마디로 '지역 균형발전론'이라고 할 수 있다. 산업구조와 지역구조를 개혁하여 불균등 발전 폐해를 해소하고, 일본 전국을 산업·문화·자연이 융화된 사회로 만들고자 했던 계획이다. 공업시설의 지방 분산, 지방도시의 정비, 지방도시를 상호 연결하는 전국적인 종합 네트워크망 정비 등이 핵심 내용이다.

오자와는 이러한 앞선 정치인들의 뜻을 이어 신자유주의적 경제 개혁을 표방했다. 대담한 세제 개혁을 목표로, 소비세율을 10%로 올리는 한편 소득세와 주민세를 절반으로 하고, 법인세는 세계 최저 수준까지 인하해야 한다고 주장했다. 신보수주의적 대외정책에 따라 민족주의적이며 적극적인 국제 공헌을 위한 군사력 강화를 주문했다.

이때는 일본 정치사에 일찍이 경험해 보지 못했던 일대 격변의 시기였다. 1993년 총선에서 여당 자민당이 참패하면서 '55년 체제'가 막을 내리고 연립정부가 들어서게 된다. 연립정부 내에는 다양한 색깔을 가진 정파들이 참여하였고, 1994년 사회당 무라야마(村山富市) 위원장이 총리에 당선되었다. 하지만 거기까지였다. 1996년 총선에서 사회당의 몰락과 1997년 자민당의 무소속의원 영입으로 다시 자민당의 시대를 열었다.

이후 호헌세력인 진보정당의 몰락 과정은 '정치의 총보수화' 경향으로 굳어졌다. 헌법 개정론자들의 입지는 한층 강화되었고, 보통국가론은 일본 정치권의 큰 흐름으로 자리 잡았다. 이는 일본 보수우익이 정치 전면에 등장했음을 예고하는 것이었다.

눈부신 경제 성장으로 정점을 찍으며 세계 2위 경제대국이라 자신했던 자부심이, 이어진 경기 침체와 거품경제의 붕괴로 현실화하자 국민의 상실감은 매우 컸다. 이러한 사회적 위기 속에서 고개를 내밀고 국민 감성을 파고든 것은, 보수우익 세력이 불러 젖히는 과거에 대한 향수가(歌)였다. 일본을 복권하고 과거의 영광을 재현하자는 목소리가 그것이다. 메이지유신을 통해 봉건적 요소를 타파하고 근대화에 성공했던 당시의 일본을 되찾자는 주장이다. 바로 이것이 현재까지 이어지고 있는 보통국가 일본의 실상이다.

보통국가 이전의 국가, 혹은 보통국가화 이전의 국가는 한마디로 평화국가이다. 현재 일본 우익이 추구하는 가치는, 평화국가의 이상을 버리고 보통국가로서 전쟁을 취하겠다는 군사화 전략이다. 평화국가는 분쟁의 해결 수단으로서의 전쟁을 영구히 폐기한 국가다. 평화국가는 군대를 보유하지 않고 교전권도 가지지 않는 국가다. 보통국가는 그렇지 않다. 보통국가화의 진심은 군사화된 국가다. 일본 헌법 제9조의 폐기 혹은 수정이다. 일본의 보통국가화가 군사대국화, 혹은 군국주의화로 의심받는 이유다.

여기서 우리가 주목하는 것은, 메이지유신 이후 일본 근대화의 뒤안길에서 철저히 파괴되고 유린당했던 주변국 국민의 처참한 삶이다. 일본 사회의 주류가 된 보통국가론자들이 과거의 영광을 운운할 때 주변국 국민은 잠을 설친다. 최근에는 중국 위협론과 북한 핵 위협을 거론하며 군사력 강화의 합리화 명분으로 삼고 있다. 적반하장이다.

언론을 포함하여 한국 사회 일각에서, 보수주의자들은 물론이고 진보세력 일부에서도, 일본 정부의 헌법 개정 움직임에 주변국 국민의 관여가 자칫 '내정간섭'으로 비칠 수도 있겠다고 우려하는 이들이 있다. 그런 이유로 일본의 헌법 개정 책동에 반대하는, 보수우익 세력의 자의적인 헌법 해석에 반대하는, 이웃 국가의 우려 목소리에는 힘이 실려 있지 않다. 모깃소리처럼 작디작다.

결론부터 이야기하자면, 절대 그렇지 않다. 주변국 국민으로서 당연히 할 수 있는 참견이다.

현재의 일본 헌법은 일본국의 헌법이기만 한 것이 아니다. 제국주의 일본이 주변 국가와 그 국민에게 끼친 피해와 희생에 대한 반성[22]의 뜻이자, 다시는 불행의 역사를 되풀이하지 않겠다는 의미로 주변국과 맺은 절절한 약속의 산물이다. 그래서 일본 헌법의 다른 명칭이 '평화헌법'이 된 것이다. 자국의 국민은 물론이고, 주변국 국민과의 평화에 대한 약속이었기 때문이다.

그래서 일본 정부가 자국의 헌법을 대하는 태도는 지금과 완전히 달라야 한다. 자국의 헌법을 개정하여 전쟁이 가능한 보통국가로 나아갈 궁리에 몰두할 것이 아니라, 자국의 평화헌법에 대한 우수성을 널리 알리고 적극적으로 홍보해야 한다. 일본인의 자부심은 세계의 번영과 평화를 위해 평화헌법 정신을 각 국가에 솔선하여 권장할 때 더욱 빛이 난다.

세계 패권 질서에 주도적으로 개입하여 국제 공헌에 이바지하겠다는 생각은 평화헌법 정신과 부합하지 않는다. 현재, 일본 헌법 제9조처럼 평화정신을 헌법에 담고 있는 국가는 중앙아메리카의 코스타리카 공화국뿐이다. 코스타리카는 1949년 채택된 헌법에 '군대 없는 나라' 원칙을 세운 후 지금까지 이를 이어오고 있다. 공공부대라는 특수경찰이 치안을 담당한다. 코스타리카인들의 구호는 "군대를 폐지하고 교육에 투자하자"[23]이다. 일본 헌법을 노벨평화상 후보로 추천하는 이들의 심정도 같을 것이다. 평화국가 일본이 답이다.

....

22. 헌법에 내포된 반성의 의미는 두 가지라고 본다. 하나는, 전쟁의 참상과 제국주의가 남긴 상흔에 대한 것으로, 참된 반성이다. 또 하나는, 천황을 전쟁 책임으로부터 면피시키기 위한 술책으로, 비군사주의 및 평화주의를 부각했다는 의미다.

23. 토드 부크홀츠 『다시, 국가를 생각하다』

2. 재군비를 목적으로 한 자위대의 발족과 현대화

(1) 미국의 점령통치

3국동맹 참가국 중 이탈리아가 1943년 9월에 항복하고, 독일이 1945년 5월 무조건 항복을 선언하며 유럽에서의 전쟁 상황은 종결되었다. 마지막 남은 것은 동아시아의 일본이었다. 1945년 7월 26일 독일 포츠담에 미·영·중 3국 수뇌가 모여 일본 정부에 "무조건 항복이냐, 완전한 멸망이냐의 양자택일"을 요구했다. 그러나 무조건 항복에 대한 일본 국내 일부 강경 군부의 반발이 만만치 않았다. 호전적 강경파 역시 포츠담선언 수락이라는 원론적 문제에 대해서는 동의했지만, 요구조건이 있었다. 그들은 세 가지 조건을 내세웠는데, 첫째 보장점령의 건, 둘째 무장해제의 건, 셋째 전범 처벌의 건이었다.[24]

상황이 이리되자 어쩔 수 없이 일본 정부는 포츠담의 요구를 무시한 채 결사 항전을 선택했다. 하지만 8월 6일 오전 8시 15분 '리틀보이'라 명명된 미국의 원자폭탄 한 발이 히로시마(廣島) 상공 약 580m 지점에서 폭발했고, 8월 9일 오전 11시 2분에 나가사키(長崎) 상공 약 500m 지점에서 '팻맨'이라 이름 붙여진 또 한 발의 원자폭탄이 폭발하며, 두 도시는 완전히 폐허가 되었다.

때를 맞추어 유럽에서 전쟁을 끝낸 소련이 8월 8일 대일 선전포고

....
24. 후쿠나가 후미오(福永文夫) 『일본점령사 1945~1952 -도쿄·워싱턴·오키나와(日本占領史1945~1952 -東京・ワシントン・沖繩)』

를 하고, 다음날 만주로 진격해 들어왔다. 마침내 결단의 순간을 맞았다. 8월 15일 일본 천황은 떨리는 목소리로 포츠담 요구에 따라 무조건 항복을 선언했다.

제2차 세계대전의 종결과 함께 연합국(말이 연합국이지 영국 연방군 일부를 빼면 미군 단독이나 마찬가지였다)은 일본 점령통치를 시작했다. 1945년 9월 2일 항복문서에 조인한 시점부터 시작된 점령통치는 1952년까지 이어졌다. 1951년 9월 8일 샌프란시스코에서 '샌프란시스코 강화조약'이 체결되고, 1952년 4월 28일 발효되면서 연합군에 의한 일본 군정기는 끝이 났다. 약 6년 8개월에 걸친 기간이다.

전쟁의 실질적인 종결이 1945년으로 늦춰졌을 뿐이지, 일본이 패전을 인식하기 시작한 것은 1942년 미드웨이 해전에서의 대패 이후이다. 이때부터 일본 정부의 관심사는, 전쟁의 승패보다 어떻게 전쟁을 종결하느냐의 문제로 바뀌었다. 비슷한 시기에 유럽의 전세 역시 연합군에게 유리하게 전개되고 있었다. 전후 처리 문제가 대두되자, 1943년 10월에 모스크바에서 미·영·소 3국 외상회담을 개최하고, 이어진 테헤란회담에서 독일 점령정책이 합의되었다. 일본의 패전 처리를 위해서는 1943년 11월에 카이로회담이 열렸다.

상황이 이렇게 흘러가자 미국 국무성도 서둘러 일본 점령정책을 수립해야만 했다. 1944년 미 국무성은 극동부를 극동국으로 격상하고, 특별정치국·전시경제국·운송통신국·경제국 등 5개국을 신설했다. 일본 역시 패전 후의 전후 처리 과정에서 자국에 유리한 상황을 만들기 위해 작업에 들어갔다.

핵심 논점은 두 가지였다. 하나는 일본의 국체, 즉 천황의 안위를 보존하는 문제였다. 다른 하나는, 독일처럼 자국이 분단되는 상황을 막는 것이었다. 먼저, 천황 안위를 위해서는 오키나와를 미국의 주둔기지로 할양하겠다는 의도로, 맥아더 사령관과 일본을 방문한 덜레스(John Foster Dulles) 특사에게 비밀메시지를 전했다.[25] 일본은 전후 처리 과정에서 자국이 아닌, 한반도가 남북으로 갈리는 협상을 이끌어냈다. 이를 위해 소련의 만주 진격에 길을 터주는 방식으로 대처했다는 기록들이 있다. 패전 인지 시점부터 항복 선언을 하기까지, 막대한 물적·인적 희생을 치른 대가로 일본 정부는 원하는 것을 얻을 수 있었다.

미국 대통령 트루먼에 의해 연합국 최고사령관으로 맥아더가 임명되었다. 8월 15일의 일이다. 당시 필리핀 마닐라에 있던 맥아더는 8월 30일에야 자신의 전용기 바탄호를 타고 도쿄에 입성할 수 있었다. 10월 2일 연합국최고사령관 총사령부(GHQ)가 설치되었다. 초기 40만 명 규모였던 점령군의 숫자는 점차 줄어들었다. 1949년에는 16만 6천 명이었다가 한국전쟁을 기점으로 다시 늘어났다.

연합국 총사령부는 직접 통치하지 않고, 기존의 일본 통치 형태(구조)를 활용하여 간접 통치하는 형태로 각종 지령을 하달했다. 이러한 방식을 채택한 이면에는, 동양과 서양의 문화 차이를 인정하고자 한 측면과 전면 통치에 대한 미국의 준비 부족, 일본 정부와 민간의 집요한 요청 등을 들 수 있다. 하지만 연합국 총사령부는, 단지 이를(일본의 통치 형태) 이용하려는 것뿐이지 지지하는 것은 아니라는 점을 분명히 했다.[26]

....
25. 이토 나리히코 상동
26. 하워드 B. 존버거(ハワード・B・ショーンバーガー) 『점령 1945~1952 : 전후

연합국 총사령부는 인권지령, 5대 개혁 지령, 재벌 해체 지령, 농지 개혁 각서 발표, 노동조합법 등을 순차적으로 공포하며, 일본을 민주주의 국가로 탈바꿈시키고자 했다. 점령통치 기간 동안 연합국 총사령부의 통치 이념은, 한국전쟁과 냉전의 영향으로 변화를 겪게 된다. 점령통치 초기에는 역시 일본의 군사력을 배제하는 정책과 일본의 민주화가 최우선 과제로 자리했다. 전쟁의 참상을 겪은 직후라 당연한 정책이었다.

하지만 동·서 유럽의 대립, 미·소 냉전의 격화, 중국의 공산화 우려는 대일정책을 수정하지 않을 수 없게 만들었다. 여기에 더해, 한반도를 남북으로 갈라놓은 채 대립하고 있던 공산주의 세력에 대한 경계심은, 일본 점령통치 정책을 새롭게 수립할 것을 요구했다. 대략 1947년을 기점으로 '반공주의'와 일본의 '경제부흥'으로 점령정책을 전환하게 된다. 소위 '역코스'라 불리는 정책 전환이다.

(2) 전범 인적 청산과 전후 제도의 정비

전후 일본 통치의 주력이었던 연합국 사령부는, 초기 일본 통치의 이념을 일본에 민주주의를 정착시키는 것에 두고 있었다. 물론, 민주주의는 미국이 전 세계 어느 국가에든 전파하고 싶어 하는 최고의 가치이다. 특히, 공산주의 진영과의 냉전 대립 속에서 승리하기 위해 더욱 그

일본을 만들어낸 8명의 미국인(占領1945~1952 : 戰後日本をつくりあげた8人のアメリカ人)』

가치의 전파와 구현에 연연했다. 해방 후 한국 사회 역시 민주주의 접목을 최우선 과제로 선정해 신탁통치의 최우선 과제로 추진했다.

민주적 기본 질서는 법치의 공정함에 좌우된다. 일본 사회 보수우익화, 역사 부정, 기억의 망각 기저에는 과거 전쟁 범죄에 대한 법치의 공정함에 대한 결여가 내제되어 있다. 그런 점에서 본다면, 일본의 민주주의는 첫 단추부터 잘못 끼워진 것이다. 천황의 전범 면죄부, 전쟁 범죄자에 대한 관대한 처분 등이 일본의 전쟁 범죄에 대한 죄의식을 희석했다. 당당하다 못해 적반하장의 태도를 보이는 현 일본 우익들의 언행이 이를 잘 대변해 준다.

가해자의 피해자에 대한 태도는 철저한 반성과 참회여야 한다. 피해자에게 사죄하고 아픔을 위로하는 것은, 반성과 참회로 마음의 정화가 이루어진 이후의 일이다. 그런데 지금까지 일본 정부가 전쟁 피해 주변국들에게 보이고 있는 행태는, 전자(반성과 참회)가 빠져버린 사죄와 위로가 전부였다. 본인들은 할 만큼 했다고 억울하다며 강변할지 모르겠으나, 용서는 피해자가 내미는 화해의 손길이지 가해자가 결정할 일이 아니다. 일본 정부가 가식적이라 비판받는 이유다. 그래 놓고는 군사대국화의 한길로 내달리고 있다.

전범 처벌과 관련해서 미국과 연합국 사령부의 주된 관심사는 철저한 자국의 이익이었기에, 일본을 아시아의 자유민주진영 수호의 교두보로 삼으려 했다. 지정학적으로도 역내 환경 역시 동아시아(넓게는 아시아 전역) 지역에서 일본만한 국가를 찾을 수 없었던 이유가 컸다. 더구나 소련과 중국이 공산주의로 무장한 채 세력을 확대하기 위해 동아시아 지역에 눈독을 들이고 있을 때였다. 자칫 과도한 전범 처벌로 인해 민심을 잃고 반란으로라도 이어진다면, 종국에는 일본이라는 동아시아의 교두보마저도 상실할 수 있다는 걱정이 컸다. 따라서 일본의 실질적 지배자이자 정신적 지주였던 천황의 처벌에 망설일 수밖에 없었다.

대안으로 내놓은 것이 천황에게서 군대를 분리하는 정책 정도라 할 수 있다. 군대 자체는 아예 폐기하는 쪽으로 흘러가기는 했지만, 점령 초기 정책은 그 정도 선에 그치고 있었다.[27] 철저하게 미국의 이익에 부합하는 대일통치 정책이었다.

전쟁의 승패가 어느 정도 예견되던 1943년 10월 연합국 전범위원회가 런던에서 설립되어 17개국으로 구성되었다. 그리고 모스크바 선언에 의해 독일과 일본 전쟁 범죄자 재판이 구체화되었다. "일본의 전쟁 범죄 개시 시기는 1937년 7월 7일 노구교 사건으로 한다"는 연합국 전범위원회 지령 19호가 1944년 7월 15일 발표되었다.

전쟁의 막바지였던 1945년 초, 연합국 전범위원회는 전쟁 범죄에 대한 성격을 명문화하는 동시에 극동 및 아시아 소위원회에서 일본군 100명을 전쟁 범죄자로 하는 명단을 작성했다. 1945년 9월 12일 미 합동참모본부는 맥아더에게 문서를 발송하여 군사재판을 준비할 것을 지시하며, 전범 44명의 명단을 전달했다. 천황 히로히토(裕仁)의 이름은 없었다. 천황제 민주주의의 씨앗은 이렇게 뿌려졌다.

1946년 1월 맥아더는 극동 국제군사재판소 설립에 관한 특별 선언문을 발표하고, 극동 국제군사재판소 조례에 따라 재판 진행을 명령했

----

27. 오오에 시노부(大江志乃夫) 외 편집, 『근대일본과 탈식민지〈8〉 아시아의 냉전과 탈식민지화(近代日本と脱植民地〈8〉アジアの冷戦と脱植民地化)』

다. 극동 국제군사재판소 조례에 따르면, 3종류의 범죄 유형을 규정하고 있다. 첫째 평화에 관한 죄, 둘째 일반적인 전쟁 범죄, 셋째 인도적 범죄이다.

이 조례에 따라 A급 전범에 대한 재판이 1946년 5월 도쿄에서 시작되어 1948년 11월에 선고되었다. A급 전범으로 기소된 28명 중 도조 히데키(東條英機)를 비롯한 7명은 교수형, 나머지 16명은 종신형이었다. 종신형을 선고받은 A급 전범 대부분은 12월 24일 스가모(巢鴨) 감옥에서 석방되었다. B·C급 전범재판은 요코하마를 비롯한 아시아 각 지역 49개 지역에서 행해졌다. 5,700명의 피고인 중 984명이 사형 판결되었다. 천황은 끝내 기소 면제되었다.[28]

연합국 총사령관 맥아더는 일본 사회의 군국주의적 요소를 척결하고 자유민주주의의 초석을 놓은 것으로 평가받고 있다. 일본 국내의 여론 역시 대체로 긍정적이다. 그 이면에는 앞서도 살펴봤듯이 전후 처리의 관대함이 자리하고 있음을 부인할 수 없다.

연합국 사령부의 민정국장이자 맥아더의 최측근으로 인정받던 휘트니(Courtney Whitney)의 진술에 의하면, 맥아더 점령정책의 핵심은 맥아더의 '5대 개혁지침'에 기초하고 있음을 알 수 있다. 여성해방 정책을 통해 여성의 참정권 및 사회적 지위 확립을 도모하고, 폭압적 제도 폐지 정책으로 정치범의 석방과 비밀경찰 폐지에 이바지했다. 교육의 자유화, 노동조합 결성을 장려하여 자유로운 노동운동이 뿌리내리게 했다. 군사력에 부정적이어서 군대 폐기를 끌어냈다. 자유로운 언

....
28. 국립국회도서관(國立國會圖書館) 〈전범기소장 : 극동국제군사재판소 조례(戰犯起訴狀 : 極東國際軍事裁判所條例)〉

론환경을 만들고, 정치와 종교의 분리, 정치권력 분산, 경제민주화 추진으로 재벌 해체와 농지개혁을 추진했으며, 헌법 개정을 통해 군국주의를 추방하고 민주적 근대화로 전환했다.

(3) 미국의 역코스 정책(Reverse Course)

미국 점령정책의 변화는 어느 정도 예고되었던 것이었다. 특히, 태평양전쟁은 일본과 미국 간 전쟁이었다는 점, 동아시아 지역 내 환경에서 전쟁의 직접적 관련 국가가 마땅히 없었다는 점으로 인해 미군에 의한 단독점령이 되었다. 점령정책의 수립과 추진이라는 면에서 한층 수월하게 실행할 수 있었던 이유다. 국제정치학 이론에 있어서 대세는 강대국에 의한 힘의 지배 이론이다. 이는 비단 국제정치학뿐만 아니라 인간을 포함한 동물의 세계를 지배하는 정글의 법칙이기도 하다. 강자의 의지에 따른 평화가 진정한 평화가 아닌 이유다.

미국의 전후 처리 문제도 이와 다르지 않았다. 두 가지 측면에서 그랬다. 우선, 소련의 세력 확대는 공산진영과 자유진영이라는 진영 이데올로기를 만들어냈다. 이 이데올로기 싸움에서 우위를 확보하려는 미국의 전략은, 소련의 동아시아로의 진출을 막아내는 데 있었다.

종전 초기, 대략 1949년 중국공산당 정부가 들어서기 전까지는 아시아 방공의 보루로 중국을 선택했었다. 중국의 장제스 정부와 동반자 관계를 맺어 공동 대응하겠다는 복안이었다.[29] 하지만 미·소 냉전이 격

....
29. 이리에 아키라(入江昭) 『미일전쟁(日米戰爭)』

화되는 와중에 겪게 된 중국의 공산화로 인하여 미국은 전략을 변경할 수밖에 없었다. 이제 아시아의 공산화를 저지하기 위한 마지노선은 한반도 남쪽이 되었으며, 마지막 보루는 일본이 되었다.

독일 전후 처리의 예처럼 일본을 남북으로 분단할 수 없었던 이유도 소련의 세력 확대 저지에 있었다. 일본을 분단시키게 되면 동아시아 안보전략에서 교두보 확보가 어렵다고 봤기 때문이다. 결국 이에 대한 대안으로, 한반도를 반으로 쪼개 소련과 나누어 통치함으로써 한반도 남쪽을 완충지대화 하였다. 그리고는 일본을 철저히 친미 위성국가화 시켰다. 군사력은 배제되었다. 일본의 강력한 군사력은 오히려 미국에게 독이 될 수도 있었기 때문이다. 민주화와 경제적 부흥을 통해 윤택한 자유민주주의 국가로 탈바꿈시키면 충분했다.

이러한 전략을 수정하게 되는 계기는, 앞서 살펴보았듯이 일차적으로는 중국의 공산화였으며 결정적으로는 한국전쟁의 발발이었다. 전후계획위원회(PWC)가 1944년 3월 내놓은 점령정책(일본의 분할 점령 반대, 비군사화와 민주화 정책을 일본 정부를 이용해 추진하는 간접통치)을 보더라도 일본의 비군사화와 민주화를 점령정책의 1순위 과제로 삼았던 미국은, 초기 정책전략을 바꾸어 재무장과 경제부흥 정책을 펼치기 시작한다.

당연히 민주주의는 억압받기 시작했다. 노동운동의 탄압은 물론이고 공산당 기관지 《아카하타(赤旗)》를 정간시켰으며, 공산당 중앙위원 24명을 공직에서 추방 조치하였다. 반대로 전범세력들은 공직 추방에서 해제되었다. 이러한 일련의 과정들을 소위 '역코스' 정책이라 부른다.

한국전쟁이 발발로 인하여 일본에 주둔 중이던 미군 병력 대부분을 한국 전선으로 긴급 출동시키자, 일본 국내의 치안 및 안보가 부재 상황에 놓이게 되었다. 결국 후방 기지 확보와 치안·안보를 핑계로 비군사 노선은 폐지되었다. 맥아더는 요시다(吉田茂) 총리에게 경찰예비대 창설을 명령하여 7천500명의 대원을 확보하는 한편, 8천 명의 해상보안청 요원을 증원했다. 1950년 8월 24일 '경찰예비대'로 창설된 것이, 1954년 7월 1일 자위대법 제정과 함께 '자위대'로 발전했다.

일본 자위대는 현재 육·해·공 3군 자위대로 구성되어 있으며, 일본 방위성 소속이다.[30] 군의 문민통제 차원에서 방위성 승격 이후에도 최고 지휘·감독권은 내각에, 최고 지휘관은 총리가 맡고 있다. 방위 및 치안 관련 출동 명령 역시 총리가 내린다.

(4) 탈냉전 이후 미국 안보전략의 변화

여러 면에서 일본은 미국을 추종 혹은 흉내 내는 경향이 강하다. 안보 전략에 있어서도 예외는 아니다. 1945년 일본의 무조건 항복으로 동서양에서 전쟁은 모두 끝난 듯 보였다. 하지만 그것은 반쪽만의 끝이었다. 새로운 전쟁, 즉 이념 전쟁이 시작되었다. 흔히 냉전(cold war)이라 불리는 이 전쟁은, 사회주의와 자유주의 양 진영의 정치·경제·외교를 망라한 전 방위적 갈등으로 확대되었다.

....
30. 일본 방위청은 아베 1차 내각 기간이었던 2006년 가을 임시국회에서 방위성(防衛省)으로 승격하는 법안을 통과시켜, 2007년 1월 9일 방위성으로 발족했다. 이로써 방위성 수장은 청의 장에서 방위상(방위성 장관)이 되어 내각의 정식 각료가 되었다.

냉전의 발단이나 전개 과정에서 분기점이라 볼 수 있는 사건을 콕 집어내기는 쉽지 않다. 한국전쟁, 코민포름, 트루먼 독트린, 마셜플랜 등이 거론될 뿐이다. 또한 유럽에서의 냉전 시기, 동아시아에서는 한국전쟁과 베트남전쟁 등의 열전이 진행되기도 했다.[31]

아무튼, 겉으로 드러난 외형상의 갈등은 미·소 냉전이라는 형태로 나타났다. 그런데 이 구도가 진실로 불가피한 선택이었음을 증명하려면 냉전 이후, 즉 탈냉전기의 미국의 대외전략에서 평화를 위한 노력을 보여주어야 했다.

소련 이후의 중동에서, 그리고 최근에는 다시 중국과의 갈등 관계로 이어지는 노정 속에서 유일 초강대국의 평화 의지에 의심의 눈길을 보내게 된다. 달리고 있는 자전거는 계속 페달을 밟아줘야 한다. 그렇지 않으면 균형을 잃고 쓰러지게 된다. 패권이라는 자전거에 올라탄 이상 한순간도 멈출 수가 없다. 그건 곧 패권 지위의 상실로 연결되기 때문이다.

패권국이 되기까지의 과정도 험난하지만, 패권국을 유지하는 길 역시 험난하기는 마찬가지다. 제2차 세계대전을 승전으로 끝내고 패권국이 되고 나서도 그 지위를 유지하기 위해 미국에게는 새로운 적이 필요했던 셈이다. 그리고 소련이 상대편에 있었다. 소련을 위시한 사회주의 진영의 세력 확대를 저지하기 위해 더 강력한 억지력을 추구하게 되었다.

확고한 기술력에 기반한 무기체계와 핵억지력이 재래식 무기의 자

31. 김학재 「'냉전'과 '열전'의 지역적 기원–유럽과 동아시아 냉전의 비교 역사사회학」, 『사회와 역사』 제114집

리를 차지한다. 이러한 무기체계 선도화 경쟁은 끝없이 진행되었다. 전선 없는 무기 전쟁의 시기였다. 소련의 붕괴는 이 체제의 종말을 고했고, 탈냉진 시대가 되자 과도한 설비와 공급 능력에 대한 개선의 필요성이 제기되었다. 외교정책에서의 새로운 패러다임이 절실해졌다.

탈냉전기에 들어선 클린턴 행정부의 대외정책 기조는 클린턴 독트린으로, En-En전략으로 표면화되었다. 확산(enlargement)과 개입(engagement) 정책이 그것이다. 이를 통해 미국의 영향력을 세계적 수준에서 유지 및 행사하려 했다. 미국이 추구하는 민주주의와 자유시장경제를 전 세계에 걸쳐 확산시키며, 민주주의와 인권 개념에서의 개입 정책이다.[32]

핵심은 미국의 국가 이익이다. 영토 확장 전략이 과거의 안보 노선에 입각한 국가 이익 전략이었다면, 현실주의적 국가 이익 안보 노선은 영향력 확장을 통한 기회의 확장 전략이다. 전략 확대 정책은, 소련의 붕괴로 우위를 확보한 자유진영의 민주주의와 시장경제를 더욱 확산시켜 나가겠다는 전략이다. 자유민주주의가 시장경제를 촉진하며, 이는 미국의 국익에도 부합한다는 논리에 따른 것이다.[33] 미국이 제2차 세계대전의 종전과 함께 과거 제국주의의 식민지 국가들에게 자유민주주의를 이식시키려 했던 것의 연장선상이다.

자유민주주의는 자유주의와 민주주의의 정치 원리이다. 민주주의는 국민(인민) 주권의 원리이기에 자유진영이든 공산진영이든 공통의 기본

32. 연정례, 김일수 「미국의 對이라크 개입정책 : 목표와 성과」, 『평화학연구』 제15권 3호.
33. 방위연구소(防衛研究所) 「미국의 동아시아 안전보장정책:클린턴 정권의 8년간(米國の東アジア安全保障政策: クリントン政權の8年間)」

원리로 삼는다. 문제는 자유민주주의에서 자유주의가 갖는 의미다.

자유주의는 두 가지 의미로 살펴볼 수 있다. 하나는 경제적 자유, 즉 경제활동의 자유 원리다. 이 의미로서의 자유가 처음으로 제기되는 계기는 중세 봉건시대로, 대략 4세기부터 14세기까지 약 1천 년의 기간을 일컫는다. 왕을 정점으로 성직자와 영주, 귀족, 기사, 평민, 농노, 노예 등으로 철저히 계급화된 사회였다.

이 봉건시대의 중·후반기에 등장하는 신흥계급이 있는데, 흔히 상인 혹은 상공업자라 불리는 이들이다. 이들은 상업을 통한 부의 축적으로 공장의 확대를 견인해 간다. 이렇게 부를 축적한 상인과 공장주를 부르주아사회 또는 시민사회라 불렀다. 봉건제 말기가 되면서, 대략 17세기와 18세기에 걸쳐 유럽을 휩쓴 시민혁명(부르주아 혁명)의 주체가 되는 계급이다. 대표적으로 1789년 프랑스대혁명을 들 수 있다. 이들이 외쳤던 게 바로 '자유'였다. 경제활동을 할 수 있는 '자유', 축적할 수 있는 '자유'의 의미가 컸다.

오늘날 우리가 자유의 대명사로 여기는 '인간이 태어날 때부터 부여받은 숭고한 권리로서의 자유' 개념은 근대 이후에 정립된 것이다. 이것이 자유가 갖는 두 번째 의미다.

그런데 자유민주주의에서는 전자로서의 자유 개념이 강하다. 자유민주주의가 시장경제와 연결되기 때문이다. 당연히 능력주의와 개인주의를 전제로 한다. 자유주의에 대한 대체재로 민주공화주의가 있다. 공화주의는 군주나 왕으로부터의 탈피, 즉 왕정의 반대 개념으로 공공선을 전제로 자유의 실현을 추구한다. 따라서 능력과 개인보다는 보편적 평등성이 우선시된다.

확대정책이 미국의 경제적 패권 유지를 위한 정책이라면, 참여정책은 군사·안보적 패권 유지 전략이라 할 수 있다. 미국의 이익을 위해서라면 국제문제에 적극적으로 개입하겠다는 전략이다. 조지 W. 부시 행정부는 이전 정부와는 확연히 다른 국제정세 하에 있었다. 미국의 지위는 확고했고, 더는 미국의 적이 없는 듯 보였다. 2001년 9·11 테러는 이러한 인식에 대전환을 가져온 일대 사건이다.

조지 W. 부시 행정부는 클린턴 정부가 추구했던 참여정책의 효율성이라는 차원에서 '선택적 개입' 정책으로 전환했다.[34] 선택적 개입은 억지 전략을 포기하고 공격적 현실주의 외교정책으로의 전환, 즉 고정적이며 확실한 위협에서 언제 어디서 불거질지 모르는 비고정적이며 불확실한 위협으로부터의 대응에 기초한 군사전략으로 변화했다. 이는 불량국가를 선별하고 적대하였으며, 불량국가나 적대 국가로 낙인찍힌 적들에게는 강한 경제적 봉쇄와 제재 혹은 가차 없는 선제공격으로 대응했다. 북한과 이라크가 대표적인 예다.

(5) 주일미군의 재배치 배경 및 정책 목표

냉전기에는 소련의 세력 확대를 저지하기 위한 목적으로, 탈냉전기에는 불특정 적을 상대하기 위한 목적으로 미·일 관계는 변함없는 동맹체제를 군건하게 유지했다. 탈냉전기 동맹체제 구축의 시작은 1996년 클린턴(William Jefferson Bill Clinton) 미국 대통령과 하시모토(橋

----

34. 연정례, 김일수 상동

本龍太郎) 일본 총리가 발표한 〈미·일 안전보장 공동선언-21세기 동맹(U.S.-Japan Joint Declaration on Security , Alliance for the 21st Century)〉이다.[35]

미·일 양국 정상은 이 회담을 통해 "미·일 안보조약에 기반한 공동 안보 목표를 달성하고, 아시아 태평양 지역의 안정과 번영 유지를 재확인"하는 것으로 지역의 안보 범위를 기존의 '극동'에서 '아시아 태평양 지역'으로 확대 해석하고 있다. 클리턴 대통령은 "일본 방위와 아시아 태평양 지역의 평화와 안정에 대한 미국의 의지를 강조하며, 일본의 역할에 기대감"을 표시했다.

1996년 미·일 안보공동선언 채택에 이어 1997년 9월에 제정된 신(新)가이드라인은, 냉전기에 체결된 '미·일 방위협력지침(THE GUIDELINES FOR JAPAN-U.S. DEFENSE COOPERATION)'을 수정하여 탈냉전기 미·일 동맹을 한층 강화된 것으로, 군사대국화하려는 일본의 재무장에 대한 경각심을 일깨운 법안이다. 1978년 11월 27일 미·일 안전보장협의위원회(SCC) 결정으로 채택된 미·일 방위협력지침(구(舊)가이드라인)은 "일본에 대한 무력 공격 및 평시 일본 주변 지역에서 효과적이고 신뢰할 수 있는 미·일 협력을 위한 견고한 기반을 만드는 것"을 목적으로 하고 있다.

미·일 안보협력지침은 1951년 샌프란시스코강화조약과 함께 체결된 '미·일 안전보장조약(구조약)'과, 일본 정부의 끈질긴 개정 요구에 따라 이를 개정한 1960년 6월의 '미·일 상호협력 및 안전보장 조약(신

---

35. 이바타 켄스케(江畑謙介) 『미군재편(米軍再編)』, 히사에 마사히꼬(久江雅彦) 『미군재편 미·일 '비밀교섭'에 무엇이 있었나(米軍再編 日米「祕密交涉」で何があったか)』

조약)'의 내용을 확대·수정한 것이다. 구조약과 신조약의 큰 차이는 편무적 성격의 보완이다. 즉, 의무라는 측면에서 봤을 때 미국 쪽으로 크게 쏠려 있던 미·일 안보 문제의 주도권에 일본도 직접적으로 관여할 수 있도록, 편무주의에서 쌍무주의로 전환했다는 점이다.

미·일 방위협력지침은 구조약의 제5조와 6조에서 규정했던 일본에 대한 무력공격 및 활동 범위를 보다 세분화하였다. 일본에 대한 무력 공격에 대한 조치를 제4장에 두고, "제1항을 일본에 대한 무력 공격이 임박했을 때, 제2항을 일본에 대한 무력 공격이 일어날 때로 구분해 미·일 양국의 행동 원칙과 운영 개념"을 기술하고 있다. 또한 "제5장에는 일본 주변 지역의 상황"을 지정하여, 보다 구체적으로 일본 주변 지역에서의 미·일 양국의 협력 방안에 대해 자세하게 제시하고 있다.

신가이드라인과 관련해서 일본 정부는 "가이드라인은 미·일 안보체제를 원활하고 효과적으로 운용하기 위한 것"이며, "조약이나 협정과는 다르게 법적 구속력은 없다"라고 밝히고 있다. 개정의 이유 및 목적과 관련해서는 "동·서 냉전기였던 1978년 책정된 종래의 가이드라인이 있지만, 냉전의 종료와 함께 새로운 국제정세나 안전보장의 환경 변화에 직면해 있다. 일본 주변 지역의 평화와 안정의 유지는 일본의 안전을 위해 중요하다"라는 이유로 "일본에 대한 무력 공격이나 주변사태에 미·일 방위협력의 실효성을 높이고 효과적으로 대응하기 위해, 그리고 일본의 대응 예측 가능성을 높이기 위해서다"라고 밝히고 있다.[36]

신가이드라인을 실행하기 위해 1999년 6월 '주변사태법안', '자위

....
36. 외무성(外務省) 〈미일방위협력을 위한 지침(日米防衛協力のための指針)〉, 1997. 9.

대법 개정안', '미·일 물자 및 용역의 상호제공 협정법'의 3법이 채택되었다. 이로 인해 전수방위를 목적으로 한 군대였던 자위대가 '주변 사태'라는 명분으로 미군의 후방 지원 역할을 자임하게 되었으며, 자위대의 해외파병도 가능해졌다.

특히, 주변사태법에서 말하는 '주변'이라는 개념이 지리적 개념으로 한정 지을 수 없다는 점, 그리고 한국이나 중국 등 주변국의 유사 사태를 상정한 채 이를 빌미로 자국의 도전적 안보 정책을 노골적으로 드러내고 있다는 점에서 문제가 크다.

또한, 무력의 행사는 없다고 했으나 무기의 사용은 인정한 점 등의 애매한 후방 지원 문제는, 투명해야 할 지역 안보 협력에 어두운 그림자다. 소련의 해체와 더불어 지역의 새로운 불안 요소라 스스로 간주한, 중국과 북한을 염두에 둔 미·일의 편향적 인식의 일단이라 할 수 있다. 이것을 분명하게 보여주는 것이 1997년 1차 개정에 이어 2015년 2차로 개정한 가이드라인(미·일 방위협력지침)이다. 주된 위협으로 북한과 중국을 명시하고 있다.

이러한 일본(미국을 포함한)의 인식은 틀렸다. 결론부터 말하자면, 지구상에 일본을 침략할 나라는 없다. 자국의 잘못에 대한 반성과 사죄 등 처신만 제대로 한다면, 만에 하나 있을지도 모르는 지역의 불안 요소 혹은 지역 분쟁이 일본의 평화와 안정을 위협하지 않으리라는 점은 역사가 증명한다.

인간은 역사를 통해서 배우며 미래를 유추하기도 한다. 지난 역사를 돌이켜보더라도 일본을 선제공격해서 침략한 국가는 없었다. 역사가 입증하는 것은, 오로지 일본의 대륙침략뿐이다. 조선이 그랬으며,

청나라나 러시아와의 전쟁, 나아가 태평양전쟁이 그 증거다. 지역의 불안 요소는 일본 주변국이 아니라 일본 자신임을 명심해야 한다. 일본만 자중한다면 동아시아는 평화롭게 살 수 있다. 재군비가 아니라 평화의 길로 가야 한다.

〈표 5〉 일본 안보체제 변화 일람

비군사화의 길	
1947년	평화헌법 발효
1951년 9월	미·일 안보조약 체결
1954년	방위청 설치법 및 자위대법 성립
1956년 12월	유엔 가입
1960년 1월	미·일 안보조약 개정
1967년	비핵 3원칙(핵무기 제조, 보유, 반입 금지), 무기 수출 금지 3원칙, 공격용 무기 비보유 원칙
보통국가화의 길	
1990년대	오자와 이치로에 의한 '보통국가론' 제기
1992년	PKO 협력법 제정(유엔 평화유지활동에 자위대 파견 가능), 캄보디아 PKO 참가
1997년 9월	미·일 방위협력을 위한 가이드라인 합의
1999년 5월	신가이드라인 성립
2000년 11월	선박검사 활동법 성립
2001년	테러대책 특별조치법
2001년 11월	PKO 협력법 개정
2003년 6월	유사법제 3개 법안 성립(무력공격사태법, 안전보장회의 설치법 개정안, 자위대법 개정안)

2004년 6월	유사법제 7개 법안 성립(외국군용품 등 해상수송규제법, 미군행동원활화 법안, 자위대법 개정안, 교통통신 이용법, 국민보호법, 국제인도법위반 처벌법, 포로 등 취급법)
2008년	우주기본법 제정
2009년 6월	해적 대처 특별조치법 성립
보통군사국가화(안보정책의 변화 및 제도 강화)의 길	
2013년 12월	방위계획대강 발표(중국과 북한의 군사적 위협 강조)
2014년 4월	무기수출금지 3원칙 폐기, 집단적 자위권 용인 각의 결정
2015년 4월	미·일 신가이드라인 공표
2015년 9월	11개 안보법안 성립(무력공격사태법, 중요영향사태법, 자위대법, 선박검사활동법, 미군행동관련조치법, 특정공공시설이용법, 해상운송규제법, 포로취급법, 국가안전보장회의 설치법)+국제평화지원법 신설
2018년	방위계획대강 발표(다차원 통합 방위력 구축)

제2장

∶
●

방위계획대강

1. 탈냉전기 일본의 안보·방위 정책

(1) 일본 안보·방위 정책의 흐름

전후 일본이 군사력에 눈을 돌리게 되는 결정적 계기는, 냉전의 시작과 한국전쟁의 발발이었다. 또한 샌프란시스코 강화조약과 점령군의 철수로 국권이 회복되었기 때문이기도 하다. 사회 전반에 걸쳐 군비 요구가 지배적이었다. 일본에서 '국방'이란 용어가 처음 사용된 것은 메이지유신 시기다. "국방이란 국가 독립을 위협하는 내외의 적으로부터 국가를 방위하는 것"으로 정의했다.[1] 내부의 적은 경찰력으로, 외부의 적은 군사력으로 방어한다. 말 그대로 내부의 적은 국가 내부에서 벌어지는 체제 변혁운동 같은 것이다. 외부의 적은 침략해 오는 타국일 터이다.

일본의 독자적인 안보·방위 정책은 몇 개의 시기로 나뉘는데[2], 공통점은 주변국의 위협을 정책 수립의 핵심 이유로 들고 있다는 점이다. 냉전기에는 철저하게 미국의 안보 우산에 의존하는 안보정책을 추

----

1. 마츠시타 요시오(松下芳男) 『일본 국방의 비극(日本國防の悲劇)』
2. 전후 일본 안보정책의 큰 흐름은, 수동적이며 대미종속적 노선에서 점차 미·일 동맹에 기초한 독자성·자주성 확보를 추구하고 있다고 볼 수 있다. 1980년대 경제성장기를 맞으며, 국제사회에 공헌과 정치적 책임을 다하는 국제국가로서의 일본을 부각시키려 노력했다. 1990년대 초반, 걸프전을 계기로 국제사회에 대한 경제·정치적 책임뿐만 아니라 군사적 공헌을 목표로 국제평화유지활동(PKO)에 적극적으로 참여하는 방법을 모색했다. 2000년대 들어서는 9·11 테러를 기점으로, 일본 방위정책의 신개념으로 등장한 글로벌 차원의 대응을 위해, 미일동맹 일체화를 주장하며 더욱더 적극적이고 공세적인 대외 방위정책을 펼쳐 나가고 있다.

진했다.

1970년대가 되면서 미·소 데탕트로 긴장 완화 분위기가 조성되면서 전쟁의 위기는 더는 없는 것처럼 보였다. 그러다가 1980년대가 되자 소련의 군사력에 대한 위협 인식이 싹트기 시작했다. 소련 위협론과 관련해서는 일본 내에서도 많은 반대 의견이 제기되곤 했다. 또한 당시까지만 하더라도 상대국에 대한 예우 차원에서 직접적인 적대적 표현보다는 '잠재적 위협'이라고만 규정했다.

특히, 미·일 방위체제가 공고하게 작동하는 당시 상황에서 일본에 대한 공격은 미국과의 전면전 성격을 띠는 것이기에, 과연 소련이 일본을 공격하겠느냐는 의문이었다. 대표적인 인물이 진보적 국제정치학자이자 평화학자였던 사카모토 요시카즈(坂本義和)다. 그는 보수주의자들에 의해 소련의 군사 위협이 과장되게 포장되었고, 그들이 이를 안보에 악용하고 있다고 주장했다. 그는 동·서 대립을 넘어 세계적인 불균등 발전과 군사화라는 보다 큰 틀에서 냉전을 파악하고 있었다.[3]

아무튼 소련 위협의 결정적인 계기는, 1979년 12월 소련판 베트남전쟁이라 불렸던 소련의 아프가니스탄 침공이었다. 신냉전의 도래라 할만했다. 미·일 안보체제의 강화와 협력의 필요성은 한층 증대되었으며, 다른 한편으로는 이러한 국제적인 위협 요인의 확대 등으로 인해 동아시아에서 중심적이고 독자적인 안보 능력을 갖출 필요성에 대한 요구도 넘쳤다.

소련의 해체와 공산진영의 세력 약화로 탈냉전기가 되면서 또 한번 일본 방위정책은 변화를 맞게 된다. 그리고 1990년대 후반, 경제와

----
3. 사카모토 요시카즈(坂本義和)『지구시대의 국제정치(地球時代の國際政治)』

안보적인 면에서 중국의 부상과 북한의 핵실험 및 미사일 발사 등으로 또다시 신냉전의 기운이 감돌자 이를 빌미로, 적기지 타격 능력 보유 등 보다 강화된 방위정책으로 전환 중이다. 이와 같은 경향은 2004년 방위계획대강부터 구체적으로 적시되고 있다.

(2) 일본의 안보 위협 요인 : 내재·외재·제도적 관점

일본 안보위협론은 크게 3가지 관점에서 그 의미를 살펴볼 수 있다. 외재적 관점, 내재적 관점, 제도적 관점이 그것이다.

먼저, 내재적 관점은 일본 신보수주의의 등장과도 맥을 같이한다. 걸프전쟁 이후 일본에 쏟아진 비난에서 비롯된 측면이 크다. 걸프전쟁 당시 일본은 전비 130억 달러를 지원하고도 국제사회로부터 '수표 외교' 혹은 국제안보체제에 '무임승차'한다는 비판을 받게 된다.

이에 충격을 받은 일본 사회는, 이를 계기로 국제공헌론이 크게 확대되었다. 평화유지군 참여 등을 통해, 주변 사태뿐만 아니라 보다 넓은 범위의 위협에 대한 인식이 높아졌다. 국제공헌은 활동무대를 넓히는 일이고, 활동무대가 넓어질수록 의도치 않는 곳에서 적은 생겨나며, 이는 다시 일본의 안보 위협으로 정립된다. 이와 같은 순환구조로 인하여 안보에 대한 정책은 강경일변도로 변해 간다.

제도적 관점은 평화헌법체제를 들어 설명 가능하다. 평화헌법은 구조적으로 일본이 군사력을 보유하지 못하게 저지하는 역할을 하고 있다. 또한 교전권과 전쟁 자체를 원천봉쇄하고 있다. 이로 인해 일본의 안보가 위협받고 있다는 주장이다. 현재 일본의 헌법 개정론자들이 하는 주장이 바로 이런 제도적 관점에 입각한 것이라고 볼 수 있다.

외재적 관점은 일본 위협론의 공통된 특징으로 설명할 수 있다. 일본은 주변국으로부터의 안보 위협을 들고 있다. 위협의 요인을 외부(국외)에서 찾음으로써 외국과의 갈등(분쟁)을 부추기고, 이를 군사력 확충에 이용하고 있다. 일본의 안보 정책이 불순한 의도를 가진 것으로 의심받는 이유다.

외부의 요인이라 함은 주변국 혹은 타국을 중심에 놓은 채 적대시 정책으로 대응을 모색해 가는 것이다. 이는 과거 일본 제국주의와 힘겨운 싸움을 벌여야 했던, 그래서 식민 지배의 참상을 겪었던 주변국 국민에게 오히려 큰 위협 요인으로 다가온다. 주변국과의 갈등을 전제로 한 안보 능력의 강화이기에 그렇다. 감정 또한 악화된다.

일본은 소련에 대한 위협 인식이 높아지고 있음을 이유로, 1980년대 방위백서에서부터는 소련의 잠재적 위협이 증대하고 있다는 사실을 강조하며, 이에 대한 대응의 필요성에 주목하고 있다. 1980년대 방위백서 제1부와 제2부 장문의 글을 통해 그 실상을 기술하고 있다.

"제1부에서 기술한 바와 같이 국제정세는 소련의 군사력 증강과 서방세계의 대응 조치에 따라 대립각이 뚜렷해지고 있다. 특히, 아프가니스탄 문제 이후 그러한 양상은 한층 깊어지고 있다. 일본 주변의 군사적 정세 역시, 변함없이 지속되고 있는 극동 소련 군대의 현저한 증강 때문에 어려움이 가중되었다."

이는 다시 중국 위협론과 북한 위협론으로 변경되었다가, 최근에는 중국의 부상과 북한의 핵·미사일 위협론으로 재규정되고 있다. 하지만 정작 일본은 이제껏 주변국으로부터 침략다운 침략을 받아본 경험이 없는 나라다. 오히려 대륙으로 진출하고자 하는 야망으로 이웃 국가를 침략하고 식민 지배한 일본 근대사를 세계 역사가 기록하고 있다. 주변국에 의한 일본 위협론이 그저 허구인 이유다.

2. 방위계획대강 수립과 기반적 방위력 구상

(1) 방위계획대강 수립의 과정

일본 안전보장의 기본 지침인 방위계획대강(防衛計畵の大綱)은 1976년 미키(三木武夫) 내각 때 책정되었다. 이후 1995년 무라야마(村山富市) 내각, 2004년 고이즈미(小泉純一郎) 내각, 2010년 칸(菅直人) 내각에서 개정되었으며, 2013년 아베(安倍晋三) 2기 내각 때 '신(新)방위계획대강'으로 명칭을 변경하였다. 2018년 아베(安倍晋三) 4기 내각에서 개정된 방위계획대강이 현재까지 유지되고 있다.

방위계획대강은 본문에서 "일본 방위력 본연의 상태와 보유해야 할 방위력의 수준에 관한 규정"이라고 정의하고 있다. 일본 군사 운용의 모든 것이자 지침서이다. 대략 10년 정도 앞을 내다보고 중장기적 관점에서 일본의 안전보장 및 방위 정책을 수립하여 이를 개정함을 원칙으로 했으나, 개정이 빈번했던 것은 그만큼 일본을 둘러싼 국제환경이 변화무쌍했음을 의미한다. 특히, 중국의 부상에 따른 동아시아 역내 안보 환경의 근본적 변화가 컸다.

방위계획대강이 처음 논의된 것은 1957년 기시(岸信介) 내각에서였다. 국방의 기본 방침을 제정하면서 방위계획대강도 함께 책정하려 했으나, 전후 체제가 시작된 지 얼마 되지 않은 시점이라 아직은 방위(국방)에 대한 경계감이 국민들 사이에 크게 작용하고 있었고, 방위비 증액에 대한 여론의 반발, 진보 정치권의 반대 등으로 뜻을 이루지 못하고 대신 '방위력 정비계획'으로 변경되었다.

국방의 기본 방침은 당시 일본의 안보와 방위 정책의 기조로 수립되었다. 국방의 기본 방침에서 "국방의 목적은 직접 및 간접 침략을 사전에 방지하고, 만일 침략을 당했을 때 이를 제거하고, 민주주의를 기조로 하는 일본의 독립과 평화를 지키는 것"이라 규정하고, 이 목적을 달성하기 위한 기본 방침 4항목을 들고 있다.

"첫째, 유엔 활동을 지지하고 국가 간 협력을 도모하여 세계평화 실현에 이바지한다. 둘째, 민생을 안정화하고 애국심을 고양하며, 국가의 안전보장에 필요한 기반을 확립한다. 셋째, 국제정세에 대응하고 자위를 위해 필요한 한도에서 효율적인 방위력을 점진적으로 정비한다. 넷째, 외부로부터의 침략에 대해서는 유엔이 효과적으로 저지할 기능을 갖기 전까지는 미국과의 안전보장 체제를 기조로 이에 대처한다."

이렇게 만들어진 국방의 기본 방침에 따라 장기적이며 점진적인 방위력 증강 계획이 수립되는데, 이는 '방위력 정비계획'으로 현실화하였다. 방위력 정비계획은 1958년부터 1976년까지 4차례에 걸쳐 수립·책정되었으며[4], 이 기간에 일본의 방위비는 매년 2배 정도 증가하는 추세를 보였다. 1976년 방위계획대강이 수립되면서 방위력 정비계획은 방위계획대강으로 수렴된다.

이 방위계획대강을 근간으로 해서 중단기적 안보 정책상의 방위력 정비·유지·운용 등 구체적인 방위정책을 수립 책정하는 것이 '중기방위력정비계획(中期防衛力整備計畫)'이다. 국가안전보장회의 및 각의 결정을 통해 수립되는 것으로, 보통 5년마다 개정하는 5개년 계획을 원칙으로 하고 있다. 1986년 처음으로 발표된 이래, 중기방위력정비계획은 지금까지 총 8번의 개정이 있었다.[5]

(2) 기반적 방위력 구상

1972년 제4차 방위력 정비계획의 결과, 기반적 방위력 구상[6] 정책을 수용하여 이를 구체화한 것이 방위계획대강이다. 기반적 방위력 구상과 관련해서 일본 방위성은 그 필요성과 향후 과제를 다음과 같이 기록하고 있다.

"군사적 위협에 직접적으로 대응하기 위한 이유보다는, 우리의 힘의 공백으로 인해 주변 지역에 불안정 요소가 되지 않도록 독립국으로

----

4. 1957년 제1차 방위력 정비계획, 1962년 제2차 방위력 정비계획, 1967년 제3차 방위력 정비계획, 1972년 제4차 방위력 정비계획
5. 1986년 중기방위력정비계획이 결정된 이후 1991년, 1996년, 2001년, 2005년, 2011년, 2014년, 2019년 개정되었다.
6. 1976년 채택된, 전후 냉전시기 일본의 공식적인 방위 전략 방침이다.

서의 필요 최소한의 기반적인 방위력을 보유해야 한다"는 점과 "안정화를 위한 노력이 이어지고 있는 국제정세 및 우리나라 주변의 국제정치가 당분간 크게 변화되지 않고, 미·일 안전보장 체제의 존재가 국제관계의 안전 유지 등에 크게 역할을 하는 현상이 지속할 것"이므로 기반적 방위력 구상을 책정하고 있으며, 향후 과제로는 "일본 주변 각국 군사력의 변화, 지역 분쟁의 발생 및 대량 파괴무기의 확산 등 안전보장상 고려해야 할 사태의 다양화, 근년 들어 과학기술의 진보, 젊은 층의 인구 감소 경향, 경제 재정 사정의 어려움, 자위대 역할에 대한 국내외의 높아지는 기대감" 등으로 인해 향후 일본 정부는 "간결한 규모의, 기능의 충실과 질적 향상을 통한 다양한 사태에 대한 유효한 대응, 사태 추이에 원활하게 대응할 수 있도록 적절한 강력함을 확보"하는 것을 일본이 보유해야 할 방위력의 주요 내용이라 밝히고 있다.[7]

즉, 국제정세 측면에서 미·소의 직접 충돌 가능성, 일본의 침략 위험 역시 낮다고 본 것이다. 무엇보다도 기반적 방위력 구상이 채택된 1976년은 미·소 평화 분위기가 지배적인 시대였다. 따라서 당시의 기반적 방위력은 억지 정책이었다. 미국의 안보 우산 아래 있었던 이유도 있었지만, 침략의 가능성도 현저히 낮다고 보았기 때문이다.

억지 중시 정책이 대처 중시 정책으로 전환하는 것은 2004년 방위계획대강을 통해서다. 테러라고 하는 불특정한 글로벌 위험 요소로부터의 방어 차원이라고 설명한다. 한편, 기반적 방위력 구상은 2010년 방위계획대강에서 중국 군사력 증대 등을 이유로 기동력과 즉응성을 중시하는 '동적 방위력 구축'으로 전환했다.

----

7. 방위성·자위대(防衛省·自衛隊) 〈기반적 방위력 구상(基盤的防衛力構想)〉

〈표 6〉 방위계획대강의 변천사

개정 연도	개정 배경	주요 내용
1976년 방위계획대강	• 동·서 냉전은 지속되고 있으나, 국제정세는 긴장 완화 • 일본 주변은 중·소 힘의 균형 성립 • 국민에게 방위력 목표를 제시해야 할 필요성	• 기반적 방위력 구상 • 일본에 대한 군사적 위협에 직접 대응하기보다, 힘의 공백으로 주변 지역의 불안정 요인이 되지 않도록 독립국으로서의 필요 최소한의 기반적 방위력을 보유함
1995년 방위계획대강	• 동·서 냉전의 종결 • 불투명·불확실한 국제정세 • 국제적 업적에 대한 국민의 기대감	• 기반적 방위력 구상을 기본적으로 답습 • 방위력의 역할을 '일본 방위'에 더해 '대규모 재해 등 각종 사태에 대한 대응' 및 '보다 안정적인 안보환경 구축에 공헌함'을 추가
2004년 방위계획대강	• 국제 테러 및 탄도미사일 등 새로운 위협 • 세계평화가 일본 평화에 직결되는 상황 • 억지 중시에서 대처 중시로 전환의 필요성	• 새로운 위협과 다양한 사태에 실효적으로 대응하는 동시에, 국제평화협력활동에 주체적이고 적극적으로 대처할 수 있도록 다기능적이며 탄력적인 실효성을 갖출 것
2010년 방위계획대강	• 글로벌 힘의 균형의 변화 • 복잡해지는 일본 주변의 군사 정세 • 국제사회에 있어 군사력 역할의 다양성	• 동적 방위력 구축(기반적 방위력 구상과 관계없이) • 각종 사태에 대한 실효적인 억제·대처를 가능하게 하고, 아시아 태평양 지역의 안보환경을 안정화, 글로벌한 안보환경 개선을 위한 활동을 능동적으로 행할 수 있는 방위력 유지

2013년 방위계획대강	• 일본을 둘러싼 안전 보장환경이 한층 엄 격해짐 • 미국의 아시아태평 양 지역 재조정 • 동일본대지진 당시 자위대 활동의 교훈	• 통합 기동 방위력 구축 • 어려움이 더해 가는 안전보장 환경에 신속히 대응해 해상 우세, 항공 우세 확보 등 사태 에 원활히 대처하는 한편, 상 황에 적절히 대응하여 기동적 으로 행할 수 있는 통합 운용 의 묘를 철저히 살린 방위력 확보
2018년 방위계획대강	• 빠른 속도로 일본 안 보환경에 어려움과 불확실성이 증대 • 우주·사이버·전자파와 같은 새로운 영역의 이용이 급속히 확대 • 군사력 강화 및 군사 활동의 활발한 경향 이 현저해짐	• 다차원 통합 방위력 구축 • 육·해·공이라는 종래의 영역 뿐만 아니라 우주·사이버·전 자파와 같은 새로운 영역에 대처하는 능력을 강화하고, 모든 영역의 능력을 융합시키 는 영역 횡단 작전 등을 가능 하게 하는, 실로 실효적인 방 위력 구축

3. 9·11테러 이후 일본 안보전략의 변화

(1) 일본 안보전략과 9·11 테러

일본의 방위 정책은 크게 냉전기, 탈냉전기, 신냉전기(21세기)를 거치며 변화와 진화를 거듭했다. 21세기의 벽두이던 2001년에 터진 9·11 테러는, 현재 일본 방위정책의 신개념으로 등장한 글로벌 차원의 대응으로 변환하는 계기로 작용했다. 그 반영을 명문화한 것이 2004년 방위계획대강이다. 2004년 방위계획대강을 통해 비로소 새로운 위협 요인으로 '국제 테러와 탄도미사일' 등이 거론되기 시작한다.

또한, 주변 지역의 안정에서 세계평화가 일본 평화에 직결되는 상황이라고 적시하며, 억지력 중시 정책에서 대처 능력 중시 정책으로의 전환 필요성을 강조한다. 핵심은, 새로운 위협과 다양한 사태에 실효적으로 대응할 수 있도록 하는 것과 국제평화협력활동에 주체적이고 적극적으로 대처할 수 있도록 다기능적이며 탄력적인 실효성을 갖추는 것이다.[8] 상당히 선제적이고 적극적인 대응 태세로의 전환이다.

특히, 9·11 테러 이후 일본과의 긴밀한 공조로 테러와의 전쟁을 수행하고자 했던 미국 입장에서는, 일본의 집단적 자위권 문제의 해결은 절실했다. 평화헌법에 따라 제약받고 있는 집단적 자위권이 용인되어야 일본을 대테러 전쟁에 동참시킬 수 있기 때문이다. 일본 정부를 설득하여 헌법 개정을 재촉하고 있는 이유이기도 하다.

2004년 방위계획대강은 그런 배경 하에 탄생했다. 물론 1990년대부터, 즉 냉전 종결 이후의 세계정세에 대응하기 위한 단계에서부터 미국이 줄기차게 제기해 오던 요구 조건 중 하나였다. 그러나 일본 정부는 평화헌법을 핑계 삼아 미국의 이런 파워 분담(power sharing) 요구에 응하지 않고 있었다. 자국의 헌법에 어긋나는 사항이기 때문에 들어줄 수 없다며 정중한 거부로 일관했던 것이다.

하지만 일본의 정치 주도 세력이 '보수 본류'에서 '보수 방류'로 전

....
8. 수상관저(首相官邸) 〈2005년도 이후의 방위계획대강에 관하여(平成17年度以降に係る防衛計畫の大綱について)〉

환되면서 미·일 동맹체제는 한층 탄력을 받으며 움직이고 있다. 이를 요시다 노선에서 기시 노선으로의 전환이라고 부르기도 한다. 요시다 를 보수 본류로, 기시를 보수 방류로 구분하여, 이를 보수주의에서 신 보수주의로의 전환으로 해석하기도 한다.[9]

이 두 노선의 확실한 차이는 안보 정책 면에서 전수방위 고수인가, 적극 방위, 즉 군사대국의 추구인가로 구분할 수 있다. 외교 면에서는 대미의존적 미·일 동맹 체제에 안주인가, 아니면 미·일 동맹의 대등한 지위 혹은 미·일 동맹으로부터의 이탈(부분적 이탈 또는 완전한 이탈)인 가로 갈린다. 현재 일본 정치에서 보수우익을 대표하는 대표적 인물들 대부분이 신보수주의적 사고의 소유자들이다.

1996년 체결된 미·일 안전보장공동선언을 일반적으로는 미·일 안 전보장의 '재정의'로 받아들인다. 이를 기점으로 해서 1997년 신가이 드라인, 1999년 주변사태법, 2003년의 유사법제의 제정 등이 미·일 동맹 일체화를 위한 사전작업으로서의 조약(협약)들이라고 볼 수 있다. 미·일 안전보장공동선언을 통해 21세기 세계정세를 염두에 둔 미·일 안전보장을 재정의하였으며, 신가이드라인을 통해 미군의 활동에 대 한 시설 및 인적 지원 활동을 규정했다. 이것을 보다 구체적인 운용법 안으로 만든 것이 주변사태법이다.

유사법제는 일본 방위청이 한반도의 유사 상황을 가정해 시뮬레이

....

9. 이기완 「현대 일본 국가의 변질과 신보수주의」, 『아세아연구』 47(3)
    자민당 내 보수주의와 신보수주의 간 정치노선의 비교를 통해 '보수 본류'와 '보수 방류'로 구분한다. 요시다·이케다·사토 계열을 '보수 본류(보수주의)'로, 하토야마·기 시·고노 계열을 '보수 방류(신보수주의)'로 구분한다. 보수 방류의 신보수주의를 민 족주의적 정치이념과 정치 우선주의적 정책 방향을 가진 것으로 평가하며, 자주헌법 으로의 개헌론자들이라고 본다.

션 해가며 가상훈련 하던 것을 1977년부터 본격적으로 연구하고 준비하기 시작한 법안이다. 하지만 시민사회단체와 야당 등에서 전전의 국가총동원법을 연상시키는 전시동원법이라며 반대해 뜻을 이루지 못하다가 9·11 테러 이후 분위기가 반전되고, 2003년 국회를 통과했다.

(2) 일본 안보전략과 동적 방위력 구축

2010년 방위계획대강부터 글로벌 힘의 균형 변화에 주목하며, 이전의 기반적 방위력 구상과 관계없이 '동적 방위력 구축'을 목표로 하게 된다. 또한, 일본 주변 정세를 보는 시각 역시도 점차 호전적이 되어가는 것을 볼 수 있는데, 2010년 방위계획대강에서는 "복잡해지는 일본 주변의 군사정세"라고 표현했다가 2013년에는 "일본을 둘러싼 안전보장 환경이 한층 엄격해지고 있다"라고 했다. 2018년 방위계획대강에서는 "빠른 속도로 일본 안보환경에 어려움과 불확실성이 증대하고 있다"라고 명기했다.

방위력 구축 또한 '동적 방위력 구축'에서 '통합 기동방위력 구축'으로, 이를 다시 '다차원 통합 방위력 구축'으로 향상했다. 우주·사이버·전자파 등 새롭고 모든 영역에 대처 가능한, 시대적 흐름에 맞춘 실효적 방위력 구축을 목표로 한다고 밝히고 있다.

〈그림 6(275쪽)〉에서 드러나는 것처럼, 일본의 방위비 추이 현황을 보면 군사대국화로 치닫고 있는 현실이 여실히 드러나고 있다.[10] 특히

....

10. 일본 방위성이 발표한 연도별 일본 방위비 추이를 보면, 대략 2013년(平成25

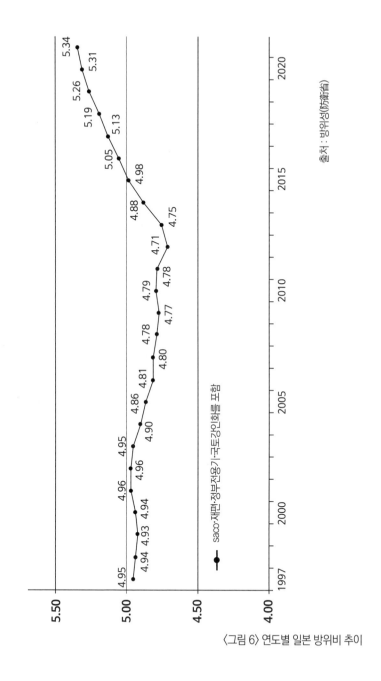

〈그림 6〉 연도별 일본 방위비 추이

출처 : 방위성(防衛省)

2013년을 기점으로 가파르게 증가하고 있음을 볼 수 있다. 2013년은 11년 만에 방위비를 증액시킨 해이기도 하다.

한편 〈그림 7(277쪽)〉의 군사력과 국방비 지출에서 알 수 있듯이, 이미 일본은 세계 군사 강국으로서의 면모를 충분히 갖췄다.[11] 미국은 압도적인 군사력과 군사비(2019년 기준 7,320억 달러)를 지출하는 국가이다. 전 세계 군사비의 38%를 차지하고 있다. 동아시아의 군사력과 군사비도 무시 못할 수준으로 나타났다.

중국(2,610억 달러)과 인도(711억 달러), 그리고 일본(476억 달러)과 한국(439억 달러)이 주도하고 있다.[12] 중국의 부상이 동아시아 역내 방위 경쟁의 주요 동력으로 작용하고 있다. 여기에 인도와 파키스탄, 인도와 중국의 국경 대립은 점차 그 긴장과 경쟁 강도를 높여 가고 있다. 일본과 한국 역시 사정이 다르지 않다. 1990년대 이후 군사비의 지출이 매년 지속적으로 증가하고 있어 지역적 특성에 동조화하는 현상을 보이고 있다. 특히, 이 지역은 전 세계 군사력 6대 강국 중 러시아, 중국, 인도, 일본, 한국 등 5대 강국이 모여 있는 곳이기도 하다.[13]

....

년)을 기점으로 대폭 늘어나고 있음을 알 수 있다. 아베 2차 내각(2012.12.26.~ 2014.12.24) 때이다. 이후 제3차, 제4차 아베 내각이 이어지며 방위비 지출은 급격하게 상승하고 있다.

11. 미국의 군사력 평가기관인 '글로벌 파이어파워'가 최근 집계 발표한 2020년 세계 군사력 순위 및 군사비 지출 액수를 나타내고 있다. 일본은 집계 대상 국가 139개 국가 중 군사력에서는 세계 5위, 군사비 면에서는 세계에서 7번째로 많이 지출하고 있는 국가다. 이미 일본은 세계적인 군사력을 보유한 군사대국이라는 말이다.

12. Stockholm International Peace Research Institute (SIPRI), 2020. 4.

13. 아베 전 총리로부터 바통을 이어받은 스가 현 총리를 두고 일본 국내외에서 과거 독일 나치즘의 총통 히틀러를 연상하는 이들이 부쩍 늘고 있다. 이런 의구심의 배경은 대략 2012년으로 거슬러 올라간다. 그해 4월 27일 확정된 자민당의 '헌법개정초안' 제9장의 '긴급사태' 조항이 마치 히틀러가 전권을 휘두르는 법적 배경이었던 바

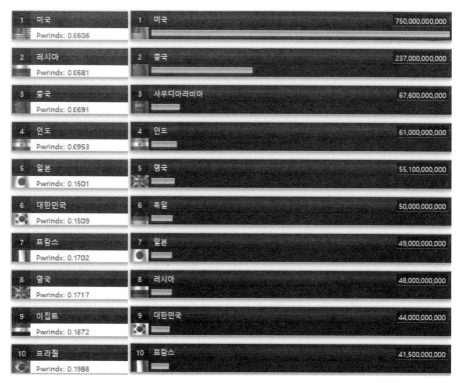

1	미국		1	미국	750,000,000,000
	Pwrlndx: 0.0606				
2	러시아		2	중국	237,000,000,000
	Pwrlndx: 0.0681				
3	중국		3	사우디아라비아	67,600,000,000
	Pwrlndx: 0.0691				
4	인도		4	인도	61,000,000,000
	Pwrlndx: 0.0953				
5	일본		5	영국	55,100,000,000
	Pwrlndx: 0.1501				
6	대한민국		6	독일	50,000,000,000
	Pwrlndx: 0.1509				
7	프랑스		7	일본	49,000,000,000
	Pwrlndx: 0.1702				
8	영국		8	러시아	48,000,000,000
	Pwrlndx: 0.1717				
9	이집트		9	대한민국	44,000,000,000
	Pwrlndx: 0.1872				
10	브라질		10	프랑스	41,500,000,000
	Pwrlndx: 0.1988				

출처: 글로벌 파이어파워(GFP)

〈그림 7〉 2019년 각국 군사력 순위(좌), 국방비 지출 순위(우)

이마르 헌법의 제48조 '위헌·공안침해의 방지를 위한 조치(국가긴급권)'와 닮았다는 비판에서였다. 이처럼 일본은 군사력뿐 아니라 군사력을 행사할 수 있는 법적 조항까지 꼼꼼하게 정비하고 있다. 국방력 강화는 보통국가의 일반적 현상이다. 물론, 무분별한 군사력 우위 경쟁은 또 다른 분쟁의 씨앗일 수 있으므로 군축에 대한 논의도 활발하다. 한편, 한국이나 중국이 군사력 증강에 나서는 것을 군국주의로 부르지는 않는다. 비판받을 수는 있으나 일반적 현상으로 치부한다. 그 이유는 군국주의적 요소에 있다. 일본은 전범국가다. 사죄와 반성도 없다. 그런 국가가 다시 전전의 모습으로 돌아가려 한다면 의구심이 들 수밖에 없다. 당연히 비판받아 마땅한 일이다.

4. 신방위계획대강과 방위정책의 전략적 전환

(1) 신방위계획대강과 동적 군사운용

미·소 냉전 시기에는 미국의 안보 우산 아래에서 자국의 경제 성장을 위해 매진하던 일본이, 1990년대 들어 냉전의 기운이 가시고 새로운 시기가 도래하자 독자적 안보 체제를 향한 욕심을 드러낸다. 종전의 전수방위 개념을 뛰어넘는, 적극적이며 동적 군사 운용의 길을 모색하기 시작한 것이다.[14] 외형적으로는 보통국가의 길이라 포장했지만, 그 속내는 자위대의 군사력 증강과 국제사회에서의 안보활동에 직접적으로 이바지하겠다는 의지의 표현이었다.

일본 정부는 냉전과 탈냉전, 신냉전 등 역내 안보 상황이 변화할 때마다 방위계획대강을 통해 안보 환경의 평가 및 추후 일본의 대응 능력 방안에 관해 문서화된 자료를 제시해 왔다. 1976년 방위계획대강이 처음으로 작성되었고, 2년 후인 1978년 구가이드라인이 책정되었다. 이는 1976년 방위계획대강을 골자로 한 부속적 문서이다.

이후 근 20년 만인 1995년 방위계획대강이 발표되었다. 이때만 하더라도 안보환경 평가항목은 지역 분쟁과 핵·미사일 확산에 대한 우려였다. 역시 이 방위계획대강에 따라 가이드라인의 개정 필요성이 대두

---

14. 히와타리 유미(樋渡由美) 『전수방위 극복의 전략(專守防衛克服の戰略)』,
　　박철희 「전수방위에서 적극방위로 : 미일동맹 및 위협인식의 변화와 일본 방위정책의 정치」, 국제정치논총 44(1)

되어 1997년 9월 신(新)가이드라인이 체결된다. 미·일 동맹체제의 흔들림 없는 행동 통일 및 전략의 일체화로 가는 길이다. 마침내 2004년 신(新)방위계획대강이 발표되며, 안보환경 평가항목에서 북한과 중국에 대한 위협 및 경계감이 적시된다. 북한이나 중국의 위협 요인이 방위계획대강의 핵심 안전보장 환경으로 명시되기 시작한다.

일본은 2004년 방위계획대강에서 북한의 대량 파괴무기를 비롯한 핵과 미사일, 중국의 경제성장에 이은 군사력 증대를 우려하고 있다고 밝히고 있다.

"북한은 대량 살상 무기와 탄도미사일을 개발·배치·확산하고 있으며, 대규모 특수부대를 보유하고 있다. 북한의 이러한 군사적 움직임은 지역 안전보장에 있어 중대한 불안정 요인인 동시에 국제적인 확산 방지 노력에도 심각한 도전이 되고 있다. 또한, 지역 안보에 큰 영향력을 지닌 중국은 핵·미사일 전력과 해·공군력의 근대화를 추진함과 동시에 해양에서의 활동 범위 확대 등을 도모하고 있다."[15]

(2) 지역안보와 미·일 동맹 강화

북한은 1980년대부터 미사일과 핵무기 실험을 위한 준비를 가속화해, 1993년 5월 일본 전역을 사정거리로 하는 중거리 탄도미사일

---

15. "이런 가운데 미·일 안보체제를 기조로 하는 미·일 양국 간 긴밀한 협력관계는 일본의 안전과 아시아-태평양 지역의 평화와 안정을 위해 중요한 역할을 하고 있다"라고 평가하고 있다. 이때를 기준으로 일본 방위 정책이 '기반적 방위력 구상'에서 '동적 방위력 구상'으로, 한층 적극적인 대응으로 전환했다.

노동을 발사했다. 1998년 8월에는 장거리 미사일 대포동 1호를 발사해 일본 상공을 통과했다. 그런가 하면 1994년 6월 국제원자력기구(IAEA) 탈퇴를 표명했으며, 2006년 10월 처음으로 지하 핵실험을 실시했다.

북한의 이러한 위협에 더해 최근 들어 중국의 공세적 군사행동도 늘어나고 있다는 게 일본 정부의 인식이다. 〈그림 8(281쪽)〉에서 보는 바와 같이, 최근 7~8년 사이에 일본 영해를 침입하고 있는 중국의 선박이나 항공기의 숫자가 3~4배 늘었다고 일본 방위성은 주장하고 있다.[16]

이러한 위협 요인에 대한 대응책으로 제시하고 있는 것이 미·일 동맹의 일체화를 통한 안보 공백의 최소화다. 어떻게 해서든 미국을 같은 편으로 만들어야 하는 이유다. 다른 한편으로는, 동아시아의 엄혹한 역내 패권 경쟁에서 미국의 안보 우산으로부터 떨어져 나와 홀로 남겨졌을 때의 상황도 머릿속에 있다.

홀로서기에 대한 두려움, 미국의 전략적 판단에 따라 미국이라는 뒷배 없이 독자적으로 중국과 경쟁해야 하는 상황을 어떻게든 방지하고픈 일본 정부의 다급함도 있다. 일본 신보수주의자들이 외교정책 면에서 친미외교로부터의 이탈 혹은 평등하고 대등한 미·일 관계를 고려하고 있는 이면에는, 이런 상황에 대한 대비책으로서의 군사대국화 전략도 있다.

----

16. 일본 방위성이 최근 발표한 중국 선박이나 항공기의 일본 영해(한 국가의 통치권이 미치는 바다, 영토와 면한 기선으로부터 12해리) 침입 일수, 접속수역(영해로부터 12해리)에서의 확인 일수와 배 척수다. 중국과 일본 양국이 상호 인접한 지역에서 활발하게 군사 활동을 벌이고 있음을 확인할 수 있는 수치다.

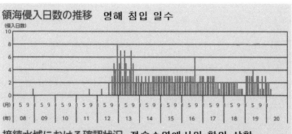

領海侵入日数の推移　영해 침입 일수

接続水域における確認状況　접속수역에서의 확인 상황

年	確認日数(日)	延べ確認隻数(隻)
2012	79	407
2013	232	819
2014	243	729
2015	240	709
2016	211	752
2017	171	696
2018	158	607
2019	282	1,097
2020	83	289

※　2012年は9月以降、2020年は3月末時点
　　2012년은 9월 이후, 2020년은 3월말 시점

출처: 일본 방위성

〈그림 8〉
중국 선박 및 항공기의
활동 상황

　국제정치는 철저한 힘의 논리가 작용하는 정글과 같은 곳이다. 그 힘의 작용은 당연히 자국의 국익을 우선으로 한다. 하여 미래 미국의 동아시아 전략을 확언할 수는 없다. 미·일 동맹을 통한 일체화가 유리한지, 아니면 중국과 일본이 갈등하고 경쟁하는 속에서 관망하다가 양쪽의 힘이 소진된 상태에서 동아시아에 재개입하는 것이 유리한지에 관한 판단은, 철저하게 미국 국익 우선주의에 따른다.

　일본이 무리수까지 두어가며 일방적인 미국 추종으로 기우는 이면에는 이런 고민도 작용하고 있다고 본다. 하지만 현실적으로 유효한 선택지는, 미·일 동맹의 일체화를 통한 유사연합군이 되는 것이다.

제3장

:
●

집단적 자위권

1. 방위정책의 기본 방침과 방위력 정비 구상

(1) 국가전략으로서의 일본 방위정책

일본 방위정책의 기본 방침은 일본 국가전략과 맥을 같이한다. 방위정책으로서의 국가전략은 당연히 보통국가화이다. 보통국가는 전쟁이 가능한 국가, 즉 군대를 보유하고, 교전권을 가지며, 집단적 자위권행사가 용인되고, 이를 위해 군대의 해외파병이 자연스러운 국가이다.

이러한 보통국가로의 이행에 있어 선결 조건은, 1947년 제정된 평화헌법의 개정임은 두말할 필요도 없다. 여기에 더해 빼놓을 수 없는하나가 굳건한 미·일 동맹체제의 유지 및 강화책이다. 이는 지금까지방위정책의 바탕을 이루었던 전수방위, 비군사대국화, 문민통제, 무기수출 3원칙, 방위비 1% 제한 원칙 등에 대한 도전이자 역행이다.

일본 국방의 기본 정책은 1957년 국방회의와 각의에서 결정된 '국방의 기본 방침'에 기초하고 있다. 그 구체적 내용은 네 개의 항목으로되어 있다.

"첫째, 국제연합의 활동을 지지하고 국제협력을 촉진하며 세계평화를 달성한다. 둘째, 국민 생활을 안정시키고 애국심을 고양하며 국가 안보의 토대를 마련한다. 셋째, 국제정세의 변화와 자위를 위해 필요한 한도 내에서 점차 효과적인 방어 능력을 구축한다. 넷째, 외부의침략에 대해서는 국제연합이 효과적으로 기능하여 격퇴할 수 있을 때까지는 미국과의 안전보장 체제를 기조로 대처한다."

일본 방위정책을 전반적으로 규정하고 있는 방위계획대강에 의하면, 일본 방위의 기본 방침을 "전수방위를 기본으로 하며, 방위의 목표를 달성하기 위해 그 수단이 되는 일본 자국의 방위체제를 확립하고, 미·일 동맹 및 안전보장 협력을 강화"하는 것으로 정의하고 있다. 전수방위와 관련해서는 "상대방으로부터 무력 공격을 받았을 때 방위력 행사를 시작하고, 그 규모 역시 자위를 위한 필요 최소한으로 한정하고, 보유할 자위력 또한 자위를 위한 필요 최소한으로 한다는 헌법 정신에 입각한 수동적인 방위전략의 자세"라고 규정하고 있다.

전수방위가 원칙이기는 하나, 공격을 받아 이에 대한 반격으로 적기지를 타격하는 것은 헌법 제9조에서 명기한 '자위의 범위 내'라는 해석을 해왔다. 이를 공식적으로 처음 언급한 총리는 하토야마 이치로(鳩山一郎)다. 1956년 2월 29일 하토야마 총리는, 후나다(船田中) 방위청장이 대독한 의회 답변을 통해 다음과 같이 말한다.

"유도탄 등에 의한 공격이 있을 경우, 그저 앉아서 자멸을 기다리라는 것이 헌법의 취지라고는 생각하지 않는다. 그러한 경우, 공격을 막기 위한 불가피한 최소한의 조치로써 취할 어떠한 수단조차 없다고 인정될 때, 유도탄 등의 기지를 타격하는 것은 법리적으로 자위의 범위에 포함 가능한 것으로 봐야 할 것이다."

하지만 이는 어디까지나 원칙론적 입장에서 벗어나지 못하는 한계가 있었다. 평화헌법의 위치와 전범국이라는 원죄가 있기 때문이다. 그러나 최근에는 직접적인 공격뿐만 아니라, 공격의 징후가 보이는 경우까지를 반격의 범위에 넣고 있어 문제가 된다.

(2) 일본 방위정책의 변화

1970년대가 되면서 전수방위는 일본 방위전략에서 기본 방침으로 굳어진다. 1970년 방위백서에는 이렇게 기술되어 있다.

"일본의 방위는 전수방위를 근본 취지로 한다. 타국에 침략적 위협을 줄 장거리 폭격기, 공격형 항공모함, 대륙간탄도미사일 등은 보유할 수 없다."

1972년 다나카(田中角榮) 총리는 국회 답변에서 "전수방위라는 것은 방위상 필요하더라도 상대의 기지를 공격하는 것이 아니라, 오로지 일본 국토 및 그 주변의 방위하는 행위"라고 했다.

1980년대는 한 발 더 나아가 '상대방으로부터 무력공격'을 받았을 때부터 방위력을 행사하는 것으로 확대하여 해석된다. 이러한 추세는 점점 더해져 2003년 7월 15일 고이즈미(小泉純一郎) 내각은 "정부가 1956년 이래 일관되게 주장하고 있는 '다른 적당한 수단이 없을 때 적 기지를 공격하는 것은 합헌'이라고 하는 견해와 전수방위의 방침이 서로 '모순된다'라고는 생각하지 않는다"라는 견해를 밝히기도 했다.

2015년 나카타니(中谷元) 방위청 장관은 전수방위와 관련해서 "일본과 밀접한 관계에 있는 타국에 대한 무력 공격의 발생도 포함된다고 생각한다"라고 했고, 2017년 8월 오노테라(小野寺五典) 방위성 장관은 임명 직후 기자회견에서 "탄도미사일 방위 및 능력 강화를 위해 신규 장비의 도입, 일본 독자적인 적 기지 반격 능력의 보유, 배타적 경제수역에 비행하는 탄도미사일에 대한 대처 등 세 개의 관점에서 검토하고 있다"라며, 적 기지 타격까지를 거론하고 있다.

일본 안보정책의 대전략이 변화하게 된 것은 '보통국가론'이 본격 제기된 1990년대 초반부터다. 오자와(小澤一郎)는 군사력 강화를 목적으로 자위대의 역할을 강화하는 한편, 국제적 수준의 안보 활동에 적극적으로 참여할 수 있는 일본을 주창했다. 이러한 주장의 배경에는 국제정치, 특히 동아시아의 안보 상황의 변화가 있었다. 소련 해체로 냉전에 변화가 감지되었고, 중국의 경제력과 군사력이 눈에 띄게 증가했으며, 북한의 탄도미사일 실험 및 핵무기 개발이 위협으로 인식되며 안보 정책에 변화를 가져왔기 때문이다.

이에 대한 대비책 차원에서 정책이 구체적으로 현실화한 게 1997년의 신가이드라인(미·일 방위협력지침)과 1999년 제정된 주변사태법이다. 주지하다시피 이 두 법안은 일본의 전수방위 범위를 크게 확대해 아시아-태평양 전역으로 넓혀 놓았다. 일본 정부는 유엔안보리 결의 없이도, 일본 의회의 승인 없이도, 정부의 자의적 판단만으로 자위대를 파견하게 되었다.

파견 규모와 파견 기한, 파견 지역에 관한 규정은 총리 내각이 갖는다. 총리 내각의 막강한 권한, 다른 한편으로는 자의적·일방적 권한을 행사할 수 있게 된 것이다. 물론 이 모든 것을 총괄하는 일본 방위정책상 군의 운용지침을 담당하는 것은 '방위계획대강'이다. 방위계획대강은 냉전이 한창이던 1976년 첫 제정 이후 주변 및 세계 안보 환경 변화에 따라 개정을 거듭하고 있다.

2. 집단적 자위권 도입의 내적 요인

(1) 집단적 자위권과 평화헌법

집단적 자위권(right of collective self-defense)이란, 말 그대로 불법적인 행동을 하는 한 국가를 타 국가들이 연합해서 대응할 수 있도록 한 권리를 말한다. 예를 들어, 긴밀한 관계를 유지하고 있는 A와 B 두 국가가 있다. 그런데 어느 날 C국이 A국을 무력으로 공격[1]해 왔다. A국과 긴밀한 관계에 있는 B국은, 이를 자국에 대한 무력 공격이라 간주하고 C국에 반격할 수 있는 권리이다.

유엔 회원국은 국제법, 즉 유엔헌장 제2조 4항에 의해 "무력에 의한 위협 또는 무력행사"를 감행할 수 없다. 다만, 예외 조항으로 무력행사가 허용되는 것은 유엔헌장 제7장에 근거한 '집단적 안전보장 조치' 및 제51조의 '자위권의 행사'인 경우다. 이처럼 유엔헌장은 모든 나라가 개별적 혹은 집단적 자위를 위한 고유한 권리를 가짐을 승인하고 있다.

일본은 패전과 함께 제정된 평화헌법 제9조의 "국제분쟁의 해결 수단으로서 전쟁과 무력행사를 포기한다"라는 조항에 따라서, 유엔 회원국으로서의 자격과 행사할 수 없는 권리에 대한 많은 내부적 논란이

---

1. 무력 공격은 타국의 의사에 반하는 무력의 사용을 의미한다. 다만, 무력 공격의 발생 시점과 관련해서는 두 가지 의견이 갈린다. 공격이 발생한 후를 의미한다는 견해와, 무력 공격의 징후가 보이는 급박하며 달리 수단이 없는 경우도 포함한다는 견해다. 후자에는 핵무기를 사용한 공격 등을 들 수 있다.

있었다. 물론 일본 정부는 집단적 자위권을 보유하고는 있지만, 일본 헌법과의 관계 등을 고려할 때 집단적 자위권은 인정되지 않는다고 규정해 왔다. 이 입장에 변화가 오게 되는데, 1997년 체결된 미·일 방위협력지침, 즉 신가이드라인의 책정이 계기가 된다.

신가이드라인의 명분은 동아시아에서의 미·일 군사협력의 강화다. 이제까지의 불평등한 협력체제에서 대등한 관계로의 미·일 안보 재정의다. 신가이드라인을 통해 일본은 자국의 안보(전수방위)에서 타국의 안보(해외)로까지 활동 범위를 크게 확대했다는 의미가 있다.

한반도는 물론 대만해협과 필리핀 등 아시아태평양 지역을 활동 범위로 선박 검문, 기뢰 제거, 연료·운송 등 후방 지원, 정보 교환, 경계 감시 태세에 나설 수 있다. 신가이드라인에서는 미·일의 실질적인 역할 분담 차원에서 미군의 활동에 대한 일본의 지원을 두 가지로 분류해서 설명한다.

하나는, 시설의 사용이다. 일반적인 시설과 구역의 제공 외에도 자위대 시설, 민간공항, 항만의 일시 사용을 규정하고 있다. 또 하나는, 후방지역 지원이다. 주로 일본 영역으로 한정하고는 있으나, 공해상과 상공에서의 지원, 지방공공단체의 권한·능력, 민간의 능력도 적절하게 활용할 것이라고 규정하고 있다.[2] 이 규정이 문제가 된 것은, 미군의 군사 활동에 후방 지원을 주로 '일본 영역'이라고 한정하고 있지만, 해석에 따라 영역을 벗어난 지원 활동도 포함할 수 있다는 여운이 가시지 않기 때문이다.

정해진 절차를 따라가듯, 1999년 일본 정부는 '주변사태법'을 제정

2. 외무성(外務省) 〈미·일 방위협력을 위한 지침(日米防衛協力のための指針)〉

한다. 일본 주변의 안정이 일본의 평화와 안전을 담보한다는 논리로, 일본 주변 지역에 유사 사태가 발생할 것을 가정하고 자위대의 역할을 명시하였다. 또한 지리적 개념이 아니라 상황에 따른 개념으로 규정함으로써, 일본 주변 지역까지를 일본 군사력의 집단적 자위권이 유효한 지역으로 범위를 확대했다.[3] 그리고 결정적으로는 2001년 9·11 테러 이후 '대테러대책특별조치법'을 제정해 미군의 대테러 군사 활동을 지원하는 임무에 나설 수 있도록 했다.

이러한 일련의 흐름에는 아시아-태평양 유사 사태 시에 미국의 작전 전개에 일본이 어느 정도 후방 지원을 해줄 수 있는지에 대한 요구가 깔려 있다. 이를 최초로 제기한 것이 1960년 미·일 안보조약 개정 때부터였으니, 그 역사는 아주 길다. 이후 신가이드라인을 통해 그 범위를 아시아-태평양 전 지역으로 확대했으며, 집단적 자위권 행사를 통해 미군이 존재하는 전 지구적 차원으로 확대되었다.

(2) 집단적 자위권과 헌법 해석

미국과 일본의 군사적 동맹관계를 규정하는 기본적인 조약은 '미·일 안전보장조약'이다. 이 조약은 1951년 9월 8일 샌프란시스코 강화조약과 동시에 조인되었고, 1960년 1월 19일 이를 수정 조인한 '미·일

---

3. '주변 유사시'의 개념을 일본열도 주변 정도로 오해하는 경우가 많은데, 실질적으로는 아시아-태평양 전 지역을 커버하는 아주 광범위한 지역임을 바로 인식할 필요가 있다. 현재, 미 행정부에서 논의되고 있는 인도-태평양 전략의 이전 버전이라 할만하다.

간 상호협력 및 안전보장조약'을 통칭한다. 수정된 내용은 미·일 상호 협력 체계, 즉 미군의 주둔과 기지 사용권 및 미·일 양국 협력관계의 분명한 명문화와, 일본의 내란 관련 내용의 삭제였다.

구(舊)조약에서는 제1조와 제2조에 미군 주둔과 외부의 교사에 의한 일본의 내란이나 외부의 침략에 대한 안전 기여, 타국에 대한 기지 제공 제한 등을 두고 있었다. 이를 신(新)조약에서는 제5조를 통해 "일본의 시정 하에 있는 영역에서 둘 중(미군이나 일본을 말함) 하나에 대한 무력 공격에 대해 공통의 위험으로 인식하고 대처하도록 행동한다"라고 하여, 일본 방위(미일동맹)의 개념을 확대했다. 구(舊)조약 제1조에 있던 내란 조항은 삭제하였다.

이 개정을 두고 일본 내에서는 격렬한 '안보조약 반대 투쟁'이 벌어졌다. 시위대는 의회를 포위하기도 했고, 미국 대표단은 헬기를 타고 탈출했으며, 아이젠하워 미국 대통령의 방일이 취소되기도 했다.

핵심은, 공동의 위험으로 인식한다고 했을 때, 일본에 주둔 중인 미군의 공격에 대해 자위대의 출동 여부 문제와, 타국으로부터의 직접적인 공격을 받은 것이 아님에도 군사력을 행사하는 것은 헌법 위반이라는 주장이었다.

일본은 미·일 안전보장조약을 통해 미군의 주둔과 일본의 안전보장을 규정하고 있다. 이후 진행되는 일련의 조약 체결 및 개정 작업은 점차적으로 미·일 동맹관계의 일체화를 위한 움직임들이다. 그 가장 핵심이 되는 것이 집단적 자위권 도입이다. 1차적으로는 헌법 해석을 통한 편법으로, 이후에는 보통국가의 명분을 앞세워 헌법 개정을 통한 완전한 탈평화헌법적 보통국가화이다. 즉 자위대의 군대화로, 전쟁이 가능한 군사대국으로서의 전전의 일본을 꿈꾸고 있다.

　일본이 집단적 자위권을 확보·확대하려고 하는 야심을 대내외에 표방하면서 내세우고 있는 대의명분 중 한 가지가 '적극적 평화주의'이다. 이는 이제까지의 전수방위 개념 아래에서 소극적으로 대응할 수밖에 없었던 군사행동 혹은 군사행동에의 참여를 '평화주의'라는 명분을 앞세워 적극적으로 개진해 나가겠다는 의지의 표현이다. 그 대표적인 것이 PKO(유엔평화유지활동)특별법, 테러대책특별조치법, 국제긴급원조대법 등이다.

〈표 7〉 각 법령의 파병 근거 및 조건[4]

	PKO협력법	테러대책 특별조치법	국제긴급원조대 (JDR)법
국제연합 결의나 국제기구의 요청	'요청'이 전제	'요청' 없이도 가능	'요청'이 전제이기는 하나 없는 경우도 가능
법령의 특징	전쟁·내란 등 분쟁에 의한 난민이나 재해에 적용	비전투지역인 공해나 그 상공, 해당국의 동의가 있는 경우는 그 국가의 영역	자연재해나 인위적 재해에 적용
파병의 조건	파병국의 동의 및 정전 합의 등 'PKO 참가5원칙'이 전제	파병국의 동의 필요	자연재해에, 국회 동의 없이 자위대 파병의 근거

....
4. 참의원(參議院), 2015년 개정된 PKO 참가 5원칙 : ①분쟁 당사자 간의 휴전 합의가 성립할 것, ②분쟁 당사국 모두의 동의가 필요, ③평화유지활동은 중립적일 것, ④위 원칙 중 하나라도 충족되지 않을 때는 철수, ⑤무기의 사용은 요원의 생명 등 필요한 최소한도로 한정한다.

〈표 8〉 국제 긴급원조대 팀별 특징

파병팀	편성	활동 내용	파병기간
구조팀	외무성, 경찰청, 소방청, 해상보안청, 의료반, 구조평가전문가, 국제협력기구 업무 지원팀	피해지역의 이재민 수색, 발견, 구출, 응급처치, 안전한 장소로 이송	약 1주 정도
의료팀	국제협력기구에 등록된 의사, 간호사, 약사, 의료조정 위원 중 선택	이재민의 진료, 필요에 따라 질병의 감염 예방과 퇴치 활동	약 2주 정도
전문가팀	재해의 종류에 따라 관계 부처, 지자체, 민간 기술자·연구자	건물의 내진성 진단, 화산 폭발 예측 및 피해 예측, 재해 예측 및 복구, 조언 활동	약 2주 정도
자위대부대	자위대부대	함정과 항공기를 이용한 수송 활동, 급수 활동, 의료 및 방역 활동	약 2주 ~2개월 정도
감영병대책팀	역학, 검사 진단, 진료, 감염 관리, 공중보건 대응, 물류 기능	감염병에 대한 폭넓은 지원 활동	2015년 신설

주변 지역의 범위 확대에 이어 자위의 범위 확장을 통해, 그동안 헌법이 금지해 왔던 해외에서의 자위대의 무력행사가 가능하게 된 결정적인 계기는, 아베 집권기였던 2014년 7월 1일 각의 결정을 통해서였다. 헌법 해석을 바꾸어 집단적 자위권 용인이 가능하게 된 것이다. 이를 통해 정권의 입맛에 따라 타국의 전쟁에 참여할 수 있는 길을 확보한 셈이다.

3. 집단적 자위권 도입의 외적 요인

(1) 집단적 자위권과 안보법안

2015년 9월 19일 새벽 참의원 본회의, 자민·공명 연립여당은 일본의 집단 자위권 행사를 가능하게 하는 안보법안을 전격적으로 통과시켰다. '집단적 자위'라는 이름으로 행하는 해외에서의 무력행사에 면죄부를 주는 법안들이다. 이 법안들은 '테러와의 전쟁'이라는 명분으로 나서는 미국의 국제분쟁에, 시기나 지역과 관계없이 후방 지원하는 것을 핵심 내용으로 삼고 있다. 미·일 동맹의 범위를 전 지구에 걸쳐 넓혀 놓은 것이다.

이 안보법안은 크게 두 가지로 구성되어 있다. 첫째, 일본 및 국제사회의 평화와 안전 확보를 위한 자위대법 등의 일부 개정 법률안(我が國及び國際社會の平和及び安全の確保に資するための自衛隊法等の一部を改正する法律案), 일명 '평화안전법'이다. 둘째, 국제 평화 공동대처 사태에 대하여 일본이 실시하는 외국 군대 등에 대한 협력 지원 활동 등에 관한 법률안(國際平和共同對處事態に際して我が國が實施する諸外國の軍隊等に對する協力支援活動等に關する法律案), 즉 '국제평화지원법'이다. 평화안전법 10개 법안[5]은 개정 법률안이고, 국제평화지원법은 새

---

5. 자위대법, 국제평화협력법, 주변사태안전확보법, 선박검사활동법, 사태대처법, 미군행동관련조치법, 특정공공시설이용법, 해상운송규제법, 포로취급법, 국가안전보장회의 설치법 등 10개 법안이다.

롭게 제정된 법안이다.

이 법안들의 특징은 미·일 군사동맹의 효율적 운용에 있다. 미·일 동맹의 일체화에 한 발 더 다가간 것으로, 이는 미국의 세계 패권 전략, 특히 동아시아에서의 재균형 전략과 맥을 같이한다.

탈냉전기 이후의 미국의 패권 전략을 큰 틀에서 보자면, 우선 클린턴(Bill Clinton) 정부의 '개입과 확대' 정책에 이은 '포괄적 개입' 정책이 있다. 중국에 대한 적대나 견제 심리보다는 포용을 통해 현존의 질서 내로 포섭하려는 경향이 강했다. 냉전기를 지나 미·소 데탕트로 이어지던 국제정세 전환기에, 미국은 소련과의 갈등 관계 속에서 고립주의 노선의 중국을 국제사회로 불러낸다.

중국의 핵무기 보유로 미·소 양극체제의 유지가 더는 쉽지 않다고 판단한 미국은, 중국과의 관계 개선을 통해 다극체제로의 이행에서 유리한 고지를 선점하려 했다. 키신저(Henry Kissinger)의 현실주의적 3각 외교(triangular diplomacy) 전략은 빛을 발했고, 중국과의 관계 개선을 위한 '핑퐁외교'의 성공으로 미국은 패권 질서의 세력 균형 구축에서 우위에 설 수 있었다. 제2차 세계대전의 종결 후 압도적인 힘의 우위를 확인한 미국은, 새로운 세계질서 창출에 '힘에 기반한 국제주의' 전략을 내세웠다.

(2) 집단적 자위권과 동아시아 정세

일본 역대 정권은 일관되게 "헌법 제9조의 존재로 인해 일본은 집단적 자위권을 가질 수는 있으나, 그것의 사용은 불가하다"고 천명해 왔다. 대표적인 일본 정부 견해는 베트남전쟁 중에 나왔다. 당시 베트남전쟁에 미국이 빠져들어 있었다. 당시 일본 국회는 집단적 자위권을 헌법상 어떻게 인식하고 있는지 정부에게 물었다. 일본 정부가 내놓은 대답은 "집단적 자위권 행사가 허락되는 것은 일본이 침해를 받은 경우에 한한다. 그 외의 집단적 자위권의 행사는 헌법상 허락되지 않는다"였다.

이후 1982년에 스즈키 당시 총리 또한 "집단적 자위권은 없다. 헌법상 용납되지 않기 때문이다"라고 했으며, 1983년에 나카소네 당시 총리 역시 "집단적 자위권으로서의 참가는 헌법이 허락하지 않는다"라고 했다. 2001년 고이즈미 당시 총리도 마찬가지로 "집단적 자위권에 대해서는 헌법상 용납되지 않는다고 생각하고 있다"라는 견해를 제시했다. 이런 일본 정부의 의견이 아베 정부에 와서는 정반대의 해석으로 바뀌어버렸다.

클린턴 행정부 2기가 시작되던 1997년 럼스펠드(Donald Rumsfeld) 국방부 장관이 '4개년 국방보고서'(Quadrennial Defense Review)를 발표했다. 최초의 4개년 국방보고서로 이후 4년 주기로 발간하였으며, 향후 20년간의 미국 군사안보전략의 목표와 방향 제시를 목표로 했다. 1997년 4개년 국방보고서(U.S. Deparment of Defence, Quadrennial Defense Review Report, 1997)에서 "2015년 이후에 러시아와 중국이 잠재적인 주요 군사 경쟁자가 될 가능성이 있다"고 분석했다. 처음으로 중국을 잠재적 군사 경쟁자로 지목한 문서다.

하지만 2001년 터진 9·11 테러는 미국의 시선을 중동으로 돌려놓

앗다. 테러와의 전쟁에 동원되면서 중국은 잠시 관심권 밖으로 밀려나는 듯했다. 아시아로의 회귀(Pivot to Asia) 정책은 이러한 전략의 전환점이었다. 중국의 일대일로(一帶一路) 구상 등은 대내외적인 자신감의 표출로 비쳤다.

오바마(Barack Obam) 행정부 2기 들어, 당면한 미국의 위협을 미국 패권의 쇠퇴와 금융위기와 같은 경제력 추락이라고 진단했다. 이에 대한 타개책이 절실했다. 미국은 '잠재적인 군사적 경쟁자'가 부상하고 있는 아시아로 다시 눈길(Re-balancing Policy)을 돌렸다.

미국은 글로벌 리더십 유지를 위해, 점점 공세적으로 나오는 중국과의 관계를 재정립할 필요성을 절감했다. 오바마 정부는 군사적인 헤징(hedging) 전략 측면과 경제적 협조 관계 측면으로 분리해 투 트랙 대응법을 구사함으로써 군사와 경제라는 두 마리 토끼를 잡고자 했다.

이어 등장한 트럼프(Donald Trump) 행정부는 강경한 대중국 정책을 통해 압박 수위를 한층 높였다. 아시아-태평양 정책은 인도-태평양 정책으로 확대 전환되었으며, 2019년 6월 미 국방성은 〈인도-태평양 전략보고서(Indo-Pacific Strategy Report)〉를 발표했다. 이는 '자유롭고 열린 인도-태평양'을 내세우며 미국·일본·호주·인도 4개국의 연대와 동맹에 주목한다. 미국의 이와 같은 동아시아 패권 정책에 일본은 미·일 동맹 '일체화'로 화답하고 있다.

4. 미·일 동맹의 강화 및 재정의 과정

(1) 보통국가화와 미·일 동맹 일체화

2020년 초 미국과 일본의 외무·국방(미국의 폼페이오 국무장관, 에스퍼 국방장관, 일본의 모테기 외무대신, 코우노 방위대신) 관계 장관들은 미·일 안전보장조약 조인 60주년 기념 공동발표문을 작성했다. 이 발표문에서 "미일동맹은 지역의 안보 협력을 포함하여 자유롭고 열린 인도-태평양에 대한 비전을 공유했다"라며, 미·일 동맹이 미치는 안보의 범위를 기존의 아시아 태평양을 넘어 인도-태평양으로까지 확대했다. 일본 정부가 주장하는 '일본의 주변 지역 유사 사태'에 대한 대응책으로서의 안전보장 정책이라는 것이, 결코 '지리적 개념'으로서의 주변이 아님을 뚜렷이 보여주고 있는 실례 중 하나다.

일본 정부가 보통국가화를 지향하면서 즐겨 사용하는 용어 중의 하나가 파워 밸런스, 즉 힘의 균형이다. 이는 중국의 부상을 염두에 두고 진행되는 동아시아 역내 힘의 균형을 의미한다. 두 가지 측면에서 두드러지게 나타나고 있는 균형전략론은, 외부적으로는 미·일 동맹 관계의 강화 및 질적 변화를 통해, 다른 하나는 일본이 보유하고 있는 군사력의 역량 강화를 목표로 진행되고 있다.

현재 자위대는 세계 각지에서 다양한 파병(派兵) 활동을 벌이고 있다. 물론 일본 정부는 이를 절대 '파병'이라 부르지 않고 '파견(派遣)'이라는 용어를 사용한다. 파병과 파견의 차이는 '무력 사용' 여부와 관계

된다. 무력 사용을 목적으로 해외로 나가는 행위를 '파병'이라 하고, 파견은 무력 사용을 목적으로 하지 않는 해외로의 이동이다.[6]

〈표 9〉 걸프전쟁 이후 자위대의 해외(중동)파병 이력[7]

시기	장소	주요 활동
1991년	페르시아만	• 걸프전쟁 후 기뢰 등 제거 • 해상자위대 6척 투입
1992년 ~1993년	캄보디아	• PKO활동(정전 감시, 도로 및 다리 건설)
1996년 ~2013년	골란고원	• PKO활동(정전합의 감시, 후방 지원) • 육상자위대
1999년	터키	• 지진재해, 국제긴급원조 • 해상자위대, 단기파견
2001년	아프카니스탄	• 난민 지원 • 항공자위대, 단기파견
2001년 ~2007년	인도양	• 9·11 테러 후 미국의 지원 요청 • 해상자위대
2008년 ~2010년		• 다국적군에 급유 등 후방 지원 • 해상자위대
2003년	이라크	• PKO활동(이라크 난민, 피해민 구조) • 항공자위대, 단기파견
2003년 ~2004년	이란	• 지진재해, 국제긴급원조 • 항공자위대, 단기파견

6. 국제기구나 재해를 입은 피해 국가가 일본에 긴급원조나 물자 공여를 요청했을 때, 어떠한 경로를 통해 물자 공여 또는 긴급원조대가 파병되는지를 도표화한 자료이다. 무력행사를 배제한 순수한 인도적 지원이라는 점을 부각하기 위해 세심하게 관리하고 있음을 알 수 있다.

7. 자위대 중동 파견은 현재 15건이다. 파견 근거법에 입각해 볼 때, 방위성설치법·자위대법에 근거한 파견이 2건, 국제평화협력법(PKO법)에 근거한 파견이 5건, 해적처리법이 1건, 특별설치법이 3건, 국제긴급원조대법에 의한 파견이 4건이다. 파견기간 3개월 미만 임무는 단기파견.

2003년~2009년	이라크	• 인도 부흥 지원, 물자 운송 • 육·해·공자위대
2005년	파키스탄	• 지진재해, 국제긴급원조 • 육·공자위대, 단기파견
2009년~현재	소말리아, 아덴만, 지부티	• 해적으로부터 선박 보호 및 감시 • 육·해자위대
2010년	파키스탄	• 홍수, 수해 지원 • 육·해·공자위대, 단기파견
2011년~현재	남수단	• PKO활동(부흥지원) • 2017년 부대 파견 종료 • 현재는 사령부 요원 4명만이 파견 활동 중
2019년~현재	시나이반도	• 다국적군으로서 정전 감시 활동 • 육상자위대 요원
2020년~현재	아라비아해, 아덴만, 지부티	• 중동지역 정보 수집 활동 • 해상자위대

일본 정부는 "해외파병이란 무력 사용의 목적을 갖고 무장한 부대를 타국의 영토·영해·영공에 파견하는 것으로 정의하고, 일반적으로 자위를 위한 필요 최소한도를 넘어서는 것이자 헌법에 어긋난다"라는 견해였다.[8] 아베 총리 또한 이와 관련해 중의원에서 행한 발언에서 "무력행사를 목적으로 자위대를 타국의 영토나 영해에 파견하는 것, 즉 타국의 군대를 섬멸하기 위해 포격 혹은 여하한 조치를 하는 것이야말로 전형적인 해외파병이기 때문에 가능하지 않다는 점은 확실히 말해 둘 수 있다"라고 했다. 다시 말해서, 자위대의 파병에는 반대하지만 파견은 용인할 수 있다는 주장이다.

현재까지 자위대 파견(파병)의 구체적인 실적은 다음과 같다.

....
8. 자위대의 해외파병·미일안보조약 등의 문제에 관한 질문 답변서(自衛隊の海外派兵·日米安保條約等の問題に關する質問に對する答弁書), 內閣衆質 93 第6號

후방 및 복구 지원 3건, 국제연합평화지원 활동(PKO) 9건, 난민구원 활동 4건, 국제긴급원조대 활동 18건, 재외일본인 운송 활동 5건, 해적 대처 활동 1건, 재해 파견 활동 1건, 유기화학 병기 처리 활동 1건, 능력 구축 지원 활동 1건, 정보 수집 활동 1건 등이다.

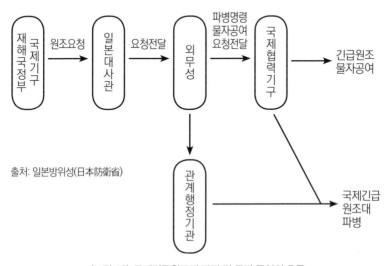

<그림 10> 국제긴급원조대 파견 및 물자 공여의 흐름

2015년 안보법안의 통과로 집단적 자위권 행사와 자위대 해외활동의 법적 지위를 확보한 이후, 일본은 점점 노골적이며 적극적으로 이를 수행하고 있는 추세이다. 물론 헌법과의 불합치 문제로 인해 헌법 개정이 아닌 헌법 해석이라는 편법을 사용하고 있다는 점에서 헌법 위반이라는 논란 및 절차적 타당성이라는 반대 여론에 직면해 있는 것도 사실이지만, 일본 사회의 전반적인 우경화 탓에 그 목소리는 점점 작아지고 있는 실정이다.

(2) 멈추지 않는 역주행

평화헌법이라는 위장술 뒤에 얼굴을 가린 채 군국주의의 본색을 숨기고자 했으나, 그 유전자는 아베(安倍晋三) 전 총리와 그 바통을 이어받은 스가(菅義偉) 현 총리에게 그대로 전해져 오고 있음을 우리는 현실에서 목도하고 있다. 이러한 암담한 현실에 대해 곳곳에서 우려의 목소리도 높다. 이들 아베류(類)에게서 히틀러의 그림자가 어른거린다는 섬뜩한 경고도 들린다. 아베류 무리 외에는 대안이 없는 사회, 아베류 무리에게로 집중되고 있는 일본 보수우익들의 세력화가 근년 들어 눈에 띄게 확대되고 있기 때문이다.

호사카 유지는 안보법제 일원화를 그러한 현상의 하나로 제시하면서, 집단적 자위권을 용인한 아베와 아베 내각을 히틀러식 수법을 쓰는 히틀러에 비유하고 있다.[9] 그는 1945년 8월 15일 패망의 날을 묘사한 소설 『일본의 가장 긴 날』의 작가 한도 가즈토시(半藤一利)의 말을 빌려온다.

"그(히틀러)는 국가에 반역하는 사람들을 철저히 탄압할 수 있는 몇 개의 법률을 하나로 묶어 '민족과 국가의 보호를 위한 대통령령, 독일민족에 대한 배신적 책동에 대한 대통령령'을 제정했다. 그렇게 하여 국민들에게 위기를 부추기고 공산주의자를 일소한 뒤, 1933년 3월에 바이마르 헌법에 구속되지 않는 무제한의 입법권을 인정하는 전권위임법을 정식으로 의회에 제출했고, 다수의 찬성으로 통과시켰다. 나치의 독재체제는 이렇게 완성되었다. (중략) 이는 마치 10개의 법제를 묶

9. 호사카 유지 『아베, 그는 왜 한국을 무너뜨리려 하는가』

은 현재 일본의 안보법제를 보는 것 같다."

　자민당 1당 독주체제가 무너진 2008년 민주당으로의 정권교체는 너무도 허무하게 막을 내렸다. 여러 악재가 겹치는 가운데, 결정적으로는 민주당의 국가위기관리능력의 상실로, 2012년 자민당이 재집권을 했다. 야당의 약세, 즉 취약한 지지 기반과 차별성 없는 정책으로 우왕좌왕하다가 '정신을 차려 보니 정권은 다시 자민당에 넘어가 있었다'는 표현이 적절하다. 짧은 기간의 정권교체는 자민당 외에는 대안이 없음을 재확인하는 과정에 지나지 않았으며, 이처럼 척박한 정치풍토의 개선은 앞으로 일본 사회가 헤쳐 나가야 할 또 하나의 과제임을 드러내주었다.

　재등장한 아베 정권은 한층 군국주의로 기울어 있었다. 일본 사회에 본인들 외에는 다른 마땅한 대안이 없음을 확인했기 때문이었을까? 이들의 역주행에는 거침이 없었다. 아베 정권은 출범 이후 집단적 자위권 용인, 미·일 신가이드라인 개정, 안보법제 성립 등 중요한 안보정책 상의 우경화 정책들을 주도적으로 추진해 왔다.

　안보법제는 자위대법과 주변사태법, PKO협력법 등을 하나로 묶어 국제평화지원법이라는 이름을 붙였다. 이렇듯 안보법제를 정비하여 군사력의 효율성을 높이고자 하는 이유는, 현행 헌법의 제9조, 즉 평화조항의 개정이나 폐지가 현재로서는 여의치 않기 때문이다. 헌법 개정은 일단 미뤄둔 채 분위기 조성에 노력하고, 우선은 급한 대로 헌법 해석을 통해서라도 전쟁이 가능한 나라로 만들어가겠다는 의지의 표현이다. 그리고 이미, 상당 부분 현실화되었다.

제4부

일본 신군국주의와 한반도 평화 문제
: 완충지대화 전략

제1장

·
·
·

역사수정주의적 관점과 한반도 평화체제

1. 역사수정주의적 관점에서의 한반도 평화

(1) 중지·유지·지속으로서의 2+1 체제
: '실체'의 현상 기제

역사수정주의 관점의 분석을 통해 확인한 일본 신군국주의화 실체의 현상 기제는 샌프란시스코체제의 유지, 평화헌법체제의 중지, 판문점체제의 지속이라는 관점에서 일관되게 추진되고 있는 수정주의적 입장이었다. 일본 사회의 내·외재적 요인으로 기능하는 이 세 가지 체제의 수정주의적 해석을 통해, 일본의 신군국주의화는 추동된다.

한편 보통국가화 전략, 방위계획대강, 집단적 자위권은 내재적 요인으로써 일본을 전쟁이 가능한 군사대국으로 견인한다. 이들은 독자적으로 기능하기도 하고, 때로는 상호 영향을 주고받으며 서로 연동되기도 한다. 일본 사회 내에서 다분히 수정주의적 관점으로 해석하고 있는 이 체제를 분석함으로써 일본 신군국주의 실체에 한발 다가설 수 있었다.

1945년 이후, 평화헌법체제와 샌프란시스코체제는 일본 사회를 관통하는 두 체제이다. 이는 한반도를 관통하고 있는 판문점체제와 연동되기도 하는데, 이를 2+1 체제라 부르고자 한다.[1] 일본 사회를 제대

---

1. 일본 보수우익화 경향의 종착지가 되는 군사대국화의 실체와 그 현상을 집약적으로 표현 가능한 용어가 '신군국주의화'이다. 일본의 신군국주의화를 제대로 파악하기 위해서는, 부감(俯瞰)의 원리에 근거해 일본 전체(정치·경제·사회)와 그 주변(국제정세)을 동시에 조망해야 한다. 이는 일본 신군국주의화 실체의 내·외재적 분석이라 할 수

로 이해하기 위해서는 2+1 체제에 대한 이해가 필수적이다.

평화헌법체제는 일본 사회의 내재적 체제이다. 즉, 일본 자체의 자의적 선택으로 만들어진 체제라는 말이다. 물론 다른 의견도 있다. 일본 사회 개헌론자들이 주장하는 '자주헌법'으로의 개헌론이 그것이다. 미국(맥아더 사령부)의 강압으로 만들어진 헌법이니, 이를 일본 국민의 뜻에 따라 자주적으로 개헌해야 한다는 주장이다. 이 주장에 동의하지 않기에 평화헌법체제를 일본의 내재적 체제로 간주한다.

반면에 샌프란시스코체제는 외재적 체제다. 당시 소련에 대한 적대·경계감에 더해 중국의 위협이 증가하고 있는 현실, 이어진 한국전쟁의 발발은 패전국 일본에 대한 미국 정부의 정책 변화, 즉 역코스정책으로 이어졌다. 미국은 일본의 전쟁에 대한 모든 과오를 덮어준 채, 반(反) 공산 진영의 충실한 미국 우방국으로 변모시켰다.

즉, 일본은 스스로의 노력으로 전쟁 피해국과의 전쟁 책임 및 보상에 대해 면책을 받은 것이 아니라, 미국의 힘으로 강제된 면책특권을 부여받았다. 일본이 바른 정신으로 미래를 설계하고자 한다면, 평화헌법을 자주헌법으로 개정하고자 할 게 아니라, 샌프란시스코조약을 근본부터 뜯어고쳐 주변국과의 평화와 상생의 길을 모색해야 한다.

평화헌법체제는 일본 사회에서 면면히 흐르고 있는 평화의 정신이다. 전쟁에 대한 반성, 주변국에 심대한 피해를 준 것에 대한 사죄의 뜻이다. 그리고 다시는 전쟁으로 자국을 황폐화하지도 주변국에 위협을

있다. 이 분석의 핵심 틀이 2+1체제, 즉 내재적 현상으로서의 샌프란시스코체제와 평화헌법체제, 외재적 현상으로서 판문점체제를 입체적·유기적으로 분석하는 방법이다.

가하지도 않겠다는, 자국민과 주변국에 대한 약속이다. 그러나 샌프란시스코체제로 인해 전후 책임 추궁에 실패함으로써 전쟁을 획책했던 전범들이 그대로 일본 사회로 생환하게 된다. 이때 이미 역사 역주행의 씨앗은 뿌려져 있었던 셈이다. 결국 그들과 그 후손들은 일본 사회의 선량한 시민들의 뜻에 역행하여, 전전의 제국주의 일본으로의 회귀를 꾸준히 추진하게 된다.[2]

역사의 하중에 눌려 있던 일본 사회가 이를 탈피하고자 기지개를 켜는 것은 오자와 이치로(小澤 一郎)의 '보통국가론'을 통해서다. 1990년대 초반 오자와에 의해 본격적으로 제기되었고, 이후 고이즈미(小泉純一郎)와 아소(麻生太郎), 아베(安倍晋三) 총리를 거치면서 일본의 국가전략으로 수용되었다.

구체적으로 일본 사회에 뿌리를 내리게 되는 것은 1990년대 신자유주의 이후인데, 일본의 사회 위험 징후가 농후해진 상태에서다. 격차(格差)사회, 즉 개인 및 계층 간 격차가 심화된 것이다. 부의 불평등이 심각한 사회문제로 떠오르면서, 일본 사회는 신보수주의로의 전환을 도모한다. 이는 고이즈미 총리 시절 신자유주의의 정점에 섰던 일본 사회가 재차 붕괴의 조짐을 보이자 나타난 변화이다.

격차사회가 심화하면서 나타난 일본 사회의 특징 중 하나는 '가지지 못한 자도 살만한 국가'로의 전환이라는 점이다. 세계 2~3위의 경제대국이라는 이름에 걸맞을 정도의, 풍요로운 소수의 삶이 있는가 하면, 다른 한쪽에는 사회 다수의 중·하층 계층들이 그다지 불편함을 느끼지 않는(불만을 느끼지 않을) '저렴한 사회 편의(?)형' 국가로의 탈바꿈

....
2. 전 총리였던 고이즈미와 아소, 아베와 같은 세습정치인들이 대표적이다.

이다.[3] 확실한 계층사회로의 전환이다.

앞서 살펴본 것처럼, 판문점체제란 한반도에 형성된 냉전의 유물들이다. 아시아 패러독스의 핵심 기반 중 하나인 한국전쟁의 군사 정전 체제, 즉 하나의 특수한 평화체제를 지칭하는 용어다. 이 판문점체제는 한반도 남과 북의 대결이라는 냉전적 의미 외에도, 한·미·일 군사동맹 하의 동아시아 패권 정책, 중국과 러시아로 대표되는 사회주의권과 여타 지역 국가들과의 역내 관계를 설명해 주는 유효한 이론 틀이다.

게다가 일본이 판문점체제로부터 자유로울 수 없는 이유는, 앞서 이야기했던 평화헌법체제와 연동되는 측면이 강하기 때문이다. 평화헌법 개정을 통하여 보통군사국가화 하려는 일본 보수우익 세력의 도발적 야심과 직결되는 문제로, 판문점체제는 그들이 악용하기 좋은 먹잇감 같은 것이었다. 일방적인 북한 때리기로 대변되는, 북한위협론의 확산을 통한 내셔널리즘적 사회통합 의도가 그 하나다. 최근에는 혐한론이 세를 늘려가고 있다.

....
3. 저렴한 사회 편의형 국가란, 사회 양극화의 한 단면이다. 두 측면으로 설명 가능하다. 같은 거리에 저렴한 분식집과 호화 백화점이 공존하는 현상이다. 다른 하나는, 부촌과 빈촌의 공존이다. 너무도 당연시 여겨지는 이런 세태는 자본주의적 자유의 유산이다. 자기 능력껏 누릴 수 있는 자유의 한계 상황이다. 일본은 특히 이런 제도가 잘 정비되어 있는 사회다. 저렴한 먹거리와 저가의 의류, 대중화된 아파트로, 가지지 못한 이들의 의·식·주 문제를 해결해 준다. 기본적인 의·식·주만 해결되면 불만은 사라진다. 그 이상의 바람은 본인의 능력 탓으로 돌리고, 이를 위안 삼는다.

(2) 아시아 패러독스와 갈등론 : '실체'의 현상 형태

역사수정주의 관점 분석을 통해 밝혀낸 신군국주의화 '실체'의 현상 형태는, 동아시아 주변에서 벌어지고 있는 일련의 갈등적 상황이다. 아시아 패러독스라고 불리는 현상도 그 하나다.

한·중·일 3국이 세계사에서 차지하는 위치가 지금만큼 막중했던 때는 일찍이 없었다. 경제적으로나 군사적으로나, 최근에는 정치·문화적으로도 막강한 영향력을 행사하고 있다. 중국은 현재 미국과 세계 패권을 놓고 경쟁 중이다. 미국은 아시아-태평양 중시 정책으로 중국을 견제하고 있다. 일본 역시 미·일 동맹 체제를 바탕으로 미국에 적극적으로 동참하고 있으나, 경제적으로는 중국과의 우호 협력관계를 지속하기 위해 머리를 짜내고 있다. 한국은 더 확실하게 미국과 중국 사이에서 외줄타기식 외교에 치중하고 있다. 이처럼 한·중·일 3국은 경제적 측면에서는 끈끈한 협력의 동반자적 관계다.

세계 경제에서 한·중·일 3국이 차지하는 비중도 어느 지역보다 높다. 미주지역 및 유럽과 한·중·일 3국은 세계 3대 경제권을 형성하고 있다. 이를 GDP(국내총생산)만으로 계산해 보면, 세계 GDP 순위(2020년 추정치) 2·3·10위인 중·일·한 3국이 순위만 놓고 보더라도, 다른 경제권에 비해 월등히 앞서 있음을 알 수 있다.

미국이 20,807조 269억 원인 데 비해, 한·중·일 3국의 합이 21,358조 141억 원이다. 순위 10위권 이내인 유럽의 독일(4), 영국(5), 프랑스(7), 이탈리아(8) 4개국을 합쳐도 10,818조 522억 원으로, 이들은 미국이나 한·중·일 3국의 절반밖에 되지 않는다. 인구수 면에서는 더욱 큰 차이가 난다. 이처럼 세계 양대 경제권이라 부를만한 규모의 한·중·일 3국이다.

그런가 하면, 지난 15일(2020년 11월) 한·중·일을 포함한 아시아-태평양 15개국이 역내포괄적경제동반자협정(RCEP)에 서명했다. 한·중·일의 첫 번째 자유무역협정(FTA)이다. 이렇듯 막강한 규모와 협력을 유지하는 경제 영역이지만, 경제적 측면을 벗어나 정치나 외교 분야로 넘어오면 이야기가 달라진다.

2020년에는 한·중·일 정상회의 제9차 회의가 서울에서 열리기로 되어 있었다. 한·중·일 정상회의는 한·중·일 3개국이 합의하여 2008년부터 매년 연례적으로 개최하고 있는 연중행사다. 일본-중국-한국 순으로 돌아가며 개최하고 있는데, 일본 총리가 스가 요시히데(菅義偉)로 교체되면서 성사되지 못했다.

스가 총리가 징용 문제 선결 없이는 회의에 참석하지 않겠단 태도를 보인 것이다. 박지원 국정원장과 한·일 의원연맹 소속 의원들이 연이어 방일하여 스가 총리를 만났으나, 별다른 소득은 없던 것으로 보인다. 오히려 스가 총리는 방문단에게 "징용공 문제 등으로 한·일 관계가 매우 어려운 상황에 놓여 있다"라며 "한국 측이 문제 해결의 계기를 만들어야 한다"라고 말했다.[4] 공을 한국 정부에 넘긴 것이다.

이와 관련해 국내 여론은 다소 싸늘한 편이다. "일(전쟁과 강제 연행·노동)은 일본이 저질러놓고 해결은 한국 보고 하라는 것이냐?"라는 격앙된 반응들이 많다. 당장의 현안이 급하다고 과거사는 봉합해서 처박아 놓은 채로 오다가, 전후 75년이 지난 지금까지도 역사에 발목이 잡

....
4. 〈日, 한중일 정상회의 불응 입장…'징용문제 선결' 압박〉, 연합뉴스, 2020. 11. 14.

혀 제대로 나아가지 못하고 있는 것이 한·일 관계의 현주소다. 미래세대를 위해서라도 더 이상의 봉합은 안 되며, 당당하고 확고하게 대응해야 한다. 안일한 역사의식의 소유자들이 과거사를 망쳐 왔다. 과거사, 이제는 매듭을 지어야 할 때라는 인식이 필요하다.

한·중·일 3국의 경제적 협력과 정치적 관계의 불일치, 이러한 현상을 '아시아 패러독스'로 표현한다.

상호 모순된 현상의 이면에는 이를 이용해 자신들의 입지를 강화하려는 일본 보수우파의 논리가 작용했다. 협력할 것은 상호 협력 체제를 통해 유지하되, 과거사와 영토 문제 등은 최대한 활용해 내셔널리즘을 극대화하고자 한 것이다. 당연히 주변국과의 갈등 및 위협론이 그 재료로 악용되었다. 이를 이용해 일본을 전쟁이 가능한 보통국가, 전전의 군사대국화로 만들려는 의도였다.

역사는 이들의 뜻대로 흘러왔다 해도 과언은 아니다. 일본은 이제 세계 5위의 군사 대국이 되었으며, 국방비 지출로는 세계 7위를 기록하고 있다. 또한 집단적 자위권 행사를 통해, 미·일 동맹 체제가 유지되는 곳이라면 세계 어디에서든 자위대의 군사적 활동이 가능하게 되었다.

일본 보수우파로서는 마지막 남은 목표가 헌법 개정이기는 하겠으나, 이제 헌법 개정은 그리 큰 문제가 되지 않는다. 헌법의 해석 변경을 통해서 얻을 것은 이미 다 얻어 놓은 상태이기에 때문이다. 그런 측면에서 보통국가화를 향한 일본의 발걸음은 한층 가벼워졌다고 할만하다.

2. 역내 동맹과 냉전체제의 잔존
: 협력과 갈등의 변주곡

(1) 한·일 관계의 갈등과 한계

한국과 일본은 동맹국이 아니다. 즉, 한·일 관계는 한·일 동맹체제로 발전하지 못했다. 한·미 동맹, 미·일 동맹은 존재하나, 한·일 동맹은 없다. 이것이 한·일 관계의 현재 모습이다. 한·미·일 동맹 체제를 희망하는 미국으로서는 뼈아픈 현실이다.

하지만 이는 미국의 패착이다. 잘못된 전후 처리의 결과물이기 때문이다. 한 번 잘못 꿰어진 역사의 단추를 제대로 바꿔 꿰는 데 이리도 오랜 시간이 걸린다. 무려 해방 70년이 지나서야 대일 외교정상화의 일단을 보고 있다. 역사 청산에 철저하지 못했던 탓이다.

일본의 경제보복 원인이자, 한·일 간 갈등이 겉으로 드러난 현상적 이유로는 ①2018년 10월에 있었던 일제 강제 징용자 손해배상 대법원 판결 문제, ②2018년 12월에 불거진 해군의 레이더 조사 사건, ③2019년 4월에 있었던 후쿠시마 수산물 수입금지 조치 제소 사건, ④문희상 국회의장의 일본 왕(천황) 사죄 요구 문제 등이 있다.

그러나 이는 그저 눈에 보이는 현상적 형태일 뿐이다. 진실은 1945년 8월 15일 이후 74년간 드러내 온 '역사 바로 세우기' 노력이 이제 그 결실을 볼 때가 되었음을 의미하는 것이다. 그 비정상의 종말이 겉으로 표출된 게 현재의 한·일 경제 갈등이다.

북쪽과의 관계에서도 마찬가지다. 남·북 간 갈등 국면 하에서의 일본 정부의 대북한 외교, 화해 국면에서의 일본 정부의 대북한 외교에는 아주 큰 차이가 나타난다. 일본 정부의 대북한 정책이 한국 정부의 대북한 정책에 전적으로 연동하는(영향을 받는) 측면이 있기에 그렇다. 역사적으로 보면, 한국 정부의 대북 유화정책 시기에 일본 정부의 대북한 접근 또한 훨씬 친화적으로 유지해 왔음을 알 수 있다.

북·일 관계 정상화의 실질적인 움직임은, 1990년 가네마루 신(金丸信) 전 자민당 부총재와 다나베 마코토(田邊誠) 사회당 부위원장이 북한을 방문하여 김일성 주석과 3당(자민당, 사회당, 조선노동당) 공동선언을 통해 수교 교섭을 맺었던 때로 거슬러 올라간다. 1990년은 88서울올림픽 직후로, 이때는 한국의 노태우 정부가 올림픽의 성공적인 개최를 위해 대북 유화정책을 적극적으로 폈던 시기다. 2002년 고이즈미(小泉純一郎) 일본 총리의 방북 시기는 김대중 정부와 노무현 정부의 햇볕정책이 빛을 발하던 시기와 겹친다. 이후, 아베 총리에 의해 대북 외교 단절이 이루어지게 되는데, 이때의 한국은 이병박 정부와 박근혜 정부의 시기였다.

그리고 문재인 정부가 들어서면서 이전과는 확연히 다른 북한 정책을 들고 나왔다. 포스트 햇볕정책(post sunshine policy), 즉 '한반도 평화체제 구축'이라는 통일 전(前) 단계의 거대한 한반도 비전을 제시한 것이다. 미국과도 힘겹게 조율하며 진행 중이다. 물론 시기적으로 북한의 핵과 미사일 문제가 미국의 관심을 끌었기에 가능했던 측면이 크다. 트위터로 시작되었던 남·북·미 3국 정상 간 판문점 깜짝 회동 이후, 뉴욕타임스(2019.06.30.)는 '북한 핵 동결론(nuclear freeze)'을 주장하며 새로운 유연한 핵 협상 접근법의 가능성을 시사하기도 했다.

한마디로 동아시아의 세력 판도가 요동을 치고 있다. 이쯤 되면 문제는 평화체제 한반도를 넘어, 한반도 평화체제가 지정학적으로 수행하게 될 역할론에 주목하게 된다. 우선은 동북아시아에서 한·중·일 3국이 힘의 균형을 통해 지역적 안정(평화)을 이루는 것이 중요하다. 이는 평화체제 한반도가 지정학적 특성을 살려 러시아·중국(대륙세력)과 일본(해양세력)을 견제 또는 중재하는 역할을 하게 된다는 의미에서다.

역사적으로 동아시아에서 힘의 불균형은 곧 분쟁의 요인이었다. 힘의 균형을 통한 안정이 중요하다. 다른 하나는 동아시아를 미·중 패권세력의 힘의 완충지대이자, 경제·안보의 전략 지역으로 탈바꿈시키는 일이다. 지금 일본은 다급하다. 경제적 침체의 골이 깊다. 원자력발전소 방사능 문제 등 자연재해에 의한 국내 내부 위기 상황도 엄중하다. 엎친 데 덮친 격으로, 동아시아에서조차 무의미한 국가로 전락할 수도 있다는 외교·안보적 위기의식도 팽배하다. 현재 진행 중인 일본에 의한 경제보복 조치도 이런 위기의식의 일환이다.

미국 정치도 혼란스럽기는 마찬가지인데, 대통령 선거를 끝내놓고 벌이고 있는 현재의 난맥상은 국제정치를 예측하는 데 있어 장애 요인이다. 하지만 바이든 새 정부라 하더라도, 트럼프 행정부가 추진하던 북·미 관계 개선은 더는 피해갈 수 없는 외통수(checkmate)다. 즉, 외나무다리 위에 서 있는 형국이다.

미국 국민에게 자국의 안보를 위협하는 주적국은 북한이다. 그런 북한의 위협을 제거하고 안전을 담보해 내는 일은 미국 국민에게도 크게 환영받을 일임이 틀림없다. 미국 갤럽 사회여론조사에 의하면, 러시아는 더는 미국의 주적이 아니다. 북한에게 그 자리를 내주었다. 러시아·중국·이란·북한이 매년 미국의 주적 자리를 놓고 순위 경쟁(?)을 벌이고 있는데, 2016년 조사에서는 북한이 러시아를 단 1%의 차이인 16%로 미국의 주적이 되었다는 것이다. 3위는 13%의 이란, 중국이 12%로 그 뒤를 이었다. 이것이 2018년 조사에서는 응답자의 무려 51%가 북한을 미국의 최대 적국으로 꼽았다고 한다.

그런데 반전이 일어났다. 북·미 정상회담이 연이어 개최되면서 양국 간 평화 분위기가 무르익자 미국인들의 인식에 변화가 나타났다. 2차 북·미 정상회담이 본격화되던 2019년 2월 조사에서는, 북한을 가장 큰 적으로 여기는 미국인의 비율이 14%로 급격히 떨어졌다. 그만큼 미국인들이 보는 북한에 대한 위협론이 만만치 않다는 방증이다. 그런데 이 엄중한 위협적 상대를 동반자적 관계로 되돌려 놓을 수만 있다면 그보다 더한 업적은 없다. 일본 정부 역시 이런 현실을 바로 직시하고, 평화 체제 한반도에 동참해야 한다.

(2) 한·미·일 관계로서의 한(반도)·일 관계

일본을 상징적으로 표현하던 두 개의 시각이 있다. 하나는 '전 국민이 중산층'이라는 경제적 자부심이었다. 그런데 이게 '격차사회'로 바뀌고 말았다. 다른 하나는 '안전사회 일본'이라는 신화적 믿음이었는데, 이 또한 잦은 자연재해에 의해 큰 피해가 겹치며 '동요하는 일본'으로 주저앉고 있다. 1980년대 이후 세계를 휩쓴 신자유주의의 여파, 그리고 2011년 일본 동북지역을 강타했던 동일본대지진의 충격이 몰고 온 일본 사회의 혼란상들이다. 시민 레벨에서의 혐한론과 일본 정부(우익세력)의 한국 때리기에는 이러한 사회적 배경이 자리하고 있다. 내부의 동요와 불안감을 감추기 위한 외부로 시선 돌리기, 즉 외재화 작업의 도구라는 말이다.

아베(일본 보수우익 세력을 통칭) 전 총리에게는 두 가지 역사적 현안이 있었다. 하나는 개헌을 통한 보통국가화(전쟁이 가능한 나라 만들기), 다른 하나는 북·일 국교정상화였다. 이를 스가 현 총리가 이어받았다. 우선, 개헌은 물 건너간 것으로 보인다. 당분간 개헌론을 꺼내기는 쉽지 않을 것이다. 스가의 정치적 역량이 따라주지 못할 것이기에 그렇다. 그렇다고 현재의 자민당 내에 마땅한 차기 총리가 있는 것도 아니다. 전임자였던 아베와 스가의 갈등론도 불거지고 있다. 다시 일본 정치는 합종연횡하며 혼란 속으로 빠져들 가능성이 크다. 내각 해산과 총선거를 요구하는 목소리도 들린다.

그렇다면 북한과의 국교정상화 문제도 순탄할지가 의문이다. 이는 전적으로 북·미 관계의 종속변수로서 생각할 수 있는 문제이기에, 추후 이루어질 북·미 관계의 향방을 주시할 필요가 있다. 스가 현 총리의 전임자이자 후견인과도 같았던 아베 전 총리는, 일찍부터 북한과의 관계를 정상화하기 위해 많은 물밑 작업에 공을 들여왔던 것으로 알려져 있다.

2013년 5월 내각 관방자문역으로 있는 이지마 이사오(飯島勳)를 평양에 특사 자격으로 보냈다. 북한의 3차 핵실험이 있은 두 달 뒤의 일이었다. 이지마는 2002년 고이즈미(小泉純一郎) 총리의 방북 시에 총리

비서관으로 평양에 동행했던 인물이다. 그는 북한에서 김영남 최고인민회의 상임위원장 등을 만났다. 2015년 5월에는 스웨덴의 스톡홀름에서 열린 북·일 간 회담에서 양국은 국교정상화를 추진한다는 합의를 발표하기도 했다.

2018년 6월의 싱가포르 북·미 정상회담, 2019년 2월의 2차 북·미 정상회담 이후 일본 정부는 끊임없이 북한과의 회담 의지를 보여 왔다. 특히 2차 북·미 정상회담 뒤 도널드 트럼프 대통령과의 전화 통화에서는, 김정은 위원장을 "직접 만나야겠다"라는 강한 의지를 피력했던 것으로 전해진다. 아베 총리는 2018년 9월의 유엔총회 연설에서 북한을 위한 도움에 "노력을 아끼지 않겠다"라는 선심성 발언을 했으며, 2019년 1월 일본 의회에서 행한 시정연설에서도 그 기조를 이어 갔다. 2015년을 전후로, 특히 2017년 여름쯤에는 아베 총리의 방북이 거의 기정사실로 되는 분위기이기도 했다. 앞서 거론했던 이지마가 한 주간지에 게재한 글을 통해 아베 총리의 방북을 강력히 권고한 일도 있었다. 그러나 뜻을 이루지는 못했다.

이제는 스가 총리의 몫이다. 앞선 정부에서 했던 북·일 국교정상화를 위한 노력과 그 실패의 역사도 있다. 1990년, 가네마루 신(金丸信) 전 자민당 부총재와 다나베 마코토(田邊誠) 사회당 부위원장이 북한을 방문하여 김일성 주석과 3당(자민당, 사회당, 조선노동당) 공동선언을 통해 수교 교섭을 맺었다가 돌연 연기되면서, 지지부진해졌던 과거도 인지하고 있을 것이다. 물론 미국의 의중도 살펴야 한다.

그동안 미국은 대북 압박정책의 성공을 위해 중국을 적극적으로 이용하려 했다. 현재 양국 간 첨예한 현안이 되어 있는 미·중 무역전쟁의 파고에도 이는 여전히 유효하다. 특히 중국에 기대하고 있는 대북 압박 방식은 중국을 통한 밀무역의 통제다. 촘촘한 해상 봉쇄의 허점이 그곳에 있다고 판단하였기 때문이다. 그러나 이 역시 순탄치가 않다. 미 의회는 2016년 2월 대북제제법(북한 제재와 정책강화법(안))을 통과시켰다. 여기에 세컨더리 보이콧(제삼자 제재) 규정을 도입하여 대북 제재를 한층 강화했다. 이 모든 걸 무릅쓰고 거침없는 한 걸음을 내디딘 이후, 북·미 관계는 답보 상태다. 남·북, 북·미, 한·미 관계의 영향을 크게 받을 수밖에 없는 일본의 대북한 정책이다.

하지만 설사 현실이 그렇다고 하더라도 때로는 선제적 대응으로 난관을 헤쳐 나갈 수도 있다. 특히나 앞이 보이지 않는 일본의 현실은 새로운 돌파구를 요구하고 있다. 전전 상황에 비유하자면 메이지유신 때와 비슷한 상황에 내몰려 있다. 그때는 제국주의적 식민지화 정책으로 난관 극복에 성공했다. 이제는 그런 시대가 아니다. 치명적인 대량 살상 파괴무기의 등장으로 인해, 전쟁을 통한 위기 극복은 기대하기 어렵다. 그래서다. 한반도 평화체제는 새로운 돌파구로서의 역할을 충분히 해낼 수 있다.

위기에 빠진 자본주의의 위기 탈출은, 과거와 같은 전쟁에 의존하는 제국주의적 방식이 아니라, 상생과 공생의 지역공동체로 가능하다. 한(반도)·미·일의 연대와 중국·러시아의 협력으로 충분히 새로운 미래를 만들어낼 수 있다.

제2장

:
●

방위수정주의적 관점과 한반도 평화체제

1. 방위수정주의적 관점에서의 한반도 평화

(1) 일본의 평화헌법과 미국의 역코스정책
: '실체'의 현상 기제

방위수정주의 관점 분석을 통해 확인한 일본 신군국주의의 '실체'의 기제는 미국의 역코스정책이다. 연합국 총사령부는 초기 점령정책을 펼치며 일본을 군사력이 배제된 민주주의 국가로 탈바꿈시키고자 했다. 하지만 냉전 상황과 한국전쟁의 발발은 이러한 초기 점령정책에 변화를 가져오게 했다. 대략 1947년을 기점으로 일대 전환이 일어났다. '반공주의'와 일본의 '경제부흥'이 중심축으로 자리하게 되었다. 소위, '역코스'라 불리는 정책적 전환이다. 이는 이후 일본 사회 보수 우경화의 고리로 작용했음을 앞서 살펴보았다.

중앙아메리카의 코스타리카공화국은, 1949년 자발적으로 '군대 없는 나라'를 원칙으로 새로운 헌법을 채택하였다. 세계에서 두 번째의 평화국가 선언이다. 이보다 2년여 앞선 1947년 5월, 일본 역시 '전쟁 포기, 전력 보유 금지, 교전권 부인'을 일본 헌법 제9조에 담으며 평화헌법의 길을 모색했다. 전쟁의 참상을 직접 겪은 일본이었기에 반성과 참회의 당연한 수순이었다.

하지만 그 정신은 오래가지 못했다. 이후 70여 년의 세월 동안 평화헌법의 폐기 및 수정을 향한 끊임없는 도전과 술수가 있었다. 특히 철저하지 못했던 전쟁 책임에 대한 추궁, 무엇보다도 전범 처리의 미

진했던 정책이 오래도록 발목을 잡고 있다.

한 국가의 정체성은 제도나 구조보다도 인간(정치 지도자)의 신념체계에 의해 좌우된다. 이를 저지하기 위해 일본의 평화헌법을 노벨평화상 후보로 추진하는 시민모임이 다 결성되기도 했다. 대략 2004년 즈음에 일본 각지에서 '일본 평화헌법 9조를 지키는 시민모임(9조회)'의 결성이 그 실마리가 되었다. 실제적으로는 평화헌법 제9조가 개인이나 단체 혹은 형체가 있는 존재가 아니라서 지금까지는 노벨평화상 수상으로 이어지지 못했지만, 그러한 활동의 의미는 평화헌법 수호 차원에서 매우 중요하다.

평화헌법을 개정하려는 집요한 시도는 일본 보수우익의 오래된 집착이다. 하지만 안타깝게도 그들의 뒤에서 이를 부채질하고 부추겼던 것은 다름 아닌 미국의 세계 패권 전략에 따른 미·일 동맹 체제였다. 연합군 총사령부를 중심으로 일본 점령군으로 들어앉은 미국은, 일본의 민주화와 군사 잔재 일소를 목표로 했던 초기 점령정책을 궤도 수정한 후, 경제성장과 자유진영의 파트너 자격으로 일본의 위치를 변경한다.

샌프란시스코 강화조약 체결과 한국전쟁을 빌미로 정치에서 추방되었던 정치 및 군부의 과거 실세들이 다시 전면에 등장하게 되면서 이들에 의해 치안과 국정이 장악되었다. 국정을 거머쥔 최고 실세들의 출신 성분이 전전의 핵심 인물들이다 보니, 이들은 부단히 과거 회귀로의 길을 모색했다. 군사대국 일본이라는 자신들의 목적을 달성하기 위한 집요하고도 치밀한 정치공세가 이어졌다.

사회 분위기는 쉽게 그들 편이 되어주지 않았다. 한 번의 큰 전쟁을 경험했던 국민 처지에서는, 전쟁의 참상이 재현되는 것에 대한 두려움이 컸다. 어쩔 수 없이 일본 보수우익들은 전략적으로 '가상의 적'을 만들어내어 공포 분위기 조성에 나섰다. 전략적 공포 분위기 조성이란 외부로부터의 침략 위험성을 가중시키는 방법이었으며, 가상의 적 만들기가 그 실천 방안이었다고 볼 수 있다. 즉, 가상의 적국을 만들어 놓고는 그들의 위험성을 수시로 국민 뇌리에 각인시키는 식이었다.

전 세계가 냉전체제로 양분되어 있었을 때는, 소련과 중국이 가상의 적국 역할을 담당해야 했다. 그 이후에는 북한이 그 역할을 대신하고 있다. 일본 정부를 비롯한 우익세력의 무자비한 북한 때리기도 그런 이유에서 비롯된 것이다. 위험이 주변에 도사리고 있으니, 일본 역시도 강력한 군대를 가져야 한다는 논리의 주입이다. 최근 일본 사회에서 벌어지고 있는 혐한론 역시 그 한 예다. 한국인들은 절대 이해할 수 없는 현상이 바로 일본에서 자행되고 있는 혐한론의 실체다.

피해자인 한국이 왜 가해자인 일본으로부터 그토록 심한 '이지매(따돌림)'를 당해야 하는지, 한국인들은 도저히 알 길이 없다. 용서를 빌어도 시원찮을 일본이, 피해자를 두 번 욕보이는 행위다. 오직 힘의 논리만이 득세하는 국제질서이기에 가능한 일이다.

여기에 더해, 주변국과 벌이고 있는 영토 분쟁—한국과는 독도 문제, 러시아와는 쿠릴열도 분쟁, 중국과는 센카쿠(따오위다오) 분쟁—과 역사의 왜곡 및 미화 작업이 그 연장선상에서 벌어지고 있는 일본 국내 '우경화 분위기 조성용' 극우 이벤트들이다. 최근 일본 마이니치신문(每日新聞)은 사설을 통해 "한국 1인당 국민소득은 이제 일본과 어깨를 나란히 하기에 이르렀다. 힘 관계의 급속한 변화가 양국 관계 악화의 원인이 되고 있음을 인식하고, 상대의 체면을 유지하면서 사태 해결을 도모해 나갈 필요가 있다"고 지적하며, 이를 틀어진 한·일 관계 회복의 전제조건이라고 지적했다.[1] 한마디로 한국의 위상 변화를 인정하고 그에 걸맞은 대우를 해줘야 한다는 주장이다. 주변국과의 갈등을 부추기고 있는 일본 정부가 이 말을 들을지는 미지수다.

(2) 일본의 헌법 해석 변경과 역주행
: '실체'의 현상 형태

일본의 역주행은 미국의 역코스정책과 맥을 같이하며 상호 흐름을 공유한다. 이게 바로 방위수정주의 관점의 분석이 밝혀낸 일본 신군국주의화 '실체'의 형태다. 90년대 이후 일본의 보통국가론은 국가 정책화하였다. 같은 시기에 소련의 해체로 냉전체제가 해소되자, 공동의 적을 잃어버린 미·일은 일본 경제의 급부상으로 인한 시장경제로 갈등의 과정을 겪는다.

미국의 일본 때리기는 '공정무역'이라는 명분으로 행해졌고, 일본에서는 '일본 홀로서기'가 진행되었다. 이때 일본 사회를 회자했던 유행어가 'No라고 말할 수 있는 일본'이었다. 베스트셀러 제목이기도 했던 이 말은, 경제대국 일본의 자존심을 드러내는 표현이기도 했다.[2]

....

1. 〈한일대화의 움직임, 정세 변화를 타개의 계기로(日韓對話の動き 情勢變化を打開の契機に)〉, 마이니치신문(每日新聞) 2020. 11. 18.
2. 전 도쿄도지사 이시하라 신타로(石原愼太郎), 전 일본 총리 나카소네 야스히로(中曾根康弘) 등이 대표적인 인물들이다. 경제대국 일본은 이제 국제사회에 떳떳하게 복귀해야 하며, 안보나 외교의 일방적인 미국 추종에서 벗어나 독자적인 길을 모색해야

다소 소원해진 관계를 극복하고 다시 동맹관계를 회복한 것은, 1996년 하시모토 내각과 클린턴 행정부가 들어서면서다. 클린턴과 하시모토 일본 총리는 '미·일 안전보장공동선언-21세기 동맹'을 체결하며 새로운 동맹관계의 틀을 만들어 갔다.

미·일 양국 정상은 지역의 안보 범위를 기존의 '극동'에서 '아시아-태평양 지역'으로 확대하여 해석했다. 지역의 평화와 안정에 대한 미국의 의지와 일본의 역할에 기대감을 공유했다. 이어 1997년 제정된 신가이드라인은 탈냉전기에 입각한 미·일 동맹의 수준을 강화했다. 이후 부시 정부가 들어서면서 중국 위협론을 내세워 미·일 동맹 체제를 한층 강화해 나갔다.

2000년대는 그야말로 미국이 일본을 재발견하는 시기이기도 했다. 2000년에 발표된 〈아미티지 1차 보고서〉[3]가 그 대표적이다. 이 보고서에는 "일본 역시 중요한 전환점에 있다. 세계화에 힘입어 일본은 제2차 세계대전 이후 가장 큰 사회·경제적 변화를 겪고 있다. 일본의 사회·경제·국가정체성·국제적 역할은 메이지유신 당시 일본이 경험한 것만큼이나 근본적인 변화를 예고하고 있다"라고 적고 있으며, 결론에서는 "약 150년 전, 페리 제독의 구로후네(黑船)가 도쿄만에 발을 디딘 이래 미·일 관계는 일본과 아시아의 역사를 긍정적으로든 부정적으로든 만들어 왔다. 새천년이 시작되는 시점에서 세계화의 피할 수 없는 물결과 냉전 이후 아시아의 안보환경의 역학적 상황은 미국과 일본에

....

한다는 주장을 내놓았다.

3. 아미티지 보고서는 미국의 일본 전문가(대표적 인물이 아미티지 전 미 국무부 부장관, 조지프 나이 하버드대 교수 등이다)로 구성된 연구 모임이 발간하는 보고서다. 2000년 첫 발간 이래, 2007년, 2012년, 2018년 네 차례 발간했다.

새롭고 복잡한 도전으로 다가온다"라고 기술하고 있다. 지금이 제2의 메이지유신적 상황이라는 말로 들린다.

이 밖에도 "집단적 자위권 행사 금지는 동맹 협력의 제약"이라는 내용과 "유엔 평화유지군 및 인도주의적 구호 임무에 적극적으로 참여해 달라"거나, "미사일 방어 협력 범위를 확대하자"는 내용 등이 들어 있다. 이렇듯 미국 측의 강압성 권유로 일본의 역주행이 더욱 가속화하고 있는 게 현실이다.

전후 일본 방위정책의 주요 원칙은 냉전기와 탈냉전기로 나누어 볼 수 있다. 대체로 냉전기에는 평화헌법의 원칙에 따라 전수방위나 문민통제, 비핵화 3원칙, 무기 수출 금지 3원칙, GNP 1% 내 방위비 책정 등이 방위정책의 원칙이 되어 왔다.

전수방위는 방위력 행사 요건을 '상대로부터의 무력 공격'으로 한정한다. 방위력의 행사 및 방위력 보유 또한, 자위를 위한 필요 최소한으로 제한한다. 문민통제의 원칙은, 일본 제국주의 시절 군부의 폭주로 시작된 군국주의화의 병폐를 교훈 삼아, 군을 문민통제 아래에 두는 정책이다.

비핵화 3원칙은, 1971년 의회 결의를 통해 '핵무기는 보유하지도 않고, 제조하지도 않으며, 반입하지도 않는다'라는 원칙을 세워 이를 준수해 왔다. 무기 수출 금지 3원칙은 1967년 사토 에이사쿠(佐藤榮作) 내각에서 표명한 것으로, '공산권, 유엔이 금지한 국가, 국제분쟁의 당사국이나 분쟁의 우려가 있는 국가에 대해서는 무기 수출을 금지하겠다'는 평화애호 국가로서의 실천 의지를 밝힌 원칙이다.

GNP 1% 내 방위비 책정 원칙은, 1976년 미키 다케오(三木武夫) 내각이 군국주의화를 막겠다는 의지로, 방위비를 GNP의 1% 미만으로 제하는 원칙을 표명했다. 1987년에 나카소네 총리 임기 때 이 원칙을 폐기하긴 했으나 '방위비 GDP 1% 상한 정책'은 유지되고 있었다. 하지만 앞서 열거한 원칙 대부분이 지금은 폐기 혹은 수정된 상태다.

탈냉전기의 일본 안보정책은 훨씬 공격적으로 수정주의화 된다.

1992년의 PKO협력법을 시작으로, 1995년 신방위계획대강 수립, 1996년 미·일 신안보공동선언, 1997년 신가이드라인 책정, 1999년 주변사태법, 2001년 테러대책특별조치법, 2003년 유사법제, 2007년 방위청을 방위성으로 승격, 2013년 특정비밀보호법 통과, 2014년 집단적 자위권 용인으로 헌법 해석 변경, 2015년 개헌을 위한 국민투표법 및 안보관련법 통과, 2017년 공모죄법 통과 등으로 이어졌다.

앞서 살펴봤던 냉전 시기 명맥을 유지해 오던 평화헌법 정신을 훼손 혹은 우회하여 군사 국가로 탈바꿈하는 과정이었다. 물론 그 이면에는 미·일 동맹 체제의 일체화 희구가 바탕에 깔려 있다.

2. 정한 전략의 노골화 : 과거와 미래의 광시곡

(1) 이익유도형 갈등정치·갈등외교

세계 대공황의 해결을 위해 케인즈의 이론이 주목을 받다가 한계에 부딪히자, 이에 대한 대안으로 신자유주의 사상이 전 세계를 휩쓸면서 평등에서 불평등으로의 급속한 퇴행을 초래했다. 자유주의는 자유와 평등을 원칙으로 하는 사상이다. 즉, 자각하는 주체적 존재인 개인이 주체적 인간들과 평등한 연대 맺음을 상호 지향하는 개념이다. 자연히 소통과 관용(배려)은 필수적 덕목이 된다.

신자유주의는 정부의 규제를 가능한 최소화하며 자유 경쟁을 중시한다. 자유주의의 정신에서 평등을 사상시켜버리고 능력을 대입한다. 능력만큼의 뒤에 자연스레 불평등이 따르는 건 지극히 자명한 이치다. 또한 민영화의 논리에 밀려, 그동안 일본 사회를 지탱해 오던 이익에 기반한 파벌적 정치형태를 바꾸어 놓는다. 55년 체제 이후 일본 정치의 특징은 담합과 낙하산인사로 대표되는 '이익유도형 정치(Pork barrel politics)'로 알려져 있다.

"'이익유도형 정치'라는 용어는 정치학자 오타케 히데오(大嶽秀夫)가 마스미 준노스케(升味準之輔)의 조어인 '1955년 정치체제'를 '이익정치·금권정치'라는 독특한 구조를 이해하고자 사용한 데에서 기인한다. 여기서 말하는 이익유도형 정치 체제의 대표적 특징으로는 ①집중화(중앙-지방), ②대중화(이익 관심의 고양), ③이익화(국회의원과 계열화된 지방위원의 상호의존·이해), ④상징화(대중 매체에 의한 이미지 전략), ⑤조직화(이익단체에 의한 집표, 이익단체의 기능)로 요약 가능하다."[4]

이는 정치가 지역에 뿌리를 내리게 되는 기본 원리이기도 했고, 지역발전의 원동력으로 작용해 다양한 이익을 국민(유권자)에게 제공하는 유착관계의 전형과도 같은 것이다. 그런데 여기에 금이 가게 되자 새로운 지지 기반 확보에 나서게 되고, 이 공간을 파고든 것이 신보수의적 이데올로기다.

민족주의[5], 애국심, 도덕심, 역사의 부정 혹은 미화, 주변국과의 영토 분쟁, 안보 위협 등이 그것이다. 여기서도 상수는 주변국과의 '갈등'을 조장하여 안보 위협을 부추기는 것이다. 이를 통해 국민을 민족주의에 빠져들게 하고, 애국심을 고취토록 하며, 도덕적 인간이 되도록 한다.

이러한 노력은 학교 교육과 언론, 헤게모니 집단에 의한 고도의 심리전 형태로 진행된다. 역사교과서 왜곡, 북한에 의한 납치자 문제, 북한위협론 등이 대표적이다. 판문점체제를 악용한 이데올로기의 대공세였다. 즉, 일본 국내적으로는 '갈등정치', 외부적으로는 '갈등외교'라 부를 수 있다. 이익유도형(거래) 정치에서 대중(이데올로기) 정치로의 전환이다. 고이즈미 총리의 유화적 북한 정책이 납치자 문제에 발목이 잡히는 결정적 이유이기도 했다.

이러한 이데올로기 정치는 아베 2기 내각부터 기승을 부리기 시작

---

4. 김은혜 「전후 일본 발전국가의 구조전환 -토건국가에서 신자유주의까지-」, 『일본학보』 제105권
5. 일본에서는 전쟁 후유증 탓에 이를 배려한다는 측면에서 '민족주의'라는 용어 대신에 '내셔널리즘'으로 통용된다.

했다. 아베 총리는 '아름다운 나라'라는 구호를 외치며, 일본을 전전의 군사대국으로 만들려고 애썼다.

아베의 '아름다운 나라'는, 인간의 가치가 존중받고 평화의 사상이 넘쳐흐르는 에덴의 꽃동산이 아니다. 막강한 군사력을 바탕으로 주변 국을 침탈하고, 물자를 강탈하며, 인간을 짐승처럼 강제로 연행해 가던 제국주의적 국가다. 즉, 자국의 이익을 위해서라면 타국의 희생쯤 은 가벼이 여길 수 있는 금수와도 같은 나라다. 이는 주변국의 희생을 통해서만 달성될 수 있는 정글의 세계다.

일본의 군사대국화와 군국주의적 움직임에 주변국이 경기를 일으 키는 이유도 여기에 있다. 이미 식민 지배 경험이 있는 나라들은 강대 국의 작은 기침 소리에도 놀란다. 이는 풍전등화와도 같은 전쟁 위험 이자 위협으로 다가온다. 주변국의 거듭되는 경고가 무엇을 의미하는 지, 가해국 일본은 냉철하게 과거를 되돌아보고 미래를 바르게 설계해 야 할 것이다.

(2) 판문점체제 해체의 쇼크

미국 트럼프 대통령의 등장은 북·미 관계에 새로운 흐름으로, 희망 과 불확실성을 동시에 가져온 게 사실이다. 이는 일본 사회를 지탱시 켜 주었던 또 하나의 축인 판문점체제가 종말을 향해 달리고 있음을 뜻하는 것이기도 했다. 판문점체제의 종말은 단순히 일본 사회의 우경 화 이데올로기의 효력 정지만을 뜻하지는 않는다. 더 심각한 의미였다. 일본에게 있어 1971년 미·중 정상회담이 '닉슨 쇼크'였다면, 2018년 6월의 제1차 북·미 정상회담은 '트럼프 쇼크'였다.

판문점체제의 종말은 한반도의 평화체제로 현실화한다. 한반도 평화체제는 탈냉전 이후의 신냉전 하에서 기획되어 추진되고 있다. 이전의 냉전이 유럽지역을 기반으로 한 미·소 간의 갈등 구조였다면, 신냉전은 동아시아를 무대로 한 미·중 간의 대결 국면이다. 북·미 관계가 한때의 교착 상태를 타개하고 판문점 깜짝 정상회담 이후 새로운 흐름을 예고했으나, 미 대통령 선거 국면에서 소강상태로 접어들었다.

여전히 중요한 의제는 북한 핵의 완전한 '비핵화'인가, 아니면 '핵 동결'인가로 압축된다. 이제까지 미국이 취한 핵확산금지(NPT)에 관한 처신을 보면, 신규 핵보유국이 핵을 개발하려고 하던 초기 단계에서는 온갖 압력을 행사하거나 선제타격론 등으로 위협하다가, 막상 핵을 완성한 단계에 이르면 급히 전략을 변경해 그 국가의 신규 핵을 자국(미국)의 이익에 최대한 부합하게 활용하고자 하는 모습을 보였다.

이스라엘, 인도, 중국 등이 대표적인 예다. 리비아는 핵 개발 초기 단계에서 눌러버린 예이기에 다르다. 간혹 북한 핵과 리비아 핵 포기 사례를 동일선상에서 거론하는 주장들이 있는데, 핵 완성 국가(북한)와 핵 개발 초기 단계였던 국가(리비아)를 비교해서 사례로 드는 것은 합리적이지 않다.

이러한 전례를 통해 본다면, 미국은 현실적으로 한반도 비핵화에서 한발 물러서 '핵 동결'로 옮겨 갈 가능성이 매우 크다. 그럴 경우, 북한의 핵을 미국의 국익에 철저히 부합하도록 활용하고자 할 것이다. 아마도 이제까지 북·미 관계가 교착 상태에서 헤어나지 못했던 이유도,

비핵화 의제보다는 이 문제에서 상호 신뢰 확보(적에서 동맹으로의 전환)에 어려움을 겪었기 때문일 수 있다.

하지만 이제까지 그래왔듯이, 미국은 합리적 선택을 할 것이다. 바이든 신행정부에 기대를 건다. 그 희망의 근거는, 평화체제 한반도와 한(반도)·미 동맹의 유효함에 대한 상호 동의에 있다. 이는 앞서 거론했던, 신냉전이 몰고 온 동아시아에서의 지역 패권 문제와 직결된다. 중국을 견제하고, 러시아의 영향력을 흡수할 수 있어야 하며, 동아시아에서 중국 단독 패권이 작용하지 않도록 힘을 안배하는 일이다. 동아시아 역내 힘의 균형화이다.

지금까지 아시아에서 미국의 동맹은 단연 일본을 빼놓고 이야기할 수 없었다. 권위주의 국가들(중국, 러시아, 북한)과 근접한 곳에서 자유주의국가 최후의 보루 같은 역할을 미·일 동맹 하에 추진해 왔다. 문제는, 한반도 평화체제가 완전하게 구축된 이후에도 이제까지의 굳건했던 미·일 동맹이 그대로 유지할 수 있겠느냐는 점이다.

지금 일본이 미·일 동맹의 일체화를 통해 동아시아에서 힘의 공백을 최소화하려는 이면에는, 중국과의 힘의 균형이라는 전략적 판단이 크게 작용하고 있다. 가능한 한 일본의 해양권을 지키고, 중국이 현상타파 국가화하는 것을 억제하겠다는 의도다. 물론 미국의 역외균형자(offshore balancer)로의 후퇴에 대한 두려움도 있다. 동아시아를 동아시아 힘의 질서에 맡기고 미국은 뒤로 빠져버리는 경우다. 중국과 일본의 갈등을 통해 미국은 이익만을 챙기겠다는 전략으로의 전환이다.[6]

이처럼 여러 가지 경우의 수에 따라, 미국으로부터 '팽'을 당할지

----

6. 남창희 「일본의 해석개헌, 위협인가 자산인가?」, 『국제정치논총』 제54집 1호

도 모른다는 불안감과 초조함이 지금 일본의 보수우익 세력들에게서 진하게 묻어난다. 역사가 더 진전되기 전에 보수우익 세력이 추구했던 '전쟁이 가능한 보통국가 일본', 즉 전후체제 탈각을 통한 군사대국화를 완성하고자 몸부림치고 있다.

이것이 바로 일본 보수우익 세력이 한국에 경제보복이라는 무리수를 두게 만든 배경이다. 한국이 더 크기 전에 싹을 잘라버리겠다는 심산으로 강력한 견제 수단을 동원한 것이다. 그 중심에는 판문점체제의 지속이 자리하고 있다.

제3장

:
●

전략지정학적 측면의 한반도 완충지대화 전략

1. 한반도 평화체제 구축과 힘의 균형화 전략

(1) 군의 자주권 확립을 통한 유사시 대비 전략

한반도 유사시는 결코 거론하고 싶지 않은 상황이지만, 학술적 연구 차원에서는 부득이하게 논의해야 할 필요가 있다. 일반적으로 한반도 유사시에는 다음의 3가지 상황을 가정해 볼 수 있다.

첫 번째, 북한 정권에 중대한 변화가 있는 경우다. 소위 말하는 레짐 체인지(regime change)[1] 역시 그런 상황 중의 하나다. 북한 인민들의 대규모 폭동이나 시위, 내부에서 벌어지는 쿠데타 등을 통해 상정해 볼 수 있는 가능한 사태이다.

두 번째, 남한에서 발생하는 중대한 정치적 변화다. 가령 2016년 겨울 박근혜 탄핵 과정에서 불거졌던 기무사의 계엄령 문건 같은 것이 그 좋은 예다. 만약 계획대로 계엄령이 실제로 실행되었더라면, 그 격변의 정도는 상상을 초월할 정도로 확대되었을 가능성이 크다.

마지막으로 세 번째, 한반도 전역을 대상으로 벌어질 수 있는 남·북한 간 군사적 충돌이다. 전쟁에 준하는 국지전이나 무력 충돌이 벌어졌을 경우다.

유엔군사령부에는 18개 회원국이 있다. 유엔군사령부는 이들 회원

---

1. 미국을 비롯한 서방세계는 물론이고, 한국 내에서도 북한 붕괴론 및 북의 레짐 체인지 가능성이 높게 평가되던 때가 있었다. 미국의 오바마 행정부와 한국 박근혜 정부가 대표적이다. 레짐 체인지와 관련해서는 이라크의 실패 사례를 참고하여 신중하게 접근할 필요가 있다.

국을 '유엔 전력 제공국'이라 부른다. 회원국들은 한반도 유사시에 유엔 깃발 아래 한반도에 투입된다. 그런데 최근 일본이 이 회원국에 참여하고 싶다는 의사를 밝혀 왔다고 해서 논란이 있었다. 한편, 〈주한미군 2019 전략 다이제스트-2018:한반도의 한 해〉 한글판에서는 "유엔사는 위기 시에 필요한, 일본과의 지원 및 전력 협력을 지속할 것입니다"라고 기술해서 문제가 됐었다.

이와 같은 한반도 유사시 상황에서 모든 문제 해결의 실마리는, 항상 전례가 있는 한에서 이를 전제로 풀어 나가야 한다. 특수한 상황에만 매달려 연연하는 것은, 문제를 풀고 싶지 않다는 부정적 의지의 표현에 다름 아니다. 이상의 논의를 염두에 두고 유추해 본다면, 한반도 평화체제의 길에서 운전자를 자임하며 문재인 대통령이 미국을 설득할 수 있었던 핵심 키워드 또한, '미국의 이익'에 기반한 어떤 것이었음을 합리적으로 추론할 수 있다.

과거 한국은 전통적으로 미국과 굳건한 동맹관계를 전제로, 북한의 위협에 대처해 왔다. 여기에 변화를 가져온 것이 김대중 국민의 정부의 '햇볕 정책론'이었으며, 이를 계승한 노무현 참여정부는 남·북한 및 동북아시아 공동의 '평화번영정책'을 추진하였다. 북한과의 일면적인 대결 국면에서, 대화와 협상을 통한 북한의 개혁·개방정책으로 다면화되었다. 이는 '한반도의 군사적 긴장 완화'라는 긍정적 모습으로 표출되기도 했지만, 한편으로는 미국에게 '남한 대북정책에 대한 의구심'으로 표면화되기도 하였다.

정세현 전 통일부장관은 2006년 10월 27일 프레스센터에서 행한 강연에서 "미국이 북한을 공격할 때 살아남기 위한 수단으로 핵을 쓸지는 모르지만, 핵으로 남한이나 미국을 협박하기에는 부족하며, 북한의 핵은 협상용 카드에 불과하다"라면서 "북핵 문제를 푸는 데 핵심은 미국이고, 미국이 입장을 바꾸면 북핵 문제는 바로 풀릴 것"이라고 주장하였다. 또한 그는 "지금은 북핵 문제와 관련해 원인 논쟁에 매몰될 것이 아니라, 해법 논쟁의 정책대결로 옮겨 건전한 해법을 찾는 것이 우리 민족의 활로를 여는 길이다"라며, "미국의 진의가 말로는 한반도 비핵화지만, 실질적으로는 북한이 적당히 핵을 가짐으로써 한국과 일본이 더 확실한 핵우산을 필요로 하도록 하는 것이 아닌가 하는 의심이 든다"라고 말했다고 한다.

현실적으로 해결 가능한 유일한 해법은 '미국의 국익' 더하기 '한반도의 평화체제' 정착이다. 미국에게 북한 핵이 (평화체제)한반도 차원에서 '잘 관리될 수 있을 것'이라는 믿음을 주는 일, 즉 지역의 세력 균형에 부합하도록 남과 북이 힘을 합쳐 공동(평화적)으로 관리해 나갈 수 있다는 확신을 주는 일이다. 그리고 이 지역에서 미국이 희망하는 세계질서 재편전략에 부응할 수 있다는 믿음 또한 주어야 할 것이다. 북쪽은 이 문제와 관련해서 꾸준하고 일관된 입장을 견지해 온 편이기에, 미국 정부만 기존의 대결 국면에서 평화적 국면으로 전환해 준다면, 북·미 관계 개선을 통한 한반도의 불확실성 제거는 능히 실현 가능한 의제다.

속전속결로 끝날 것 같았던 북·미 간 종전협정 및 평화협정 선언 작업이 근래에 들어 상당히 지리멸렬해 보이는 이유는, 아직 북·미 상호 간에 완벽한 신뢰 구축에 이르지 못했기 때문이다. 지금까지 문재인 대통령의 역할이 북한과 미국 정부 상호 간에 신뢰를 구축할 수 있도록 조정자 역할을 하는 것이었는데, 이게 생각처럼 쉽사리 풀리지 않아 시간을 끌고 있다. 국제관계에서의 상호주의란, 하나를 주면 하나를 받는 것이 당연한 구조다. 셈이 복잡할 수밖에 없지만, 그렇다고 급할 필요도 없다.

종전선언은, 한반도의 전쟁 후 이어지고 있는 장기간의 휴전 상황을 끝내는, 그저 전쟁 상황의 종결이라는 선언적 의미에만 그치는 것이 아니다. 짧게는 동아시아의 질서 재편, 넓게는 미국의 세계 패권 전략과도 맥을 같이하는 중차대한 문제이다. 즉, 한 국가(한반도) 차원의 문제를 훨씬 뛰어넘는 지역 안보와 직결되는 문제이자, 더 나아가서는 패권국 미국의 세계질서 재편 차원에서 고려되어야 할 사안이라는 말이다. 평화체제 한반도만이 한반도 유사시를 사전에 방비할 수 있다.

(2) 동맹관계를 통한 안보협력체제 구축 전략

중국의 부상, 북의 핵과 미사일, 일본의 견제책 등이 부딪치며 동아시아의 정치 지형이 요동치고 있다. 서재정은 이를 "아시아의 다층적 세력전이 및 미국의 아시아로의 회귀"라고 표현한다.[2] 이러한 현상은 "일본과 중국 사이의 '역내' 세력전이, 미국과 중국 사이의 '역외' 세력전이, 아시아와 유럽 사이의 '역 간' 세력전이의 세 차원에서 나타나고 있다"라고 주장한다. 또한 "아시아의 경제적 중요성이 상대적으로 유

----

2. 서재정 「미국의 동아시아 전략과 대북정책 -다층적 복합적 상호의존과 그 대응」, 『내일을 여는 역사』 49

럽보다 높아짐에 따라 미국도 이 지역에 대한 전략적 비중을 높이고 있다. 냉전 시기 외교 전략의 중심이 대서양이었고, 9·11 이후 미국 전략의 초점이 대테러 전쟁에 맞춰졌다면, 이제 미국의 전략적 관심의 한가운데에는 아시아가 놓이게 된 것"이라고 분석한다.

한반도 평화체제는 남과 북 당사자만의 문제가 아니다. 주변(강대)국들의 협조와 동의가 반드시 병행되어야 한다. 전제조건은 북·미 관계의 개선이다. 특별한 국면 전환 요인 없이, 기존의 구도를 유지하는 선에서(큰 판세의 변화는 걸림돌이 많을 것이기에) 북·미 관계의 개선과 항구적인 한반도의 평화체제 구축이 가능할 수 있을지를 간략하게 검토해 보겠다. 이를 위해서 전제되는, 확인이 필요한 몇 가지 사실들이 있다. 첫째, 북한 핵의 존재 여부. 둘째, 미국의 대외적 핵 정책. 셋째, 북·미 관계의 향후 전망이 그것이다.

우선, 북한 핵의 존재 여부다. 북·미 간 첨예하게 대립하고 있는 최대 논란거리가 북한 핵에 관한 사안으로, 워낙에 많은 정보의 홍수 속에 그 사실 여부가 불투명하기는 하다. 하지만 대체로 핵무기의 보유는 기정사실로 되는 분위기이다. 인도나 파키스탄 등 신규 핵무기 보유국들의 실험과정들과 비교해 보더라도, 이미 북한은 추가적인 핵실험이 필요 없는 단계에까지 진입했다는 게 정설이다.

단적으로 미국이 그토록 주장하는 '비핵화'라는 단어가 이를 잘 증명해 준다. 북한에 핵이 존재하지 않는다면 비핵화라는 말은 성립될 수 없는 문제이기에 그렇다. 다만 문제가 되는 것은 성능, 즉 기술력의 우열 가리기(시비걸기)라 볼 수 있다.[3]

....
3. 북한의 핵실험 일지. 1차 핵실험: 2006년 10월 9일(위력: 1KT), 2차 핵실험: 2009

다음은 미국 정부의 대외적 핵 정책을 이해하는 일이다.[4] 겉으로 드러난 미국의 기본적인 입장은 '핵 억지력'이다. 미국과 소련 양국은, 이미 핵무기를 보유하고 있는 국가들에 의한 상호 억지력 밖에서 다른 신규 국가들이 핵무기를 개발 또는 보유하는 문제에 관해서 적극적으로 강경한 태도를 견지해 왔다.

그래서 핵무장에 성공한 여타의 신규 국가들, 예를 들면 이스라엘, 인도-파키스탄, 중국 등은 핵무기를 만드는 기술력을 확보하는 문제 못지않게 미국(소련)의 견제와 압박을 이겨내야 했다. 미국과 소련은 신규 국가들의 핵 개발을 저지하기 위해 당근으로써 핵우산이라는 핵 확산 억지력을 제공하든가, 이게 여의치 않으면 채찍으로 군사 공격(정밀타격)이라는 옵션의 사용도 마다하지 않았다.[5]

물론 핵무기 개발에 성공하고 나면 상황은 완전히 달라졌다. 일단 핵무기 보유국이 되어버리면 그것을 제어할 적절한 수단이 없다. 어떻게든 자국의 이익에 부합하게 만드는 일이 최선이다. 이것이 지금까지 강대국이 핵 보유국을 대하는 태도였다.

지금의 국제정세 아래에서 핵무기의 보유 여부는, 한 국가의 안위와 직결되는 생존의 문제이기도 하거니와 강대국의 지위를 인정받는 무력의 핵심 요소이기도 하다. 그런 점에서 여타 핵무기 보유 국가들

년 5월 25일(위력: 3-4KT), 3차 핵실험: 2013년 2월 12일(위력: 6-7KT), 4차 핵실험: 2016년 1월 6일(위력: 6KT), 5차 핵실험: 2016년 9월 9일(위력: 10KT), 6차 핵실험: 2017년 9월 3일(위력: 50-100KT). 6차 핵실험과 관련해 북한 조선중앙방송은 '대륙간탄도로켓(ICBM) 장착용 수소탄'의 성공적 실험이라 발표.
4. 로버트 D. 블랙윌, 알버트 카너세일 엮음 『미국의 핵정책과 새로운 핵보유국』
5. 손한별 「1960년대 미국의 대중국 군사공격계획」, 『군사』 제108호

과 마찬가지로 "북한의 핵무기 보유 의지는 지극히 '이성적·합리적인 (rational)'[6] 행위로 많은 학자가 평가하고 있다"라는 사실이다.[7] 물론 "국제관계 이론에서 말하는 합리성(rationality)은, 도덕적으로 옳고 그름에 대한 가치판단이 아니라 수단-목적 관계(means-ends relations)에서 목표에 대비해 가장 효과적인 수단을 선택하는 것을 의미한다"라는 점을 염두에 둘 필요가 있다.[8]

정리하면 이렇다. 핵 확산금지 혹은 핵 협상에서 미국이 추구하는 최상위 전략은 비핵화가 아니라, 오직 자국의 국익 최우선 원칙이다. 세계 패권 전략과 경제적 측면으로써 미국의 국익이 최우선이지, 비핵화는 국익의 하위 원칙일 뿐이다.

향후 북·미 관계가 어떻게 흘러(풀려)갈 것인가 하는 문제를 다루기 위해서는, 먼저 두 가지 문제를 짚고 넘어가야 한다.

첫째, 미 행정부는 "북한 문제를 일종의 중국 문제로 인식하고 있다"는 견해[9]가 있었다. 물론 이 논리는 어느 특정 세력만의 인식이 아니라 보편적인 '북한 문제의 중국 문제화'로 널리 회자하고 있다. 그런데(설사 그렇다고 인정하더라도) 이러한 인식이 지금도 여전히 유효하냐는 의문을 제기할 수 있다.

리단과 전형권은 "지금까지 중국은 국제사회가 기대하는 수준의

....
6. 미치광이 국가(madman state)와 대립하는 개념으로 '이성적·합리적인'으로 표현
7. 박한규 「트럼프 신행정부의 대북정책과 향후 북미관계 전망 : 한반도 안보에 대한 함의」, 『국방정책연구』 제32권 제4호
8. 박한규 상동
9. 서정건, 차태서 「트럼프 행정부와 미국외교의 잭슨주의 전환」, 『한국과 국제정치』 제33권 제1호

대북 영향력 행사를 자제해 온 측면도 있지만, 영향력 행사를 시도한 경우 실제로 실패한 측면도 보인다"라며 "중국에 실질적인 대북 영향력이 있는가에 대해 의구심마저 들게 하였다"라고 지적하고 있다.[10]

그런가 하면, 미국의 소리(VOA) 방송에 따르면, 미국의 전문가 및 미 국방 관리들 역시 중국의 대북 영향력 약화를 우려하고 있다고 한다. 한때 북한 문제의 실력자이자 중재자임을 자처했던 중국은, 2003년부터 2007년까지 진행된 중국 주도의 6자회담 실패에 이어, 2018년 들어서는 북·미 관계가 개선되는 상황에서도 어떠한 역할도 하지 못함으로써 '실력과 진실'[11]을 만천하에 드러낸 것으로 파악된다. 즉, 밑천이 드러난 셈이다. 대신 그 역할을 자임하고 나선 것이 한국 정부다.

참고로 중국 역시 미국과의 수교 문제에 있어 지금의 북한과 비슷한 전철을 밟아왔다. 미·중 수교가 정상궤도에 오른 것은, 제2차 세계대전과 한국전쟁이 끝나고도 약 20여 년의 세월이 흐른 뒤였다. 다시 말해, 중국이 핵무기 개발과 미사일(인공위성) 실험의 막바지에 가서야 (중·소 분쟁이 있기는 했으나) 비로소 미국은 갑자기 태도를 바꿔 대화의 테이블로 나왔다. 서둘러 비밀리에 키신저를 중국으로 보냈고(1971년

....

10. 리단, 전형권 「중국의 대 남북한정책의 지속과 동학 : 후진타오 이후 대 남북한 관계를 중심으로」, 『정치·정보연구』 제13권 제1호

11. 한국 사회에서 좀 더 논의가 필요한 것 중의 하나가 바로 '북한에 대한 중국의 영향력'에 관련한 문제다. 진보 보수를 막론하고 북한 문제만 불거지면 중국 만능론을 설파하며 중국에 기대려는 심리가 팽팽한 것이 사실인데, 이 문제와 관련한 제대로 된 논의는 아직 일천한 듯싶다. 중국이 그렇게 의리와 용기를 가진 나라인지, 비록 작다고는 하나 일국의 국가 운명이 눈감고 도움 주는 외부세력에 의해 지탱 가능한 것인지, 이성과 합리성에 입각한 제대로 된 논의가 필요한 시점이다.

7월), 이후 닉슨 대통령이 베이징을 공식 방문(1972년 2월)함으로써 양국 수교의 물꼬를 텄다.

당시 중국과 미국의 가교(중재자) 역할을 했던 이는 루마니아의 니콜라에 차우셰스쿠(Nicolae Ceauşescu)였다. 키신저의 자리에 폼페이오를, 닉슨의 자리에 트럼프를, 차우셰스쿠의 자리에 문재인 대통령을 놓으면 시·공간을 넘어서 중국과 북한의 대미외교가 상당히 닮은꼴 형태로 진행되었음을 어렵지 않게 알 수 있다.

둘째, 일본 역할론의 한계다. 전후 동아시아에서 미국의 최우방 역할을 톡톡히 해냈던 일본에 대해서 미국이 '일본 역할' 회의감에 따른 의심의 눈길을 보내기 시작했다는 주장이다.[12] 군사·경제적으로 중국의 급속한 성장과 비교할 때, 일본의 존재성이 점점 노쇠하고 있다는 비판이다.

중국의 급격한 부상과 일본의 퇴색되고 있는 존재감, 여기에 한반도가 새로운 다크호스로 부상하면서 동아시아의 세력 판도에 미세한 균열의 조짐이 감지되고 있다. 힘의 균형이 이루어지고 있다는 표현이 더 적절할지도 모르겠다. 이렇듯 힘의 균형 아래서 동아시아 안보 협력체제는 한층 안정적일 수 있다.

....
12. 서재정 상동

2. 북방경제특구 활성화를 통한 완충지대화 전략

(1) 북방경제특구 활성화를 위한 환경 조성

이미 살펴본 바와 같이 미국의 대외적인 핵 확산방지 전략은, 핵의 확산이라고 하는 본질적인 문제보다는 '자국의 이익(국가 안보)'과 결부시켜 자국 이익에 최대한 부합하도록 추진하는 것이 이제까지의 관행이었다.

한편, 북한의 대외정책을 보면, 김정은 정권에 들어서며 '핵'에서 '경제'로 이동하고 있다는 지적들이 있다.[13] 그런가 하면, 2021년 1월 5일 개막한 북한 노동당 8차 대회 주요 의제에 '핵'이 언급되지 않은 점과 이번 당 대회 소집이 "대내외 형세의 변화, 발전에 미치는 영향"에 있음을 들어 향후 "대미·대남 대화 메시지"가 새롭게 나오는 것 아니냐는 기대감을 높이기도 했다.[14] 그뿐만이 아니라, 김정은 위원장은 북한 주민에게 보내는 친필 연하장을 통해 솔직하게 경제 정책에서의 실패를 인정했다.[15]

이를 종합해서 보면, 북한은 이미 핵무력 완성을 선언한 핵전략국가라는 자신감에 따른 전략적 선택을 할 것이며, 7차 당 대회에서도 재확인했던 '핵·경제 병진 노선'에서 '핵무력 완성', '자력갱생(경제)' 단

---

13. 박상철 『정치놈, 정치님-민주시민교육총서』
14. 〈김정은, 대남·대미 중대 발표 예고..전격 대화 제의 나오나〉, 뉴시스, 2021. 01. 06.
15. 〈'통 크게' 실패 인정한 김정은, 남북경협 손잡고 국제사회 나와야〉, 서울신문, 2021. 01. 06.

일 노선으로의 일대 전환이라 할 수 있다. 김정은 위원장의 사과와 실패 인정은, 이러한 무력에서의 자신감이 뒷받침되었기에 가능한 유화 제스처다. 북한이 이미 핵무력 완성을 선언한 핵전략국가 상태임을 고려하면, 당연한 절차이자 결과로의 귀결이라 할 수 있다.

핵전략국가의 반열에 오르면, 대외정책에서 '핵'은 더는 거래의 대상이 될 수 없는, 마치 무형의 존재처럼 잊힌 채 핵무력의 고도화라는 단계로 진입하게 된다. 앞선 신규 핵보유국들의 지위 변화가 그러한 사실을 잘 입증해 준다. 미국의 협상 의제가 핵에서 다른 이슈로 바뀌어야 하는 이유이기도 하다.[16]

또한, 이는 중재자로서 가교 역할을 자임하고 있는 문재인 정부의 앞으로의 역할이다. 북·미 대결 국면을 통해 얻는 이익(군수물자와 무기 판매를 통한)보다 평화체제 한반도를 통해 얻을 수 있는 더 큰 이익(경제와 안보 양 측면에서의)을 들고, 미국을 비롯한 주변 강국들을 설득해야 하기 때문이다. 그 논리를 개발하고 다듬는 일이 향후 한반도 평화체제의 운명을 좌우할 것이다. 한반도 평화체제 구축을 통한 동아시아 역내 힘의 균형화 전략과 경제·안보의 완충지대화 전략은 그 대안 중 하나다.

신규 핵보유국 대우를 받는 국가들이 어떠한 과정을 거쳐 그 지위를 인정받게 되었는지를 통해 알 수 있는 것처럼, 미국은 자국의 이익에 부합할 수 있다면, 아니 자국의 이익에 부합할 수 있도록 신규 핵보

---

16. 미국의 국익이라는 측면에서 안보 이익이 우세할 것인지, 경제적 이익이 우세할 것인가를 선택해야 한다는 의미에서의 의제 변화이다. 안보 이익은 북핵 문제를 빌미로 한 군사적 갈등 관계인 대북대결정책으로 얻는 이익(무기 판매 등)이다. 경제 이익은 평화체제 한반도를 중심으로 한 북방영토 개발을 통해 얻게 되는 거시적 이득이다.

유국과 상호 유대관계를 맺어왔다. 그렇다면 북한 핵 역시 여타의 신규 핵 보유국들과 같은 잣대로 미래를 예측하는 것이 가능한가가 관건이다.

비핵화 문제와 관련한 북한의 입장은 '핵 억제력(nuclear deterrent force)'이란 측면에서 단호하고 일관적이다. 현재까지도 그 맥을 유지하고 있는 것으로 보이는 조선중앙통신이 보도한 2009년 1월 13일자 외무성 대변인 성명을 보면, "우리가 9·19 공동성명에 동의한 것은 비핵화를 통한 관계 개선이 아니라 관계 정상화를 통한 비핵화라는 원칙적 입장에서 출발한 것"이라며, "미국의 대조선 적대시 정책과 핵 위협의 근원적인 청산 없이는 100년이 가도 우리가 핵무기를 먼저 내놓는 일은 없을 것"이라고 말했다. 또한 "적대관계를 그대로 두고 핵 문제를 풀려면 모든 핵 보유국들이 모여앉아 동시에 핵 군축을 실현하는 길밖에는 없다"라고 강조했다.

남과 북을 아우르는 한반도 비핵화는 무엇보다도 상호·호혜주의에 입각한 윈-윈전략에 기반해야 한다. 한반도 비핵화는 당사자인 남과 북, 그리고 미국은 물론, 더 나아가 주변국 모두의 불가역적인 핵무기의 제거 및 핵 위협으로부터의 검증 가능한 안전이 보장될 때야 비로소 실현 가능한 문제다.

어느 한쪽만의 완전한 무장해제를 고집하거나, 기존의 핵 5대 강국들(미국·러시아·중국·영국·프랑스)이 누리고 있는 불평등한 지위의 연장선상에서, 단지 신규로 진입하려 한다는 이유로 무차별적이고 강압적인 수단에 의존하여 해결하려 해서는 상호불신과 갈등만 심화시킬 뿐이다. 이는 서로(세계평화)를 위해서도 결코 바람직한 방법이 아니다.

핵확산금지조약(NPT: Nuclear Non-proliferation Treaty)은 1968년 구성되었다. 핵무기 보유국의 기준은, 1976년 6월 1일을 기점으로 핵무기 실험을 이미 실행한 국가로 국한하고 있다. 이처럼 NPT를 통해 핵무기 보유국의 기득권을 서로 보장하고, 비보유국들에 대해서는 비핵의무와 핵물질 이용에 제한을 가하고 있다.

그 주된 내용은 핵의 비확산, 핵무기 군비 축소, 핵 기술의 평화적 이용으로 요약할 수 있다. 이중에서 핵 기술의 평화적 이용과 관련한 조항을 담고 있는 핵무기의 비확산에 관한 조약 제3조에 따르면 "비핵무기국의 금지사항으로 핵무기의 제조, 보유, 획득"을 들고 있으나, 양도할 수 없는 권리(inalienable right)로써 평화적 목적으로의 원자력 연구 및 이용은 보장하고 있다.

현실적으로 비핵화를 그토록 강조하는 중요한 이유는 핵무기의 위험성에 있다. 1945년 7월 16일 미국 뉴멕시코주 알라마골드에서 인류 최초의 핵실험이, 같은 해 8월 6일 오전 8시 15분 히로시마 상공 500미터 지점에서 핵폭탄 일명 '리틀보이'가 폭발하였다. 순간, 34만 명 히로시마 인구 중 8만 명이 즉사하였으며, 그해 말까지 14만 명의 시민이 사망한 것으로 추정된다. 현재까지 그 후유증으로 고생하고 있는 피폭 피해자들 또한 부지기수다.

이후 세계는 핵무기의 시대로 진입하였다. 핵무기가 가진 가공할만한 위력 앞에서, 더구나 사전에 방비할 아무런 방책이 없는 절대적 무기라는 사실을 알게 되면서, 핵무기는 공격용 무기로써가 아니라 방어용, 심지어는 협박용(타협)으로 기능하고 있다. 핵으로부터 인류의 파멸을 방지하겠다는 (불평등의) 고육지책에서 나온 게 바로 '비핵화'란 용어다. 즉, 위험 요소를 어떻게 제거할 것인가가 핵심이라 할 수 있다. 그래서 비핵화는 '무(無)핵화'가 아닐 수도 있다. 핵무기가 존재하되, 그 핵이 위험하지 않게 잘 관리되기만 한다면 그것으로 '비핵화'의 조건이 충족되었다고 볼 수도 있다는 말이다.

좀 더 단도직입적으로 말해서, 한 국가가 이미 성공적으로 확보한 핵무기를 '완전하고 검증 가능하며 불가역적으로 폐기(CVID: complete, verifiable, irreversible dismantlement)'할 방법도 없고, 그러한 전례 또한 없다는 뜻이기도 하다. 그래서 핵확산금지조약(NPT)체제가 만들어진 것이다. 통제 불가능한 사태를 미리 방지해 보고자 말이다. 현재도 핵무기의 제한 및 감축과 관련한 군비 통제 방안이 제대로 마련되어 있지 못하다.

서울의 소리 보도에 따르면, 트럼프 전 대통령은 2018년 10월 일리노이주에서 열린 중간선거 지원 유세에서 "북한과의 관계가 정말 잘되고 있다"라며, 자신은 "핵실험이 없는 한 (회담이) 얼마나 오래 걸릴지 상관 안 한다고 내 사람들에게 이야기한다"라고 말했다 한다. 그러면서 "더는 로켓도, 핵실험도 없고, 인질들도 돌아왔으며, 우리의 위대한 영웅의 유해도 송환되고 있다"라고 부연했다는 것이다.

비핵화의 의미를 유추해 볼 수 있는 발언이기도 한데, 트럼프 대통령이 2016년 대선 기간에 한국과 일본, 사우디아라비아의 핵 보유에 대해 명확한 반대 의사를 표명하지 않은 바 있다는 점을 들어 핵확산 방지 문제는 트럼프 대통령의 관심사에서 다소 비켜나 있는 이슈라는 분석도 있다.

"트럼프 대통령의 일차적 관심은 국제 문제보다는 국내 문제, 안보

보다는 통상문제에 있는 것으로 보인다. 미국의 모든 대외관계나 안보 정책은 미국의 이익에 관한 판단을 기초로 펼쳐질 것"이라는 주장이다.[17] 물론, 트럼프에서 바이든으로의 정권교체가 이루어진 새로운 국면의 현실이기는 하나, 이는 특정 정권을 떠나 미국 정부가 앞으로 해결해 나가야 할 과제 중 하나라는 인상이 짙다. 대선 후 원만하지 못했던 정권 이양 과정, 대선 불복 사태에 따른 사회적 갈등 문제 등은 오롯이 차기 행정부의 몫이 되기에 그렇다.

한편, 미국의 이익, 즉 국가 안보라는 측면에서 볼 때 당장은 미국의 안보에 직접적으로 영향을 미치지 않는 게 핵이라고 한다면[18], 핵보다는 오히려 미 본토를 직접적으로 위협할 수단이 되는 대륙간탄도미사일(ICBM:Intercontinental Ballistic Missile)의 개발 및 실험에 더 신경이 쓰일 수 있다. 북한이 탈냉전기에 들어 미사일에 집착하는 이유는 크게 네 가지 차원에서 생각해 볼 수 있다.

첫째, 순수 방어용 무기 개발의 차원과 대내외 과시용이다. 둘째, 수출을 통한 외화벌이용이다. 셋째, 강성대국과 선군정치라는 김정일 시대 통치담론 실천의 차원이다. 넷째, 대외 협상용이다.[19]

북한이 7월 중순 해체 작업에 들어갔던 동창리 서해 발사장은, 6·12 북·미 정상회담 때 김정은 위원장이 트럼프 대통령에게 폐쇄를

....
17. 김동성 외 「미국 도날드 트럼프 행정부의 출범에 따른 대응 방향」, 경기연구원, 2017
18. 핵무기는 그 자체로도 위협적인 무기로 인정받지만, 운송수단을 수반할 때 비로소 진정한 대량 파괴무기가 될 수 있으므로, 지리적이며 공간적인 제약이 존재하는 것 또한 사실이다.
19. 정병호 「북미 간 주요 현안 관계를 통해서 본 북한의 대미정책 분석」, 『인문사회』 제21권 제2호

약속했던 미사일 엔진 실험장이다. 북한은 1990년대부터 미 본토를 직접 타격할 수 있는 대륙간탄도미사일 개발에 착수하여, 1998년 '대포동 1호' 발사를 시작으로 2017년 11월에는 '화성-15형'을 고고도궤도(lofted trajectory)로 시험 발사하였다. 미 전역에 대한 공격이 가능한 성능이라는 평가와 함께, 북한은 대대적으로 '핵무력(핵무기+운반수단) 완성'을 선언하였다.

북·미 간 종전선언을 논하고, 양국 수교를 위한 구체적 단계로 진입하려던 직전에 멈춰버린 북·미 관계가 이제 새로운 협상자와 테이블을 마주하게 되었다. 트럼프 대통령에서 바이든 대통령으로 정권교체가 이루어졌다. 지나간 역사를 복기해 보면, 북·미 관계는 미국의 정권 이양기에 갈등이 한층 고양되었던 전례가 있다.

1993년 클린턴 대통령 취임 시 북한은 NPT 탈퇴를 선언했다. 한·미 국방장관이 팀스피릿 훈련 재개를 표명하면서 불거진 사태다. 2000년 부시 행정부 태동기에는 부시 대통령의 '악의 축' 발언이 분노를 사면서 북·미 관계가 꼬일 대로 꼬였다. 2009년 오바마 대통령 임기 초반이던 4월 5일에는 소형 인공위성을 발사했다. 장거리 로켓인가, 인공위성인가를 두고 논란이 컸다. 2021년 초 바이든 신행정부가 취임하면서 갈등 고조에 대한 우려가 컸다.

당시 북한이 민감하게 보고 있던 현안은 한·미 연합훈련 여부였다. 2018년 9월 19일 남·북 정상은 '9·19 평양공동선언'을 채택하고, 같은 날 남쪽의 송영무 국방장관과 북쪽의 노광철 인민무력상은 〈판문점 선언 이행을 위한 군사 분야 합의서〉를 체결했다. 합의문에는 "상대방에 대한 일체의 적대행위를 전면 중지"하고, "상대방을 겨냥한 각종 군사

연습을 중지"하기로 하였다. 북한은 바이든 신행정부의 대북한 정책을 한·미 연합훈련의 시행 여부로 판단할 가능성이 컸다. 한·미 연합훈련을 중지하고 북·미 간 대화의 물꼬를 다시 터야 한다는 목소리도 컸다.

다행히 연합훈련의 규모를 축소 시행하면서 갈등의 우려는 현실화하지 않았다. 다만, 바이든 정부의 북한정책 기조가 서서히 윤곽을 드러내면서 갈등 수위도 높아지고 있다. 지난 4월 30일 젠 사키(Jennifer Psaki) 백악관 대변인의 발언에 따르면, 바이든 정부의 북한정책이 '일괄타결'과 '전략적 인내'는 버리고 싱가포르 북·미 정상선언은 계승하겠다는 쪽으로 가닥이 잡히고 있는 듯하다.

우선, 단계적 접근으로의 정책이라는 의미를 갖는다. 우리로서는 반가운 일이다. 싱가포르 선언은 총 4개 사항의 합의가 있었다. 새로운 북·미 관계의 수립, 한반도의 항구적 평화체제 구축, 한반도의 완전한 비핵화, 그리고 미군 유해 발굴 및 송환이다. 이를 이어받겠다는 의미는 고무적이다. 문제는 미 정부 일각이 가진 북한에 대한 인식이다. 북한과 이란을 동일선상에 놓고, 이들 국가가 미국과 세계 안보의 위협 세력이라 치부하고 있다. 이란과 북한은 핵 무력 수준이 다르다. 이를 동급으로 취급한다는 것은 어불성설이다.

5월 21일 문재인 대통령은 워싱턴을 방문해서 바이든 대통령과 양 정상 간 첫 정상회담을 갖는다. 북한 핵 문제를 이란과 분리해서 대응하도록 미국 정부를 설득하는 문제가 이번 정상회담의 핵심 의제가 될 가능성이 크다. 당연히 우리로서는 그러한 방향으로 적극 노력해야 한다.

(2) 전략적 선택국가로서의 완충지대화 전략

전략적 선택국가의 길

코로나19로 세계가 급변하고 있으며, 가치가 변화하고 있다. 물질이 만능이라고 믿던 이들은 당황했고, 파이를 키워야 나눠 가질 여유분이 더 생긴다며 입만 열면 파이 키우기를 주창하던 이들은 코로나바이러스의 제물로 사라졌다. 물론, 코로나19 이전부터 세계는 요동칠기미를 보이고 있었다. 유일 패권국으로서의 지위를 누리며 일극체제를 형성하던 미국의 힘이 약화되는 한편, 중국의 부상과 군사적 팽창주의가 눈에 띄었다.

미국 우선주의에 뒤이은 포스트코로나 시대는, 가치 대전환의 새로운 시대가 도래할 것이라는 게 전문가들의 공통된 예측이었다.[20] 다극체제를 지향하는 중국의 힘과 일극중심하위체제(미국을 중심으로 자유진영이 네트워크를 형성)를 준비하고 있는 미국의 패권이 충돌하며 세계를 미증유의 혼돈 상황으로 몰아갈 것이라는 미래 전망 또한 힘을 얻고 있다.[21]

....

20. 이은진 「포스트코로나 시대의 새로운 시대정신」, 『音.樂.學』vol.28, no.1, 통권 37호
황규호「포스트코로나 시대 국가교유 과정의 과제」, 『교육과정연구』 38권 4호
박광국, 김정인 「포스트코로나 시대의 정부 역할과 시민문화」, 『한국행정학보』 제54권 제3호

21. 세계는 지금 두 개의 커다란 적과 싸움 중이다. 하나는 코로나19라는 현실이고, 다른 하나는 포스트코로나 시대, 즉 미래와의 싸움이다. 총성 없는 전쟁이 진행 중이다. 세계 패권질서는 이전의 패권 경쟁과 다른 양상을 보일 것이다. 그 경쟁의 현실적 격전장이 코로나19로 오염되어 있기에 그렇다. 코로나19 이전은 없다는 전망이 우세한데, 이는 코로나19 이전의 상황으로는 돌아갈 수 없다는 뜻이다. 이제까지의 삶과 많이 다른 삶으로서의 미래를 준비해야 한다는 말이다. 또 그것을 준비한 국가

일본과의 경제전쟁 및 지소미아(GSOMIA, 군사정보보호협정) 갈등을 겪으며 자체의 힘을 확인한 한국은, 연이어 터진 세계적 대재앙 코로나19 대응에서도 세계 방역체제를 선도하고 있다. 선진국 일원으로서의 자신감을 한층 드높이는 추세다. 지금은 미국 대선 이후의 외교 전략이 어디로 향하게 될지 가늠하기 어려운 형편이라 쉽사리 이후 상황을 예측하기 어려우나, 문재인 대통령은 트럼프 전 대통령으로부터 G7(주요 7개국 모임) 혹은 G11에 초청을 받기도 했다. 선진국을 입증하는 보증수표 같은 것이라며 환영하는 논리 반대편에는, 중국 눈치도 살펴야 한다는 현실론이 존재한다.

　　전략지정학적 특성상 미국과 중국이라는 양대 강국의 눈치를 볼 수밖에 없는 대한민국의 숙명적 처지다. 미·중 양강체제 중 어느 한쪽으로 치우치는 것에 대한 걱정 섞인 우려의 목소리도 크다. 혹여나 다른 한쪽 상대국으로부터 보복이라도 당하지 않을까 하는 약자 특유의 지레 겁먹은 불안감이 깔려 있다.

　　이런 일각의 우려에 대해 청와대는 대변인 발표를 통해 "중국이 반발하지 않을 것"이라며 긍정적으로 전망했다. 그런가 하면 이수혁 주미대사는 "우리가 미국과 중국 사이에 끼어서 선택을 강요받는 국가가 아니라 이제는 우리가 선택할 수 있는 국가라는 자부심을 갖는다"라고 말한 바 있다. 대한민국 정부의 견해로서는, 그 어느 때보다도 당당하다고 할 수 있을 정도의 자신만만한 대외정책 비전이라 할 수 있다.

만이 패권 경쟁 속에서 승자(강자)로 남을 수 있다는 말이기도 하다. 사이버와 온라인, 인공지능, 비대면이 일상화가 되어버린 사회에서 국가 간 패권질서도 과거와 같지는 않을 것이다. 이제까지와는 사뭇 다른, 이제껏 가보지 못했던 낯선 길 위에 인류는 서 있다.

미국과 중국은 태평양을 사이에 두고 자유주의와 사회주의 진영의 두 맹주로 등극한 상태다. 러시아와 미국의 지정학적 위치와는 사뭇 다르다. 러시아와 미국 사이에는 서유럽이 있어 냉전 상황에서도 일정 부분 완충작용을 했다. 미국의 처지에서 보자면, 러시아의 미 동부로의 진출로에 서유럽이라는 보호막이 쳐져 있는 상황이다. 중국과 미국 사이에는 태평양이라는 진출로만이 있을 뿐이다. 태평양을 건너기만 하면 바로 상대방의 턱밑까지 진출할 수 있게 된다는 말이다. 미국이 불안해하는 이유인데, 중국 역시 그렇다.

1941년 12월 7일 일본군이 하와이 진주만의 태평양함대를 공습했다. 일본 내부에서는 미국의 즉각적인 반격이 가능할지를 놓고 의견이 분분했지만, 작전을 강행했다. 군부 내의 사정도 마찬가지였다. 첫째는 미국이 대서양과 태평양에서의 양면전쟁은 피하려 들 것이며, 둘째는 당시 미국은 태평양함대를 보유하고 있기는 했으나 이를 선제공격으로 완파시킨다면 승산이 있다고 보았기 때문이다.[22] 그때 미국 국내 사정은 동부지역만 발전되어 있던 상태로, 전략무기 대부분이 동부지역 해안에 집중되어 있었다. 서부의 미개발로 인해 태평양으로의 진출에는 많은 어려움을 겪고 있었다.

일본이 선제공격으로 태평양함대만 완파시킨다면, 미군 전력이 동부지역 해안에서 태평양으로 나오기가 어려울 것이라는 판단이 작용한 셈이다. 방법이 있다면 파나마 운하를 이용하는 방법밖에 없었는데, 1914년 완성된 파나마 운하 운항 독점권을 갖고 있던 덕에 미군은

------

22. 이종호 「태평양전쟁 시기(1941~1945)의 군사전략 변화 비교연구」, 『한국동북아논총』 제82호

일본군의 진주만 습격에 능동적·즉각적 대응이 가능하였다. 일본 군부의 오판이었던 셈이다.

미국 본토가 직접 침략 당했던 쓰라린 기억은 미국의 방위정책을 태평양과 면해 있는 서부지역에 대한 안전성 확보에 주력하도록 만들었다. 중국의 부상에 따른 '아시아로의 회귀' 전략도 그와 같은 안전성 확보의 일환이다.

태평양을 사이에 두고 미국과 중국의 양 강대국이 호시탐탐 기회를 엿보는 형국이 만들어지면서 이에 대한 방비가 중요한 안보 의제로 떠올랐다. 이는 미·중 양국에 완충지역 없는 국경으로서의 태평양을 의미했다. 즉, 태평양만 건너면 장애물 하나 만나지 않고 바로 상대국의 영토까지 진출할 수 있다는 뜻이다. 그만큼 두 강대국이 느끼는 상호 위기의식은 클 수밖에 없다.

안보·경제의 완충지대화 전략

문재인 정부가 의욕적으로 추진 중인 핵심 외교정책 중에 북방경제권 활성화 및 개발과 관련된 정책들이 있다. 북방경제협력 정책들은 한반도를 포함한 동아시아의 공동 이익과 지역 평화 정착이라는 공통의 목표를 추구한다. 신남방정책과 신북방정책의 일환으로 추진되고 있는 정책이다.

북방경제권 개발이라 하면 한반도와 동북 3성, 그리고 시베리아 벌판까지를 아우르는 초대형 경제개발 프로젝트를 말한다. 정부의 신북방정책은 16대 추진과제를 중심으로 진행하고 있는데, 크게는 "중국을 축으로 하는 환서해 경제벨트, 러시아를 축으로 하는 환동해 경제

벨트, 북한을 통합 네트워크로 구성하여 북방 경제외교를 실시"하는 내용으로 "북방협력 사업은 그동안 철도 협력, 가스관 연결사업, 전력망 등 3개 분야"에서 논의됐다.[23]

세계 인구의 65%, 에너지자원의 75%를 차지하는 유라시아 지역이다. 무엇보다 이 지역은 석유와 천연가스, 광물자원의 보고이다. 제대로 개발만 된다면 그 시장은 무궁무진할 터이다.

가깝게는 중국과 러시아, 한반도, 일본 등 인구만도 15억에 이른다. 운송 수단 또한 파이프라인과 철도 등을 이용하게 되니, 물류비용 면에서도 선박보다 이점이 크다. 조금 멀리는 인도와 동아시아, 유럽, 게다가 알래스카를 통하면 미주지역까지도 공급할 수 있다. 공신력 있는 국제기구를 중심으로 한 국제컨소시엄이 개발에 참여하는 방식을 채택한다면, 자연스럽게 이 지역은 전략적 중립지대화 된다.

평화체제 한반도를 중심으로, 이 일을 중립적인 국제기구들이 주도적으로 수행하는 것이다.

한반도는 유라시아 대륙과 태평양을 연결하는 동아시아의 요충지이기에, 미국과 중국은 한반도에 대한 영향력 확보와 유지를 위해 사활을 걸고 있다. 이로 인해 한반도는 강대국 틈바구니에서 자신의 목소리를 낼 수 없는 처지였다. 전략적 모호성에 입각한 처신외교에 운을 걸 수밖에 없는 운명이었지만, 이제 시대가 바뀌었다.

전략적 모호성에서 전략적 선택국가로의 거대한 전환을 눈앞에 두고 있다. 자국의 운명을 자국의 의지에 따라 선택할 수 있는 몇 안 되는 패권국가로의 전환이다. 한반도 역사에 일찍이 가보지 못한 새로운 길

----

23. 정은찬 「신북방 경제협력의 경제적 파급 효과」, 『동아연구』 제39권 1호

로의 진입이다.

향후 동아시아 지역에서 펼쳐질 국제 패권 질서의 향배는 몇 개의 관점으로 전망할 수 있다.

첫째, 미국의 패권이 지속될 것.

둘째, 중국 패권 시대가 개막할 것.

셋째, 미·중 세력으로 양분할될 것.

넷째, 한·미·중이 세력 균형을 이룰 것.

다섯째, 한·미·중·일·러의 세력 분점을 통해 다극체제로 갈 것.

여섯째, 동아시아 지역공동체를 통해 제2의 유럽연합으로 갈 것.

지나간 역사를 반추해 볼 때, 무엇보다도 동아시아 지역 내 평화를 담보해 낼 수 있는 합의 체계가 없는 상황은, 힘의 크기에 비례해 국가 간 도전과 응징의 역학 관계 관리에 어려움을 겪을 수밖에 없다. 그래서 동아시아, 특히 한·중·일 3국은 힘의 균형을 통해 안보 위협을 해소 혹은 최소화하고, 경제협력을 기반으로 하는 단일 경제권 형태의 평화공동체 건설이 가장 이상적이다. 여기서 한 걸음 더 나아가 시베리아를 연결하는 북방경제권의 활발한 개발을 통한 안보와 경제의 완충지대화 전략으로 발전해 가야 한다.

이와 같은 국제정세를 고려한다면, 현 시기 한국 대외정책의 핵심 전략은 적극적이며 주체적인 한반도 평화체제 정책으로의 전환 및 유지여야 한다. 통일은 '기회의 문'이자 '민족의 운명'이다. 그러자면 북한 정책의 남·북 주도로의 변화는 필수적이다.

북한 정책에는 통일정책과 안보정책이 두 개의 레일처럼 병존한다. 이 두 정책의 상호 조화라는 측면에서 통일정책은 일관성이 있어야 하며, 안보정책은 강경하되 유연성이 필요하다. 이것에 더해 군건한 안보와 경제적 번영이 국가 목표가 되어야 한다.

최상의 선택을 위한 국가의 이익 위계 설정과 국가 간 상호 이익 교환 전략 또한 중요하다. 국가 간 관계 역시 주고받는 관계이기 때문이다. 이를 위해서는 다양하고 유연하며 노련한 대외전략 구사가 필요하다. 이는 한반도 주변을 둘러싸고 있는 4대 강국과 마주하고 있는 전략 지정학적 특성상 필수적 요소다. 마지막으로 주변국들과의 선린 우호 관계를 구축하고 이익 공유 방안을 모색하는 일이다. 한반도 평화체제를 통한 '전략적 선택국가'의 문은 그렇게 열린다.

에필로그

필자는 본서를 통해 두 가지 물음에 대한 대답을 확인했다.

첫째, 일본 신군국주의의 실체를 규명하였다. 둘째, 일본 신군국주의의 한반도 평화체제로의 수렴 가능성을 상정하고, 그 대안을 제시하였다. 수정주의적 해석을 통해 사회 일체가 안보 하나로 연결되고 수렴되는 현상을 '신군국주의'라 정의하였으며, 이러한 경향성을 일본 신군국주의의 실체로 규명했다. 또한, 한반도 평화체제 구축을 통한 동아시아 역내 '힘의 균형론'과 안보·경제의 '완충지대화' 전략을 제시하였다. 일본 신군국주의 해체 및 극복의 탈출구로써 지역 '평화공동체' 건설을 제안했다.

익히 알고 있는 바처럼, 사회과학의 연구 방법은 현미경을 사용할 수도, 시약을 쓸 수도 없다. 오직 연구자의 추상력으로 이를 대체해야 한다. 일본의 신군국주의적 실체 역시 무형의 의식 세계에서 태동한 유형의 사회적 체계로 존재한다. 즉, 제도나 구조의 형상 형태로 보이는 게 아니라 인간들에게 하나의 신념 체계로 자리하고 있다.

과거와 현존 정치인들의 발언 및 동향, 그들에 의해 입안된 정책들을 파악하고, 그것이 사회적으로 기능하는 상호 관련성을 추상력을 동원해 면밀하게 분석해야 했다.

먼저, 선입견을 버리고 오늘의 일본 사회를 들여다보았다. 문제점을 세밀하게 살폈고, 그 문제의 근원을 찾아 들어갔다. 그 지점에서 마주하게 된 것이 일본의 국가 전략 과제로 기능하고 있는 '보통국가론'이었다. 보통국가화를 국가 전략으로 채택한다는 것은 현재의 일본은 '보통국가'가 아니라는 뜻이다. 지구상에 보통국가가 아닌 나라는 없다. 남한도, 북한도, 미국도, 아프리카 오지의 어떤 나라도 보통국가다. 정치 체제가 다를 뿐이다.

일본이 스스로를 보통국가가 아니라고 주장하는 이유는, 평화헌법 체제를 두고 한 말일 것이다. 보통의 국가들이 가진 군대 보유와 교전권을 평화헌법이 금지하고 있기 때문이다. 제한적 보통국가라는 의미가 크다. 물론 제한적 보통국가가 부끄러운 결손국가이거나 특수국가라는 말은 아니다. 평화국가는 오히려 자랑스러워해야 할 소중한 가치라는 사실을 일깨울 필요가 있다.

이런 점에서 보통국가화는 그저 한낱 레토릭일 뿐이고, 진심은 군대 보유다. 현재 일본이 주장하는 보통국가는 전력을 보유하고 교전권을 갖춘, 전쟁이 가능한 나라를 말한다. 그러므로 보통국가의 핵심은 바로 안보(군사력)다. 즉, 군의 보유와 운용으로 귀결된다. 보통국가화 전략이 사회의 다른 모든 이슈를 수렴해 가면서 이들을 '주변부'화 해 버렸다. 사회적 기능의 마비다. 이렇듯 사회 일체가 안보(군사력) 하나로 수렴되는 사회, 그게 바로 군국주의라는 점을 지적했다.

전후 희미하게 내재해 있던 일본 내의 군국주의적 요소가 표면화하는 전조는 2000년 이후에 본격적으로 등장했다. '망조(亡兆)'라는 말이 있다. 흔히들 '망조가 들었다'라고 표현한다. 사전적 의미 그대로 '망하거나 패할 징조'를 말한다. 일본 사회의 망조는 보통국가를 전면에 내세운 채 신자유주의를 받아들이고, 군사대국으로 내달리던 1990년대 후반부터. 특히, 이런 징조가 사회 전반으로 크게 확산하는 결정적 계기는 우연찮게도 이라크로부터 날아들었다.

이라크전쟁이 끝나고 치안 유지가 한창이던 2004년 무렵, 당시 자위대도 치안 유지 활동을 명분으로 이라크에 파병되어 있었다. 그해 4월부터 2005년 5월까지 7명의 일본인이 이라크에서 무장세력에게 납치되는 사건이 벌어졌다. 그중 5명은 무사히 석방되어 일본으로 돌아갔으나, 2명은 살해되었다. 이들 납치 일본인 중에는 NGO 단체 회원으로 봉사활동 중이던 이들도 있었고, 저널리스트로 활동하다가 납치된 경우에는 프랑스 민간 용병회사에 적을 두고 있던 외인부대 용병도 있었다.

문제는 NGO 단체 회원 3명이 납치되었을 때, 일본 사회에서 불거져 나온 '자기책임론'이다. 자기책임론은 근대 자유주의에서 나온 주장이다. 본래는 국가 권력의 사적 개입을 비판하는 개념인데, 일본에서는 국가가 납치 일본인들에게 자기 책임을 요구한 것이다. 이런 분위기는 사회 전반으로 크게 확산하였다. 이때의 자기책임론의 실체를 거칠지만 한마디로 정의하면, 능력 있고 돈 많은 사람들에게는 '천국과도 같은 자유를 주겠다'라는 것이고, 그렇지 못한 사람들은 '본인들이 알아서 잘 살라'는 신자유주의적 선언이자 실천 정도로 요약할 수 있다.

자기책임론에는 제도적 질서라는 조건이 따른다. 자유와 책임이라는 두 가지 규칙이 조건이다. 즉, 충분히 자유로운 상황에서 행한 선택이라야 책임을 논할 수 있다는 말로 바꿀 수 있다. 빈부 차의 확대는 개인의 자유에도 분명한 차이를 만들어낸다. 자유가 결여된 상태에서의 책임은 개인의 몫이 아니라 국가의 몫이다.

일본 정부 당국자는 공식 브리핑을 통해 "인질 구출에 최선을 다하겠지만, 여행위험지역에 들어가지 말라는 피난 권고에도 자진해서 들어간 것은 매우 유감"이라는 견해를 밝혔다. 여기에 일본 다수의 국민과 언론이 동조했다. 이들은 언론과 여론으로부터 '철없는 어른들'로 집중 포화를 맞았다.

상황이 이렇듯 이상하게 돌아가자, 외신기자들이 나서서 이러한 일본 사회의 문제점을 비판적으로 지적했다. "일본의 국제적 이미지를 개선한 젊은이들을 자랑스럽게 여기지는 못할망정 비난을 퍼붓고 있다"라며 분개하기도 했고, "분쟁지역에서의 불가피한 인도적 활동을 자기 책임으로만 돌리는 것은 적절하지 않다"라는 비판 의견 등을 내놓았다.

국가가 있어야 할 자리에 개인의 책임만 있을 뿐이다. 국가는 그곳에서 'UN평화유지활동'이라는 명분 아래 그저 군사 활동에만 바빴다. 무엇을 위한 평화유지활동인가 되묻지 않을 수 없다. 이후 일본 사회는 그런 분위기에서 한 치의 벗어남도 없이 흘러오며, 군사주의적 요소를 강화해 갔다. 역으로 사회는 희망을 상실한 채 퇴보하고 있다.

희망의 끈 또한 의도치 않은 곳에서 찾아왔다. 코로나19 사태를 거치며 민주주의의 위기와 희망을 동시에 본다. 어느 곳에서는 마스크 쓰지 않을 자유를 외치며 마스크 벗어 던지기를 주저하지 않고 있다. 그런가 하면 다른 어느 곳에서는 나와 타인을 위해 기꺼이 마스크 착용의 불편함 정도는 감수한다. 코로나19 확산과 방역의 뚜렷한 차이는 여기서 비롯된다.

포스트코로나 시대는 새로운 패러다임으로의 전환이다. 자크 아탈리(Jacques Attali)는 이를 '생명경제로의 전환'이라고 주장한다.[1] 이는 "성장의 저하가 아니다. 생산은 하되 다른 방식으로, 다른 것을 생산해야 한다"라는 것이다. 방임적 민주주의에서 전투적 민주주의로의 전환이자, 이기주의적 생존경제에서 이타주의적 생명경제로의 전환이다.

민주주의 혹은 자유민주주의는, 생명 존중 사상이 뒷받침되지 않으면 자칫 타인을 경시하고 자신만을 고집하는 방종으로 흐를 수 있다. 그런 점에서 '생명경제로의 전환'을 주장하는 아탈리의 의견에는 의미하는 바가 크다. 물론, 아탈리가 주장하는 생명경제의 범주는 인간만을 대상으로 삼는 것이 아니다. 더 광범위하게 환경, 기후, 주거, 문화, 깨끗한 에너지, 쓰레기 처리 등 인간 삶 주변의 거의 모든 것을 망라하는 개념이다. 새로운 패러다임으로의 전환은 일본 사회 또한 맞닥뜨리

....
1. 자크 아탈리 『생명경제로의 전환』

게 될 과제다. 위기 뒤의 기회인 셈이다.

본서에서는 일본의 국가 정체성을 파악하기 위해 일본 사회를 크게 2등분, 세부적으로는 6개의 영역으로 해부하였다. 토대라 할 수 있는 몸통은 역사수정주의 관점을, 상부구조라 할 수 있는 머리는 방위수정주의 관점을 분석하였다.

그리고 이를 다시 세분화하여 역사수정주의적 관점은 샌프란시스코체제, 평화헌법체제, 판문점체제를 분석함으로써 일본 신군국주의의 실체를 파악하고자 했다. 방위수정주의 관점은 보통국가화, 방위계획대강, 집단적 자위권을 분석하였다. 이 두 가지 관점 즉, 역사수정주의 관점과 방위수정주의 관점은 독립적으로만 기능하는 게 아니다. 서로 영향을 주고받기도 하고, 한쪽이 다른 한쪽을 견인하기도 하면서 군국주의를 한층 촉진시켜 나가는 형태로 작용한다.

수정주의 개념의 이해는 '부정'이란 용어를 통해 그 의미를 더욱 쉽게 파악할 수 있다. 부정한다는 것과 수정주의적 사고는 다르기 때문이다. 부정은 '그렇지 않다'라고 판단하는 개념이지만, 수정주의는 '이럴 수도 있다'라며 내리는 해석의 영역이다.

수정주의적 관점의 분류는 대략 세 가지로 나누어볼 수 있다. ①새로운 이론틀을 적용하여 개별 사건의 재검토를 목표로 하는 이론적 관점, ②사실 확인을 통해 개별 사건의 수정을 목표로 하는 사실 확인 관점, ③일본의 역사 왜곡이나 교과서 문제에서처럼 애초부터 사건의 의도적 왜곡이나 부정을 목표로 진행되는 부정적 관점 등이다.

수정주의의 부정적 관점이라 볼 수 있는 일본의 역사수정주의나 방위수정주의적 행태는 역시나 부정은 피해 가는(부정하지는 않는) 교묘

함을 보인다.

일본 정부는 지나간 과거사를 부정하지는 않는다. 침략의 역사나 위안부 문제, 강제 징용의 문제 역시 사실 자체를 부정하지는 않는다. 다만 해석을 달리한다. 주변국을 침략은 했지만, 당시의 국제적 흐름이 제국주의의 세계적 확산 추세였던지라 서구 열강으로부터 동아시아를 지키기 위해 선제적으로 세력권을 넓혔다는 논리다. 위안부는 존재했으나 강제로 연행하지 않았고, 군 위안부는 더더욱 아니며, 그 숫자 또한 상당히 부풀려 있다는 주장이다. 강제 징용 문제에 대해서도 부정하지 않는다. 다만, 자발적 돈벌이 수단이었다는 항변이다. 이런 것들이 대표적인 수정주의적 관점이자 해석이다.

방위(안보)와 관련해서는 더 확실하게 해석에 의존한다. 헌법 해석 변경이 그 좋은 예라 하겠다. 헌법 해석을 통해 평화헌법 제9조의 정신인 '전쟁과 군대 보유 금지' 조항을 피해 가며, 자위대를 군대처럼 운영하고 있다. 그 활동 반경 또한 점점 넓혀 미군이 군사 활동을 하는 곳이라면 세계 어디서든 함께 작전을 수행할 수 있도록 만들어 놓았다. 이와 같은 해외에서의 자위대 활동을 비무장이라는 이유를 들어 파병(派兵)이 아니라 파견(派遣)이라 주장한다. 이 또한 수정주의적 관점이다.

수정주의로서의 역사나 방위의 관점과 현상 유지로서의 역사나 방위의 관점은 대비되는 개념으로 볼 수 있다. 수정주의로서의 역사와 방위의 관점은 '현상 타파' 이상을 목표로 하기에 그렇다. 현상 유지 정도가 아니라 그 범위는 훨씬 넓으며, 현상 타파 이상을 목표로 한다.

마찬가지로, 일본의 역사수정주의와 방위수정주의 관점도 현상 타파 이상의 국가 정체성을 목표로 추진되고 있다. 그런 점에서 수정주의적 관점의 분석은 일본의 신군국주의화를 파악하는 데 있어 매우 유효한 분석틀이라 할 수 있다.

역사수정주의 관점의 분석에서 핵심은 '왜곡'과 '갈등'이다. 역사교과서 문제, 위안부 문제, 주변국과의 영토 분쟁 등이 모두 일본 사회 내셔널리즘(민족주의) 이데올로기의 재료이자, 이를 통한 군사대국화, 즉 보통국가 일본으로 가기 위한 징검다리들로 기능한다.

샌프란시스코체제의 유지(maintain), 평화헌법체제의 중지(cessation), 판문점체제의 지속(duration)은 이와 같은 왜곡과 갈등 조장이 이루어지는 장(場)으로서의 체제이다. 유지·중지·지속의 기준은 '자기동일성(Self-identity)'[2]이다. 자기동일성이란 측면에서는 지속이 그렇다. 판문점체제가 어떠한 형태로 진행되든지, 남·북 분단 상황이 지속되면 되는 것이다.

샌프란시스코체제는 좀 다르다. 식민지와 피식민지, 피해자와 가해자 관계에 변동이 생기면 곤란하다. 변동은 체제의 변화를 끌어내기 때문이다. 그래서 샌프란시스코체제는 그대로 유지되어야 하는 것이다. 이것이 현실적으로 효력을 내고 있음을 증명하는 게 아시아 패러독스다. 경제 측면에서는 없어서는 안 될 협력과 교역의 최우선 대상국이지만, 안보나 외교 면에서는 갈등과 반목의 연속이다. 이처럼 반쪽짜리 협력과 갈등이 무한 반복되고 있는 것이 동아시아의 현실이다.

평화헌법체제의 중지는 헌법 개정이다. 보통국가화는 이를 통해 완

---

2. 헤겔 용어다. 시간 혹은 장소의 변화에도 불구하고 그 속의 무엇인가가 변하지 않고 존재하고 있을 경우, 그 무엇인가를 가리켜 자기동일성이라 부른다. 즉, '나'가 1살일 때나 50살이 되었을 때나 세월의 흐름에도 불구하고 '나'인 것은 변하지 않는 것과 같은 이치다.

성된다. 자기동일성과의 완전한 단절이다.

이는 주변국과 끊임없이 갈등을 부추기는 원인이 되기도 하고, 주변국들에 의한 일본 위협론으로 받아들여지며 일본 사회 내부의 내셔널리즘의 극대화로 표출된다. 영토 문제와 북한의 핵과 미사일, 중국의 부상에 따른 경계감 같은 것이 대표적인 예이다. 그리고 이는 자연스럽게 일본 보통국가화의 재료로 악용된다.

방위수정주의적 관점의 분석에서 핵심은 동맹과 해석이다. 동맹은 미·일 군사동맹이다. 해석은 수정주의 관점 혹은 헌법 해석 변경을 말한다. 결국, 동맹과 해석을 통해 이루려고 하는 목표는 방위수정주의 관점으로 현실화하였다고 볼 수 있다.

방위수정주의 관점 분석의 세 가지 대상은 보통국가화, 방위계획대강, 집단적 자위권이다. 방위계획대강과 집단적 자위권은 보통국가화로 수렴된다. 이는 역사수정주의적 관점 분석에서 샌프란시스코체제와 판문점체제가 평화헌법체제의 중지로 수렴되는 것과 같은 논리다. 즉, 평화헌법체제의 중지는 곧 보통국가화로의 귀결로 연결된다.

이미, 방위수정주의적 관점의 완성태인 보통국가화 속에 방위계획대강이나 집단적 자위권 등 안보 관련 정책들이 용해되어 있기 때문에, 일본은 완벽한 보통국가, 즉 '군대를 보유한 전쟁이 가능한 국가'로 거듭나게 된다. 그것도 세계 최고 수준의 군사력을 보유한 강력한 국가이다. 군사대국이다.

이처럼 역사수정주의 관점의 핵심이 주변국과의 갈등과 주변국 위협론을 통한 내셔널리즘 확산의 이데올로기적 기제로 작용하는 것이라면, 방위수정주의 관점의 핵심은 군사대국화이다. 방위수정주의가 궁극적으로 지향하는 바의 보통국가화 전략은 방위계획대강과 집단적 자위권의 용인 등으로 구체화하고 완성되는 일본의 군사력 증강, 즉 군사대국화다.

일본 사회를 분석하는 과정에서 찾아낸 일본의 난맥상은, 사회 전반에 걸쳐 있는 절대적 안보(군사) 치중 현상이다. 정치는 실종되었고, 외교는 단절되었으며, 경제 협력은 보복정책으로 분쟁 중이고, 사회는 폐쇄적(혐한류 등의 득세)으로 고립되어 가고 있다. 특히, 2000년대 중·후반 아베 내각의 등장과 함께 안보 편중 경향은 한층 심화되었다. 과거사와 역사 왜곡, 내셔널리즘의 확산 및 편중, 주변국과의 갈등, 경제적 충돌 등에 이르기까지 정치·경제·사회·외교에 걸쳐 전방위적으로 나타나고 있는 이상 현상들이다.

이렇듯 표면화된 부정적 현상들 이면에는 앞서 살펴보았던 보통국가화 전략이 자리하고 있다. 심하게는 보통국가화 전략만이 존재한다고 해도 과언이 아니다. 전쟁이 가능한 보통국가 일본을 위해서, 다른 모든 분야는 다 희생당하고 있는 셈이다. 현대는 과거와 같은 군국주의가 준동하기는 힘든 시대다. 국가의 온갖 기능들이 오로지 군(軍) 중심의 동원체제로 일사불란하게 전환하기도 쉽지 않은 구조다.

그럼에도 불구하고 한 사회의 전반적인 기능들이 오직 한곳을 향해 가고 있다면, 그 지향점을 찾아보고 주시하는 역할은 사회과학 연구자의 당연한 의무다. 안보(군사)에만 매몰된 채, 전전의 침략적 제국주의를 그리워하며 '아름다운 나라'로 회상하는 위험천만한 현재의 행태는 분명 군사대국화를 향한 신군국주의적 망동에 다름 아니다.

'아름다운 나라'는 '평화로운 나라'와 동의어다. 평화가 실종된 아름다운 나라는 허구이거나 환상이다. 전쟁이 가고 평화가 오는 밝은 미래, 인류 공생과 번영의 완충지대이자 평화지대가 될 평화체제 한반도가 희망인 이유이기도 하다. 한반도의 문제는 남·북한 양국의 의지에 더해, 주변 강대국의 협력과 동의가 절실하게 필요한 사안이다. 일본 역시 인접국으로서 그 한 자리를 차지하고 있다.

본서는 갈등과 반목으로 점철된 동아시아의 공생과 평화, 한반도 평화체제 구축을 위해 두 가지 방안을 제시했다.

첫째, 동아시아 힘의 균형을 통한 안정론이다. 힘의 불균형 상황은 동아시아 역내 질서에서 다툼의 역사로 기록되어 있다. 힘의 균형을 통해 역내 평화 공동체를 담보해 낼 수 있다.

둘째, 한반도를 비롯해 연해주·시베리아 등의 북방영토를 아우르는 거대한 안보·경제 협력의 '완충지대화' 전략이다. 통일에 얽매인 닫힌 민족주의가 아닌 열려 있는 지역 협력과 공생의 평화공동체 전략이다.

한반도를 비롯한 동아시아에는 평화를, 세계의 유수 자본에는 새로운 개척을 통한 부의 획득을, 선진자본주의 국가들에게는 위기 탈출의 기회를, 미개발 지역에는 저렴한 에너지와 원료 공급의 보급지로 이 지역을 안보와 경제 협력의 거대한 '평화·경제 완충지대'로 변모시키자는 것이다. 이를 근거로, 일본 신군국주의화의 해체 혹은 바람직한 우회로는 여기, 평화체제 한반도가 될 것이라고 주장한다.

본고를 진행하는 과정 막바지에 일본과 미국의 리더가 교체되었다. 연구 과정의 핵심은 일본 아베 총리 재임 기간과 미국의 트럼프 대통령 재임 기간이 주를 이룬다. 아무래도 정책의 일관성이라는 측면에서는 다소의 변화가 예상되기는 하지만, 그리 큰 변화는 없을 것이기에 문제시되지 않는다.

2020년 9월 16일 일본 총리는 아베에서 스가로 바뀌었다. 미국의 트럼프 대통령은 2020년 11월 3일 재선을 위한 대통령 선거를 치렀다. 대선은 민주당 바이든 후보의 승리로 끝이 났으나, 트럼프 전 대통령의 대선 불복 문제와 지지자들의 동요로 많은 혼란을 초래했으며, 아직도 여전히 갈등의 불씨는 남아 있는 상태다. 혼돈의 질서가 마무리되기에는 시간이 다소 필요한 듯 보인다.

이러한 내부 갈등의 문제는 차기 대통령으로 당선된 이의 발목을 잡을 가능성이 크다. 대외정책보다는 미국 내에 산적해 있는 정치적 혼란과 흑백 갈등을 수습하는 일이 급선무가 될 것이기 때문이다. 그런 점에서 현재의 북한 정책을 포함한 국제관계는 당분간 현재 수준 정도에서 돌파구를 찾으려 할 것이다.

민주주의의 성패 혹은 성숙도는, 제도(system)가 만드는 기계적 단조로움에 있는 게 아니라 인민이 만들어 가는 살아 있는 유기체(organism)적 성격에 있다. 이러한 측면으로 보면, 그 제도를 운용하는 국가 구성원인 인민의 능력과 수준의 중요성을 새삼 실감하는 사태이기도 하다. 성공적인 민주주의 실현을 위해서라도 민주 시민의 덕목은 더욱 강조되어야 마땅하다.

이처럼 주요 국가들의 권력 교체가 본고 막바지에 진행되면서 이 연구의 중심인물이었던 아베 총리와 트럼프 대통령이 과거의 흘러간 인물이 되어버렸다. 그래서 현재를 연결고리로 미래를 예측하는 것에 일정한 한계가 생겼다는 아쉬움이 있다. 정책의 일관성이란 측면에서 그렇다.

하지만 일본 신군국주의의 실체를 규명하고, 이를 해체하는 방법으로써 평화체제 한반도를 상정한 것은 의미 있는 연구 결과다. 일본 사회에 뿌리 깊게 자리하고 있는 신군국주의적 경향성은 권력자 한 사람의 의지로 쉽게 제거되기는 어려울 것이다. 오히려 신군국주의적 경향성이 역으로 리더를 선택하려 들 것이기에, 그 뿌리를 자르기란 여간 쉽지 않은 일이다. 일본 사회와 주변국 공동의 노력이 필요하다.

아베와 스가 둘 사이에 정치적 권력 투쟁 양상이 보이고는 있으나, 이는 그저 정치인의 자리싸움(계파 갈등) 정도에 지나지 않으리라는 점을 고려해 볼 때, 일본의 한반도 정책은 지금까지와 크게 다르지는 않을 것이다. 전임 아베 총리의 내각에서 관방장관으로 8년간이나 함께 손발을 맞춘 동업자 관계였던 스가 총리에게서 새로운 것을 바라는 기대감은 접는 것이 맞다. 현실론에 입각한 선별적 우호 제스처야 있을 수 있겠으나, 한·일 간의 현안들에 대해서는 기본적인 정책틀을 유지하려 들 것이다. 이웃 국가들과의 갈등을 통한 보통국가화 실현이 그 핵심이기 때문이다.

다만, 미국 대통령이 트럼프에서 바이든으로 교체된 것은, 공화당에서 민주당으로의 정권 교체를 의미하기 때문에 다소의 변화는 예상된다. 그러나 이전 트럼프 행정부의 외교·안보 정책을 상당 부분 바꾸어 보려고 할 것이기에 예측 또한 쉽지 않다.

당장 이란(중동)과의 관계부터 안개 속으로 빠져들게 하고 있다. 이란 핵 과학자이자 핵 개발을 총괄하고 있는 모센 파크리자데의 암살로 중동에 긴장이 고조되고 있다. 또한 양안관계(兩岸關係, Cross-Strait relations)도 심상치가 않다. 대만해협을 사이에 두고 서안의 중국대륙과 동안의 대만이 마주한 채, 충돌 가능성을 높이고 있다. 5월 위기설이 회자하고 있다.

하지만 북·미 관계에서 해결의 실마리는 이미 김정은 위원장과 트럼프 대통령이 다 찾아놓은 셈이다. 남은 것은 대화 테이블에 오를 의제를 바꾸는 문제인데, 그 또한 명백하다. 현실로서의 '핵'은 잊고, '경제공동체'를 통한 미래 이익의 극대화를 모색해야 할 것이다.

모두가 알고 있는 사실이기는 하나, 지식으로서의 앎은 실천을 통해서만 현실이 된다는 사실 또한 유념해야 한다.

참고문헌

1. 국내 문헌, 논문

강광문 「일본 명치헌법의 제정에 관한 연구」, 『공법연구』 제40집 제3호(한국공법학회, 2012)

강병근 「평화조약 내 영토조항에 관한 연구 -대일평화조약과 대이태리 평화조약을 중심으로-」, 『국제법학회논총』 제63권 제4호(대한국제법학회, 2018)

강성현 『탈진실의 시대, 역사 부정을 묻는다 - '반일 종족주의' 현상 비판』, 서울: 도서출판 푸른역사, 2020.

강종석 「신경제구상 실현을 위한 동북아 경제협력 방안」, 『정책연구보고서』(국립외교원, 2018)

김경옥 「전후 일본 교육에서의 '公'의 이데올로기성-초·중학교 도덕교육을 중심으로-」, 『일어일문학연구』 제62집(한국일어일문학회, 2007)

김남은 「강화와 안보를 둘러싼 미일 교섭과 일본의 전략-요시다 시게루(吉田茂)를 중심으로-」, 『일본근대학연구』 제56집(한국일본근대학회, 2017)

김동성 외 「미국 도날드 트럼프 행정부의 출범에 따른 대응 방향」, (경기연구원, 2017)

김성원 「베르사유조약과의 비교를 통한 샌프란시스코조약의 비판적 검토」, 『동아법학』(85)(동아대학교 법학연구소, 2019)

김숭배 「샌프란시스코평화조약과 동북아시아 비서명국들: 소련, 한국, 중국과 평화조약의 규범 보전", 『일본비평』(22)(서울대학교 일본연구소, 2020)

김승국 「코스타리카의 영세중립 문화가 남북통일에 주는 시사점」, 『남북문화예술연구』, vol., no.7(남북문화예술학회, 2010)

김시덕 『동아시아, 해양과 대륙이 맞서다』, 서울: 메디치미디어, 2015.

김영호 「미국 신보수주의 외교전략의 실제」, 『한국사회과학』 제26권 제1·2호(서울대학교 사회과학연구원, 2004)

김은혜 「전후 일본 발전국가의 구조전환-토건국가에서 신자유주의까지-」, 『일본학보』 제105권(한국일본학회, 2015)

김정현 「한중일의 일본군 '위안부' 기록물 발굴 성과와 과제-역사수정주의와 보편적 인권의 길항」, 『한일관계사연구』 제69집(한일관계사학회, 2020)

김종성 『반일 종족주의, 무엇이 문제인가-역사를 바로잡기 위한 《반일 종족주의》 비판』, 경기: 위즈덤하우스, 2020.

김종철 「헌법은, 우리에게 무엇인가?: 헌법의 의의, 헌법의 정신」, 『황해문화』45(새얼문화재단, 2004)

김창록 「근대일본헌법사상의 형성」, 『법과사회』 7권 0호(법과 사회이론학회, 1993)

김학기 「러시아의 산업정책과 남-북-러 3각 산업협력-제4기 푸틴 정부의 전략과제와 극동개발정책을 활용한 협력방안-」, (산업연구원, 2018)

김학재 『판문점체제의 기원』, 서울: 후마니타스, 2015.

김학재 「'냉전'과 '열전'의 지역적 기원-유럽과 동아시아 냉전의 비교 역사사회학」, 『사회와 역사』 제114집(한국사회사학회, 2017)

게오르크 빌헬름 프리드리히 헤겔, 권응호 옮김, 『법철학 강요』, 서울: 홍신문화사, 1997.

고야마 미에 「미국 '위안부' 추모비 설치에 대한 공격」, 『바다를 건너간 위안부』, 임명수 옮김, 서울: 어문학사, 2017.

그레이엄 앨리슨, 정혜윤 역 『예정된 전쟁』, 서울: 세종서적 2018.

나카노 고이치, 김수희 역 『우경화하는 일본 정치』, 서울: 에이케이커뮤니케이션즈, 2016. [中野晃一, 『右傾化する日本政治』, 東京: 岩波新書, 2015.]

남경희 「이데올로기로서 천황제와 일본의 교육이념-전전의 수신과 및 전후의 사회과와 관련하여-」, 『한국일본교육학연구』제2권 제1호(한국일본교육학회, 1997)

남창희 「일본의 해석개헌, 위협인가 자산인가?」, 『국제정치논총』 제54집 1호(한국국제정치학회, 2014)

노가와 모토카즈 「'역사전'의 탄생과 전개」, 『바다를 건너간 위안부』, 임명수 옮김, 서울: 어문학사, 2017.

도이 다케오(土居健郎), 이윤정 역 『아마에의 구조』, 서울:한일문화교류센터, 2001.

레온 페스팅거, 김창대 옮김 『인지부조화 이론』, 서울: 나남, 2016.

리단, 전형권 「중국의 대 남북한정책의 지속과 동학 : 후진타오 이후 대 남북한 관계를 중심으로」, 『정치·정보연구』 제13권 제1호(한국정치정보학회, 2010)

로버트 길핀, 임상순 역 『국제정치에서 전쟁과 변화』, 서울: 선인, 2015.

로버트 D. 블랙윌, 알버트 카너세일 엮음, 김일수, 이정우 역 『미국의 핵정책과 새로운 핵보유국』, 서울: 한울, 1997.

로자 룩셈부르크, 황선길 역 『자본의 축적II』, 서울: 지식을만드는지식, 2013.

루스 베네딕트, 김윤식·오인석 역 『국화와 칼』, 서울: 을유문화사, 1993.

마리우스 B. 잰슨, 손일, 이동민 옮김 『사카모토 료마와 메이지 유신』, 서울: 푸른길, 2014.

메도루마 슌, 안행순 역 『오키나와의 눈물』, 서울: 논형, 2013.

미카엘 라이히 「군사비 지출과 이윤을 위한 생산」, 홉스바움 외 저, 김부리 옮김 『현대세계자본주의론』, 서울: 돌베개, 1982.

박균섭「한국에서 본 전후일본교육의 궤적-교육칙어와 교육기본법의 연속과 불연속」, 『일본근대학연구』 50권(한국일본근대학회, 2015년)

박상철『한국 정치법학론』, 서울: 리북, 2008.

박상철『정치놈, 정치님 -민주시민교육총서』, 서울: 솔과 학, 2020.

박상훈「부시행정부의 '레짐체인지(Regime Change)' 정책-미국 내부적 요인을 통해 본 변화와 지속성」, 『군사논단』 50권(한국군사학회, 2007)

박영준「'수정주의적 보통국가론'의 대두와 일본 외교 : 자민당 아베 정권의 재출범과 한반도 정책 전망」, 『한국과 국제정치』 제29권 제1호, 통권 80호(경남대학교 극동문제연구소, 2013)

박원곤「한국이 보는 동아시아 안보 질서 구조의 변화와 전망」, 『한국국가전략』 1권 1호(한국국가전략연구원, 2016)

박진우「천황제와 일본 군국주의」, 황해문화 89(새얼문화재단, 2015)

박진희「전후 한일관계와 샌프란시스코 평화조약」, 『한국사연구』 131(한국사연구회, 2005)

박창건「일본 독도정책의 특징과 딜레마-시마네현을 중심으로」, 『독도연구』 제27호(영남대학교 독도연구소, 2019)

박철희「전수방위에서 적극방위로 : 미일동맹 및 위협인식의 변화와 일본방위정책의 정치」, 『국제정치논총』 44(1)(한국국제정치학회, 2004)

박충석「일본 군국주의의 형성-그 정치·사회적 기원을 중심으로-」, 『사회과학연구논총』 4(이화여자대학교 이화사회과학원, 2000)

박한규「트럼프 신행정부의 대북정책과 향후 북미관계 전망 : 한반도 안보에 대한 함의」, 『국방정책연구』 제32권 제4호(한국국방연구원, 2016)

방광석『근대일본의 국가체제 확립과정』, 서울: 혜안, 2008.

방광석「'제국헌법'과 명치천황」, 『일본역사연구』 제26집(일본사학회, 2007년)

베네딕트 앤더슨, 윤형숙 옮김 『민족주의의 기원과 전파』, 서울: 도서출판 나남, 1991.

베르톨트 브레히트『전쟁교본』, 서울: 한마당, 1995.

백낙청『한반도식 통일, 현재진행형』, 서울: 창비, 2006.

뽈 망뚜, 정윤형 외 역『산업혁명사(상)』, 서울: 창작과비평사, 1997.

서재정「미국의 동아시아 전략과 대북정책-다층적 복합적 상호의존과 그 대응」, 『내일을 여는 역사』 49(재단법인 내일을여는역사재단, 2012)

서정건, 차태서「트럼프 행정부와 미국외교의 잭슨주의 전환」, 『한국과 국제정치』 제33권 제1호(경남대학교 극동문제연구소, 2017)

성낙연 「통치행위론」, 『고시연구』 20(10)(고시연구사, 1993)

손한별 「탈냉전기 미·일동맹의 변화와 지속」, 『한국군사학논집』 제69집 제1
권(육군사관학교 화랑대연구소, 2013)

손한별 「1960년대 미국의 대중국 군사공격계획」, 『군사』 제108호(국방부 군사편
찬연구소, 2018)

송명관 「일본의 對 한반도 전략분석과 함의(청·일전쟁기 일본의 군사전략 수
립과정을 중심으로)」, 『군사연구』 146(육군군사연구소, 2018)

송완범 「메이지(明治)유신'과 '다이카(大化)개신」, 『일본사상』 제36호(한국일
본사상사학회, 2019)

시라이 사토시, 정선태 옮김 『영속패전론』, 서울: 이숲, 2017.

신기영 「글로벌 시각에서 본 일본군 '위안부' 문제-한일관계의 양자적 틀을
넘어서」, 『일본비평』 (15)(서울대학교 일본연구소, 2016)

아오키 오사무, 이민연 옮김 『일본회의의 정체』, 서울: 율리시즈, 2017.

알프레드 코징, 김영수 옮김 『사적유물론적 민족이론』, 서울: 아침, 1989.

야마구치 도모미 「관민일체의 '역사전'의 행방」, 『바다를 건너간 위안부』, 임
명수 옮김, 서울: 어문학사, 2017.

양회식 『일본 신보수주의와 정치개혁』, 서울: 학문사, 1998.

연정례, 김일수 「미국의 對이라크 개입정책: 목표와 성과」, 『평화학연구』 제
15권 3호(한국평화연구학회, 2014)

어네스트 라클라우·샹탈 무페 공저, 김성기 등 공역 『사회변혁과 헤게모니』, 서울:
터, 1990.

오세원 「일본 근대 『修身敎科書』를 통한 '군신(軍神)' 연구 -천황의 군대를 중심으
로」, 『일어일문학』 25(대한일어일문학회, 2005)

우준희 「동북아 영토분쟁과 일본의 선택 : 독도, 센카구, 쿠릴열도에 대한 일본
의 다층화 전략」, 『현대정치연구』 12(2)(서강대학교 현대정치연구소, 2019)

유지아 「전후 대일강화조약과 미일안보조약 과정에 나타난 미군의 일본주둔
과 일본재군비 논의」, 『일본학연구』 제41집(단국대학교 일본연구소, 2014)

유지아 「1910-20년대 일본의 다이쇼 데모크라시와 제국주의의 변용」, 『한일 관계
사연구』 57(한일관계사학회, 2017)

요시다 유타카, 최혜주 옮김 『아시아 태평양 전쟁』, 서울: 어문학사, 2012.

이기완 「현대 일본 국가의 변질과 신보수주의」, 『아세아연구』 47(3)(고려대
학교 아세아문제연구소, 2004)

이경주 『아베의 개헌-동북아평화를 위협하는 자위대 합헌화(제9조 가헌론)

저지를 위하여』, 서울: 논형, 2020.

이근우 「고대천황제의 성립과 변질」, 『일본역사연구』 제16집(일본사학회, 2002)

이남주 「동아시아 질서의 변화와 새로운 지역협력의 모색: 샌프란시스코체제
의 동학을 중심으로」, 『경제와 사회』 통권 제125호(비판사회학회, 2020)

이동민·나영주 「중국에 의한 '북한 레짐 체인지'론 검토」, 『국방연구』 제61권 제1호
(국방대학교 국가안전보장문제연구소, 2018)

이명찬 「센카쿠제도를 둘러싼 중일 간 갈등과 동북아」, 『국제정치논총』 53(1)(한국
국제정치학회, 2013)

이매뉴얼 월러스틴, 나종일 외 옮김 『역사적 자본주의/자본주의 문명』, 서
울: 창작과비평사, 1994.

이매뉴얼 월러스틴, 김인중 외 옮김 『근대세계체제III: 자본주의 세계경제의 거대한
팽창의 두 번째 시대 1730~1840년대』, 서울: 까치, 1999.

이상봉 「전후 일본인의 평화의식에 관한 비판적 고찰: 형성과정과 특징 및 변
화를 중심으로」, 『국제정치논총』 43(3)(한국국제정치학회, 2003)

이상환 「인도-파키스탄과 브라질-아르헨티나의 핵정책 비교연구: 핵무장 강행 및
포기 사례의 분석」, 『남아시아연구』, 10(2)(한국외국어대학교 인도연구소, 2005)

이어령 『축소지향의 일본인』, 서울: 갑인출판사, 1982.

이원순 「국학사상과 일본의 역사관」, 『일본학보』 제27권(한국일본학회, 1991)

이유진 「신(新)북방정책 추진 현황과 의의」, 『북한포커스』, (KDB산업은행, 2018)

이장욱 「북한의 '사실상 핵보유국' 지위획득 가능성 연구 : 기존 사실상 핵보유국
사례를 토대로」, 『글로벌정치연구』 제10권 2호(한국외국어대학교 글로벌정치연
구소, 2017)

이재영 『한반도 평화번영과 남·북·러 3각 협력』, 서울: 대외경제정책연구원, 2018

이지원 「일본의 우경화, 수정주의적 역사인식과 아베식 전후체제 탈각의 한
계」, 『경제와 사회』 101(비판사회학회, 2014)

이재봉 「한일협정과 미국의 압력」, 『한국동북아논총』 54(한국동북아학회, 2010)

이종호 「태평양전쟁 시기(1941-1945) 美·日의 군사전략 변화 비교연구」, 『한국
동북아논총』 제82호(한국동북아학회, 2017)

이토 나리히코, 강동완 옮김 『일본 헌법 제9조를 통해서 본 또 하나의 일본』, 서울:
행복한 책읽기, 2005.

이현휘 「북한 레짐 체인지? 칸트의 영구평화론, 윌슨주의, 그리고 국제정치적
파국」, 『현대사회와 정치평론』 제18집(한국정치평론학회, 2016)

임동원 『피스메이커』, 서울: 창비, 2015.

자크 아탈리『생명경제로의 전환』, 서울: 한국경제신문, 2020.

장문석『파시즘』, 서울: 책세상, 2017.

장문석『민족주의』, 서울: 책세상, 2011.

장문석「크로체의 역사주의와 자유주의-19세기 역사 서술을 중심으로-」,『대구사학』제95집(대구사학회, 2009년)

장 자크 루소, 김영욱 역『사회계약론』, 서울: 후마니타스, 2018.

전강수『반일 종족주의의 오만과 거짓』, 서울: 한겨레출판사, 2020.

정병준「윌리암 시볼드(William J. Sebald)와 '독도분쟁'의 시발」,『역사비평』통권 71호(역사비평사, 2005)

정병호「북미간 주요 현안 관계를 통해서 본 북한의 대미정책 분석」,『인문사회』제21권 제2호((사)아시아문화학술원, 2011)

정성임·노태훈·박뿌리·한정헌「핵협상과 북핵문제: 이란, 파키스탄, 인도 사례와의 비교」,『통일연구』19권 1호(연세대학교 통일연구원, 2015)

정영태「파키스탄-인도-북한의 핵정책」, 통일연구원 연구총서 02-12(통일연구원, 2002)

정은이「한반도 평화와 번영을 위한 남·북·중 협력방안」,『KDI 북한경제리뷰』2019년 3월호(한국개발연구원, 2019)

정은찬「신북방경제협력의 경제적 파급효과」,『동아연구』제39권 1호(서강대학교 동아연구소, 2020)

조필군「'공격적 현실주의' 이론적 관점에서 살펴 본 동아시아 국제관계와 중국과 일본 군사대국화의 함의」,『군사연구』145(육군군사연구, 2018)

존 로크, 강정인 외 역『통치론 : 시민정부의 참된 기원, 범위 및 그 목적에 관한 시론』, 서울: 까치글방, 2017.

존 로크, 남경태 역『시민정부』, 서울: 효형출판, 2012.

찰머스 존슨, 안병진 역,『제국의 슬픔』, 서울: 삼우반, 2004

최경옥「일본의 명치헌법 제정에 있어서 외국인의 영향」,『헌법학연구』제7권 제1호(한국헌법학회, 2001년)

최희식「아베 정권의 외교안보정책: 해양안전보장을 중심으로」,『국방연구』61(4)(국가안전보장문제연구소, 2018)

칼 마르크스, 김수행 역『자본론 I (상)』, 서울: 비봉출판사, 2012.

칼 마르크스, 김수행 역『루이보나빠르뜨의 브뤼메르 18일』, 김세균 감수,『칼 맑스 프리드리히 엥겔스 저작 선집 2』, 서울: 박종철출판사, 1997.

테사 모리스 스즈키「사죄는 누구에게, 무엇을 하는 건가?-'위안부' 문제와 대외발신」, 『바다를 건너간 위안부』, 임명수 옮김, 서울: 어문학사, 2017.

토드 부크홀츠, 박세연 역 『다시, 국가를 생각하다』, 경기: 21세기북스, 2017.

토머스 홉스, 최진원 역 『리바이어던』, 서울: 동서문화사, 2009.

패트릭 J. 드닌, 이재만 옮김 『왜 자유주의는 실패했는가-자유주의의 본질적인 모순에 대한 분석』, 서울: 책과함께, 2019.

페리 앤더슨, 김현일 외 공역 『절대주의 국가의 계보』, 서울: 도서출판 베를, 1990.

한국해사문제연구소 「일본의 근대화와 메이지유신」, 『해양한국』(한국해사문제연구소, 2019)

한나 아렌트, 이진우·박미애 옮김 『전체주의의 기원 2』, 경기: 한길사, 2017.

한의석 「21세기 일본의 국가안보전략」, 『국제정치논총』 제57집 3호(한국국제정치학회, 2017)

함동주 「일본 역사수정주의의 내셔널리즘과 타자 인식」, 『일본역사연구』 제17집(일본사학회, 2003년)

호사카 유지 『아베, 그는 왜 한국을 무너뜨리려 하는가』, 서울: 지식의 숲, 2019.

호사카 유지 『신친일파-반일 종족주의의 거짓을 파헤친다』, 경기: 봄이아트북스, 2020.

E. H. 카, 김택현 옮김 『역사란 무엇인가』, 서울: 까치, 1997.

J.A.홉슨, 신홍범 외 역 『제국주의론』, 서울: 창작과비평사, 1993.

2. 해외 문헌, 논문

柄谷行人 『帝國の構造 : 中心・周邊・亞周邊』, 東京: 靑土社, 2014. 〔가라타니 고진, 조영일 옮김, 『제국의 구조 : 중심·주변·아주변』, 서울: 도서출판b, 2016.

姜尙中 『ナショナリズム』, 東京: 岩波書店, 2001.

川村純彦 『尖閣を獲りに來る中國海軍の實力』, 東京: 小學館, 2012.

外務省 「日米防衛協力のための指針」, 1997. 9.

鹿島平和研究所編 吉澤溝次郎監修 『日本外交史第28卷 講和後の外交(I)對 列國關係(上)』, 鹿島平和研究所, 1973.

熊谷公男 『大王から天皇へ』, 東京: 講談社, 2008.

中野晃一 『日本政治の右傾化』, ソウル: ソウル大學校 日本研究所, 2016.

西川伸一 「'主權回復・國際社會復歸を記念する式典'を批判する」, 『政經論叢』 第82卷 第3·4號, 2014年.

第189回 國會參議院平和安全法制特別委員會議錄 第3號34頁 (2015(平27).7.28).

內閣官房 內閣法制局「新三要件の從前の憲法解釋との論理的整合性等について",〈https://www.kantei.go.jp/jp/headline/pdf/20151111/sinsanyouken.pdf〉 2015.

竹前榮治『GHQ』, 東京: 岩波新書, 1983.

高柳賢三『天皇・憲法第九條』, 東京: 有紀書房, 1963.

田中角榮『日本列島改造論』, 東京:日刊工業新聞社, 1972.

松下芳男『日本國防の悲劇』, 東京: 芙蓉書房, 1976.

朴埈相「近代日本における天皇制國家の形成と朝鮮植民地支配の政治思想的研究」, 明治大學大學院政治經濟學研究科,『博士學位論文』, 2002.

劉建平「日露平和條約締結交涉-最終的な戰後處理の行方及び日中關係に對する影響」,『アジア太平洋討究』No.30, 2018.

齋藤眞·永井陽之助·山本滿(編集)『日米關係─戰後資料』, 東京:日本評論社, 1970.

松本 健一『思想としての右翼』, 東京: 論創社, 2000.

宮城大藏「サンフランシスコ講和と吉田路線の選擇」,『國際問題』No. 638, 2015.

橋川文三『ナショナリズム- その神話と理論』, 東京: ちくま學藝文庫, 2015.

鹽川伸明『民族とネイション-ナショナリズムという難問』, 東京: 岩波新書, 2015.

添谷芳秀「'普通の國'論再考: 冷戰後日本の外交と政治」, 慶應義塾大學法學研究會,『法學研究會 83卷 3號, 2010.

右翼問題研究所『右翼の潮流』, 東京: 入花書房, 1998.

坂本義和『地球時代の國際政治』, 東京: 岩波書店, 1990.

植村和秀『ナショナリズム入門』, 東京: 講談社現代新書, 2014.

入江昭『日米關係五十年』, 東京: 岩波書店, 1991.

小澤一郎『日本改造計畫』, 東京: 講談社, 1993.

福永文夫『日本占領史1945~1952 -東京・ワシントン・沖繩』, 東京: 中央公論新社, 2014.

五百旗頭眞『米國の日本占領政策: 戰後日本の設計圖』上下, 東京: 中央公論社, 1985.

室山義正『日米安保體制─冷戰後の安全保障戰略を構想する』, 東京: 有斐閣, 1992.

樋渡由美『專守防衛克服の戰略』, 東京: ミネルらあ書房, 2012.

若宮啓文『ドキュメント北方領土問題の內幕　クレムリン・東京・ワシントン』, 東京: 筑摩書房, 2016.

松本俊一『日ソ國交回復祕錄』, 東京: 朝日新聞出版, 2019.

安藤 忠「軍人勅諭と教育勅語」,『教育學雜誌』第18號, 1984.

矢部宏治『知ってはいけない 隱された日本支配の構造』, 東京: 講談社, 2017.

入江昭『日米戰爭』, 東京: 中央公論社, 1978.

ハワード・B・ショーンバーガー, 宮崎章 譯『占領 1985~1952―戰後日本を作り上げた8人のアメリカ人』, 東京: 時事通信社, 1994.

木宮正史 編『朝鮮半島と東アジア: 東アジアにおける安全保障の要衝の一つである朝鮮半島に焦点を當てながら多角的に考察する』, 東京: 岩波新書, 2015.

所功「'万世一系の天皇'に關する覺書」,『産大法學』39巻3・4號, 2006. 3.

馬場 直也『高麗神社』, 埼玉縣: さきたま出版會, 2000.

ロシア史研究會『日露200年: 隣國ロシアとの交流史』, 東京: 彩流社, 1993.

衆議院憲法調査會事務局「日本國憲法の制定過程における各種草案の要点」, 衆憲資第1號, 2000. 3.

青木榮一「教育行政の專門性と人材育成-信賴低下がもたらす制度改革―」,『年報行政研究』50, 日本行政學會, 2015.

江畑謙介『米軍再編』, 東京: ビジネス社, 2005.

久江雅彦『米軍再編 日米「祕密交渉」で何があったか』, 東京: 講談社, 2005.

諸橋邦彦「主な日本國憲法改正試案及び提言」,『調査と情報』vol.474 第537號, 2006.

自衛隊の海外派兵・日米安保條約等の問題に關する質問に對する答弁書 (內閣衆質 93 第6號, 1980(昭55). 10. 28.

防衛學會(編集)『國防用語辭典』, 東京: 朝雲新聞社, 1980.

植村和秀『ナショナリズム入門』, 東京: 講談社現代新書, 2014.

橋川文三『ナショナリズム- その神話と理論』, 東京: ちくま學藝文庫, 2015.

鹽川伸明『民族とネイション - ナショナリズムという難問』, 東京: 岩波新書, 2015.

上田賢治『國學の研究：草創期の人と業績』, 東京: アーツアンドクラフツ, 2005).

內藤準「自由と自己責任に基づく秩序の綻び-「自由と責任の制度」再考-」,『理論と方法(Sociological Theory and Methods)』2009, Vol.24, No.2.

仲正 昌樹,『「不自由」論―「何でも自己決定」の限界』, 東京: 筑摩書房, 2003.

Bix Herbert P.『Hirohito and the Making of Modern Japan』, New York: Harper Collins, 2000.

Cha, Victor D. 2003.「Multilateral Security in Asia and the U.S.-Japan Alliance」Ikenberry, G. John and Takashi Inoguchi eds.『Reinventing the Alliance : U.S.-Japan Security Partnership in an Era of Change』, Palgrave Macmillan US, 2004.

Cohen, William S. 「Report of the Quadrennial Defense Review」, 『Department of Defense』, May 1997.

Dower, John W. 『Embracing Defeat: Japan in the Wake of World War II』, New York: W.W. Norton, 1999.

Ellison, Graham 『Destined for War: Can America and China Escape Thucydides's Trap?』, Washington, D.C.: Houghton Mifflin Harcourt, 2017.

Gentile, Emilio 『The Sacralization of Politics in Fascist Italy』, Cambridge, Massachusetts: Harvard University Pres, 1996.

Green, Carl J. 「APEC and Trans-Pacific Dispute Management」, 『Law and Policy in International Business』 26(3): 719-734, 1995.

Griffin, Roger 『International Fascism: Theories, Causes and the New Consensus』, London: Edward Arnold, 1998.

Hara, Kimie 『Cold War Frontiers in the Asia-Pacific: Divided Territories in the San Francisco System』, London; New York: Routledge, 2007.

Hughes C. 『Japan's Foreign and Security Policy Under the 'Abe Doctrine': New Dynamism or New Dead End?』, London: Palgrave Pivot, 2015.

Iriye Akira 『The Cold War in Asia: A Historical Introduction』, Englewood Cliffs, N.J : Prentice-Hall, 1974.

Lawson, George 「The Rise of Modern International Order」, John Baylis, Steve Smith, and Patricia Owens, eds. 『The Globalization of World Politics: An Introduction to International Relations』, 37-51. Oxford: Oxford University Press. (2017), 하영선(역) 『세계정치론』, 서울: 을유문화사, 2019.

Litwak, Robert S. 『Regime Change: U.S. Strategy through the Prism of 9/11』, Baltimore: Johns Hopkins University Press, 2007.

Manning, Robert A. 「The Asian Paradox: Toward a new architecture」, 『World Policy Journal』, Fall 93, Vol.10 Issue 3.

Matray, James I. 「The Failure of the Bush Administration's North Korea Policy : A Critical Analysis」, 『International Journal of Korean Studies』 Vol. XVII, No.1, 2013.

Mearsheimer, John J. 『The Tragedy of Great Power Politics』, New York : W.W. Norton & Co, 1999.

Mosse, George 『The Fascist Revolution: Toward a General Theory of

Fascism₃, New York: Howard Fertig, 1999.

Nye, Joseph S. 『The Powers to Lead』, New York: Oxford University Press, 2010.

Oros, Andrew L. 『Japan's Security Renaissance: New Policies and Politics for the Twenty-first Century』, New York: Columbia University Press, 2017.

Paxton, Robert 『The Anatomy of Fascism』, New York: Alfred A. Knopf. 2004.

Polybius 『The Histories of Polybius』, Vol.1, Bloomington: Indiana University Press, 1962.

Reischauer, Edwin & Marius Jansen 『Japanese Today: Change and Continuity』, Cambridge : Harvard University Pres, 1977.

Vagts, Alfred 『A history of militarism: civilian and military』, New York : Free Press, 1967.

3. 신문·뉴스 자료

〈노무현-고이즈미, 한·일 정상회담은 셔틀회담으로 합의〉, 오마이뉴스, 2004. 12. 18.

〈文대통령 "남북경협으로 평화경제 실현해 단숨에 日 따라잡겠다"(종합)〉, 연합뉴스, 2019. 8. 5.

〈"미국, 돈과 주먹으로 국제정치 이끌면 리더십 추락"-정세현 전 통일부 장관, 27일 언론광장 초청특강〉, 오마이뉴스, 2006.10. 28.

〈미 국방 관리들, 중국의 대북 영향력 약화 우려〉, VOA, 2015, 9, 18.

〈美-日 대등한 조건서 군사협력〉, 동아일보, 1997. 09. 24.

〈北 김정은 사활 건 '신형 미사일'에 숨겨진 비밀〉, 서울신문, 2020. 5. 31.

〈[북한] 김정은 신년사 전문〉, 중앙일보, 2016. 1. 1.

〈볼턴 회고록에 남·북·미 진전 못마땅했던 일본 외교전도 소개〉, 연합뉴스, 2020. 6. 21.

〈"日, 한중일 정상회의 불응 입장"…'징용문제 선결' 압박〉, 연합뉴스, 2020. 11. 14.

〈[전문] 북한 김계관 조선중앙통신 담화문 "남한 설레발 치지 말고 자중하라"〉, 아시아기자협회, 2020. 1. 11.

〈[전문] 문 대통령의 '신(新) 베를린 선언'〉, 중앙일보, 2017. 7. 6.

〈전문가 "중국, 북한 비핵화에 주도적 역할 못해…대북 영향력 급감"〉, VOA,

2015. 10. 7.

〈정세현 "북핵, 원인논란 아닌 해법 논의할 때"〉, 연합뉴스, 2006. 10. 27.

〈트럼프, 북미 종전선언 집착했으나 아베가 반대 입김〉, 연합뉴스, 2020. 6. 22.

〈트럼프 "北 핵실험 없는 한 비핵화 오래 걸려도 괜찮아"-북한이 비핵화를 이
룰 경우 밝은 미래가 보장된다는 점 강조〉, 서울의 소리, 2018. 10. 29.

〈한반도 비핵화 실현보다 북미관계 정상화가 먼저〉, 서울신문, 2009. 01. 14.

〈Shinzo Abe: Solidarity Against the North Korean Threat〉, The New
York Times, July 17, 2017.

〈In New Talks, U.S. May Settle for a Nuclear Freeze by North Korea〉,
The New York Times, June 30, 2019.

〈Far Fewer Americans See North Korea as Greatest U.S. Enemy〉,
GALLUP, FEBRUARY 27, 2019.

〈習氏の來日「中止すべきだ」62%　世論全体が愼重に〉, 日本經濟新聞社, 2020. 7. 20.

〈【歷史戰 第1部 河野談話の罪(1)後半】「奴隸狩り」というフィクションから始まっ
た誤解の連鎖, 日本攻擊の材料に〉, 産經新聞, 2014. 4. 1.

〈'戰後75年' 日本と韓國 歷史の「影」を忘れない〉, 東京新聞, 2020. 8. 11.

〈南北首腦會談: 日本政府は警戒崩さず〉, 每日新聞, 2018. 4. 27.

〈日韓對話の動き 情勢變化を打開の契機に〉, 每日新聞, 2020.11.18. 東京朝刊.

〈日本は若者ほど「政權支持」「トランプ支持」世論調査で見る現狀維持志向〉, 每日
新聞, 2020.11. 19.

〈日中感情　日↘, 中→　言論ＮＰＯ調査〉, 每日新聞, 2020.11.18.

4. 인터넷 자료

〈WORLD ECONOMIC AND FINANCIAL SURVEYS: World Economic
Outlook Database〉, (IMF.org, 13 October 2020.). (검색일: 2020.10.02.)

https://history.defense.gov/Portals/70/Documents/quadrennial/QDR1997.
pdf?ver=qba2TZwCFGClTKIgPlPnvg%3d%3d

(U.S. Department of Defense, 〈Report of The Quadrennial Defense Review〉,

1997). (검색일: 2020.10.02.)

https://history.state.gov/historicaldocuments/frus1949v07p2/d37
(OFFICE OF THE HISTORIAN). (검색일: 2020.10.05.)

https://www.cas.go.jp/jp/gaiyou/jimu/pdf/gaiyou-heiwaanzenhousei.pdf
(內閣官房, 〈「平和安全法制」の槪要: 我が國及び國際社會の平和及び安全のための
切れ目のない体制の整備〉). (검색일: 2020.10.01.)

https://www.mofa.go.jp/mofaj/annai/honsho/shiryo/archives/pdfs/
heiwajouyaku5_24.pdf
(外務省, 〈日本國とアメリカ合衆國との間の安全保障條約〉). (검색일: 2020. 10.02.)

https://www.mod.go.jp/j/publication/wp/wp2020/pdf/index.html
(令和二年版防衛白書). (검색일: 2020.10.09.)

https://www.mofa.go.jp/mofaj/annai/honsho/shiryo/j_russia_2005/2_1.
html
(外務省, 〈日露和親條約批准書〉). (검색일: 2020.10.02.)

https://www.mofa.go.jp/mofaj/kaidan/s_koi/n_korea_02/sengen.html
(外務省, 〈日朝平壤宣言〉). (검색일: 2020.10.02.)

https://www.mofa.go.jp/mofaj/annai/honsho/shiryo/j_russia_2005/2_2.
html
(外務省). (검색일: 2020.11.5.)

https://www.mofa.go.jp/mofaj/press/enzetsu/13/ekn_0123.html
(外務省, 〈21世紀東アジア外交の構想〉). (검색일: 2020.10.10.)

https://www.mofa.go.jp/mofaj/fp/nsp/page1w_000095.html
(外務省, 〈國家安全保障戰略〉). (검색일: 2020.10.01.)

https://www.mofa.go.jp/mofaj/files/100055775.pdf
(外務省). (검색일: 2020.10.24.)

https://www.mofa.go.jp/region/n-america/us/security/security.html
(外務省, 〈JAPAN-U.S. JOINT DECLARATION ON SECURITY- ALLIANCE FOR THE
21ST CENTURY-〉, 1996). (검색일: 2020.10.24.)

https://www.mofa.go.jp/mofaj/area/taisen/kono.html
(外務省, 〈慰安婦關係調査結果發表に關する河野內閣官房長官談話〉). (검색일:
2020.10.02.)

https://www.mofa.go.jp/mofaj/annai/honsho/shiryo/bunsho/h17.html
(外務省, 〈日本外交文書: サンフランシスコ平和條約準備對策〉). (검색일:
2020.10.19.)

https://www.mofa.go.jp/mofaj/kaidan/yojin/arc_98/k_kodo.html
(外務省, 〈21世紀に向けた新たな日韓パートナーシップのための行動計畫〉,
1998年). (검색일: 2020.11.5.)

https://www.mofa.go.jp/mofaj/area/usa/hosho/pdfs/jyoyaku.pdf
(外務省). (검색일: 2020.10.02.)

https://www.mofa.go.jp/mofaj/press/danwa/07/dmu_0815.html
(外務省). (검색일: 2020.10.27.)

https://www.mofa.go.jp/region/n-america/us/security/guideline2.html
(外務省, 〈THE GUIDELINES FOR JAPAN-U.S. DEFENSE COOPERATION〉). (검
색일: 2020.10.12.)

https://www.mofa.go.jp/region/n-america/us/security/guideline2.html
(外務省). (검색일: 2020.11.3.)

https://www.mofa.go.jp/mofaj/area/usa/hosho/pdfs/shishin.pdf#search=

(外務省, 〈新ガイドライン〉). (검색일: 2020.11.5.)

https://www.mofa.go.jp/mofaj/press/danwa/d_souri_bn.html
(外務省, 〈總理大臣談話(過去の記錄)〉). (검색일: 2020.11.12.)

https://www.mofa.go.jp/mofaj/press/release/press4_008253.html
(外務省, 〈日本國とアメリカ合衆國との間の相互協力及び安全保障條約 (日米安全
保障條約) の署名60周年に際する共同發表〉). (검색일: 2020.10.02.)

http://www.shugiin.go.jp/internet/itdb_annai.nsf/html/statics/shiryo/dl-constitution.htm
(衆議院, 〈日本國憲法〉). (검색일: 2020.10.15.)

https://www.kantei.go.jp/jp/kakugikettei/2004/1210taikou.html
(總理官邸, 〈平成17年度以降に係る防衛計畫の大綱について〉). (검색일:
2020.10.02.)

https://www.kantei.go.jp/jp/headline/20130428shikiten.html
(總理官邸, 〈전후 70년 내각 총리 담화〉, 2015년 8월 14일). (검색일: 2020.11.5.)

https://www.kantei.go.jp/jp/97_abe/discource/20150814danwa.html
(總理官邸, 〈內閣總理大臣談話〉). (검색일: 2020.11.9.)

https://www.kantei.go.jp/jp/98_abe/statement/2020/0101nentou.html
(總理官邸). (검색일: 2020.11.6.)

https://worldjpn.grips.ac.jp/documents/texts/JPUS/19510907.S1J.html
(東京大學東洋文化研究所, 〈サンフランシスコ平和會議における吉田茂總理大
臣の受諾演說〉). (검색일: 2020.10.5.)

https://worldjpn.grips.ac.jp/documents/texts/JPKR/19550225.O1J.html
(東京大學東洋文化研究所, 〈對日關係に關する南日北朝鮮外相聲明〉). (검색일:
2020.10.23.)

https://worldjpn.grips.ac.jp/documents/texts/pw/19050905.T1J.html
(東京大學東洋文化研究所, "日露講和條約"). (검색일: 2020.10.02.)

https://worldjpn.grips.ac.jp/documents/texts/JPKR/19531027.O1J.html
(東京大學東洋文化研究所, 〈日韓會談「久保田發言」に關する參議院水産委員會質疑〉).
(검색일: 2020.11.5.)

https://worldjpn.grips.ac.jp/documents/texts/JPKR/19900928.D1J.html
(東京大學東洋文化研究所). (검색일: 2020.10.12.)

https://worldjpn.grips.ac.jp/documents/texts/JPRU/19541012.D2J.html
(東京大學東洋文化研究所). (검색일: 2020.10.02.)

https://www.courts.go.jp/app/files/hanrei_jp/816/055816_hanrei.pdf
(일본 최고재판소 대법정 판결, 〈主文〉, 1959). (검색일: 2020.10.16.)

https://www.govtrack.us/congress/bills/110/hres121/text
(미 의회 홈페이지). (검색일: 2020.10.09.)

https://www.mext.go.jp/b_menu/kihon/about/003/a003_01.htm
(文部科學省, 〈教育基本法制定の經緯〉). (검색일: 2020.10.22.)

http://womenandwar.net/kr/%EC%9E%90%EB%A3%8C%EC%8B%A4/?mod=
document&uid=91
(일본군 성노예 제문제 해결을 위한 정의 기억 연대). (검색일: 2020.11.9.)

http://www.kenpoukaigi.gr.jp/saikin-news/200106-07.pdf#search=
(헌법회의, 〈安倍首相の新年の辭〉). (검색일: 2020.10.02.)

http://www.clearing.mod.go.jp/hakusho_data/2004/2004/html/1623c2.
html
(防衛省·自衛隊). (검색일: 2020.11.5.)

https://warp.da.ndl.go.jp/info:ndljp/pid/11488652/www.mod.go.jp/j/
yosan/yosangaiyo/2019/yosan.pdf
(防衛省·自衛隊). (검색일: 2020.11.9.)

https://www.sangiin.go.jp/japanese/joho1/kousei/syuisyo/189/syuh/
s189305.html
(參議院). (검색일: 2020.10.02.)

http://www.shugiin.go.jp/internet/itdb_kenpou.nsf/html/kenpou/
houkoku.pdf/$File/houkoku.pdf
(衆議院憲法調査會, 〈衆議院憲法調査會報告書〉). (검색일: 2020.10.11.)

https://www.sangiin.go.jp/japanese/kenpou/houkokusyo/pdf/
honhoukoku.pdf
(參議院憲法調査會, 〈日本國憲法に關する調査報告書〉). (검색일: 2020.11.5.)

https://www.jimin.jp/policy/policy_topics/pdf/seisaku-109.pdf
(自由民主黨). (검색일: 2020.10.10.)

http://www5.sdp.or.jp/policy/policy/constitution/180620.pdf
(社會民主黨). (검색일: 2020.10.16.)

http://www.clearing.mod.go.jp/hakusho_data/2013/2013/html/n2131000.
html
(防衛省·自衛隊). (검색일: 2020.11.5.)

https://www.mod.go.jp/j/press/kisha/2017/08/03a.html
(防衛省·自衛隊). (검색일: 2020.10.10.)

https://www.mod.go.jp/j/approach/agenda/guideline/1996_taikou/
kaisetu/si5.html
(防衛省·自衛隊). (검색일: 2020.11.02.)

http://www.clearing.mod.go.jp/hakusho_data/2013/2013/html/n2131000.
html
(防衛省·自衛隊). (검색일: 2020.10.25.)

http://www.clearing.mod.go.jp/hakusho_data/1980/w1980_02.html
(防衛省·自衛隊). (검색일: 2020.10.02.)

https://www.ndl.go.jp/constitution/etc/j06.html
(國立國會圖書館,〈ポツダム宣言〉). (검색일: 2020.10.9.)

https://www.ndl.go.jp/constitution/gaisetsu/02gaisetsu.html
(國立國會圖書館,〈近衛、政府の調査と民間案〉). (검색일: 2020.10.08.)

http://www.seisaku.bz/nihonshoki/shoki_09.html
(日本書紀). (검색일: 2020.11.5.)

http://www.ne.jp/asahi/nozaki/peace/data/data_inss_sr.html
INSS Special Report, "The United States and Japan: Advancing Toward
a Mature Partnership", (Institute for National Strategic Studies National
Defense University, October 11. 2000). (검색일: 2020.11.14.)

일본 신군국주의

1쇄 발행 2021년 7월 30일

지은이 강동완

펴낸이 김제구
펴낸곳 호메로스
편집디자인 DESIGN MARE
인쇄·제본 한영문화사

출판등록 제2002-000447호
주소 04029 서울시 마포구 잔다리로 77 대창빌딩 402호
전화 02-332-4037 **팩스** 02-332-4031
이메일 ries0730@naver.com

값은 뒤표지에 있습니다.
ISBN 979-11-90741-19-4 (03300)

호메로스는 리즈앤북의 브랜드입니다.

이 책에 대한 무단 전재 및 복제를 금합니다.
파본은 구입하신 서점에서 교환해 드립니다.